国家社会科学基金重点项目

国家十二五规划重点出版图书

当代中国民族教育政策发展与实践研究

DANGDAI ZHONGGUO MINZU JIAOYU ZHENGCE

FAZHAN YU SHIJIAN YANJIU

雷召海 李资源 等 著

人民出版社

目　　录

绪　论…………………………………………………………………………… 1

　　一、当代中国民族教育政策发展与实践研究的现状和基本思路… 2

　　二、当代中国民族教育政策发展与实践研究的主要内容和方法… 8

　　三、当代中国民族教育政策发展与实践研究的意义

　　　　和学术创新…………………………………………………… 12

第一篇　形成与发展篇

第一章　新中国民族教育政策的创立与奠基（1949—1956）…………… 19

　第一节　新民主主义革命时期民族教育政策的初步探索………… 19

　　一、新民主主义革命时期民族教育政策探索的历程………… 20

　　二、新民主主义革命时期民族教育政策的主要内容………… 22

　　三、新民主主义革命时期民族教育政策的基本特点………… 30

　第二节　过渡时期民族教育政策的初步形成…………………… 34

　　一、新中国成立前我国少数民族教育状况…………………… 34

　　二、过渡时期少数民族教育事业的快速发展………………… 36

　第三节　过渡时期民族教育政策的主要内容…………………… 38

一、大力培养少数民族干部 …………………………………… 38

二、依据民族特点举办民族教育 …………………………… 39

三、通过多种手段普及民族教育 …………………………… 41

四、建立民族教育管理机构及制度 ………………………… 42

五、对民族学生给予各种优惠待遇 ………………………… 43

六、贯彻党的民族语言文字政策 …………………………… 44

第四节 过渡时期民族教育政策特点及历史评价 …………… 45

一、坚持从实际出发慎重稳进的指导方针 ………………… 45

二、重视民族教育工作体制和机制的建设 ………………… 46

三、注重从多方面扶持民族教育事业的发展 ……………… 47

四、既符合民族工作规律又符合教育规律 ………………… 48

五、过渡时期民族教育政策的历史评价 …………………… 49

第二章 社会主义建设初步探索时期民族教育政策的
曲折发展（1956—1978）…………………………… 51

第一节 社会主义建设初步探索时期民族教育政策的发展历程…… 51

一、初步探索时期民族教育的发展与曲折 ………………… 52

二、"文化大革命"中民族教育的严重挫折 ……………… 53

第二节 社会主义建设初步探索时期民族教育政策的主要内容…… 54

一、将普及民族教育作为基础工作 ………………………… 54

二、推进民族地区干部的民族化 …………………………… 55

三、在经费上给予民族教育大力支持 ……………………… 56

四、民族语言文字政策方面的新进展 ……………………… 57

五、招生中的优待政策进一步具体化 ……………………… 58

第三节 社会主义建设初步探索时期民族教育政策特点及评价…… 59

一、在发展上存在明显的曲折性与反复性 ………………… 59

二、注重少数民族文化建设与教育改革并举 ……………… 60

三、强调少数民族教育发展要依靠群众 …………………… 61

四、初步探索时期民族教育政策的历史评价………………… 61

第三章　改革开放初期民族教育政策的恢复与继承（1979—1984）…… 63

第一节　改革开放初期民族教育政策的发展历程……………… 63

一、民族教育在恢复和调整基础上稳步发展……………… 64

二、民族教育的特色得到进一步彰显……………………… 65

第二节　改革开放初期民族教育政策的主要内容…………… 66

一、重申和恢复民族教育政策……………………………… 66

二、多方面扶持民族教育发展……………………………… 67

三、调整民族学院的办学方针……………………………… 67

四、发展和完善有关招生优惠政策………………………… 68

五、加强民族语文教学及教材建设………………………… 69

六、深入开展民族观和民族政策教育……………………… 70

七、提出解决宗教干预民族教育的政策…………………… 71

八、加强各类民族师资队伍的建设………………………… 71

第三节　改革开放初期民族教育政策特点及历史评价……… 72

一、少数民族教育政策着眼于新的时代环境……………… 73

二、将少数民族教育政策纳入法制化的轨道……………… 73

三、少数民族教育政策的体系结构日趋完善……………… 74

四、改革开放初期民族教育政策的历史评价……………… 75

第四章　改革深化时期民族教育政策的改革与创新（1985—1999）…… 77

第一节　改革深化时期民族教育政策的发展历程…………… 77

一、民族教育体制改革的稳步推进………………………… 78

二、我国民族教育事业的迅速发展………………………… 78

第二节　改革深化时期民族教育政策的主要内容…………… 79

一、深化民族教育体制改革与完善民族教育帮扶政策…… 80

二、继承少数民族传统优秀文化与发展"双语"教学…… 81

三、采取特殊措施加强民族地区普及九年义务教育……… 82

四、改革和扶持民族高等和职业成人教育发展…………… 83

五、大力培养少数民族专业干部和人才·················· 85

六、积极开展对口扶持促进贫困地区民族教育发展·········· 86

七、大力培养少数民族师资满足民族教育发展的需求·········· 87

八、积极推动民族教育的立法工作·················· 88

第三节 改革深化时期民族教育政策特点及历史评价········· 89

一、将政策的延续性与创新性结合起来·················· 89

二、将政策的理论性与实践性结合起来·················· 90

三、将政策的时效性与长期性结合起来·················· 90

四、将政策的广泛性与具体性结合起来·················· 91

五、改革深化时期民族教育政策的历史评价·············· 92

第五章 新世纪民族教育政策的健全与完善（2000— ）·········· 94

第一节 新世纪民族教育政策的发展历程··············· 94

一、我国民族教育政策发展面临的新问题·············· 95

二、民族教育的体制机制改革的深化与完善·············· 97

第二节 新世纪民族教育政策的主要内容·············· 98

一、加快推进民族地区"两基"攻坚·················· 99

二、积极发展民族高等教育和职业教育·············· 101

三、大力培养少数民族骨干人才·················· 103

四、进一步加大对民族教育的投入和对口支援·········· 105

五、在民族教育中不断加强民族团结教育·············· 108

六、稳步科学推动双语教育的发展·················· 110

七、进一步完善民族学生资助政策·················· 111

八、采取各项措施提高教师队伍水平·················· 112

第三节 新世纪民族教育政策特点及历史评价········· 113

一、更加注重体制机制的改革·················· 114

二、更加注重方式手段的创新·················· 114

三、更加注重人才队伍的建设·················· 115

四、更加注重稳定性与灵活性的结合·············· 117

五、更加注重特殊性与普遍性的统一……………………… 118

六、新世纪民族教育政策的历史评价……………………… 118

第二篇　理论与政策篇

第六章　民族教育政策的基本问题……………………………… 125

　第一节　民族教育政策的内涵及理论范畴……………………… 125

　　一、民族教育政策内涵的界定……………………… 126

　　二、民族教育政策的理论范畴……………………… 127

　　三、民族教育政策体系和民族教育发展的主要矛盾………… 133

　第二节　民族教育政策的本质与作用…………………………… 138

　　一、民族教育政策的本质…………………………… 138

　　二、民族教育政策的特点…………………………… 140

　　三、民族教育政策的重要作用……………………… 145

　第三节　民族教育政策制定的依据……………………………… 149

　　一、民族教育政策制定的马克思主义理论依据…………… 150

　　二、民族教育政策制定的其他理论依据…………… 156

　　三、民族教育政策制定的现实依据………………… 161

　　四、民族教育政策制定的法律依据………………… 163

　第四节　民族教育政策制定的基本原则………………………… 164

　　一、方向性与特殊性相互观照……………………… 165

　　二、自力更生与国家帮扶相互促进………………… 166

　　三、各民族优秀文明成果相互借鉴………………… 168

　　四、教育公平与特殊优惠政策相结合……………… 168

　　五、教育与宗教相分离……………………………… 175

第七章　民族教育政策基本体系………………………………… 177

　第一节　民族教育政策的体系………………………………… 177

一、国家教育政策体系的探讨………………………………………178

二、我国民族教育政策体系的探讨…………………………………180

第二节 民族教育政策体系的层次及其内容………………………183

一、民族教育总政策…………………………………………………183

二、民族教育政策体系的基本政策…………………………………193

三、民族教育政策体系的具体政策…………………………………202

第八章 民族教育政策的基本内容……………………………………204

第一节 民族基础教育政策…………………………………………204

一、民族学前教育政策………………………………………………204

二、民族中小学教育政策……………………………………………209

第二节 民族高等教育政策…………………………………………217

一、民族高等教育初创时期的政策…………………………………217

二、民族高等教育发展时期的政策…………………………………218

三、民族高等教育改革深化时期的政策……………………………220

第三节 民族职业教育政策…………………………………………222

一、民族职业教育奠基阶段的政策…………………………………223

二、民族职业教育发展时期的政策…………………………………223

三、民族职业教育创新阶段的政策…………………………………225

第四节 民族成人教育政策…………………………………………228

一、民族成人教育起步时期的政策…………………………………228

二、民族成人教育发展时期的政策…………………………………233

三、民族成人教育转型时期的政策…………………………………238

第三篇 实践与经验篇

第九章 民族基础教育………………………………………………247

第一节 民族学前教育稳步推进……………………………………247

　　一、民族学前教育的实践……………………………………… 248

　　二、民族学前教育取得的成绩………………………………… 251

　第二节　民族中小学教育的实践和成绩……………………… 254

　　一、民族中小学教育的实践…………………………………… 254

　　二、民族中小学教育的成绩…………………………………… 258

第十章　民族高等教育…………………………………………… 269

　第一节　民族高等教育发展的实践…………………………… 269

　　一、改革开放前民族高等教育的实践………………………… 269

　　二、改革开放以来发展民族高等教育的实践………………… 272

　第二节　民族高等教育发展的成绩…………………………… 275

　　一、建成独具特色的民族高等教育体系……………………… 276

　　二、形成了一支稳定的教师队伍……………………………… 277

　　三、不断加大经费的投入……………………………………… 278

　　四、体制机制改革取得一定成效……………………………… 279

第十一章　民族职业教育………………………………………… 281

　第一节　发展民族职业教育的实践…………………………… 281

　　一、新中国成立后民族职业教育发展的实践………………… 281

　　二、新世纪发展民族职业教育的实践………………………… 282

　第二节　民族职业教育的成绩………………………………… 286

　　一、初步形成民族职业教育体系……………………………… 286

　　二、不断增加资金的投入……………………………………… 287

　　三、开展新型农民职业技能培训……………………………… 289

第十二章　民族成人教育………………………………………… 291

　第一节　民族干部教育培训的实践与成绩…………………… 291

　　一、民族干部教育培训的实践………………………………… 291

　　二、民族干部教育培训的成绩………………………………… 294

第二节　民族工农教育的实践与成绩……………………………… 296

一、民族工农扫盲教育的实践与成绩……………………… 296

二、民族工农文化教育的实践与成绩……………………… 299

第三节　民族成人学校教育的成绩………………………………… 303

一、民族成人学校教育体系基本形成……………………… 303

二、办学效益不断提高……………………………………… 305

三、为民族地区培养了大批人才…………………………… 306

第十三章　民族教育的历史经验………………………………………… 310

第一节　坚持中国共产党对民族教育的领导……………………… 310

一、坚持中国共产党对民族教育的政治领导……………… 311

二、坚持中国共产党对民族教育的思想领导……………… 312

三、坚持中国共产党对民族教育的组织领导……………… 313

第二节　坚定不移地走科学发展的道路…………………………… 314

一、坚持国家扶持与自力更生相结合……………………… 315

二、坚持全面协调可持续发展……………………………… 321

第三节　坚持为少数民族和民族地区服务的宗旨………………… 327

一、坚持以少数民族学生为主要教育对象………………… 328

二、坚持为少数民族和民族地区培养人才………………… 329

三、学科专业设置适应民族地区经济社会发展的需要…… 331

四、科学研究和科技创新为少数民族和民族地区服务…… 332

第四篇　问题与对策篇

第十四章　民族教育发展存在的问题…………………………………… 337

第一节　民族教育优先发展的战略问题…………………………… 337

一、对民族教育的认识不足………………………………… 338

二、民族教育投入短缺问题凸出…………………………… 338

三、对民族教育特点和民族地区实际需要关注不够…………… 339

四、师资力量薄弱且教师队伍不稳定………………………… 340

第二节　民族教育政策法规有待进一步完善………………… 341

一、民族教育政策尚不够完善………………………………… 341

二、民族教育法规体系的不健全……………………………… 345

第三节　民族教育结构需进一步优化………………………… 347

一、基础教育结构需进一步优化……………………………… 348

二、职业教育结构仍需优化…………………………………… 352

三、高等教育结构需进一步优化……………………………… 356

四、成人教育结构还需优化…………………………………… 365

第四节　民族教育与文化多样性……………………………… 366

一、民族教育保护和传承民族多元文化的意识薄弱………… 367

二、民族教育的模式单一……………………………………… 368

三、双语教育理论和实践不够深入…………………………… 370

第五节　民族教育管理体制改革面临的问题………………… 373

一、地方教育法规不相统一…………………………………… 373

二、行政管理制度运行失衡…………………………………… 374

三、内部特殊保障机制功能的模糊性………………………… 375

四、外部特殊保障机制功能有所弱化………………………… 376

五、两个行政系统间及系统内部教育职能的失调…………… 377

第十五章　民族教育发展的对策与建议……………………… 378

第一节　坚持民族教育优先发展战略………………………… 378

一、民族教育优先发展的战略意义…………………………… 378

二、民族教育优先发展指标的含义…………………………… 380

三、民族教育优先发展指标体系的构建……………………… 381

四、民族教育优先发展的建议………………………………… 384

第二节　完善民族教育政策法规……………………………… 393

一、创新民族教育政策的机制体制…………………………… 394

二、完善民族教育政策的立法体系 …………………………………… 395

三、重点解决民族教育特有问题 …………………………………… 396

第三节　优化民族教育结构 …………………………………………… 398

一、加强对民族教育事业的统筹规划 ……………………………… 398

二、落实基础教育重中之重的地位 ………………………………… 399

三、大力发展职业教育 ……………………………………………… 402

四、提升高等教育办学质量 ………………………………………… 405

五、综合开发成人教育 ……………………………………………… 407

第四节　保障民族教育发展的文化多样性 ………………………… 408

一、文化多样性是理解民族教育均衡化发展的重要维度 ……… 408

二、民族教育发展文化多样性的建议 …………………………… 410

第五节　完善民族教育管理体制 …………………………………… 413

一、一般管理与特殊管理相结合 ………………………………… 413

二、完善分级管理 ………………………………………………… 414

三、加强依法治教 ………………………………………………… 415

四、着力推进学校教育与社区教育相结合 ……………………… 415

参 考 文 献 …………………………………………………………… 418

后　记 ………………………………………………………………… 424

绪　论

　　民族教育政策，是党和国家在一定时期内，为实现少数民族和民族地区教育事业发展目标和任务所制定的行动准则，其出发点和立足点主要是为了满足民族地区和少数民族不断增长的教育需求。通常而言，民族教育政策体系上分为总政策、基本政策、具体政策三个层次；在运行机制上，民族教育政策包括制定、执行、评估等方面的内容。在我国这样一个统一的多民族国家里，无论是就我国的民族工作还是教育工作来讲，民族教育始终是一个重要的组成部分。因此，民族教育政策也构成了我国民族总政策与教育总政策体系的一个重要的子系统。中国共产党历来非常重视我国的民族教育问题，早在新民主主义革命时期，中国共产党就开始对我国的民族教育问题进行了初步探索，并制定了一系列行之有效的民族教育政策，培养了大量少数民族干部，提高了他们的思想觉悟，为新中国成立后我国民族教育政策的发展积累了宝贵经验。新中国成立以来，特别是改革开放30多年来，党和国家大力发展少数民族教育事业，为此制定了许多发展少数民族教育的特殊政策，确立了许多发展民族教育的原则和措施，大力推进了我国民族教育超常规跨越式发展，取得了令世人瞩目的辉煌成就。本课题主要是对新中国成立60多年来民族教育政策发展和演变进行系统研究，对民族教育的实践经验进行认真总结，从而揭示其发展的基本规律，并着力透析当前我国民族教育政策在贯彻执行中所存在的问题，并据此提出一些切实可行的对策与建议，以促进党和国家民族教育政策的发展。

一、当代中国民族教育政策发展与实践研究的现状和基本思路

自党的十一届三中全会以来，学术界关于民族教育的研究蓬勃兴起，也取得了不少的成果。据不完全统计，近 20 年来发表的有关"民族教育"研究的论文有 5500 余篇，其中硕士、博士学位论文近 50 篇；出版的著作 140 余部。这些成果从人类学、民族学、社会学、艺术学、教育学、宗教学等方面来对我国的民族教育问题进行研究。但总体来看，学术界从政策角度对于民族教育的研究成果相对较少，同时也存在一些问题。在分析这些研究成果的基础上，本课题提出了研究的基本思路。

（一）民族教育政策发展与实践研究的现状

1. 关于民族问题文献资料的搜集整理出版

《民族问题文献汇编》（中共中央党校出版社 1991 年版），主要汇编了包括民族问题的纲领、宣言、决议、指示，以及有代表性的负责人的文章和其他重要的文献资料。此文献汇编资料十分翔实，有助于我们加强对中国解决民族问题的道路，中国共产党的民族纲领及其发展变化以及中国现代革命史的研究。《中华人民共和国民族政策法规选编》（中国民航出版社 1997 年版），收录了从新中国成立到 1996 年中央和地方发布的现行有效的涉及民族工作各个方面的政策法规。《新时期民族工作文献选编》（中央文献出版社 1990 年版），把党和国家领导人有关的重要讲话、文章和党的十一届三中全会至 1990 年中共中央、国务院、全国人大常委会和中央有关部、委、办关于民族工作的重要文件，整理成册。《民族纲领政策文献选编》（中央民族大学出版社 2006 年版），收录了从中国共产党成立至 2005 年 5 月中国共产党及主要领导人、中华人民共和国政府及主要领导人、相关部门有关少数民族和民族问题及民族工作方面的纲领性、政策性文献共 257 篇。另外，《民族工作大全》（中国经济出版社 1994 年版）、《新时期城市民族工作政策法规选编》

（民族出版社 2004 年版）等，其中主要内容也包括了民族政策重要文献、国家和地方性的民族法律法规等。上述这些成果，为研究民族教育政策的发展与实践创造了必要条件。

2. 关于民族教育政策文献的专门性汇编

吴仕民主编的《中国民族教育》（长城出版社 2000 年版）全书分为三部分：上编是工作实践，收录的是全国及各地民族教育工作机构撰写的文章；中编是政策法规，是新中国成立以来国家有关民族教育的政策法规；下编是参考资料，收集了有关民族教育的统计资料。可以说，该书汇集了自新中国成立到 2000 年前中国民族教育研究的资料和成果，是一本民族教育工作者可备案头的工具书。司永成编著的《民族教育政策法规选编》（民族出版社 2011 年版），书中许多是有关基础教育方面的政策法规和北京市有关民族教育的文件。国家教委民族地区教育司编写的《少数民族教育工作文件选编》（内蒙古教育出版社 1991 年版）、国家民委教育司编写的《新时期民族教育工作手册》（中央民族大学出版社 1991 年版）、国家民委教育科技司编写的《中国民族教育文件汇编》（2004 年内部资料）、教育部民族教育司编写的《民族教育文件汇编（1991—2001 年）》（红旗出版社 2004 年版）、少数民族双语教育文件汇编编委会编写的《少数民族双语教育文件汇编（2001—2008 年）》（天地出版社 2009 年版）等也从不同时期、不同角度对我国的民族教育政策进行了整理。其中《少数民族双语教育文件汇编（2001—2008 年）》涵盖了"基本政策""双语教学""教材建设""部分地方文件"等内容。关于基本政策有：《国务院关于深化改革加快发展民族教育的决定》；双语教学有：教育部办公厅关于授权青海省教育厅颁布《五省区九年义务教育六年制小学藏语文教学大纲》《全日制初级中学藏语文教学大纲》《全日制高级中学藏语文教学大纲》的通知；教育部关于发布《全日制民族中小学汉语教学大纲（试行）》的通知；教育部办公厅关于授权青海省教育厅印发五省区藏族中小学全日制义务教育《藏语文课程标准（实验稿）》的通知；教育部办公厅关于批转《五省区协调性义务教育课程改革实施方案》的通知等。

3. 关于民族教育理论和政策的综合性研究

《民族教育概论》《中国少数民族教育重大理论问题研究》《新世纪我国

民族教育发展研究》《少数民族教育学通论》《民族教育学》《少数民族教育政策研究》等著作，对有关民族教育的概念、对象、性质、特点、规律以及民族教育学学科边界与体系确定、民族教育学学科体系构成、现状分析等都进行了深入的研究。哈经雄、滕星主编的《民族教育学通论》认为，少数民族教育政策可以按照不同依据分为不同类型：按结构层次划分，主要有基本政策和具体政策；按作用性质划分，主要有鼓励性政策和限制性政策；按作用方式划分，主要有直接政策和间接政策；按内容划分，主要有综合性政策与专项政策。孙若穷主编的《中国少数民族教育学概论》（中国劳动出版社1990年版），全书包括导论和正文28章，分四个层次：第一层次主要探讨以下这几个问题：第一，民族教育学学科本体研究，包括其研究对象、任务、特点、范围与方法；第二，民族教育发展史研究，主要从政治经济、社会文化、宗教等视角出发，揭示各少数民族的教育状况，对不同历史阶段的民族教育作了概括，从各少数民族社会教育和学校教育活动中，归纳出能够把握处于某个历史阶段的各少数民族的教育特性；第三，中国共产党的民族政策与民族教育，主要阐述中国共产党有关民族和民族教育的方针、政策与措施。第二层次主要论述民族教育与外部的关系问题，探讨民族地区各种不同的文化现象对民族教育的影响，彰显民族教育的文化的多样性和多元性。第三层次主要探讨我国各级各类民族教育的内部现状、整体改革与发展。第四层次主要探讨民族教育中的学校教育与教学这样的一个微观领域。最后附加一章，专门讨论民族教育立法问题，阐述民族教育立法的重要性和紧迫性。

4. 关于民族教育政策发展历史的研究

这方面的研究成果较多，在学术论文方面，王铁志在《新中国少数民族教育政策的形成与发展》一文中，全面梳理了新中国少数民族教育政策的发展脉络，在研究具体的内容方面也体现出较强的理论性。对教育政策发展的每一个阶段，都按照一定的分类对教育政策内容加以梳理。金炳镐教授等深入分析了中国共产党民族政策的形成和发展，并且还分别就第一次国内革命战争时期、第二次国内革命战争时期、抗日战争时期和解放战争时期的民族文化教育政策四个阶段对新中国成立前的少数民族教育政策进行阐释，有助于人们对新中国成立以来少数民族教育政策发展的历史纵深加以了解。对新中国成立后的少数民族教育政策，则分新中国成立初期和全面建设社会主义时期两个阶段加以论述。王鉴教授在《我国少数民族教育政策体系探讨》一文中，把少数民族教育政策体系的理论建构与对少数民族教育政策发展的历史梳理结合起来，论从史出，史论结合。他把新中国成立以来少数民族教育政策发展分五个历史阶段，对每个阶段，都按他自己所建构的教育政策结构体系，如质量政策、管理体制政策、经费政策、课程政策、教师政策、学生政策等加以具体论述。2010年，陈沛照对新中国成立60年来中国少数民族教育所取得的巨大成就进行了总结，2013年，舒松对新中国发展少数民族教育的政策进行了回顾，认为中国共产党能够与时俱进地发展少数民族教育思想和民族教育特殊政策，不断推动和促进少数民族教育事业的繁荣发展。在著作方面，谢启晃编著的《中国民族教育史纲》（广西教育出版社1989年版），研究了新中国的民族中小学教育和民族中等技术教育、新中国的民族师范教育和各级民族学校师资的培养、新中国的民族成人教育、新中国的民族高等教育等内容。此外，有的著作还从培养少数民族干部、增加民族教育经费投入、实现民族教育形式的多样化，系统总结我国民族教育政策的基本内容，以及目前我国民族教育政策实施过程中存在的主要问题和改进建议方面进行了探讨。

5.关于民族教育政策存在问题与对策研究

王鉴、金炳镐、万明钢、陈立鹏等学者从不同角度提出了自己的建议，概括起来有六大方面。其一，民族教育立法问题。我国目前民族教育在立法方面薄弱，应该尽快制定出切实可行的《民族教育法》。其二，民族教育管理政策。我国虽然实行民族区域自治原则，但是中央与地方、行政与学校的权限问题仍然未能妥善处理。随着三级课程的实施，非民族地区在课程方面权限扩大，民族自治地区自治权的相对优势不复存在。中央对民族地区教育应该以宏观指导为主，赋予民族地区教育以更多的自治权。其三，民族教育经费政策。这方面的研究因为多是在农村义务教育"两免一补"政策全面实施前做出的，其中的许多具体建议，例如增加中央财政转移支付，改教育经费"以县为主"为省、县共同承担或者中央、省、县分级共同承担等，在今天已经进入政策实践。西北师范大学万明钢等人提出的"少数民族教育优先发展区"构想，产生了较大反响。其四，师资政策。一是民族地区师资的数量不够，应该通过师范教育予以解决；二是师资质量不高，应该通过在职培训和妥善安置代课教师加以解决，另外要重视"双语"教学师资的培养；三是教师待遇偏低，这一问题也主要与代课教师的问题有关。其五，民族教育课程政策。学者们普遍认为民族传统文化教育在课程中未能得到很好的体现。认为新课程改革实行三级课程管理，地方和校本课程为民族文化教育创造了条件。其六，招生政策。一是高考优惠政策虽然扩大了民族学生接受高等教育的数量，却降低了少数民族教育的质量，所以要重视数量与质量的兼顾。二是少数民族高考优惠政策造成民族地区城乡民族学生之间、少数民族和汉族学生之间教育机会的不公平。所以在制定有关政策时要考虑地域差异、经济收入差异、阶层差异和享有的基础教育资源差异采取相应补偿政策措施。有些学者还提出民族高等教育要坚持办学宗旨，以"两个面向""两个服务"作为立校之本；遵循因材施教的教育方法，全面提高少数民族人才培养质量；强化实践教学，努力提升学生"四种能力"；科研服务民族地区，促进本科教学；结合少数民族大学生的特点开展政治思想工作，促进学生全面发展；办好民族预科教育，彰显民族特色。

此外，国外有关我国民族政策的研究较少，其中，日本学者松本真澄著、鲁忠慧译的《中国民族政策之研究》（民族出版社 2003 年版）一书较有代表性，该书以民族学的研究视野，深入探讨列宁、斯大林、孙中山、毛泽东等关于少数民族含义的见解，同时还阐释了国家与民族的关系，比较分析了中国国民党和中国共产党的不同的民族政策，其中也有对我国民族教育政策的分析。

（二）民族教育政策发展与实践研究的基本思路

总的来说，目前关于本课题方面的研究成果较为丰富，并且，我们认为我国民族教育政策理论研究已经取得了许多可喜的成果，但是也存在一些问题：

第一，关于民族教育政策的基础理论研究，已有的研究对某些问题的阐述尚不够深入和精细，视野还不够开阔。从事民族教育政策这方面研究的人还很少，队伍还很小。对于我国民族教育政策的基本原则、主要内容、主要成就等问题的研究，存在比较严重的雷同现象。有些研究充其量只是对现有政策的阐释，却无法超越现有政策已经达到的水平，无法达到为民族教育政策的发展提供一个更大的发展空间，也难以为今后民族教育政策的发展提供有价值的参考。

第二，在我国国内民族教育政策的具体研究中，还很少运用多元文化教育理论。在西方多元文化教育理论的启发下，费孝通先生提出了"中华民族多元文化与一体教育"理论。不过这一理论的发展目前仍然处于概念提出与界定等初级阶段，在少数民族教育政策具体问题研究中也未能得到很好地运用。加之已有研究成果没有很好地注意与国家有关政策话语体系的衔接，遭遇"话语瓶颈"，难以进入民族教育政策的实践领域。

第三，理论研究的不足所导致的结果，便是民族教育政策研究理论深度的缺乏。目前大多数关于当代民族教育政策的历史研究，或者按时间顺序简单罗列，或者作简单的对号入座，或者从外显层面加以简单分类。不可否认，这些研究具有一定的学术价值，但民族教育政策发展的内在规律不能得以很好的揭示和呈现，而且，在民族教育政策发展存在的问题与对策研究方面，也只是就政策而论政策，这是理论深度不够的表现。

第四，现有的相关文献对我国民族教育政策的研究大多以质性研究为主，而鲜见有对民族教育政策发展的相关数据分析，因而，由此所得结论通常缺乏充分而有力的数据支撑。同时，引用的资料、数据比较陈旧，如关于民族成人教育引用的资料，基本上集中在 20 世纪末，关于民族教育历史经验的总结，主要集中在 2008—2009 年，即是为了纪念新中国成立 60 年而著。而关于 2010 年后的资料，特别是党的十八大以来的资料，则引用不多。

本课题在查阅新中国成立 60 多年来有关民族教育政策研究成果、文献资料和赴民族地区实地调研的基础上，运用民族学、教育学、历史学、政策学的理论与方法，一是对新中国成立 60 多年来民族教育政策发展变化和实践历程进行深入分析，充分展示民族教育政策和实践发展的历史风貌，对我国民族教育政策的特点及历史经验进行认真总结；二是民族教育政策研究样本的调查分析，对民族教育政策在执行过程中存在的问题进行剖析，寻找因民族特性导致的民族教育政策的发展特征及其与一般教育政策发展之间的特殊关系；三是研究民族教育政策理论体系的构建与完善策略，探索民族教育政策的优化机制，以提高民族教育政策的针对性和有效性。

二、当代中国民族教育政策发展与实践研究的主要内容和方法

本课题研究的基本框架共分为四个部分。第一部分：通过文献查阅和资料收集对新中国成立 60 多年民族教育政策的形成与发展进行梳理，对经验得失进行基本评估，为本课题研究提供依据；第二部分：分析了民族教育理论与政策研究的现状，探讨了政策制定的依据，研究了少数民族教育政策体系及其构成，并从纵向分别对民族基础教育、民族高等教育等方面的政策进行了梳理和分析；第三部分：对新中国成立以来民族基础教育、民族高等教育、民族职业教育、民族成人教育的实践进行了研究，重点研究了在民族教育政策指导下，我国民族教育的实践中取得的巨大成就，并对主要经验进行了系统总结；第四部分：对当前民族教育发展所面临的困难和问题以及对策进行研究，针对民族教育政策和民族地区的特殊文化背景，选取代表性样本进行个案分析，探讨相关政策设计的理论基础，促进民族教育政策理论体系的建立与完善，以彰显民族教育政策对实践指导的实效性和针对性。

（一）民族教育政策发展与实践研究的主要内容

第一篇，形成与发展篇。对新中国成立以来不同阶段党和国家的民族教育政策的发展进行系统梳理。从新中国成立初期到 20 世纪 60 年代，党和国家的民族教育政策取得了十分可喜的成效。但在 1958 年以后受"左"的思潮影响，民族教育政策遭受阻滞，在"文化大革命"时期更受到严重破坏，留下了沉痛教训。改革开放 30 多年来，党和国家民族教育政策无论在内容还是形式上都得到了较大的发展，成效也比较明显。

　　第一章，新中国民族教育政策的创立与奠基。一方面，分阶段回顾了新民主主义革命时期中国共产党关于民族教育政策的探索历程、主要内容及其基本特点；另一方面，阐述了新中国成立初期党和政府对民族教育问题的认识与实践，侧重概述该时期民族教育政策的内容、特点和经验，并进行了综合评述。

　　第二章，社会主义建设初步探索时期民族教育政策的曲折发展。阐述的是该时期党和国家采取一系列措施普及民族文化教育，以展示少数民族教育事业的不断进步。但后来受"左"的影响，民族教育政策逐步偏离了正确的方向，延误甚至阻碍了民族教育事业的进步。

　　第三章，改革开放初期民族教育政策的恢复与继承。主要内容是粉碎"四人帮"以后，我国的民族教育事业面临着巨大的发展困难。针对此种情况，党和政府指出，要积极稳步地加快发展少数民族教育事业。正是在拨乱反正和调整恢复中，我国民族教育进入了发展的第二个"黄金时期"。

　　第四章，改革深化时期民族教育政策的改革与创新。主要内容是随着党中央决定对教育体制进行改革后，民族教育也随着快速发展。这一时期，党和国家就妥善解决少数民族地区教育发展中的特殊困难和问题，提出了指导意见，并召开第四次全国民族教育工作会议，明确了今后改革和发展民族教育的方针和任务，民族教育展现出蓬勃发展的新局面。

　　第五章，新世纪民族教育政策的健全与完善。进入新世纪后，在领导社会主义现代化建设、开启实现中国梦的新征程中，党和政府坚持以人为本、全面协调可持续的基本原则，注重保护、传承和弘扬少数民族文化，充分发挥民族教育对民族地区经济社会发展的促进作用，推进少数民族教育政策朝着系统化、法制化方向发展，标志着我国民族教育工作步入了新阶段。

　　第二篇，理论与政策篇。理论是方针政策的灵魂，方针政策是理论的重要表现。在理论上，马克思主义哲学为我们研究新中国民族教育政策，提供了世界观和方法论的指导，提供了根本立场、观点和方法。在政策上，跟踪学术前沿，加强对新中国少数民族教育政策的基本问题和我国民族教育的主要矛盾及其具体表现进行深入研究，并对构建具有中国特色、民族特色的民族教育政策体系的逻辑结构进行了比较深入探讨。

第六章，民族教育政策的基本问题。分析了民族教育理论与政策研究的现状，对相关研究文献进行介绍、评述，科学界定了少数民族教育政策科学概念；阐述了民族教育政策的理论范畴、本质和特点及其制定的依据、基本原则等。

第七章，民族教育政策基本体系。构建中国少数民族教育政策体系，目前在学术界正处于继续深入研究之中，是民族教育理论与政策研究的热点或焦点。本章提出民族教育政策体系大致由民族教育的总政策、民族教育的基本政策、民族教育的具体政策组成并进行了阐释；分析民族教育政策体系的基本构成等。

第八章，民族教育政策的基本内容。从纵向层面，对新中国成立以来党和国家在民族基础教育、民族高等教育、民族职业教育以及民族成人教育的一系列政策分别进行阐释。

第三篇，实践与经验篇。民族教育政策在指导实践中取得了巨大成就，本篇分别从民族基础教育、民族高等教育、民族职业教育、民族成人教育等方面进行分析，对其政策发展的基本经验进行了总结。

第九章，民族基础教育。新中国成立后，党和政府先后出台一系列特殊政策与重大措施，扶持民族基础教育事业。本章对民族基础教育的措施，民族学前教育、民族中小学教育取得的显著成绩等进行阐述。

第十章，民族高等教育。新中国成立前，我国民族高等教育非常落后，近半数的少数民族没有大学生。新中国成立以来，经过60多年的努力，已经初步建立起具有中国特色社会主义的民族高等教育体系。本章研究了民族高等教育的一系列举措，从体系构建、师资队伍、资金支持、体制机制改革四个方面对其经验进行了分析。

第十一章，民族职业教育。新中国成立以来，在党和国家民族职业教育政策指引下，民族职业教育健康发展，具有中国特色的从初等到高等的民族职业教育体系框架逐步形成。本章解读了民族职业教育的做法，研究了在新型农民职业技能培训等方面取得的成绩。

第十二章，民族成人教育。新中国成立以来，为了发展民族成人教育，党和国家采取了一系列卓有成效的举措，使民族成人教育经历了从无到有，由低级到高级的历史过程，形成了极具中国民族特色的成人教育体系。本章阐述了民族成人教育的措施，并对其在民族干部教育培训、民族工农教育、民族成人学校教育等方面取得的成绩进行了研究。

第十三章，民族教育的历史经验。研究了民族教育的主要经验。新中国成立以来，在不断探索、不断实践过程中，形成了具有中国特色的民族教育发展模式，积累了丰富的经验：坚持中国共产党对民族教育的领导；坚定不移地走科学发展的道路；等等。这些宝贵经验既是一笔巨大的精神财富，也是民族教育在新世纪新时期继续实践的指导力量。

第四篇，问题与对策篇。民族教育改革现状和存在的问题，包括民族教育整体发展水平较低，教育经费投入严重不足，民族教育发展自主权难以落实，基础教育"重中之重"未能体现，民族教育立法明显滞后等。新形势下民族教育教学改革的对策研究，内容包括加强民族教育法制建设，通过立法保障和推动民族教育的改革与发展；进一步加强少数民族教师队伍建设；健全各级民族教育管理机构等。

第十四章，民族教育发展存在的问题。主要内容是针对我国民族教育改革现状的分析，找出我国民族教育改革与发展过程中存在的不足，并对其产生的原因进行了分析：一是民族教育优先发展的战略问题；二是民族教育政策法规需进一步改进；三是民族教育结构需进一步优化；四是民族教育发展应突出文化多样性；五是民族教育管理体制应进一步完善。

第十五章，民族教育发展的对策与建议。本章主要就当前我国民族教育所面临的困难和问题，提出一些有针对性的措施，对民族教育改革提出相关建议，以期这些问题得到有效的解决，从而促使民族教育改革向深水区迈进，实现民族教育事业的跨越式发展。

（二）民族教育政策发展与实践研究的方法和重点

1.历史与逻辑相统一的方法。本课题研究始终坚持以马克思主义为指导，认真学习党的十八大以来习近平总书记系列重要讲话精神，坚持辩证唯物主义和历史唯物主义的世界观和方法论，从史学研究的角度，运用文献研究法，对新中国成立60多年来民族教育政策的历史事实进行了系统的客观的研究，从而揭示其发展的基本规律，总结历史经验，为当今和未来党和国家民族教育政策的制定提供借鉴。

2. 规范分析与实证分析相结合的方法。本研究在对现有民族教育政策规范分析的基础上，对我国的民族基础教育、民族高等教育、民族职业教育、民族成人教育等相关政策的运行现状进行事实判断，选择民族地区学校、民族院校和非民族地区与民族教育有关的学校作为典型案例，对民族教育政策的执行情况进行深入的研究。

3. 本课题研究的重点。研究的重点：一是回顾与追溯新中国成立以来党和国家的民族教育政策的发展的历史过程，以及这些民族教育政策在指导实践中取得了巨大成就和历史经验；二是侧重研究民族教育政策的理论基础、民族教育政策制定的依据以及民族教育政策体系及其构成等；三是有针对性地分析民族教育发展中所存在的问题，并在此基础上提出对策与建议，为政府制定相关民族教育优先发展和跨越式发展的相关政策提供科学的依据。

三、当代中国民族教育政策发展与实践研究的意义和学术创新

我国是一个统一的多民族国家，除汉族以外，还有55个少数民族。我国的少数民族，成分众多，大分散、小聚居；语言文字种类较多，风俗习惯明显不同，宗教影响较深；经济文化发展不平衡等。正是由于上述这些情况的存在，从而决定了我国民族教育的重要性和特殊性。新民主主义革命时期，中国共产党就开始高度重视少数民族教育问题。根据各个历史时期的不同任务，制定了行之有效的民族教育政策。新中国成立后，党和国家采取一系列政策措施扶持民族教育的发展，为少数民族教育事业的进步提供了坚实的政策基础和良好的政策环境，从而保障了民族教育事业能够健康、稳步甚至跨越式地发展。系统梳理新中国成立以来民族教育政策的形成、发展与实

践的过程，科学总结每个时期在制定和执行民族教育政策方面的经验教训，针对存在的困难和问题，提出民族教育改革和发展的对策与建议，对于进一步促进民族教育的发展，提高我国少数民族的人口素质，促进民族地区的经济文化发展，增强民族团结，具有十分重要的理论和实践意义。

（一）民族教育政策发展与实践研究的重要意义

1.全面实施党的"教育优先发展"战略和"科教兴国"战略，促进我国经济社会和谐发展的需要。百年大计，教育为本。新中国成立60多年来的民族教育的发展，是民族教育史上具有划时代意义的伟大创举。早在新民主主义革命时期，中国共产党就在延安创办了民族学院，建国后又相继创办了西北、中央、中南、西南等10多所民族院校，民族高等教育开始兴起，同时，民族基础教育、民族职业教育以及民族成人教育也蓬勃发展，为促进我国经济社会的和谐发展发挥了重要作用。

2.认真总结民族教育政策的实践经验，是探索民族教育发展规律的需要。民族教育与一般教育是个性与共性的辩证关系。新中国成立60多年来，党和国家从我国少数民族和民族地区的实际出发制定的民族教育政策，都反映着我们对民族教育规律认识上的升华和提高。回顾和总结60多年来我国民族教育政策和实践的经验，揭示民族教育发展的基本规律，对实现我国民族教育事业全面、持续、稳定、协调发展具有历史意义和借鉴作用。

3.完善民族教育政策体系，是探讨新世纪民族教育改革和发展的对策的需要。新中国成立60多年来我国民族教育事业发展的过程，也是党和国家民族教育政策在实践中不断创新、在理论上不断完善的过程。但这些政策的依据、联系、绩效的研究还很不充分，对民族教育政策执行过程和评估研究还很薄弱，民族教育政策的体系还很不完善，民族教育改革和发展中还面临很多困难和问题。因此，本课题研究对于不断创新和完善我国民族教育政策体系，探讨新世纪民族教育改革和发展对策，无论从理论的角度，还是从实践的指导作用来看都是十分有益的。

4.对新中国成立60多年来的民族教育进行研究，符合民族地区经济社会发展的需要。众所周知，我国民族地区教育、科技、文化、卫生等社会事业发展比较落后，无疑它会严重制约着民族地区全面协调可持续发展；而加快社会经济发展，教育是头等大事，教育必须成为国家支持民族地区的重点，必须充分发挥教育在培养民族地区人才中的重要作用，必须发挥不同教育形式在人才培养中的不同作用。

（二）民族教育政策发展与实践研究的学术创新

1.在选题上，把新中国成立 60 多年来民族教育政策的发展演变过程作为一个整体来研究，对其进行全面系统的历史考察。

学术界对民族教育政策的研究，要么是从民族教育发展史的角度进行论述，要么是将其作为党的民族政策进行宏观研究，或者以少数民族教育事业的某一方面进行专题研究。本书则是从宏观的研究视角出发，力求客观公正、实事求是地对史料进行梳理、比较和分析，既论述民族教育的体制机制、民族教育经费、民族地区"两基"攻坚、民族高等教育、少数民族骨干人才培养、民族地区职业教育、民族双语教学等政策各自的主要内容、发展变化和特点，又将它们融合在一起，对其进行研究，探讨其与现实环境、党和国家中心工作、民族地区社会发展的关系，以更合理地理清民族教育政策的发展脉络，总结民族教育政策发展的历史经验，揭示民族教育政策和实践发展的规律。

2.在内容上，从纵向来看，以新中国成立 60 多年党和国家把马克思主义民族理论与中国民族问题的具体实际相结合，有针对性地制定中国特色的民族教育政策为主线，这本身就具有重要的理论价值；同时从横向来看，本课题涉及改革开放 30 多年来我国民族教育政策发展和伟大实践各个方面。

一是在发掘最新资料的前提下，深入研究我国民族教育政策的基本问题、民族教育政策制定的依据及作用、民族教育政策体系及其构成，将民族教育政策的制定依据分为总政策、基本政策和具体政策三个大类，分别进行了阐释。目前，学术界关于构建中国少数民族教育政策体系的研究，是民族教育理论与政策研究的热点或焦点。本书提出了构建民族教育政策体系基本思路，以确立和实现民族教育政策为基本目标。

二是较为系统地对民族基础教育、民族高等教育、民族职业教育、民族成人教育进行研究，特别是对 21 世纪民族成人教育的政策发展和实践、成绩进行了较为全面的总结，对民族成人教育政策转型的过程进行了详细梳理。

三是虽然有一些学者对民族教育的历史经验进行了分析和研究，但毕竟不是很全面，我们在综合已有研究成果的基础上，抓住重点，从三个主要方面进行了总结：坚持中国共产党对民族教育的领导；坚定不移地走科学发展的道路；坚持为少数民族和民族地区服务的宗旨。

3. 在研究方法上，坚持以历史唯物主义为指导，既认真总结了党和国家民族教育政策和实践的基本经验，又分析了存在的问题和教训，力求做到实事求是，客观公允，史论结合，论从史出，确保研究成果的客观性。如在分析当前民族教育政策发展以及在实践中面临的困难和问题时，注重结合实际提出完善民族教育政策的有价值的对策建议。在问题与对策研究方面，一是在体例上，主要针对民族教育优先发展、民族教育政策法规、民族教育结构、多元文化与民族教育以及民族教育管理体制这五个维度方面，对新中国成立以来民族教育政策的发展与实践进行了梳理和总结，从而实现了对民族教育政策发展与实践五维一体的分析框架。二是在对新中国成立以来，民族教育政策的发展与实践进行梳理和总结时，并非单纯的质性分析，而是辅以对民族教育发展关键数据的搜集与整理，从而证实了本篇的相关结论，实现了定性与定量的优化组合。三是努力做到理论研究与实践研究相结合、政策研究与对策研究相结合、综合研究与具体研究相结合、一般研究与特殊研究相结合、规范研究与实证研究相结合，从而凸显本课题的研究特色。

第 一 篇

形成与发展篇

　　新民主主义革命时期，中国共产党就十分注重民族教育政策的制定和实践，培养了大量少数民族干部，为新中国的成立以及党和国家制定民族教育政策积累了宝贵经验。在新中国成立初期到 1956 年年底，党和国家的民族教育政策紧密结合当时少数民族的实际，为这一时期民族教育的成效奠定了坚实的政策保障。但在 1958 年以后受"左"的思潮影响，民族教育政策得不到正确而有效的贯彻，随后，"文化大革命"更使其受到严重破坏，留下了沉痛教训。改革开放 30 多年来，党和国家民族教育政策无论在内容还是形式上都有很大的发展：如随着实践的发展，那些不合时宜的政策已被废除，原有的政策亦得以进一步更新、充实和完善，从而更加具体化、系统化、科学化和法规化。

第一章

新中国民族教育政策的创立与奠基
（1949—1956）

1949 年新中国的成立，实现了我国民族的独立和人民的解放，中华民族被奴役、被压迫、被剥削的日子一去不复返了，同时，也开创了党和国家少数民族教育工作的新局面。在新中国刚刚成立不久，以毛泽东为核心的中国共产党第一代领导集体，在民主革命时期少数民族教育政策的基础上，继续推进发展少数民族教育事业，制定并实施了一系列政策法规，有力地保障了我国少数民族的文化教育权益，为今后我国民族教育事业的发展打下了坚实的基础。

第一节　新民主主义革命时期民族教育政策的初步探索

中国共产党对于民族问题的重视是有目共睹的，中国共产党自成立之日起，就将解决国内民族问题作为自己的历史使命，在坚持民族平等、民族团结的基本原则之下，带领全国各族人民开启了争取国家独立、民族解放的新里程。早在新民主主义革命时期，中国共产党便开始重视民族教育事业的发展，而且对于民族教育政策也进行了早期探索和实践，为新中国成立以后党的民族教育政策的发展与实践做好了铺垫。中国共产党在新民主主义革命的过程中，坚持理论与实际相结合，制定了一系列行之有效的民族教育政策，培养和造就了一大批民族干部，为加强党和少数民族群众之间的联系起到了桥梁和纽带的作用，同时也为新中国成立后我国民族教育政策的发展积累了宝贵经验，提供了有益借鉴。

一、新民主主义革命时期民族教育政策探索的历程

新民主主义革命时期，即从 1921 年到 1949 年这段时间。这个时期，中国共产党既注意总结提升民族教育政策的理论，又在实践中注重贯彻执行之，而且还加大对民族革命干部的培养力度，并为此做出了不懈的努力。①

从建党初期到"大革命"时期，主要是指 1921—1927 年，是中国共产党民族教育政策的萌芽阶段。实践是认识的基础，这一时期中国共产党的教育实践和革命实践对我党科学地制定民族教育政策起了重要作用。在建党初期，中国共产党就认识到民族干部对于革命的重要性，并将吸纳和培养少数民族干部作为党的一项重要工作来做好。正是由于党的重视和民族教育政策的有效实施，这就大大地提高了少数民族青年的思想觉悟，他们自觉加入共产党，并自愿走上革命之路。与此同时，中国共产党还注意在民族学校中大力宣传马克思主义，开展民族教育工作。1923 年冬，北京蒙藏学校认真贯彻落实党的民族教育政策，积极引导许多先进蒙古族青年参加革命实践活动，有组织地引导他们学习马克思主义，传播革命刊物《新青年》等，当然，这都与李大钊、邓中夏、赵世炎等党的负责人的指示和领导密切相关。第一次国共合作期间（1924 年至 1927 年），为了推动国民党制定切合实际的民族政策和民族教育政策，中国共产党又作出了不懈努力。

土地革命战争时期，主要是指 1927—1937 年。在这一时期，我党逐步

---

① 吴明海、田小军、周莉：《新民主主义革命时期中国共产党教育政策的历史研究》，《民族教育研究》2008 年第 3 期，第 30 页。

开始摆脱苏联的影响，开始独立领导中国革命，在实践中加深了对革命问题的认识，逐步探索出一条工农武装割据的新革命道路，革命根据地在广阔的农村遍地开花，其中也包括在边远的民族地区。正是在这一时期，中国共产党开始专门制订新民主主义民族教育政策。一般来说，这一时期可以称作是我党民族文化教育政策的初步发展期。在这一时期，我党一方面积极发展民族文化教育，为了更好地促进其发展，于是在政策上进行了许多有益的探索，从而使所制定的民族教育政策更具科学性，能更好地为民族教育的发展提供政策支持。1931 年 11 月，《中华苏维埃共和国宪法大纲》和《关于中国境内少数民族问题的决议案》便是这一实践的最好证明。在长征时期，中国共产党为促进民族文化教育事业的发展，积极运用统战策略，制定了尊重少数民族、坚持民族平等团结等若干重要的民族政策。长征途中的"彝海结盟"，成为执行党的民族政策的典范。由于长征时期，党在政治上、组织上和军事上的逐渐成熟，也使得在民族政策和民族教育政策的认识和制定开始走向成熟。

抗日战争时期，主要是指 1937—1945 年。这一时期，中国共产党坚持马克思主义与中国实际相结合，深刻透彻地剖析近代中国的社会矛盾和基本国情，在此基础上制定了有利于争取各民族团结抗日的民族政策和民族教育政策。只有准确地把握当时中国社会最主要的矛盾，才能正确认识当时我国革命最主要的任务，只有这样，才能有针对性地制定民族政策和民族教育政策。[1] 毛泽东认为，这一时期我国社会的主要矛盾是帝国主义和中华民族之间的矛盾。那么我们的一切工作都应该围绕这一对矛盾的解决而进行，而当时我国的民族政策也应该如此，应该在团结各民族、实现民族平等的基础上联合起来反对日本帝国主义，以争取整个中华民族的彻底解放为首要任务。

解放战争时期，主要是指 1946—1949 年间。这一时期，如何更好地团结各族人民，推翻国内的封建统治，实现民族平等团结，共同为成立新中国

---

①　吴明海、田小军、周莉：《新民主主义革命时期中国共产党教育政策的历史研究》，《民族教育研究》2008 年第 3 期，第 33 页。

而努力是摆在中国共产党人面前最主要也是最重要的任务。1947 年 5 月 1 日，在中国共产党的帮助下，蒙古族成立了内蒙古自治区人民政府。毛泽东和朱德在致内蒙古自治区人民政府贺电中指出："蒙古民族将与汉族和国内其他民族紧密团结，为了扫除民族压迫与封建压迫，建设新蒙古与新中国而奋斗。"① 在其施政纲领中也可以看出内蒙古自治区人民对教育事业的高度重视："普及国民教育，增设学校，改善教师待遇，培养人才，开办内蒙古军政大学及各种技术学校，推广蒙文报纸及书籍，研究蒙古历史，各蒙古学校普及蒙文教科书，发展蒙古文化。"②《中国人民政治协商会议共同纲领》作出了"中华人民共和国境内各民族一律平等"，"人民政府应帮助各少数民族的人民大众发展其政治、经济、文化教育的建设事业"的规定，实际上，这也就明确了我国民族教育发展的基本方针。

在整个新民主主义革命时期，中国共产党既坚持以马克思主义为指导，又充分考虑到我国民族的实际，既兼顾中国各族人民的根本利益，又紧密围绕各个革命阶段的任务，不断探索，有针对性地制定了符合时代特征的少数民族教育政策，有力地推动了新民主主义革命时期民族教育事业的发展，也为中华人民共和国的少数民族教育政策奠定了基础。

二、新民主主义革命时期民族教育政策的主要内容

（一）党的创立和大革命时期的民族教育政策（1921—1927）

一个民族素质的高低直接体现了一个民族的文化教育水平的高低，而且，民族文化教育对于促进民族地区经济和社会发展具有不可替代的作用。在党的创立和大革命时期，中国共产党特别重视少数民族教育工作。1922年 7 月发布的《中国共产党第二次全国代表大会宣言》就阐明了"改良教

---

① 翁独健：《中国民族关系史纲要》，人民出版社 2001 年版，第 871—872 页。

② 中共中央统战部编：《民族问题文献汇编》，中共中央党校出版社 1991 年版，第 1113 页。

育制度，实行教育普及"①的指导方针，提出了帮助少数民族提高文化水平、发展少数民族文化教育事业、培养少数民族干部的相关措施。②这主要体现在以下几个方面：

一是帮助少数民族提高文化水平。1927年11月，《中国共产党土地问题党纲草案》指出，中国共产党之于少数民族人民要完成几个任务，一是带领和团结各少数民族人民消灭"一切种种方式的剥削"，协助各少数民族人民加强文化学习，提升文化素质。③这足以证明，中国共产党此时十分注重提高少数民族的文化水平，他们文化水平的提升对于实现民族解放也有着重要意义。二是发展少数民族教育事业。以苗族的历史和现状为依据，1926年12月，《湖南省第一次农民代表大会解放苗瑶决议案》，提出了"解放苗瑶"的七项决议，其中第三项要求"开办苗瑶简易学校"。④这对于提升苗族人民的文化水平有着深远的意义，对于少数民族文化教育事业的发展也具有一种开拓性的影响。三是培养少数民族干部。中国共产党首先是注重宣传党的正义主张，加强对民族干部的教育与引导，这些民族干部在明白了党的正义主张以后，深受感染，纷纷要求加入共产党，愿意为革命事业不懈奋斗。如满族工人王俊是一个有较高觉悟的有志青年，他深信中国共产党革命的正义性和中国革命道路的正确性，所以他积极要求加强自身修养，于是，他在1921年参加劳动补习学校，为了更好地表示自己对革命事业的忠诚和向往，他还主动要求加入了中国共产党，在"二七"大罢工中不怕艰难险阻，为工人们做出了表率。1923年年底，北京蒙藏学校的蒙古族青年积极要求加入中国共产党，并组建少数民族支部和创办进步刊物《蒙古农民》。⑤总之，在建党初期和"大革命"时期，党所开展的培养少数民族革命干部的工作，

---

① 中共中央统战部编：《民族问题文献汇编》，中共中央党校出版社1991年版，第19页。

② 刘源泉：《中国共产党少数民族文化政策研究》，华中师范大学博士论文2013年，第29页。

③ 中共中央统战部编：《民族问题文献汇编》，中共中央党校出版社1991年版，第83页。

④ 中共广西壮族自治区委员会党史研究室编：《中国共产党与少数民族人民的解放斗争》，中共党史出版社1999年版，第38页。

⑤ 吴明海、田小军、周莉：《新民主主义革命时期中国共产党民族教育政策的历史研究》，《民族教育研究》2008年第3期，第31页。

对于提高少数民族的文化水平和思想觉悟具有重要的意义。

（二）土地革命时期中国共产党的民族教育政策（1927—1937）

每个民族，每一个人都应该享有属于自己的受教育的权利，这一权利应该得到充分尊重和有效保障。在土地革命时期，中国共产党就是这样来推行和保障少数民族享有受教育的权利的，为了使各少数民族更好地吸收知识和适应教育，中国共产党坚持理论与实际相结合的办学方针，提倡建立少数民族学校，使用民族语言教学，加强民族干部的培养，教育要与革命相结合，以革命事业为导向。在这一时期，党的民族教育政策的基本框架开始得以形成。

其一，各少数民族享有文化教育的权利。中国共产党在土地革命时期采取许多有效措施和民族政策促进少数民族文化和教育的发展。1931 年 11 月，《中华苏维埃共和国宪法大纲》强调，少数民族发展自己的文化事业具有重要的意义，政府必须加大对民族文化发展的扶持力度，帮助他们发展自己民族的文化。1935 年 6 月，《中共中央告康藏西番民众书》就强调了政府应该帮助少数民族发展他们自己的文化。尤其是针对在英帝国主义者强迫康藏民众使用英文和中国军阀强迫他们使用汉文，以及只有喇嘛才有权利读书的情况下，提出："第一，必须阻止英帝国主义和中国军阀这种强迫行为；第二，要将喇嘛寺与文化机关学校分立以避免这两者之间的矛盾与冲突，同时，还要帮助番人争取有受教育的机会。"[1]

其二，设立用民族语言教学的学校。1930 年前后，广西左、右江工农民主政府曾经就劳动人民子女实行免费教育做出明确的规定和要求，"尽力提高少数民族的文化素质，并为当地的壮、瑶、苗等民族受教育创造良好的条件。"[2] 1931 年 11 月，《关于中国境内少数民族问题决议案》提出，"必

---

① 中共中央统战部编：《民族问题文献汇编》，中共中央党校出版社 1991 年版，第290 页。

② 吴明海、田小军、周莉：《新民主主义革命时期中国共产党民族教育政策的历史研究》，《民族教育研究》2008 年第 3 期，第 32 页。

须为国内少数民族设立完全应用民族语言文字的学校、编辑馆与印刷局"，1931 年 11 月，《关于中国境内少数民族问题的决议案》指出：为发展民族地区的生产、提高少数民族的文化水平，必须建立完全使用少数民族语言教学的学校。1935 年 5 月，红军西北军区政治部强调，"加强民族文化教育，设立各民族自己的学校"，"用本民族的语言文字教授"①，1934 年年初，《中华苏维埃共和国宪法大纲》强调："苏维埃政权保证劳苦大众受教育的权利，在可能的范围内，实行完全免费的教育。"这些规定与政策，尽管由于条件所限，在当时的历史环境下无法全部兑现，但这并不表示它没有现实的意义。应该说，它还是具有重要的现实意义的。

其三，大力培养少数民族干部。中国共产党非常注重对少数民族干部的培养，并将其作为党联系群众的桥梁和纽带。《关于中国境内少数民族问题的决议案》提出："尽量引进当地民族的工农干部担任国家的管理工作，并且坚决的反对一切大汉族主义的倾向。"1932 年 2 月 19 日，中共中央《给四川省委的信》强调，"尤其要注意加强团结夷民中的先进青年，因为他们的觉悟比较高，易于接受党的革命理念和革命教育，只要通过一定的培训和培养，就可以提高他们的文化水平和思想觉悟，这样是有利于造就他们自己民族的干部的，也有利于他们自己民族的解放"。1934 年 7 月 7 日，按照《中共中央驻北方代表给内蒙党委员会的信》的指示，蒙古族中的青年先进分子易于接受教育，他们在蒙古族中具有较高的政治觉悟，他们对于革命事业的发展是十分有利的。所以务必要加强对他们的培养，于是要求在齐齐哈尔设立军事学校，在海拉尔创立军官速成学校。同时还指出："必须建立蒙民族的独立支部和小组……加强在这些组织中的政治教育工作，经常提拔与培养蒙古劳苦群众中的干部，健全支部与小组的生活，防止一切在组织蒙古民众与汉人的隔离。"②1935 年 6 月，《红军总政治部关于争取少数民族的指示》提出，对少数民族"在生活上、政治教育上都应加以特

_____

①　中共广西壮族自治区委员会党史研究室编：《中国共产党与少数民族人民的解放斗争》，中共党史出版社 1999 年版，第 115 页。

②　中共中央统战部编：《民族问题文献汇编》，中共中央党校出版社 1991 年版，第234—235 页。

别的注意"①, 1935 年 8 月, 党中央提出: "必须挑选一部分优良的番民给予阶级的与民族的教育, 以造成他们自己的干部。"② 可以说, 这样的民族干部政策是极具历史意义的, 而且它对于今后我国民族教育事业的发展也产生了深远的影响。

(三) 抗日战争时期中国共产党的民族教育政策 (1937—1945)

抗日战争爆发后, 中国共产党明确了"民族的科学的大众的文化"是新民主主义文化的性质并对其进行了科学的界定, 同时, 还把它作为少数民族文化教育政策制定和实施的依据加以强调, 而且还认为我国民族教育的主要目标和主要任务就是提高少数民族的思想觉悟, 激发他们抗战救国的热情, 为团结抗日救国贡献自己的力量。为了更好地实施民族教育, 对于那些不合时宜的旧的教育制度应该予以废除或改进, 在有条件的地方实行教育免费政策, 在学校教育中要注意加强学生的实践训练、军事训练, 提高他们的政治悟性。为给民族教育的推行和发展提供保障, 兼顾民族教育自身的特殊性, 我党这一时期的少数民族教育政策主要有以下几个方面:

其一, 发展民族语言的文化教育。1937 年冬,《目前救亡纲领》提出: "发展各民族之固有文化、协助其教育文化提高, 不干涉其宗教、但应以教育方法, 逐渐破除其迷信。"这就不仅指出了少数民族文化与少数民族文化教育之间的关系, 而且对于应该怎样认识民族文化教育与宗教、迷信之间的关系提供了一个正确的方向, 也对于引导我们在现实中更好地认识和处理这些关系提供了有益的借鉴。1938 年 10 月中共六届六中全会召开, 毛泽东强调: "不但不应强迫他们学汉文汉语, 而且应赞助他们发展用各族自己言语文字的文化教育。"③ 这既体现了毛泽东个人对少数民族的尊重, 也体现了我党对少数民族的尊重, 尊重他们有选择学习语言文字的自由, 尊重和保护他们享

---

① 中共广西壮族自治区委员会党史研究室编:《中国共产党与少数民族人民的解放斗争》, 中共党史出版社 1999 年版, 第 116—117 页。

② 中共中央统战部编:《民族问题文献汇编》, 中共中央党校出版社 1991 年版, 第 308 页。

③ 中共中央统战部编:《民族问题文献汇编》, 中共中央党校出版社 1991 年版, 第 595 页。

有接受教育的权利。1941 年 2 月 20 日，中共中央针对少数民族文化教育问题指出，"应当用他们本族的语言文字办学校出报出书"，1945 年 4 月，毛泽东又对这一尊重再次做了强调，它进一步强调要尊重少数民族在言语、文字、风俗、习惯和宗教信仰等方面的自由①，这样的一些观点，无论是在当时还是现在来说都具有很深刻的意义。

其二，开办民族学校。开办民族学校是党的民族教育政策实施的一个重要体现，而如何办好民族学校则是一个关乎民族教育成效的关键。于是，在抗日战争时期，我党同样注意推进民族教育事业的发展，并为其发展开展了一些具有实质性的工作，如加强边区教育设施的建设，加强教育师资力量的培训，结合革命的需要，对教育的目标、课程的内容都进行有针对性的设置，取得了良好的教育效果。1937 年 7 月 10 日，按照《中共中央关于蒙古工作的指示信》的指示：针对蒙古民族教育的实际需要，我党提出了要支持蒙古教育发展的具体要求，并且要在经费上对其教育予以支持，如要求"拨款兴办蒙人学校"②。1940 年 4 月和 7 月，我党拟定了《关于回回民族问题的提纲》和《关于抗战中蒙古民族问题提纲》，这两个提纲分别针对回族、蒙古族的文化教育的实际，大力加强抗战教育，设置运用民族语言进行教学的学校，尽量满足民族学生日常学习生活的需要，为他们生活学习提供便利，允许他们自由选择就读学校。1940 年 8 月，《绥察施政纲领》要求开设民族学校应用民族语言讲授"需要之课程"③。

其三，培养少数民族干部。解决国内民族问题的关键要靠在少数民族地区培养少数民族干部，中国共产党高度重视这一工作。1937 年 11 月 5 日，《少数民族工作委员会关于宁夏工作报告》在关于"今后工作"的部分，要求："用一切力量找到与培养回民中的干部。"④这一时期，中国共产党提出要从各个方面培训少数民族干部，诸如政治、军事、文化等。1937 年，延安中共中

---

① 吴明海、田小、周莉：《新民主主义革命时期中国共产党民族教育政策的历史研究》，《民族教育研究》2008 年第 3 期，第 34 页。

② 中共中央统战部编：《民族问题文献汇编》，中共中央党校出版社 1991 年版，第 547 页。

③ 《内蒙古民族团结革命史料选编》，内蒙古自治区档案馆 1983 年版，第 88 页。

④ 中共中央统战部编：《民族问题文献汇编》，中共中央党校出版社 1991 年版，第 569 页。

央党校开办少数民族班，为各少数民族青年提供学习的机会，为少数民族地区培养人才。1938 年 10 月 15 日，中共六届六中全会上，张闻天指出要培养少数民族中的开明分子，"使之成为少数民族工作的干部"。1938 年 11 月 22 日，中共中央也提出要求加强对蒙民干部的培养和培训。[①] 从 1939 年，中共中央党校先后开办了回族干部训练班、藏族干部学习班和蒙古青年学习班。其中，蒙古青年学习班于 1941 年 6 月发展为陕北公学民族部。1941 年 9 月，为了更好地更深入地研究我国的民族问题，党中央觉得很有必要建立一个民族类的高等院校来对这些问题进行研究，为党的民族教育决策提供科学的依据。[②] 于是，延安民族学院应运而生。延安民族学院在调查和研究少数民族的实际、贯彻党的民族政策、加强民族团结、培养民族干部方面起了很大的作用。除了汉族外，还有许多来自如蒙古族、藏族、回族、满族、彝族、苗族、东乡族少数民族地区的青年才俊。实践证明，延安民族学院的这些举措是有成效的，它是中国共产党的抗日民族统一战线政策结晶的重要体现，其意义无论是在我国的教育史还是民族史上都非同一般。

（四）解放战争时期中国共产党的民族教育政策（1945—1949）

经过长达十四年的抗日战争，我国的民族教育事业虽有发展，但发展缓慢，而且还遭到了巨大的破坏。尽管如此，进入解放战争时期后，中国共产党针对民族教育落后的实际，一方面投入人力和财力着手恢复在战争中遭受破坏的民族学校，另一方面，也加大资金的支持力度，积极建立一些新的民族学校以适应我国民族教育发展的需要，积极培训民族干部和民族专业人才，积极探索民族教育发展的规律和教育策略。

一是兴办民族学校，发展民族语言文字的教育。抗日战争结束后，针对内蒙古地区教育一片混乱的状况，1945 年 10 月 27 日，中共晋察冀中央局提出，要尽快恢复内蒙古地区教育事业的发展，为此必须恢复或者建立各种

---

① 中共中央统战部编:《民族问题文献汇编》，中共中央党校出版社 1991 年版，第 614 页。

② 戴文红:《中央民族大学民族干部培养回顾、现状及思考》，《民族教育研究》2009 年第 6 期，第 34 页。

民族学校，满足各民族人民学习文化知识的需要，对于那些经济困难的学生还要进行救济，不能让其失学或错过上学的年龄。在文化教育方面，允许"各族人民有权使用自己民族的言语"①，要求不能运用强硬和强迫的手段教化少数民族，而应该用教育的方式来提高和改造他们。11 月 27 日，乌兰夫谈道："应尽量恢复并广泛采取夜校普及巡回识字等方式，使广大文盲都能识字。"②1947 年 4 月，新成立的内蒙古自治政府也高度重视内蒙古民族教育事业的发展，并为此提出具体的实施要求，如提出加强人才的培养，为此要多开办学校，开办高等学校和技术学校，加大资金投入，加强师资培养，提高教师待遇，在内蒙古地区普及基本教育的发展民族文化教育的基本方针。

二是培养民族干部，壮大少数民族干部队伍。只有尽可能多地团结全国各族人民加入解放战争的队伍中来，才能最终取得战争的胜利。而在当时，培养民族干部对于战争的形势来说又是十分必要的。1946 年 6 月 15 日，中共华东局针对"自卫战争"的形势和回族干部的现状，明确提出要下决心有计划地提拔和造就回回民族的干部以适应自卫战争的需要，让他们在本职岗位上尽可能地做好自己的工作，同时加强对他们的培训和锻炼，加强对他们的政策教育。时隔两年之久的 1948 年 8 月 3 日，中共东北局召开内蒙古干部会议，会议一针见血地指出当前内蒙古地区民族干部存在诸多问题，如他们对党的政策理解不够，认识不深，思想水平较低，经验较少。因此，一是要克服不良情绪，必须抽调干部多学习，干部学习是大事，要着眼于未来，即使工作再繁重，任务再繁重也必须多抽时间来学习；而且还针对高级干部制定了学习的内容，如加强对马克思主义、民族政策等理论的学习，要注意将理论学习与内蒙古民族政策相结合，会议还指出了加强民族干部的理论学习是内蒙古工作的决定关键。

三是开始注意培养少数民族专业人才。解放战争时期，我国民族教育的

---

① 中共中央统战部编：《民族问题文献汇编》，中共中央党校出版社 1991 年版，第 970—971 页。

② 中共广西壮族自治区委员会党史研究室编：《中国共产党与少数民族人民的解放斗争》，中共党史出版社 1999 年版，第 208 页。

一个侧重点在于发展民族高等教育，而民族高等教育的中心工作就是培养民族干部。正是由于党对民族高等教育的重视，东北军政大学、辽南建国学院、华北人民革命大学等高校相继成立，这些高校在针对怎样培养民族干部方面进行了巨大的努力和积极的探索实践。1946 年起，内蒙古地区加快了民族干部培养的步伐，一些军政干部学校得以在赤峰等地建立起来。截至1947 年 4 月，内蒙古地区共培养了 2000 多名民族干部，同时还输送了大量人才、先进分子到东北接受培训。1949 年 4 月，延边大学成立，其目的也是为了培养民族干部；1950 年 8 月，西北民族学院成立。这样就彰显了我党对于民族干部培养的一贯主张，尽管这个时期的民族高等教育发展还较为落后，教育体系还有待完善，还有其他许多需要进一步改进和完善的地方，但截至新中国成立时，已经培养了许多少数民族干部和专业人才。一大批民族干部和专业人才正是在这期间的学习和实践中锻造出来的，他们为民族地区经济社会的发展作出了杰出的贡献。

三、新民主主义革命时期民族教育政策的基本特点

新民主主义革命时期，中国共产党积极探索和解决少数民族教育问题，这些实践直接推动了少数民族教育政策的发展。尽管这一时期的民族教育政策还不够成熟和完善，但是，随着实践的不断深入，中国共产党的认识也不断提高，对于民族教育问题的认识也在不断提升，对于民族干部培养的重要性，民族教育问题的重要性也越来越深刻，同时也认识到把马克思主义民族理论与我国具体实际相结合的重要性，只有结合，我国的民族工作才能成功，否则就要遭到失败。也正是从这个时候开始，我党开始独立自主地制定和实施少数民族教育政策。

（一）融入了民族平等的思想

坚持民族平等是马克思主义民族理论的一贯主张，从这一基本主张出

发，中国共产党也十分注重实现国内各民族之间的平等。在我国，民族平等的内容十分丰富，其中就包含了少数民族教育的平等。尽管在新民主主义革命时期，我党对于民族教育平等还没有形成一个比较清楚的认识，也还没有能够从理论上来对其加以认识和论述，但是没有形成理念并不代表我党没有这方面的具体实践，其实我党早就开始践行这样一个理念，而且它还深深地扎根于我党的民族教育政策中，我党的民族教育政策其实就贯穿和遵循着这样的理念。如长征时期，1935年5月，《少数民族工作须知》就专门针对教育的平等做出要求，如要求实现男女在受教育权利方面的平等。在这一方面也应该实行平等，男女不应该有别。①1936年2月，《川滇黔边区革命根据地行动纲领》发出号召，呼吁"川滇黔边区的苗、彝、瑶、回等少数民族应该自觉接受中国共产党的领导，应该在中国共产党的领导下消灭剥削和压迫，坚决反对民族歧视，实行民族平等和民族团结，中国共产党也应该尊重他们的风俗习惯和宗教信仰，依据他们的民族特点实行民族文化教育"②。1945年，毛泽东在《论联合政府》的报告中又再次就民族文化教育的问题做出了强调，他认为，少数民族在政治、经济、文化等方面较为落后，有鉴于此，中国共产党理应帮助他们发展政治、经济、文化，实现他们的解放，少数民族有与汉族平等接受教育的机会和权利，这对于提升他们的政治觉悟大有益处，这就凸显了党对于民族平等的追求和对少数民族文化教育权利的维护，有利于推进少数民族教育工作。

民主革命时期，一方面，中国共产党传播少数民族教育平等思想；另一方面，又注重发展少数民族文化，将二者动态地结合起来。在实行的过程中，中国共产党也清醒地认识到，在实行民族教育平等的道路上还会面临许多困难，还有很长的一段路要走，务必要看到这一过程的长期性和艰巨性，但是，实行民族教育平等也丝毫不能怠慢，因为它具有很强的现实性和紧迫性，要将其长期性、艰巨性和现实性、紧迫性结合起来；我党在宣传少数民

---

① 中共中央统战部编：《民族问题文献汇编》，中共中央党校出版社1991年版，第281页。

② 闵绪国：《红军长征时期党的民族政策及其历史意义与现实启示》，《北京党史》2006年第6期，第7页。

族教育平等思想的时候，务必要想方设法提高其有效性，要将有效性与符合实际的政策及其实践的显著成果进行结合。中国共产党通过各种文件、报告等一而再再而三地强调实行民族教育平等，并在实践中加以落实，如在长征途中，党和红军制定了诸如建立民族学校、学习和运用民族语言文字、发展民族文化教育等一系列具体的措施。随着这些措施的实施，民族教育平等已经在某些地区得以实现，在一定程度上确保了少数民族教育平等的权利，而关于民族教育平等的思想也日益深入人心，其实，这都是中国共产党的功劳，如果没有中国共产党的提倡和有力贯彻，少数民族人民也不可能拥有教育平等的机会和权利。

（二）注重与革命实践相结合

纵观新民主主义革命时期中国共产党的少数民族教育政策，我们可以清楚地发现，民族教育政策与革命实践活动紧密结合，并随之发展和变化。例如：在建党初期和大革命时期，也就是在土地革命以前，我党主要是在宏观上、在思想理论上来对民族教育进行认识，在民族文化教育政策的制定上还缺乏较为科学的认识，导致了我党所制定的民族文化教育政策的科学性、可行性不强；那么，在土地革命开始后，中国共产党总结了以往实行民族文化教育政策中的成功经验和失败教训，正是在这样的认识基础上，我党在土地革命时期以后所制定的少数民族文化政策开始呈现出具体化和多样化。由于革命根据地的不断建立，民族地区革命斗争的不断开展，中国共产党能够深入民族的实际，针对不同的民族状况开展调研，根据民族教育的现状，深刻总结当前所存在的问题，并针对问题提出了有效的解决措施，从而制定了切实可行的民族文化教育政策。《湖南省第一次农民代表大会解放苗瑶决议案》在经过深入调查、充分了解当地苗族、瑶族群众文化水平的前提下，提出"开办苗瑶简易学校"的政策，这样就有助于提升他们的文化水平，如此一来，他们的文化水平较低的状况就会得到一定程度的改善；我党在深入研究的基础上，颁布了《黔东特区第一次工农兵代表会议决议案》，鉴于黔东地区苗族文化在当地所具有的深远影响，提出"用苗族自己的语言文字。发展苗族的文化"的措施等。在这一时期，中国共产党开始探索马克思主义的普遍原理与中国实际相结合的道路，开始逐步摆脱苏俄及共产国际对我国革命态势的影响，为引导和动员少数民族群众投身到革命斗争之中起到了积极的作用。[①]

（三）将原则性与灵活性相统一

就民族文化教育这方面而言，我党所坚持的一贯原则是务必要实现民族文化教育的平等，努力促进民族文化教育事业的发展。根据这一指导思想，在实际进程中，我党认识到我国民族众多，地域广阔，各少数民族间差异很大，在实现民族文化教育平等，做好民族工作上肯定会遇到不少的麻烦，然而，中国共产党始终坚持维护少数民族教育的平等、发展少数民族教育事业，又要依据各地、各少数民族的不同情况制定实施民族教育政策。

长征途中，中国共产党十分重视和强调调查研究的重要性。坚持深入调查研究，是正确制定民族文化教育政策的前提，只有这样，才能确保民族教育政策具有针对性和实效性。于是，在党的各种文件中，也对这一问题反复进行强调。《红四方面军政治部关于少数民族工作的指示》指出："最后总政治部认为这一个指示，还只是一般的原则，更具体的执行，还要依据各级政治机关灵活地去创造一些新的方式，学习更多的经验。这正是我们目前迫切需要解决的问题。"[②] 可见，中国共产党根据少数民族所存在的差异，强调既要坚持以马克思主义民族理论为指导，同时又要结合本国本民族的实际，做到兼顾普遍性与特殊性、兼顾共性与个性，坚持因地制宜地开展民族文化教育工作，这样就很符合少数民族的实际，从而才能收到良好的教育效果。

[①]　刘源泉：《中国共产党少数民族文化政策研究》，华中师范大学博士学位论文2013年，第34页。

[②]　中共中央统战部编：《民族问题文献汇编》，中共中央党校出版社1991年版，第361页。

在这一时期，随着历史的不断发展，中国共产党的民族教育政策先后经历了萌芽期、发展期、成熟期以及收获期四个阶段，在这些阶段内，我党逐步加深了对民族教育的认识，民族教育事业也得到了不断的推动和发展。

第二节　过渡时期民族教育政策的初步形成

过渡时期指的是从 1949 年新中国成立到 1956 年社会主义改造完成这段时间，我国要实现从新民主主义革命到社会主义建设的过渡。新中国的成立，中国共产党开始从革命党转变为执政党，人民真正当家作了国家的主人。然而，当时若想要发展民族教育，中国共产党一方面必须接手旧的民族教育，另一方面又得创立新的民族教育体系以适应新的时代发展，工作非常艰巨，任务非常繁重。对此，中国共产党注重贯彻民族干部的培养，努力普及推行基础教育等政策。具体来说，为了确保教育的有序开展，我党既注重加快对民族高等院校的建立与管理，同时又建立了一些管理机构，出台了一些法规制度以确保民族教育政策的有力贯彻。这一时期出台的几个重要文件，对新中国民族教育政策体系的形成起到了历史性的重要作用。[①]

一、新中国成立前我国少数民族教育状况

在旧中国，历代统治阶级根据统治的需要，兴办过一批义学、社学、书院，制定过有关民族教育方面的政策，以发展少数民族文化教育。但这些学校基本都不是建立在广大偏远贫穷落后的民族乡村地区，它们要么是建立在邻近

---

① 刘源泉：《中国共产党少数民族文化政策研究》，华中师范大学博士学位论文 2013 年，第 63 页。

汉族地区，要么是建立在民族地区较发达的城镇。民国初期，受孙中山提出"五族共和"思想的影响，中华民国政府曾经为发展民族文化教育做出过一些尝试和努力。如设立蒙藏教育司专门管理蒙藏回疆教育，然而，当时的政治局势极度紧张，这样的一些举措根本就不奏效，况且，当时的中华民国政府也根本顾不上发展民族教育。所以，其意义和作用很不明显。在抗日战争时期，出于军事上的考虑，蒋介石曾经在大西南、大西北地区采取过一些措施发展民族教育，如他曾经制定了一些发展民族教育的法规和设立了一些学校，但是抗战一旦结束，为了达到其分裂国内各民族的目的，他就马上重新推行大汉族主义和民族歧视政策，这种政策是十分不利于国内各民族团结的，而且还很容易造成各民族之间的仇视和厮杀。所以这种政策大大地打击了少数民族办学的积极性，导致民族地区的民族教育受到巨大的破坏，甚至出现了倒退落后的情况。

由于民族地区本身自然社会等条件的限制，这就导致了少数民族长期处于生产力水平比较低下的状态，从而也导致了他们的民族教育水平长期处于比较落后的状态。许多少数民族还停留在"刀耕火种"和"刻木结绳记事"的原始社会状态；有的少数民族和民族地区的教育仅限于寺院经堂之内，实行的是一种"寺院即课堂，佛爷即教师，和尚即学生，经书即课本"的寺院教育和经堂教育；有的少数民族和民族地区虽有少量的私塾、学堂和中小学校，但主要是面向贵族子弟，所以学生寥寥无几。[1] 据有关资料记载，新中国成立前夕，我国少数民族文化教育十分落后，绝大多数少数民族和民族地区没有建立起学校教育体系。在高等教育方面，全国没有一所正规的少数民族高等院校；初等教育方面，仅仅在社会经济发展程度高一点的少数民族地区有一定的发展；全国少数民族地区的适龄儿童入学率极低，如新疆地区1928年学龄儿童入学率为2%；西藏、宁夏地区1949年适龄儿童入学率分别为2%和10%；少数民族人口中文盲所占的比例还是相当大的。据统计，在20世纪三四十年代，有22个少数民族的文盲率在95%以上，即使是文盲率较低的朝鲜、满、乌孜别克等民族的文盲率也在40%—60%之间，少数民族师资队伍极为薄弱。

---

[1]　哈经雄、滕星：《民族教育学通论》，教育科学出版社2001年版，第120页。

二、过渡时期少数民族教育事业的快速发展

在新中国成立前夕，为了进一步明确少数民族文化教育的问题，《中国人民政治协商会议共同纲领》指出，要坚持我国国内各民族一律平等的原则，我国政府要加大对少数民族在经济、政治、文化、教育事业发展方面的支持力度，实际上，这也就为新中国民族政策的制定和实施提供了一种宏观上的指导。1951年9月20日至9月28日，第一次全国民族教育会议在北京召开，这次会议全面而系统地对新中国的少数民族教育政策进行阐述，并对新中国少数民族教育的方针和任务作了明确的规定，会议要求采取与民族实际相结合的形式开展民族教育，要充分考虑到不同的民族的特点。至于在民族教育工作的指导上，会议决定在教育部和有关地方的各级教育行政部门"建立民族教育行政机构，或者指定专职人员来负责掌管民族教育工作"[1]。为了在教育事业中体现我国民族平等政策，还规定了凡有现行通用文字的民族，其小学和中学的各科课程必须使用本民族文字教学。

1951年11月23日，《中华人民共和国政务院关于中央人民政府贸易、教育、卫生会议报告的决定》指出："批准中央人民政府教育部马叙伦部长提出的关于少数民族教育会议的报告，并予公布。责成各大行政区人民政府（军政委员会）和华北事务部指导所属有关省（行署）人民政府分别制定当地少数民族地区1952年的教育工作计划，切实执行，并向中央人民政府各有关主管部门报告。1952年少数民族教育工作需要中央人民政府额外补助的经费，由中央民族事务委员会和有关主管部门会商拟订，报政务院核定。"为了加强对少数民族教育工作的领导和管理，1952年4月26日，政务院做出《关于建立民族教育行政机构的决定》，在教育部设立民族教育司，统一领导和负责全国少数民族教育工作。同时要求各地根据少数民族人口及工作的需要，分别设置相应的行政机构或配备专职人员，形成了从中央到地方的

---

[1] 良警宇：《北京牛街回民教育现状调查》，《中央民族大学学报》1999年第4期，第23页。

民族教育行政系统。

在少数民族高等教育事业的发展方面，早在 1941 年 9 月 18 日，全国第一个民族学院——延安民族学院在延安诞生了。新中国成立后，党和政府立即把创办民族学院提到了国家的重要议事日程。1950 年 11 月 23 日，政务院第 60 次政务会议批准了《培养少数民族干部试行方案》和《筹办中央民族学院试行方案》，确定了培养、训练和提高少数民族干部的方针，这是新中国成立以后第一个有关少数民族教育方面的法规性文件，推动了我国少数民族高等教育的发展。从 1950 年起，全国相继成立了中央民族学院，并在西北、西南和中南地区设立中央民族学院分院，结束了少数民族没有高等院校的历史。1954 年 9 月 14 日，政务院文化教育委员、教育部、中央民委发出《关于大区撤销后各地区民族学院的领导关系》的通知，决定西北、西南、中南民族学院由教育部领导，中央民族事务委员会指导。甘肃、四川、湖北省教育厅及民委对上述学院进行具体管理和指导。云南、贵州、广西省（区）民族学院仍归各省领导。同年 9 月 16 日，中共中央发出通知，要求有关省在民族学院领导关系改变后，要加强对民族学院的领导和管理，切实把它们办好。1955 年 6 月 27 日至 7 月 2 日，第一次全国民族学院院长会议在北京召开，会议讨论并研究了民族学院的方针任务、教育工作和领导关系等问题。

此后，少数民族教育事业便进入一个快速发展的黄金时期。到 1956 年，全国少数民族在校小学生已达 319 万多人，比 1951 年增长了 2 倍；普通中学学生达到 23 万多人，比 1951 年增长近 5 倍；中等技术学校学生达到 16 万多人，比 1951 年增长 24 倍；中等师范学校学生达到 16 万多人，比 1951 年增长近 3 倍；高等学校学生达到 14 万多人，比 1951 年增长 5 倍多。[①] 在民族地区学校建设方面，新中国成立后，我国的基础教育、中等职业教育、成人教育、高等教育等也得到了长足的发展，多类型、多层次的学校体系在我国逐渐形成，如 1949—1952 年在延边朝鲜族自治州延边大学、延边医学院以及延边农学院相继成立。鉴于一些地区民族教育基础特别落后的实际，

---

① 黄光学主编：《当代中国的民族工作》（下），当代中国出版社 1993 年版，第 317 页。

党和国家还采取特殊的政策和措施来促进其民族教育事业的发展。例如，西藏过去的教育事业十分落后，正规的学校教育是在西藏和平解放以后才出现的。1950 年昌都解放后，人民解放军为西藏办起了第一所正规小学，随后又陆续在拉萨、日喀则、江孜、林芝、亚东等地建立了小学，国家拨款设立了贫困学生助学金；在陕西咸阳建立了西藏公学，学生全部享受公费。后又在此基础上，设立了西藏第一所高等学校——西藏民族学院。

第三节　过渡时期民族教育政策的主要内容

新中国成立初期，少数民族教育事业之所以能够快速发展，是与党和政府坚持实事求是、求真务实的态度，与党能根据少数民族地区的实际情况，适时制定有效的民族教育政策分不开的。

一、大力培养少数民族干部

在新中国成立之初，党和政府已经清晰地认识到，培养和造就大批具有共产主义觉悟的少数民族干部对于解决民族问题、促进民族团结是十分必要的，它同时又是推行党的民族政策、做好民族工作的关键一环，"要彻底解决民族问题，完全孤立民族反动派，没有大批从少数民族出身的共产主义干部，是不可能的。"[1]1950 年 11 月 24 日，《培养少数民族干部试行方案》强调，要贯彻"培养普通干部为主，迫切需要的专业与技术干部为辅"[2] 的指导方针，并指出各地要多层次、多渠道地培养少数民族干部，即举办民族院

---

[1]　《建国以来毛泽东文稿》第 1 册，中央文献出版社 1987 年版，第 138 页。

[2]　国家教委民族地区教育司：《少数民族教育工作文件选编》，内蒙古教育出版社 1991 年版，第 25 页。

校、民族干部学校和民族干部训练班，且实行"民族干部轮训"制度。此外，《方案》还对民族院校的教学内容、经费供给及班级设置作了详细的规定。1951年2月，政务院要求各有关省、市、行署必须认真地并有计划地执行该《方案》，并对其执行情况进行定期的监督检查。1951年12月21日，针对怎样培养好民族干部的问题，李维汉强调，为了提高民族干部的政治和文化素养，必须在学校里进行有计划的训练，要适当分配好"地方训练班、各地民族学院、中等学校、高等学校以致技术训练班之间"的工作任务；要适当规定好政治和历史等科目的内容。[①]1956年9月19日，乌兰夫强调，民族干部的培养，既要信任他们，大胆使用他们，使他们在实际工作中得到锻炼，提高他们各方面的能力，又要相信他们能够胜任本职工作，"让他们独立负责地去工作"[②]，这足以说明，党中央对于民族干部的作用进行了充分的肯定。由于党和国家对培养民族干部的重视，所以我国的民族干部人数逐渐增长，其数量在新中国刚刚成立之时才1万多人，而到中共八大召开前后竟然达到了21万多人，而且，其整体素质也明显提升。此外，这一时期，党中央高度重视党员干部的民族政策和马克思主义民族观的教育。1950年11月24日，《培养少数民族干部试行方案》规定，将中国历史、中国现状和民族问题与民族政策纳入政治课的基本内容之中，并要求民族学校注重培养各民族之间互相尊重、互相友爱合作的精神，不搞大民族主义倾向或狭隘民族主义倾向。

二、依据民族特点举办民族教育

针对我国的教育问题，周恩来于1950年6月8日指出，我们所实行的是民族的教育，既然是民族的教育，那么它就应该结合民族的特点采取民族的形式来进行，而处于中华民族大家庭中的各个民族，也需要互相学习，取

---

① 李维汉：《统一战线问题与民族问题》，人民出版社1982年版，第518页。

② 《民族政策文件汇编》第二编，人民出版社1958年版，第46页。

长补短，只有这样才能促进我们民族教育的发展，办好我们的教育。[①] 第一次全国民族教育会议的报告对于周恩来的上述观点又进行了一次强调，同时还指出，民族教育涉及教育内容和形式的问题，对于更好地处理这些问题，应该遵循整个国家教育的统一性，同时又要结合民族的特点制定恰当的教育内容和形式，而且，这一次会议还对于民族教育的总的指导方针作出了明确的规定，今后的民族教育要以新民主主义为最重要的内容，要坚持贯彻执行民族的、科学的、大众的文化教育。这样的教育其实是一种新的教育，它与以往的民族教育相比，已经有了更为科学的内容，体现了其教育内容的与时俱进性。当然，这一报告还有其他关于民族教育方面的许多丰富的内容，对于这一时期怎样开展民族教育具有很好的指导作用，也对于我们今后开展民族教育具有良好的借鉴意义。1955 年 10 月，针对我国牧区民族教育还得不到有效改善的实际，教育部和民族事务委员会在北京召开牧区民族教育汇报会，要求根据不同地区的实际有针对性地采取不同的学制，必须坚决克服一般化或正规化的倾向。[②] 需要特别指出的是，这一时期，国家对少数民族教育课程以及相关宗教问题采取了差异化政策处理。例如，1953 年教育部对河北教育厅关于回民学校是否开设"回民常识"课程作了如下批复：如本民族群众积极要求增设回民历史、回民常识时，可在不影响统一课程进度下设置，讲授回民的生活习惯及本民族劳动人民的斗争史，每周不超过 1 课时，其教材由省教育厅审查后进行教授；根据"共同纲领"文教政策"民族的、科学的、大众的"教育方针，在学校不宜讲授宗教教义，学生在课余时间到附近清真寺做礼拜、学习教义和阿文，不应加以限制。这个批复虽然是针对河北回民教育，但是反映了对全国回民教育乃至整个少数民族教育课程问题和宗教问题的政策原则——可根据民族群众自愿设置民族历史等课程，或者在历史课中加授民族史内容；坚持教育与宗教分离原则，在国民学校不得进行宗教教育，同时尊重少数民族宗教信仰自由，对少数民族学生在校外时间

---

① 原伟霞：《民办教育：民族教育的可能选择——从理论及实践层面浅议民族民办教育的可能性》，《浙江树人大学学报》2006 年第 5 期，第 23 页。

② 王铁志：《新中国民族教育政策的形成与发展》（上），《民族教育研究》1998 年第 2 期，第 5 页。

接受宗教教育不予限制。这是对中国古代文教政策"修其教不易其俗，齐其政不易其宜"的继承和发展。教育与风俗、教育与宗教并行，教育主要承担促进各民族一体化发展的使命，而民族风俗和宗教则继续作为各民族文化多样性发展的载体。

三、通过多种手段普及民族教育

党和政府在这一时期除了重点培养民族干部以外，还高度重视发展民族基础教育，民族基础教育在整个民族教育体系中居于基础性的地位，如果民族基础教育这个基础打不牢，那么民族高等教育和其他民族教育也就难以发展。所以，民族基础教育在民族教育中的重要性不言而喻。新中国刚刚成立不久，政务院就强调，要求各级政府务必注意发展中小学教育，并采取措施支持民族中小学的恢复和发展，这是非常具有历史意义的。为此，设立了一系列的相关政策。如为了解决民族教育经费不足的现实问题，于1951年特设了"少数民族教育事业补助费"；由于民族地区教育的落后，许多家长并不关心自己孩子的上学问题，而且他们当中还有许多人压根就不懂得上学读书、接受文化教育的重要性，也始终坚守着读书无用这样的错误观念，这就导致了民族地区的许多青少年不上学，不接受文化教育情况的出现。针对这种情况，政务院也做出了一些相应的解决措施，如民族学生报考学校应优先录取他们，在招生政策上给他们适当的优惠。《培养少数民族干部试行方案》正是在这样的背景之下出台的，其初衷就是，面对着许多少数民族学生不上学，上不了学，从而导致文化水平低的实际，有针对性地实行一些招生优惠政策让他们有学可上，如对投考高等学校与一般中学的学生应适当规定一个入学成绩标准。为保障少数民族学生能够享有接受高等教育的权利，《培养少数民族干部试行方案》就提出要实行对民族学生实行免费教育的政策。此外，党中央还高度重视对少数民族青年的培育，于是要求那些民族学院也分担培养少数民族优秀青年学生的重任，并要求这些学校制定专门的民族学生培养方式和措施，务必培养好民族青年学生，不负国家的重托。1950年8

月正式成立的西北民族学院,位于金城兰州,是新中国成立后创建的第一所民族高等院校。

1951 年 1 月,中南军政委员会按照《培养少数民族干部试行方案》的要求,委托中原大学(华中师范大学的前身)筹办中央民族学院中南分院,1951 年 11 月 29 日,中央民族学院中南分院正式开学。后于 1952 年 11 月 27 日,经中南军政委员会批准将其更名为中南民族学院。从建校到 1956 年的五年之内,中南民族学院共开设了政治、研究、文化、预科、司法、教育行政干部训练、师范、民族语文干部训练、农业会计、师范专修 10 个班次,共培养了 2304 名学生,他们为中南地区经济社会的发展作出了重要的贡献。

1951 年成立的西南民族学院,按照"培养以普通政治干部为主,迫切需要的专业人才为辅"的指导方针,陆续举办了政治班、妇女卫生训练班、农业畜牧兽医班、司法检察班、师资班、民族语文班、民族研究班、民族上层人士班、体训班等;至 1956 年,在西南军政委员会和中共四川省委的领导下,为西南民族地区培养了 30 多个民族成分的干部 3300 余名。

四、建立民族教育管理机构及制度

民族教育的发展需要民族教育管理机构及制度的监管。所以建立与健全民族教育管理机构及制度就显得尤为重要,对于民族教育的发展意义重大。1951 年 9 月下旬,第一次全国民族教育会议召开。这次会议的召开,对于如何开展好民族教育工作也做出了一些具体的部署与安排。具体来说就是,"对于各级政府部门,务必要明确教育主管部门的职责与义务,为了进一步加强民族教育工作,必须设置专门负责民族教育的行政机构,同时还将责任落实到具体的部门负责人身上,明确责任制。"[①]针对这些问题,在其后不久的 1952 年 4 月 16 日,政务院通过《关于建立民族教育行政机构的决定》,

---

① 国家教委民族地区教育司:《少数民族教育工作文件选编》,内蒙古教育出版社 1991 年版,第 30 页。

这个决定的主要内容其实就是对第一次全国民族教育会议的要求的进一步落实。具体包括："为了明确分工与责任，促进民族教育的有序有效发展，一是在教育部设立民族教育司，二是在各级人民政府落实责任制，制定专人负责当地民族教育事项，三是在各级人民政府的教育主管部门设立适当的行政机构管理当地民族教育事项，四是关于民族教育其他具体落实工作的一些安排。在民族教育经费方面，坚持当地人民政府给付和国家另拨专款予以解决。尤其要解决好教师的待遇问题、学校的基础设施问题、学生的日常生活学习补助问题"，等等。同时，"还注重发展民族教育师资和民族地区的师范学院，改善其办学条件，为加强对少数民族师资队伍的建设而建立少数民族师范学院或师范学校，并增设有关少数民族教育的课程。"[①] 此外，国家还针对民族教育的具体开展措施、教育形式、教材编写等都做了相应的要求与规定，这也就预示着我国民族教育管理体制在实践中初步形成，有力地促进了我国民族教育的蓬勃发展。

五、对民族学生给予各种优惠待遇

给民族学生以一定的优惠待遇，是我国对民族教育重视的一个重要体现。这些优惠待遇主要体现在以下几个方面：第一，在录取方面，一是放宽录取的年龄，二是降低录取标准，由于经济的落后，家长对教育的不重视，所以许多民族学生上学较晚，当开始上高中或者中等专业学校的时候，他们的年纪就稍微偏大了，这样就受到了录取学校的限制，被这些学校拒之门外的比比皆是。为此，1954年，国家专门对全国中等学校在招生时做了相关的规定，少数民族子女入学年龄可适当放宽，由原本的中等技术学校学生的入学年龄为15周岁至25周岁改为15周岁至30周岁。

1955年12月，教育部对广西教育厅作出要求：广西在各类学生招录中，

---

① 王铁志：《新中国民族教育政策的形成与发展》（上），《民族教育研究》1998年第2期，第6页。

应该对少数民族学生适当放宽入学年龄要求，对他们放宽 2—3 岁的入学年龄。考虑到民族学生基础较差，文化水平较低的情况，《培养少数民族干部试行方案》规定："对投考高等学校与一般中学的学生应适当规定一个入学成绩标准。入学后，又应给予适当补习条件。"

第二，在生活方面，实行待遇从优政策。《培养少数民族干部试行方案》规定："为了鼓励与帮助少数民族学生受各种高等教育，凡考入高等学校（包括少数民族高等学校）的少数民族学生一律公费待遇。除公费待遇的少数民族中学外，在若干指定的中学亦得设立少数民族学生的公费名额。"1953 年 3 月，《教育部关于少数民族教育补助费使用范围的指示》决定，"少数民族中、初等学校学生在学习和生活方面必需费用的补助（包括在少数民族学校经上级领导部门批准与少数民族学生享受同等待遇之汉族学生的补助），如书籍、文具、被服、医药卫生及特设的助学金或超过一般规定比例数的人民助学金减免费等。"①

第三，党和国家强调"应注意少数民族毕业生作合理的分配"，以保证他们学以致用。1952 年 11 月 9 日，《中央人民政府政务院关于少数民族毕业生分配工作的指示》决定，要根据民族地区发展的需要，安排民族学生到民族地区工作，并创造条件，让他们尽量施展自己的才干，促进民族地区经济社会的发展。针对大学，专门的学院、专业技术学校等培养的民族学生，各地区人事部门、教育部门和民族事务机构应该共同研究，实行通力合作，根据学生的具体实际，适当安排就业②，等等。

六、贯彻党的民族语言文字政策

实行语言文字平等也是中国共产党提倡和实行民族平等的一个重要内容。允许少数民族拥有使用和发展本民族语言文字的权利也是我国实行民族

---

① 司永成：《民族教育政策法规选编》，民族出版社 2011 年版，第 6 页。
② 司永成：《民族教育政策法规选编》，民族出版社 2011 年版，第 5 页。

教育平等的一个重要体现。为此，中国共产党在新中国成立以后也采取了一定的政策以确保少数民族在语言文字这方面的平等。第一次全国民族教育会议的报告强调，按照自愿的原则，在民族小学和中学进行教学时，要征求民族学生的意见，是否采用汉语或其民族语言文字进行教学，按照他们的实际需要决定是否开设汉文课，并且还尽力帮助创立文字和改革文字。1953 年 2月，教育部在《关于兄弟民族应用何种语言教学的意见》中也认为，在民族学校，要求使用教育对象的语言文字进行教学，并配备这方面的专业教师，如若少数民族学生没有通用的本民族的语言文字，应该尽量使用汉语文字和他们惯用的语言文字进行教学。

第四节　过渡时期民族教育政策特点及历史评价

新中国成立后，由于这一时期全国上下主要是围绕全面的社会主义改造和社会主义初期建设两大中心任务，因此，党和政府在这一时期所采取的民族教育政策，主要是为了配合民族地区民主改革和社会主义改造，积极对偏远的民族地区教育事业进行扶持，以适应新时代发展的要求，体现了明显的时代性。

一、坚持从实际出发慎重稳进的指导方针

新中国成立以后，党和政府深入调研民族问题，针对负责的民族问题，明确了民族工作的指导方针，即"不可要求过高过速，因为那是做不到的"[①]，这也就意味着民族地区政治、经济、文化落后状况的改变不是一朝一

[①]　李维汉：《统一战线问题与民族问题》，人民出版社 1982 年版，第 517 页。

夕的事，它需要经过长时间的不懈努力；在领导方法上，指示与命令要与各民族发展阶段的特点和具体情况相适应，要与共同纲领的精神相符合。周恩来高度重视我国的民族工作，为了更好地为做好民族工作进行一个宏观上的指导，他在 1950 年的国庆周年的讲话中，就明确把民族工作的指导方针概括为"慎重稳进"。在新中国成立初期，我党的民族教育政策一直遵循着这一指导方针。如在民族地区如何才能更好地普及基础教育的问题上，我党就要求结合民族的特点，采取民族的形式加以执行，既要求遵循国家的统一，又要结合民族的特点来确定民族教育的内容和内容的贯彻形式。总之，我党这一时期的民族政策能够遵循从民族实际出发，慎重稳进，循序践行。这对于维护社会的稳定、民族的团结是切实可行、功不可没的。

二、重视民族教育工作体制和机制的建设

新中国成立初期，中国共产党一方面认真总结了民主革命时期我国民族教育工作的基本经验，对成败得失进行了深入的考量，这就有利于党对民族教育工作认识的进一步深化，从而加强了对民族教育管理机构的设置，另一方面，也开始探索建立民族教育工作的体制机制。

在中央人民政府中确立民族事务委员会为责任机构，专门负责主管我国的民族教育工作。此外，在教育部和政务院文化教育委员会设立管理有关民族教育工作的部门，这些部门都有明确的分工与职责，而且它们还可以通过民主协商的形式来讨论和处理民族问题。其实，这对于民族问题的解决是大有裨益的。因此，这些部门还采取定期协商的方式协调处理民族教育事宜。各级民族地方政府也依照这一做法，并通过自身的不断实践和探索，也逐步摸索出了一套有助于提升民族教育质量的管理体制。[1] 这些管理体制均是由民委主管和职能部门经过长期的民族教育实践而探索出来的，它综合考虑到

---

[1] 刘源泉：《中国共产党少数民族文化政策研究》，华中师范大学博士学位论文 2013 年，第 75 页。

了我国民族教育问题的紧迫性、复杂性和广泛性，为解决我国民族教育问题发挥了重要作用。

民族工作是一项历史性和现实性的工作，它会随着民族的变化而不断地发生变化，它也会随着形势的发展而不断发展。因而，民族工作根据民族的特点和其工作本身的阶段性特征，有着其独具特色的工作内容。为了更好地将民族工作的内容落到实处，中国共产党和人民政府认真研究我国民族的实际和民族工作的实际，在此基础上建立了相应的民族工作机制和民族工作有序开展的保障机制。在对民族干部进行培养的时候，中国共产党非常注意在实践中对其进行理论水平和工作能力的提升，非常注重培养、训练的可持续性，并且为了提高他们的培养质量，我党还大胆地将民族学院也纳入民族干部培养的重要培养机构来看待，对于民族学院在民族干部培养的方式、方法和内容等方面，都做了相应的要求和规定，而且还在培养的经费上予以大力支持，根据实际情况，逐渐摸索出了一套适应民族干部人才培养模式的教育机制，这样做的目的就是为了加强民族干部培养的质量和效果。这足以说明，我党在新中国成立后依然高度重视对民族干部的培养，希望通过具体的实践，建立起一整套培养民族干部的长效机制来，进而为民族工作的长效机制的建立做好铺垫。

三、注重从多方面扶持民族教育事业的发展

新中国成立后，中国共产党对于我国少数民族的实际情况有了更为成熟和深刻的考虑与认识，我国少数民族的经济、文化等方面依然非常落后，必须对其进行大力的改善，才能真正实现各民族平等。于是，新中国成立初期，在面对着十分繁重的恢复和建设任务的同时，党和政府仍采取各种措施，在人力、物力、财力和技术上向民族地区倾斜，尤其是对教育工作予以大力帮助。首先，加强培养少数民族人才。党和政府通过少数民族干部轮训，一方面注重理论的教育，另一方面又注重在实践中加强锻炼，学以致用，为民族地区经济社会的发展提供人力支持。其次，加大对民族教育设施

的投入。我党认识到，要加快民族教育的发展，必须不断完善教育设施，于是，政务院提出，如地方政府在支持民族教育发展方面，存在资金不足的情况，可以上报中央财政，中央财政经过综合衡量予以足够的支持。再次，建立民族教育工作的保障机制。民族教育政策的有效贯彻需要一整套完整的法律制度体系作为保障。所以，党和政府逐步建立和完善了法规制度体系，以保障民族政策的有效执行。[①] 最后，大力宣传少数民族教育。党和政府通过报道、展览、汇演等形式积极宣传民族教育的重要性，鼓励各民族文化之间进行交流。由于党和国家的重视及多方面政策上的扶持与帮助，这一时期我国的民族教育工作取得了不小的成效。与此同时，民族教育事业的发展，不仅有利于民族隔阂的消除，而且还对于民族地区的民主改革、社会主义改造的顺利进行，甚至对于社会主义建设的有序开展起到了促进作用。

四、既符合民族工作规律又符合教育规律

民族教育问题归根结底属于社会总问题的一个分支，民族教育政策也属于社会总政策的一部分。民族工作包含民族教育，民族教育是民族工作的一个重要构成部分，同时，教育事业也包含民族教育，民族教育也是教育事业的一个重要构成部分。所以，我们在制定民族教育政策的时候，一方面需要考虑到民族教育政策要与民族工作规律相符合；另一方面，也要考虑到民族教育政策要与教育规律相符合，它同时既要符合民族工作规律，又要符合教育的规律。一方面，民族教育政策要符合不同历史阶段的民族工作需要，要坚持与时俱进；另一方面，民族教育是国民教育的重要组成部分，民族教育政策制定的前提是与国家教育的方针政策及国家教育的整体规划保持一致，保证民族教育坚持社会主义的办学方向和培养人才的质量规格。同时，民族教育政策要有利于在国家宏观政策指导下发展本地区本民族的教育事业，使其客观反映民族教育的特殊规律。如新中国成立之初，我国正需要大批的民

---

① 《建国以来重要文献选编》第3册，中央文献出版社1992年版，第434页。

族干部来开展民族工作，因而民族学院成立之初的任务是以培养普通政治干部为主，尤其是要培养那些熟知党的民族工作理念与目标、具有专业的民族工作指示和独立从事民族工作能力的民族干部。所以，出于工作的实际需要，一些本专科院校也应运而生，民族学院的办学模式慢慢地步入正轨，也越来越科学化，所培养的人才也越来越专业化。

五、过渡时期民族教育政策的历史评价

新中国成立至 1956 年年底社会主义改造完成，是我国民族教育政策创立和奠基时期，也是我国民族教育政策发展的"黄金时期"。新中国成立初期，旧中国留给我们的民族教育基础十分薄弱。新中国成立后，党和政府非常重视帮助少数民族发展教育事业，1950 年 11 月批准了《培养少数民族干部实行方案》、1951 年 9 月召开了第一次全国民族教育工作会议、1952 年 4 月 16 日通过了《关于建立民族教育行政机构的决定》、1955 年召开了第一次全国民族学院院长会议、1956 年 6 月召开了第二次全国民族教育工作会议等，确定了发展民族教育的总方针，提出在兴办教育事业时，要采取适合民族发展和进步的民族形式以照顾民族特点，提出要以"巩固、发展、整理、改造"的指导思想来开展民族教育工作。另外，中央政府还决定设立行政机构或指定专职人员来负责掌管民族教育工作，尤其是要在教育部和其他与民族工作有密切关联的部门内设立这样的机构和安排这样的工作人员；针对民族教育的经费问题，特别强调，务必要加大对教育经费的投入力度，除了各地人民政府按一般开支标准的财政拨款外，还应另拨专款解决。这些纲领性政策，在一定程度上展现了新中国民族教育的指导方针、也对民族教育的组织结构和管理体制等重要问题进行了有益的探索与实践，为我国民族教育工作的开展提供了很好的平台，也为我国指出了一条很好的民族工作之路。

总体来说，新中国成立初期的民族政策基本上是符合实际的。我国的民族教育事业取得了长足的进步，其突出表现是少数民族在校生人数增长迅速、少数民族各级师资数量大幅提高。少数民族的各级师资，有较大幅度的

增长，其中高等学校教师增长 1.4 倍，普通学校教师增长 2.4 倍，小学教师增长 40% 以上。这一时期民族教育事业发展的规模和速度在历史上是空前的。例如吉林省延边朝鲜族自治州，到 1956 年平均每个乡都有 1 所以上的普通中学；全州小学毕业生升入初中的比例达 80% 以上，一些县高达 95% 以上；初中毕业生升入高中的比例也在 80% 以上，并且基本上扫除了青壮年中的文盲。[①]

过渡时期，我国民族教育事业取得了快速的发展，其发展速度超过了全国教育发展的平均增长速度，提前完成了民族教育事业发展的第一个五年计划。该时期，尽管还存在诸如民族院校整体的师资力量较薄弱，许多民族院校过分依赖国家，在经营和管理上缺乏竞争意识和自主性，民族教育政策缺乏地区特色和创新等问题，但这是难以避免的，也是全国民族教育事业绕不开的现实。因此，对于这些问题，我们要辩证地看待，既要看到其不好的一面，也要看到我们在寻求解决这些问题的办法上的探索是十分有意义的，这对于今后我国民族教育事业的发展也是十分有益的。

---

① 黄光学主编：《当代中国的民族工作》（下），当代中国出版社 1993 年版，第 317 页。

第 二 章

社会主义建设初步探索时期民族教育政策的
曲折发展（1956—1978）

社会主义制度确立后，为了提高少数民族的文化教育水平，推动民族地区经济和社会发展，党和国家亦加大对民族教育的发展力度，想方设法推进民族教育事业的发展，如加大教育投入，加强民族干部培养，等等，从而取得了一定的成效。但是，由于种种的原因，特别是深受 50 年代后期开始的"左"的错误思想的影响，民族教育事业的发展开始偏离正轨，走入歧途，民族教育事业的发展遇到了重重的困难与阻碍。

第一节　社会主义建设初步探索时期民族教育政策的
　　　　发展历程

在社会主义三大改造完成以后，中国共产党便开启了初步探索社会主义建设道路的征程。这个时期党和国家的主要任务是构建适合中国国情的民族教育教学及管理体系；通过多种渠道培养、选拔、任用各类少数民族干部；帮助少数民族创建文字，同时也强调了各民族互相学习语言的必要性；出台各种优待政策，以更好地培养民族学生，如有针对性地允许一些高等院校只考语文，只要达到一定的分数要求便可录取民族考生。但 1958 年以后特别是"文化大革命"中，由于指导方针上受到过"左"的思想的干扰，所以制定的政策都偏离了我国民族教育发展的正确轨道，使得我国少数民族教育工作受到严重的阻滞，大大地延缓了其健康发展的时间。

一、初步探索时期民族教育的发展与曲折

1956 年 6 月，第二次全国民族教育会议在北京召开，此次会议总结了以往我国民族教育事业所取得的成就与不足，对于民族教育事业的成功经验和失败教训也进行了总结，同时，还为今后我国民族教育事业的发展指明了方向，制定了方针政策，并提出了 1956—1957 我国民族教育事业发展的规划纲要，要求加快民族教育事业的发展速度，少数民族教育水平力争接近或赶上汉族教育的水平，所以，要在民族地区进行扫盲工作，及早普及小学义务教育[①]，等等。

上述议题总体来说肯定是个好事情，这无疑会促进民族教育事业的进步。然而，时隔两年之后也就是 1958 年以后，我国的民族教育事业开始出现不良现象，我国一些地方无视民族的特点，看不到我国民族教育工作的特殊性，采取了盲目、一刀切的做法，许多民族学校被撤销了，民族语文教学也不进行了，民族学生的特殊待遇也被取消了，这是很不利于民族教育事业的发展的。

当然，我党在经过实践以后，还是意识到这样的做法是不利于民族教育的发展的，于是在 1961 年，中央批转了西北地区民族会议报告，在 1962 年，又批转了全国民族工作会议报告。这两个报告就是针对当时民族教育工作所存在的错误做法和问题而作的，指出了如果不制定正确的民族教育政策，不正视我国所存在的民族问题，那么我们的工作将难以开展，难以取得成效。[②]

---

① 王铁志：《新中国民族教育政策的形成与发展》（上），《民族教育研究》1998 年第 2 期，第 6 页。

② 许可峰：《新中国少数民族教育政策发展问题研究》，西北师范大学硕士学位论文2008 年，第 21 页。

按照这些指示，我党还认真总结了这几年来的民族工作中的缺点与不足，更进一步认识到民族工作、民族教育对于加强民族团结、调整民族关系的重要性，于是，民族工作、民族教育工作在曲折中逐步前行，要求今后依然继续贯彻党的民族政策，实行民族教育的优惠政策，经济较为落后的地方不应收取学杂费，而且还要对民族小学的编制定额实行偏斜政策，等等。

二、"文化大革命"中民族教育的严重挫折

在"文化大革命"中，以往的民族教育政策不但没有起作用，而且还遭到了"四人帮"的巨大破坏，民族教育也无法开展，许多民族学校、民族工作机构等也遭受践踏或者被迫撤销停办，从事这些工作的人员也遭到打击迫害，这就导致了大部分的民族教育政策名存实亡。民族教育政策难以得到贯彻，民族教育事业也因此遭受巨大的破坏。

后来在周恩来总理的大力整顿之下，民族教育政策在较为困难的条件下得到了某些程度的恢复。如1973年9月，国务院教科组和财政部召开座谈会，体现了国家对于民族教育的重视，会议提出要求对民族地区、边疆地区的教育予以支持，并在行政开支、教育卫生等方面予以适当的经费支持，这些地区民族教育较为落后，应尽量帮助它们发展民族教育。为了让中学生更好地完成学业，稳定他们的学习生活，1974年1月，《关于中小学财务管理若干问题的意见》中关于中学生的助学金补助进行规定与落实，要求对城市的中学生发放每人每年2元的助学金，而对于农村和城镇而言，鉴于它们的经济发展水平比城市低一些的实际，所以农村和城镇中学生每人每年发放3元助学金，而对于那些地处偏远的民族地区、边境地区的中学生则应适当提高发放标准。[1]1974年4月，国务院批转科教组《关于内地支援西藏大学、中学、专科师资问题的请示报告》，针对这些学校师资缺乏的实际，提出要支援它们

---

① 何东昌主编：《中华人民共和国重要教育文献》，海南出版社1998年版，第1518页。

教育的发展，并要求其他教育先进地区加强对西藏这些学校师资力量的补充与支援。这些政策和措施，使我国民族教育事业在严重挫折中艰难前行。

第二节　社会主义建设初步探索时期民族教育政策的主要内容

社会主义建设初步探索时期，党和国家出台各种优待政策，积极推进民族教育工作的开展，这样，我国的民族教育事业也开始取得了一定成绩。但是后期由于受到"左"的思想的持续影响，使我国的民族教育事业遭受了严重挫折。

一、将普及民族教育作为基础工作

党和国家在这一时期积极探索民族教育教学，从多个方面进行努力和尝试，并取得了一定的成效。针对民族地区教育落后，居住分散的实际，要求教学形式必须适应民族落后和居住分散的实际，探索积极有效的教学方式，而且对于学校办学的侧重点还进行了强调，要抓重点，哪个方面该先发展的就先发展哪个方面，切勿急于求成、一步到位。如 1963 年 3 月教育部召开云、贵、川三省座谈会，就对上述问题进行了强调和要求。教育部也曾经多次就民族教育体系进行强调和要求，教育体系务必要与民族的实际生活相适应，否则，这样的教育体系是不科学、不成功的，会严重阻碍了民族教育事业的健康发展。在民族师资方面，要求各地作出长期的师资培养规划，鼓励教师业余进修，并帮助解决其学习上的困难。[①] 同时，要求经济发达地区要

---

① 《中国教育年鉴》编辑部：《中国教育年鉴（1949—1981）》，中国大百科全书出版社1984 年版，第 413 页。

大力支持民族地区师资力量的发展，鼓励经济发达地区的教师到民族地区施展才华，促进当地教育的发展。总的来说，这一时期党对民族工作的认识还是比较恰当的，民族教育工作还是比较稳定有序的，民族政策的贯彻还是比较有效的，党和国家对民族教育事业的发展还是付出了实际行动的，民族教育事业还是有了一定程度的发展的。[①]

二、推进民族地区干部的民族化

这一时期，党和国家积极选拔和任用各类少数民族干部。1957 年 1 月 23 日，人民日报社论就对民族干部的作用进行了肯定，指出，民族干部熟知本民族的基本状况，他们能深刻理解民族群众的思想感情，在此基础上他们能够真正体现和反映民族群众的心声和意愿，能很好地处理问题，能有效地贯彻党的民族政策，加强党和民族群众的密切联系。但是，同时也强调，尽管所有制已经发生变化，但并不能因此而不考虑民族的特点，不注意培养民族干部。1957 年 3 月 17 日，李维汉指出，机关干部民族化要与民族地区具体实际相结合，要适合于当地的实际需要。1962 年 6 月 20 日，《关于民族工作会议的报告》和《民族工作会议提出的重要问题和我们的处理意见》，在深入了解民族干部培养问题的基础上，对于今后应该怎样更好地培养民族干部制定了一些切实可行的对策。如要特别注重培养具有共产主义觉悟和各种专业技能的民族干部；要注意认真平反甄别那些在整风和反右中被错误批判的民族干部，这对于加强党内团结和民族团结，提高民族群众的积极性，健全党和国家的民主生活等都具有重要意义。[②] 这一时期党的民族干部工作得到了进一步的发展，一批各民族自己的干部也得到了进一步的培养，同时，民族干部队伍的整体素质也有所提高，只是受到"左"的思想影响，民

---

① 刘源泉：《中国共产党少数民族文化政策研究》，华中师范大学博士学位论文 2013 年，第 79 页。

② 中共中央文献研究室编：《建国以来重要文献选编》第 15 册，中央文献出版社 1997 年版，第 514—515 页。

族干部队伍的发展与壮大也受到了很大的影响。

三、在经费上给予民族教育大力支持

民族教育的发展，需要党和国家的高度重视，而党和国家的高度重视也主要体现在教育经费的投入上，如果空谈重视而不投入教育经费，那么一点实际意义都没有。因此，必要的教育经费投入对于民族教育的发展不可或缺。1956 年 9 月，国务院发出《关于少数民族教育事业费的指示》，具体来讲主要包括以下几个方面的内容：一是民族地区的小学仍然要实行公办，这是党和国家对小学教育重视的体现，否则民族地区小学教育就没法发展；二是针对民族地区经济困难的现状，应该实行免费教育，以往有收取学杂费的应该一律取消，或者尽量少收学杂费；三是对于较为分散地区的教师培养，应该专设辅导员对其加强培训；四是对于小学教师的编制名额应该不要控制得太紧，应适当放宽；五是对于寄宿制的学校，应对学生进行适当补助等。[①] 同时《指示》还强调，"在教育经费的投入上应该多向这些地区倾斜，要做好经费预算，经费支出要合理合法，不得擅作他用，务必确保教育经费用到实处"。[②] 此后，中央财政对于民族教育经费的划拨更加科学化，更有针对性。针对少数民族教育补助费，1964 年国家划拨数额为 1500万元。1963 年 11 月 8 日，财政部、教育部、国家民委发出了《关于民族学院经费划分和预算管理的几点规定》，1964 年分地区的教育事业经费指标和由"其他支出"款内列支民族学院干训经费指标（列入高等学校名单民族学院的干训经费，也包括在"其他支出"款内）均已分配下达，各地在安排预算时请按上述原则进行调整安排，以免漏列或重列支出。列入高等学校名单的民族学院附设的预科、干训等事业计划，由当地教育部门和民委共同研究安排；在校学生数应在高等学校学年初统计报表的"进修教师、训

---

① 司永成：《民族教育政策法规选编》，民族出版社 2011 年版，第 7—8 页。

② 司永成：《民族教育政策法规选编》，民族出版社 2011 年版，第 8 页。

练班及其他学生数"表内分别列出,并注明学习年限。未列入高等学校名单的民族学院和以干训为主的民族学院(校)的干部训练等事业计划,由各地民委和财政部门协商安排,报请当地有关部门审批后抄报国家民委和财政部备案。

四、民族语言文字政策方面的新进展

语言和文字是情感交流表达的重要载体,也是传递教育知识的重要工具。这一时期,针对民族语言文字在民族教育中的重要性而言,各民族应该加强语言文字的学习,这在民族教育和民族交流融合中的作用极其重要。国家还特别指出要求对那些只有自己民族的语言但却没有文字的民族进行文字的创制,而且国家也应该加强在这方面的工作。1957年3月17日,李维汉就成立广西壮族自治区之前广西的民族语言的实际指出,那些干部尤其是汉族干部,为了方便密切同少数民族干部和当地人民群众的联系,为他们服务,一般地也应当学会当地民族通用的语言文字。而且,少数民族干部和知识分子也应该学习汉语文字。从1958年秋季起教学拼音字母,要求中等师范学校、初中、小学一年级开始学习普通话,通过拼音字母的学习练习普通话,民族学校也应该加强普通话的学习。此外,还对怎样选取适合的教材进行民族教育做出了商讨,如1959年9月召开的全国少数民族出版工作会议就专门对这一问题进行了探讨和规定,一是要求制定民族地区中小学和师范院校的通用教科书教材,同时还要翻译、采用民族语言文字的教材,二者相互配合;二是针对民族教育教材的编译务必要以党和国家的教育方针来执行;三是教材的政治部分要加入社会主义、共产主义、中国共产党以及爱国主义等方面具有积极意义的内容;四是务必要及时及早地编排出民族教育教材来供教育使用。1973年、1974年、1975年,党和国家都对民族语言文字的制定和在民族教育中的使用作出了更为具体的要求。这些民族语言文字的制定及其在民族教育中的使用日渐得以推广,对于民族交流交融起到了很大的促进作用,有助于民族教育文化事业的发展。

五、招生中的优待政策进一步具体化

在招收学生的过程中，对于少数民族类的学生实行优待的政策，有助于扩大少数民族学生的受教育面，更加激发他们学习的热情，提升他们的文化素质。1957 年，国家作出规定，允许部分高等院校对少数民族学生的招录只考其本民族的语文，他们只要达到一个基本的要求便可被录取。而且，我国的少数民族招生考试优惠政策具有连续性，并不是间断的，不是说今年实行优惠录取了，明年就不实行了，不是这样的。在 1953 年至 1961 年中，我国的高校招生中都一直执行着这样的政策，与汉族考生相比，甚至少数民族考生与汉族考生分数相同，也优先录取少数民族考生，这其实也是一种对少数民族招生的优惠政策，因为少数民族考生要达到与汉族考生一样的分数，他们要付出的努力比汉族考生要大很多，这是很不容易的。言下之意是说，用一个分数线来要求少数民族考生和汉族考生，这是不公平的。1962 年和 1964 年高等学校招考新生都对少数民族考生招考优惠政策进行了具体的说明和进一步的要求，1964 年的招考政策还强调，但凡报考除外语专业外的其他专业均可申请免试外语。

1966 年"文化大革命"开始后，全国各地城镇出现了知识青年上山下乡的热潮。1970 年 6 月，废除高考招生考试制度，开始招收工农学员。这期间，政法、财经、民族学院等被撤销。[①]9 月，周恩来主持中央日常工作后，十分重视肃清极"左"思潮在教育战线的影响。在"四人帮"的操控下，1971 年国务院召开全国教育工作会议，提出了诸如教育战线是资产阶级专了无产阶级的政，是"黑线专政"和知识分子的大多数世界观基本上是资产阶级的，是资产阶级知识分子这样的一些错误判断。1973 年 8 月，"四人帮"树立在高考中交白卷的张铁生为"反潮流的英雄"，煽起了一股否定文化教育歪风；12 月又在全国各地中小学掀起了一股"破师道尊严""批判修正主

---

① 《当代中国的民族工作》编辑部：《当代中国民族工作大事记》，民族出版社 1989 年版，第 211 页。

义教育路线"逆流。1975 年中央日常工作由邓小平主持，主要着手恢复科学和教育事业。"四人帮"又掀起"反击右倾翻案风"的浪潮，遭到多数师生的抵制。1976 年，"四人帮"被镇压，"文化大革命"结束，极"左"错误教育政策路线开始受到全面清算。

第三节　社会主义建设初步探索时期民族教育政策特点及评价

这一时期，我国的民族教育在徘徊中前进，在曲折中发展，而我国的民族教育政策亦是如此。它既有过科学的内容，也促进过民族教育的发展，它也有过不科学的内容，也妨碍过民族教育的发展，如因为"左"的影响而出现了偏差，留下了深刻的教训。纵观全面建设社会主义时期我国的民族教育政策，它具有如下特点：

一、在发展上存在明显的曲折性与反复性

这一时期我国民族教育政策，最显著的特点就是曲折性与反复性。其具体表现为，在对同一问题的理解上会有所不同，所以导致了表述上也有所不同，甚至前后不一致，互相矛盾也在所难免。如在少数民族干部培养问题上，1957 年前后，党中央的政策是"逐步提高自治地方机关中民族干部的比例"；"大跃进"时期，提出了批判"自治机关民族化已完成"，即不再需要培养少数民族干部；1961 年、1962 年纠错时，又回归到"认真培养少数民族干部，特别是共产主义干部和经济文化方面的各种专业技术干部"；然而，1963 年之后，随着思想上"左"的蔓延，中共中央也错误批判李维汉，刚刚恢复的民族干部政策被再次遭到破坏；"文

化大革命"时期，大批从事民族教育的干部、教师惨遭迫害。正是由于这种认识上的缺失，最终导致少数民族教育工作在指导思想上偏离了正常轨道。

二、注重少数民族文化建设与教育改革并举

这一时期，我国的社会主义制度基本确立，该时期的民族教育政策正是在这一大背景之下提出的。与以往的时代环境截然不同，这时期的民族教育政策面临着如何处理好少数民族文化与社会主义制度之间关系的问题，面临着如何更好地满足社会主义条件下少数民族群众对先进文化的需求问题，这就对民族教育政策提出了更高的要求。为此，中国共产党首先深入分析了这一重要问题，从理论和实践两个层面来对此问题进行认识。就理论层面而言，少数民族文化教育可以归为社会意识的范畴，而社会意识与经济基础和生产力发展水平具有不同步性和历史继承性，这是其相对独立性的具体表现。因此，少数民族文化若要在短时期内同时随着经济基础的变化而完全改变，这是很难做得到的。就实践层面而言，少数民族教育发展水平比较落后，从而就导致了社会主义建设时期我国少数民族教育工作仍将面临着许许多多的困难，任务依然相当繁重，对于那些与社会主义制度不符的民族教育内容必须予以甄别和剔除，稳步推进改革。[1] 因此，党中央认为，为了更好地促进少数民族教育事业的健康发展，必须要与少数民族文化的建设与改革同时并举，方可达到目的。这一指导思想是具有现实意义的，表明我党充分认识到，这两者之间其实可以相互补充、相互促进，这也充分展示了我党对民族教育事业进行改革的高度重视，这无疑是一种正确的认识与选择，对于激发少数民族科学文化发展的内在动力具有重要意义。

---

[1] 刘源泉：《中国共产党少数民族文化政策研究》，华中师范大学博士学位论文 2013 年，第 88 页。

三、强调少数民族教育发展要依靠群众

社会主义制度确立后，各民族人民真正站起来当家作主。党和国家深刻意识到，民族教育工作要想取得成效，必须要与民族群众相结合，深入民族群众，依靠民族群众，坚持走民族群众路线。党中央强调，"有一些民族在某些方面的发展比汉族还高，值得汉族人民向他们学习"。[①]李维汉就认为，一旦涉及与民族群众密切相关的问题，一定要以民主的形式，与民族群众商量、讨论，要征得他们的同意才可以做出决断；如果他们不同意的话，那就说明我们的工作还有问题、还有许多需要改进的地方，这样我们还需要深入调查研究，尽力做到让民族群众满意为止，只有做到这一步，我们才可以征得民族群众的同意，只有这样才可以做出科学的决断。对于少数民族文化的改革，他也认为，必须在充分了解民族群众的意愿和需求的前提下，经过说服教育才可以稳步推进，切勿硬来。所以，社会主义建设时期我国民族教育工作之所以取得显著成绩，关键在于我们党和政府尊重群众、依靠群众、走群众路线。

四、初步探索时期民族教育政策的历史评价

在社会主义建设初步探索时期，我国的民族教育既有成功的时候，也有失败的时候，总的来说失败大于成功，既经历了曲折前进，也经历了严重挫折，既有成功的经验，也留下了惨痛的教训。

这个时期，党和国家在延续新中国成立初期民族教育政策的基础上，对相关政策及制度进行了细化，在民族干部培养、民族教育经费支持、民族地区双语教学等方面，提出了一些具体的政策措施，并在实践中取得了明显成效。然而，受到20世纪50年代末以后"左"的思想的影响，民族教育发

---

① 《正确开展少数民族文化工作的关键》，《人民日报》1957年1月5日。

展遭到了一定的阻碍，甚至偏离了正确方向，虽然后期进行了纠错，但是并不彻底。1956 年至 1965 年的十年中，兴办了许多民族地区的高等院校和技术学校，少数民族学生和教师队伍继续扩大。到 1965 年，高等学校的少数民族学生达到 21870 人，普通中学的少数民族学生达到 37 万多人，少数民族的小学生达到 521 万多人。虽然比 1956 年都有增长，但是增长速度却低于新中国成立初期。除了基数不同的因素之外，还有政策和工作上受到"左"的错误的影响。如强调用汉语教学，忽视少数民族学生不懂汉语的实际；在扫除文盲的工作中，大搞突击式、运动式扫盲，不少地方只顾表面上轰轰烈烈，不讲求实效、不注意巩固，以至出现"今天扫盲，明天复盲，扫来扫去，还是文盲"的情况；对少数民族地区教育事业投入的经费减少，或者虽有增加但远远不能满足发展的需要；等等。有些地区虽然增设了不少学校，但由于师资数量不足或质量不高，影响了教学质量。这些错误做法都耽误了民族教育事业的发展。总的来说，由于历史的原因，当时的民族教育政策虽已初成体系，但过于宏观，可操作性不强，还有一些政策在文革中更是遭到了难以估量的破坏，民族教育事业举步维艰，"特别是在'文化大革命'中，我们犯过把阶级斗争扩大化的严重错误，伤害了许多少数民族干部和群众。"①"文化大革命"十年的惨痛教训告诉我们：首先，必须充分认识到少数民族教育工作的重要性，牢固树立民族平等的观念，充分尊重和维护少数民族拥有教育的权利，绝不能无视民族教育发展的规律；其次，必须正确对待少数民族文化教育发展中的各种矛盾，必须要正确区分民族问题与阶级问题，不能将民族问题和阶级问题等同，不能把少数民族与汉族之间文化的差异看作是"资产阶级的产物"，明确民族问题不是专政问题，应该将其看做是民族内部问题，是可以通过和平的方式予以解决的；最后，必须坚持从各少数民族和民族地区的实际出发，否则民族教育政策很难收到成效，民族教育事业无从发展。

---

① 《三中全会以来重要文献选编》（下），人民出版社 1982 年版，第 842—843 页。

第 三 章

改革开放初期民族教育政策的恢复与继承
（1979—1984）

改革开放初期是我国民族教育发展的一个重要时期，没有这一时期的民族教育改革，我国的民族教育事业也就很难得到恢复和发展。"四人帮"被粉碎后，我国的各项事业开始进行拨乱反正，我国的民族教育事业也不例外。在教育部和国家民委的努力之下，逐步明确了清除"左"的影响，在调整中稳步发展是我国民族教育事业发展的一个中心任务。[①] 可以说，正是在拨乱反正和调整恢复中，我国少数民族教育政策开始进入发展的第二个"黄金时期"。

第一节　改革开放初期民族教育政策的发展历程

1978 年 12 月，党的十一届三中全会的召开，标志着改革开放的开启，开创了中国特色社会主义现代化建设的新局面。在少数民族教育政策方

---

① 王铁志：《新中国民族教育政策的形成与发展》（下），《民族教育研究》1998 年第 3 期，第 3 页。

面，肃清"左"的错误影响，恢复以往正确的民族政策，并进一步充实与完善。

一、民族教育在恢复和调整基础上稳步发展

实行改革开放以后，我国的民族教育也开始得到新的恢复和调整，正是在恢复和调整的基础上，我国的民族教育开始稳步发展。针对我国的民族教育工作，1979 年 11 月 12 日，国家民委、教育部印发了《关于民族学院工作的基本总结和今后方针任务的报告》，该报告主要是对我国民族学院以往的基本工作来了个深刻的总结，既肯定了工作的成绩，又着重指出了今后民族学院应该如何开展好工作，并对开展工作的方针和任务作出了明确的指示，要求今后开展民族工作要适应新时代的变化，以往民族工作的中心是以培养普通政治干部为主，迫切需要的专业技术干部为辅，但是，现在时代变了，形势也变了，所以今后民族工作的中心也应该与时俱进，尤其是要注重培养适应四化建设的具有高度共产主义觉悟的民族干部和专业技能人才，这对于民族学院今后如何开展工作作出了明确的指导，也为我国民族教育事业的发展指明了一条正确的道路。

为了更好地推进民族教育工作的调整与改革，教育部、国家民委于1980 年 10 月 9 日提出"调整、改革、整顿、提高"的民族教育工作方针，我国民族教育事业的发展应该遵循这样一个方针，只有这样，民族教育事业才能更快地得到恢复和有序发展。随后，我国召开了第三次全国民族教育会议，这次会议一方面总结了过去三十年我国民族教育事业发展的得失，针对新形势提出了在今后民族教育事业发展中会遇到哪些问题以及应该怎样解决这些问题，等等。

从 1981 年开始，我国对民族地区的高考学生制定和执行了新的优惠政策，在招录民族学生时应适当降低分数要求，尤其是针对边疆地区的民族考生更是如此。我国部分重点院校从 1980 年开始举办民族班，随后其他院校如医学、水利院校也相继开办民族班。教育部所属五所重点高等院校每年招

生 150 人。此外，在关于宗教不得干预学校教育的原则、教育经费等方面，党和国家都做了相关的具体说明和要求，而且还在关于加强民族语文教学和民族文字教材建设等方面先后完善和出台了一些新政策。

二、民族教育的特色得到进一步彰显

民族教育本身就是一种特殊的教育，我们必须探索到适合这种特殊教育的特色，总结出这种教育的特点来促进这种特殊教育的发展。在改革开放初期，中国共产党也对此特色有了进一步的认识，我党认为民族教育的特色就在于必须遵循民族的特点来开展民族教育，在教育的指导思想上务必坚持从民族实际出发，实事求是，在政策的制定上也要坚持与民族地区的实际相结合，做到因地制宜。

在民族地区中小学教育上，我党的认识是，中小学教育是整个教育的基础，这个基础教育务必要做好，而要做好这个教育，就必须从各个民族的实际情况出发，尽管这是一个非常艰巨的任务，但应根据民族地区实际情况，制定切实可行的发展规划，逐步实现。党和国家为解决民族地区人才匮乏的难题，这一时期继续加大了对这些地区民族人才的培养力度，比如积极大胆地在内地进行民族基础教育学校的建设和民族班的开办，并加强对其监管力度。从 1980 年开始，"有计划、有重点地在部分全国重点高等学校举办少数民族班"[1]，1984 年提出预计建立西藏学校和举办西藏班，专门招收西藏学生。截至 1990 年，累计招收西藏学生近 8000 人。[2] 为了培养更多的少数民族高素质人才，党和国家采取多种渠道加快人才培养，一方面恢复和推进民族学院的发展，另一方面也开始着手开办其他高等学校的民族班，等等。这样的一些举措，有利于加快民族人才的培养，发挥他

---

[1] 国家教委民族地区教育司编：《少数民族教育工作文件选编》，内蒙古教育出版社 1991 年版，第 377 页。

[2] 《中国教育年鉴》编辑部编：《中国教育年鉴（1991）》，人民出版社 1992 年版，第 293 页。

们在民族地区建设发展中的作用，开创了我国民族教育发展的新局面。

第二节　改革开放初期民族教育政策的主要内容

　　党的十一届三中全会后，在遵循"调整、改革、整顿、提高"的思想原则下，我国积极加快推进少数民族文化教育工作，平稳有序地推进民族教育指导方针的转变，所以，在改革开放之初党的民族教育政策的内容主要有以下几个方面：

一、重申和恢复民族教育政策

　　经历了"文化大革命"的浩劫，我国的民族教育政策遭受极大的破坏。所以，在粉碎"四人帮"后，如何让我国的民族教育在绝处逢生，怎样寻找到其发展的出路是摆在党和国家面前的一项重要工作。幸运的是，党和国家在关键时刻能够及时地清除"左"的错误影响，重申和恢复以往正确的民族政策。"文化大革命"时期，一些地方提出"读小学不出村，读初中不出队，读高中不出社"，民族教育过于形式化。在 1965 年到 1977 年间，全国少数民族在校生中，小学生仅增长了 46%，但普通中学却增长了 4.53 倍（全国为 6.47 倍）。许多学校办学条件艰苦，被称为"气象学校"，即没有合格的教师，也没有实验仪器，有的连校舍都没有，露天上课。有鉴于此，我国便对民族教育结构进行调整，有计划地创立一些重点民族中小学，在经费上对其予以照顾。做出了这样的整改以后，与 1977 年相比，1981 年的少数民族普通中学在校生减少了 28 万，但占全国学生总数的比例却由 3.0% 提升为 3.6%。在这一时期，五六十年代那些正确可行的民族教育政策也得到全面恢复。如《关于加强民族教育工作的意见》就重申了设立民族教育工作机构的规定。1979 年年底，教育部成立了民族教育司，等等。[1] 这些规定与要求，对于重申与恢复民族教育政策起到了良好的效果，以至于曾经受到严重破坏的民族教育事业也开始出现蓬勃的生机。

二、多方面扶持民族教育发展

1980 年 7 月，国家民委、教育部首先注重在资金上对少数民族教育予以支持，适当加大民族教育经费的投入。依照新的财政体制，主要靠地方在财政包干数内统筹安排，以恢复和发展少数民族教育所需资金。为了筹集更多的少数民族地区教育发展的经费，各有关省、自治区从自己的实际情况出发，都积极采取了各种有效的措施。在这一思想的指导下，1981 年用于免费供应的藏、蒙古、哈萨克等民族文字课本经费 6 万元。[2]1981 年，内蒙古自治区拿出 2405 万元用于发展少数民族教育；1980 年，新疆维吾尔自治区拨出 1448 万元用于恢复和发展少数民族教育；1980—1981 年，宁夏回族自治区拨出 400 万元专款用于回民中小学建设；等等。正因为这样，许多民族中小学得以创立和扩大，招生人数也在不断扩大，民族教育的教师队伍也随着扩大，从而大大地增加了少数民族学生接受教育的机会。当然，我国还采取了许多其他的措施来加大对民族教育的投入与发展力度。这些政策的实施首先是建立在对当时我国民族教育实际的正确认识上而执行的，是具有一定的科学性的，所以，它对于民族教育事业的发展是有利的。

三、调整民族学院的办学方针

十一届三中全会以后，中国共产党高度重视民族教育事业的恢复和发

---

① 吴仕民主编：《中国民族教育》，长城出版社 2000 年版，第 17 页。

② 杨军：《"十一届三中全会"以来党和国家的少数民族教育政策综述》，《青海民族研究》2005 年第 3 期，第 123 页。

展，经过许多巨大艰辛的努力工作后，民族高等教育事业也得到了迅速恢复和发展。1979 年 11 月，《关于民族学院工作的基本总结和今后方针任务的报告》提出，今后民族学院的工作必须要有一个更为明确的目标与计划，因此其工作重点必须要以社会主义现代化建设为中心，大力培养具有高度的共产主义觉悟的人才，既要注重培养政治干部，又要注重培养具有专业技术的人才。① 这就突出了民族院校与其他院校的一个重要的不同点，也明确了民族院校要把培养政治干部与培养专业技术干部同等看待，而不是像过去的目标定位那样，即只注重"培养普通政治干部为主、迫切需要的专业技术干部为辅"。

这一重要调整，既彰显了民族学院的办学特色，也适应了民族地区经济建设和社会发展的需要。经国务院批准，1980 年恢复并重建中南民族学院。1983 年，国家民委开始在银川和大连先后筹建了西北第二民族学院和东北民族学院。1984 年 9 月，在西安召开的全国民族学院书记、院长预备会议上进一步强调：民族学院的办学任务主要是坚持以"四化"建设和三个面向为要求，适应民族地区经济社会的发展进步。

四、发展和完善有关招生优惠政策

在改革开放初期，党和国家对少数民族学生继续贯彻执行招生优惠政策以扩大对民族学生的培育面。在高考招生录取方面，适当放宽录取标准和降低录取分数。如 1978 年的高校招生便是如此。鉴于恢复高校招生统一考试后，少数民族学生比例有所下降的情况（"文化大革命"后，刚刚恢复高考招生政策，民族学生报考的比例较低），所以我国在 1981 年的高等学校招生中便扩大对民族学生的招生范围，对于那些地处边远的山区、牧区、民族地区考生可适当降低录取分数；对于汉族地区的少数民族考生

---

① 国家民委政策研究室编：《国家民委民族政策文件选编（1979—1984)》，中央民族学院出版社 1988 年版，第 406—408 页。

也酌情降低录取分数。同时，我国还在某些地区执行按比例录取政策。如《关于加强民族教育工作的意见》就提出了一方面要对少数民族考生进行降低录取标准，另一方面还要求按比例分配招生名额进行录取，少数民族学生必须占有一定的合理的录取比例。[①] 根据这一意见，我国的内蒙古地区、新疆地区等都在各自的高考招生录取指标上进行了合理的调整。当然，这一政策在具体的操作过程中，也会遇到一些问题和麻烦，这是难以避免的。那么针对这些问题和麻烦，教育部和国家民委经过深入分析，认真研究，最后作出《关于高等学校招生是否按少数民族人口比例录取少数民族学生问题的复函》，它首先强调了当前我国实行的按少数民族人口比例录取政策今后还需要继续贯彻下去，因为这是对少数民族实行招生优惠的一个好政策，尽管在执行中会有纰漏，但是，这一政策的出发点总体上是好的，是正确的。至于是否一律按比例来录取的问题，该《复函》指出，要视情况而定，不能一律强求，务必要坚持综合考察、适当照顾与择优录取相结合的原则。

五、加强民族语文教学及教材建设

民族教育目标能否实现，在一定程度上也依赖于怎样做好民族语文教学和教材的编译出版工作。所以，国家在加强民族语文教学和教材的建设上也高度重视，而且，党和政府多次重申要结合民族特点来进行民族文字教材的建设，并为之制定了一系列政策和措施。它既要求民族类中小学教育坚持用本民族语言文字进行教学，同时也要求学好用好汉语言文字，做到两者兼顾，不可顾此失彼，以保障各少数民族在学校教育中使用本民族的语言、文字的权利。1980 年 4 月教育部在北京召开了少数民族文字教材工作座谈会，对于怎样做好民族语文教学和教材选用的问题作出了具体的说明和要求，一

---

① 王铁志：《新中国民族教育政策的形成与发展》（下），《民族教育研究》1998 年第 3 期，第 4 页。

是要求根据民族的实际来制定民族教育教材；二是要加强教材制定、编译队伍建设；三是要加强对教材建设的补助；四是要对教材制定、编译队伍提高待遇，让他们潜心工作。这样的一些政策，对于改善民族语文教学，促进民族教材建设无疑是具有重要意义的。

六、深入开展民族观和民族政策教育

1979 年边防会议以后，中共中央批转的《新的历史时期统一战线的方针任务》报告指出：必须在全党和全国各族人民中大力开展民族观和民族政策的教育，这对于改善民族关系、加强民族团结意义重大。在这一精神的指引下，1979 年 11 月，国家民委、教育部印发的《关于民族学院工作的基本总结和今后方针任务的报告》提出，对于民族问题必须要正确处理，而要处理好民族问题，加强民族教育是一项重要的工作。在民族教育的过程中，既要求学生学习党的民族观和民族政策，也要求学生明白大汉族主义和地方民族主义的错误，这都是必须要反对和消灭的，同时，务必强调民族团结互助的重要性。新疆在这一方面比较重视，于是在 1982 年 10 月就提出申请在高等学校和中等专业学校中开设《民族理论与民族政策》课，得到了教育部、中共中央宣传部的批复；同时教育部还建议新疆把它作为一门政治理论必修课来加以建设。1983 年 8 月，教育部提出"尤其要在民族地区宣传爱国主义教育，要对民族学生进行爱国主义教育，使他们明白民族团结和国家统一稳定的重要性，使他们牢固树立各民族之间谁也离不开谁的民族观"[1]。1984 年 3 月 30 日，教育部、国家民委提出了"务必加强对民族学生的思想政治工作，加强他们对爱国主义、共产主义、马克思主义民族理论和党的民族政策的学习，要求各民族学生之间互相尊重、互相帮助、搞好民族团结关系"[2]。

---

① 吴仕民主编：《中国民族教育》，长城出版社 2000 年版，第 22 页。
② 司永成：《民族教育政策法规选编》，民族出版社 2011 年版，第 39 页。

七、提出解决宗教干预民族教育的政策

宗教有教导人们向善的一面，但是，如果一旦被一些别有用心的人所利用，渗透到民族教育中去，并通过教育对人们的思想施加负面影响，煽动民心，制造民族分裂，那后果就不堪设想。我国对于宗教干预民族教育，妨碍民族教育的正常开展问题也十分重视，为避免这一负面影响，教育部指出："宗教自然有宗教的政策，对这一政策必须要正确地贯彻，宗教不得干预学校教育，要坚持教育与宗教相分离的要求来处理宗教干预学校教育的问题，要正确处理各地擅自开办的经文学校或经文班"，并强调，开办经文学校鼓励学龄儿童弃学念经，不符合社会主义现代化建设的要求，不利于他们的健康成长，同时也不符合"两个文明"建设的要求。对此，规定不得擅自开办经文学校，如要开办必须征得有关部门的同意。[①] 对于学校占用寺产的遗留问题也作出了相应的解决措施，对于上课的内容也进行了相应的规定，如务必要确保上课秩序的有序，务必要确保学校其他各种设备的完好，任何人不得擅自破坏，要加强教育师资队伍的建设，应该尽量应用民族语文进行教学，制定适合民族教学的教材和参考书。[②]

八、加强各类民族师资队伍的建设

1979 年 10 月 6 日，教育部和国家民委指出，提高教学质量，完成教学任务的关键是建设一支能够胜任本职的教师队伍。各学院必须重视这个关键，有计划、有步骤地进行建设工作。这次院长会议上有同志提议：请教育部制定一批重点大学与各民族学院实行对口支援，选调一些骨干教师支援民族学院，并帮助他们解决培训提高现有教师。这是个好意见，教育

---

①　吴仕民主编：《中国民族教育》，长城出版社 2000 年版，第 22 页。

②　王铁志：《新中国民族教育政策的形成与发展》（下），《民族教育研究》1998 年第 3 期，第 6 页。

部已允予采纳。①1980 年 10 月 9 日，教育部和国家民委提出要注重发展师范教育，大力建设一支比较合格的民族教师队伍，坚持从实际出发，在招生条件、学制、课程设置、教学内容等方面，应与一般师范院校的经验和做法有别，不能照搬照抄一般师范院校的经验和做法，否则适得其反。1984 年 3 月 30 日，教育部、国家民委就提高民族班的教学质量方面作出指示，应该注意补充足够的教师，并对专任教师的编制条件实行适度的宽松，要以提高教学质量为中心。高等学校民族班专任教师应按高等院校有关规定评定和晋升职称。在核定民族班教师工作量定额时，除课堂教学外，还应合理折算其辅导、做实验、批改作业、编写教材等教学活动的工作量。同年 12 月 11 日，《教育部、国家计委关于落实中央关于在内地为西藏办学培养人才指示的通知》指出，为西藏办班的学校，要充分挖潜、利用本校的师资力量和设备。藏语文教师要由西藏选派，每校 5 人（其中教师 3 人，行政管理人员 2 人），共 130 人，实行定期轮换，其任务除进行藏语文教学外，还要管理学生生活，进行思想工作，同时还可进修提高业务水平。②

第三节　改革开放初期民族教育政策特点及历史评价

　　改革开放初期，在民族教育政策方面，党和国家一方面是对原来的合理正确的民族教育政策进行恢复或者结合时代的发展对其进行改进，另一方面，为了适应新形势的变化和民族教育实践的变化，党和国家又推行了一些新的民族教育政策，促进了我国民族教育事业的发展。大体而言，该时期我国的民族教育政策的特点主要有以下几个方面：

---

① 司永成：《民族教育政策法规选编》，民族出版社 2011 年版，第 14 页。
② 司永成：《民族教育政策法规选编》，民族出版社 2011 年版，第 43 页。

一、少数民族教育政策着眼于新的时代环境

结束"文化大革命"，进入改革开放时期，也就预示着我国所处的时代环境已经与以往的时代环境大有不同，因此，我国的民族教育工作也面临着与以往的民族教育工作截然不同的新形势。正是由于我国进入改革开放后经济社会各方面得到了大的发展，所以我国各族人民对于文化的需要也日益提高，当然，少数民族也不例外；同时由于改革开放，我国的民族文化一方面与外来文化不断碰撞、交融，另一方面也与汉族文化交流融合日益频繁，这也同时对我国的少数民族文化造成了巨大的影响和冲击。于是，党和国家为了促进各族文化的发展繁荣，为了更好地发挥文化在经济社会发展中的动力作用，要求今后在发展民族文化的时候，必须要坚持民族教育工作与客观环境相一致，民族文化教育务必与民族特点相结合，民族文化教育政策务必与民族地区经济社会发展相一致相配合的原则。① 其中最为突出的表现在于，党和国家将特别注重提高民族群众文化教育的普及，而不是像过去那样，侧重强调少数民族干部的轮训和培养，现在，我们应围绕国家中心工作的变化，配合和促进经济建设的发展。这种依据新的时代环境，及时调整政策的方向和策略，体现了党和国家能够灵敏地适应时代的变化而变化，对于民族教育发展规律的认识随着时代的发展而不断深化。

二、将少数民族教育政策纳入法制化的轨道

如何贯彻落实好党的民族教育政策是事关民族教育成败的一个重大问题，于是，在十一届三中全会后，党和政府专门就落实民族教育政策，实现和维护少数民族文化的平等权利问题提出了重要的指示和要求，其中一个突

---

① 刘源泉：《中国共产党少数民族文化政策研究》，华中师范大学博士学位论文2013年，第110页。

出特点就是强调通过立法的形式来保护、发展民族文化。其中，《宪法》在总纲中就规定了我国各民族都有保持或者改变本民族风俗习惯的自由和权利，都有使用和发展自己民族的语言文字的自由和权利，这既是对我国汉族尊重的体现，也是对我国各少数民族尊重的体现。就民族自治的地方政府而言，它们也有权利自主地管理本自治地区的各项事务，促进本自治地区各方面的发展进步，给予自治地方政府充分的自主和自由的权利。《民族区域自治法》又进一步强调，国家要努力帮助民族自治地方发展各项事业，也规定民族自治地方政府也有权利自主地发展本地区的各项事业，如民族文化事业、民族教育事业①，等等。而《全国人民代表大会和地方各级人民代表大会选举法》《刑事诉讼法》《经济合同仲裁条例》《文物保护法》《著作权法》《劳动教养试行办法》等，都是该时期颁布的一些全国性的法律法规，这些法律法规中，有些是专门就民族教育问题进行了强调和要求，为我国民族教育事业的发展提供了很好的法律法规依据。

三、少数民族教育政策的体系结构日趋完善

实践是认识的来源，随着改革开放实践的逐步深入，中国共产党对于民族教育的认识又进了一步，关于民族教育的内涵和外延的认识又往前推进了一步，关于民族教育对民族文化发展的积极意义又有了新的认识，它对于民族地区经济社会发展具有能动的反作用。于是，我党也就更加重视对民族教育的发展，并将其放在一个较高的战略高度来加以认识。这一时期我国的民族教育政策，在内容上所覆盖的面越来越广泛，其中涉及民族学校寄宿制建设和补贴、民族地区基层教育设施建设等方面的具体政策，这在以往的民族教育政策中都是没有的。在关于民族政策的层次上，所涉及的内容也较为广泛，如涉及指令性政策、建议性政策、保障性政策、监督性政策以及教育发

---

① 国家民委办公厅等编：《中华人民共和国民族政策法规选编》，中国民航出版社1997年版，第38页。

展规划等方面，内容比以前更多了，也非常具有针对性和现实性。在关于民族政策的结构上，涉及《宪法》《民族区域自治法》，民族教育政策体系等方面的内容，这就在政策法律上为我国民族教育工作的有序进行提供了很好的保障。而且，党和国家领导人也多次在其讲话中谈到民族教育工作问题，既谈到其重要性，又谈到如何开展民族工作的问题，这也为我们开展民族工作提供了很好的指导意见。

四、改革开放初期民族教育政策的历史评价

在改革开放初期，党和国家的民族教育政策的主要贡献是使我国的民族教育政策得到了恢复，并在这一基础上提出了一些符合改革开放实际的新政策，可以说，无论在内容还是形式上，都取得了很大的发展。

这一时期的民族教育政策的发展变化，主要体现在以下三个方面：首先，恢复了原有的、已被证明是正确的民族教育政策。例如，原有的专管民族教育的工作机构得以恢复；民族语言文字教学也得以恢复使用，并在解决师资和民族文字教材、教科书方面制定和实施了许多有效的措施，既落实了民族语言文字政策，又大大提高了少数民族的入学率。其次，对已有的政策作了进一步充实和完善，使这些政策更加具体化、系统化。例如，针对因居住分散而造成入学困难的情况，在牧区、山区兴办了一批寄宿制学校予以解决，等等。再次，赋予民族政策以新时期的内容。例如，加强了国家和内地发达地区对民族地区教育事业的支援，包括举办高等学校民族班，促进教育设施和教学设备的改善，补充教师队伍等；在教育改革中，坚持理论联系实际，更加注意从实际出发开展工作，从而增强了民族地区各级政府和各民族人民对兴办教育、开发智力、培养人才的重要意义的认识，许多地方出现了多层次、多渠道办学的新气象。这一时期，从中央到地方，认真贯彻执行了民族教育政策，使民族教育工作取得了举世瞩目的成就。据统计，1985年与1978年相比，在少数民族学生数量方面，全国高等学校增加了近8万人，普通中学增加了30万人，小学增加了192万人，中等技术学校增加了近4

万人，中等师范学校增加了 2 万多人。少数民族的高等学校专任教师增加了 1 万多人，中学教师增加了 4 万多人，小学教师增加了 10 万多人。虽然少数民族和民族地区的教育在数量上、质量上以及教育结构和师资队伍等方面，还不能适应城乡现代化建设的需要，但民族教育事业已有所好转，开始迈向新的发展阶段。可以说，这一时期是我国少数民族教育史上重要的承上启下的发展时期。

第 四 章

改革深化时期民族教育政策的改革与创新

（1985—1999）

随着改革开放的不断推进，20 世纪 80 年代中期以后我国便进入了改革深化时期，这一时期既是我国经济社会发展的关键时期，也是我国民众教育发展的重要时期。随着改革实践的发展和民族教育实践的推进，我国的民族教育政策也到了进行改革和创新的时候了。因为时代在进步，政策也必须随着时代的进步而做出改革和创新，否则已有的民族教育政策就很难在新的历史条件下继续发挥它的效用。正因为这样，我国的民族教育取得了长足的发展。我国的民族教育政策在这一时期的发展突出体现了改革开放的创新性和鲜明的时代性特点。

第一节　改革深化时期民族教育政策的发展历程

坚持与时俱进、改革创新是民族教育政策生命力得以延续的一个重要因素。时代在进步，人民的教育需求也在不断变化，所以，随着我国的经济体制由原来的计划经济体制向社会主义市场经济体制转变，我国以往的那些民族教育政策有些已经不再适应新形势的要求了，以往的那种人才培养模式也不再适应新形势的需要了，甚至，其对于我国民族教育发展的负面作用也越来越明显了。因此，党和国家审时度势，认真反思和总结了我国以往民族教育发展的历史演变，针对现状又提出和执行了促进民族教育结构调整和民族教育体制改革的一系列有效措施，使得我国民族教育体制更具科学性、更有针对性，从而更能适应社会主义市场经济发展要求。

一、民族教育体制改革的稳步推进

为了更好地落实党和国家的民族教育政策，中共中央于 1985 年 5 月 27 日颁布的《关于教育体制改革的决定》，对于我国的民族基础教育做出了进一步的指示，强调了由地方来负责民族教育的实施工作，并且还要实行分级管理的原则。这种具有灵活性的原则，体现了我们党和政府针对民族的特殊性，切实从民族地区和少数民族的具体实际出发，确定了民族教育的发展任务、指导方针和基本原则。

国家教委于 1987 年 2 月印发了《关于九省区教育体制改革进展情况通报》，强调这一时期，国家继续延续对少数民族的招生优待政策，并且针对我国民族地区教育改革的实际问题提出了许多具有建设性的意见。

针对我国高校招生的问题，国家教委又做出了新的指示，如《普通高等学校招生暂行条例》的颁布，其关注点包括：一是结合当地实际情况，进行降分择优录取少数民族考生；在与汉族学生同等条件下，优先录取散居于汉族地区的少数民族考生。二是对于少数民族班招生，进行降分择优录取参加当年高考的少数民族聚居地区的少数民族考生。三是针对委托培养计划，进行降分择优录取少数民族学生，等等。

二、我国民族教育事业的迅速发展

1992 年第四次全国民族教育工作会议在北京召开，这次会议一是总结和学习了邓小平的南方谈话精神，二是认真总结了我国民族教育工作的历史经验，重点布置了今后我国民族教育事业发展所要注意解决的问题，并提出了一些重要的解决这些问题的原则和指示，为今后我国民族教育工作的开展提供了重要的原则指导。《关于加强民族教育工作若干问题的意见》又针对民族教育工作提出了以下意见："一是在民族教育的实施过程中，我们不但要注重教育数量方面的要求，而且更要侧重于教育质量的提高，要将教育的数量和质量两者结合起来，既要有数量的进步，更要有质量的进步，以质量来论教育的成败。二是在民族教育办学的具体路子上，目标要明确，要发挥改革开放在教育办学中的动力作用，必须充分发挥教育在经济社会进步中的作用。三是要促进民族教育尽快赶上全国教育的水平，缩小教育的差距。"[1]

当然，关于重视我国民族教育问题的文件还有很多，如《关于加强民族教育工作若干问题的意见》《中华人民共和国义务教育法实施细则》《普通高等学校本、专科学生实行奖学金制度的办法》等，这些文件或多或少对我国民族教育及其教育政策都有所涉及，并且还要求贯彻落实好这些民族教育政策。这些政策的推行，大大地促进了我国民族教育的发展，其发展速度甚至超过了全国的平均水平。

第二节　改革深化时期民族教育政策的主要内容

在教育体制改革时期，党和国家依然非常关注我国民族教育事业的发展，为了更好地促进其发展，在发展任务、指导方针和基本原则等方面都做出了明确的规定，为进一步推进我国民族教育体制的改革与完善作出了巨大

---

[1]　缪国敏：《新中国少数民族高等教育政策改进研究》，东北大学硕士学位论文 2012 年，第 17 页。

的努力，使得该时期我国民族教育的发展又取得了很大的成效。

一、深化民族教育体制改革与完善民族教育帮扶政策

时任国家主席的江泽民同志也高度重视我国民族教育工作事业的发展，他曾经在中央民族工作会议上强调，我国教育事业的发展包括民族教育事业的发展，我国的整个教育事业其中就包括民族教育事业，同时，我国的民族工作也包括民族教育工作，今后应该在民族教育的目标、内容、教育形式、方式方法、手段等方面进行改革探索，以适应我国民族教育事业的发展。这实际上是一条总的方向原则，对于继续深化民族教育改革具有指导性的意义。

第四次全国民族教育工作会议又对民族教育事业的发展作出了新的指示，民族教育要为当地经济社会的发展服务，为此，要探索民族教育的办学形式，这种办学形式要与当地经济社会发展相适应，要适应当地的民族特点和生产生活的特点，要着重提高教育的质量，要注意培养初、中级专业技术人才，提高劳动者的技能[1]，等等。这一时期发展民族教育事业的一个关键就是坚持"转变"与"调整"的方针，这一方针实际上就是与时俱进、理论联系实际的方针。在上述这些指导思想的指导下，各地注重合理配置资源，探索民族教育的发展。

1992 年的《关于加强民族教育工作若干问题的意见》对于民族教育事业的发展也提出了具体的要求，《大力改革和发展民族教育　促进各民族的共同繁荣》的报告，为做好民族教育工作提供了一个原则性的指导意见，该《报告》指出，民族工作要与党和国家的大政方针保持一致，同时又有自己的灵活性，民族教育工作既贯彻执行党和国家统一的教育方针，又要贯彻执行党和国家的民族政策，两者不可偏废，也不能只注重前者而忽略了后者，也不能只注重后者而忽略了前者，必须做到两者同时兼顾，两者要积极配合、有机联合。

---

[1]　吴仕民主编：《中国民族教育》，长城出版社 2000 年版，第 710 页。

二、继承少数民族传统优秀文化与发展"双语"教学

文化是一种内涵丰富的社会历史现象，是一个国家和民族的灵魂，集中体现了国家和民族的品格。文化的力量，深深熔铸在民族的生命力、创造力和凝聚力之中。[①] 一个民族要生存、要发展，既要继承民族优秀传统文化，又要实行改革开放，目的就是为了向其他的国家和民族学习；而对于我国的民族教育也是这样，民族教育要发展，也要向其他的国家和民族学习，学习别国的先进的教育经验，促进自己民族教育的改革发展，要敢于突破陈见旧规，避免闭门造车，要善于紧跟世界文化、科技发展的步伐，善于借鉴别国教育的成功经验和失败教训，既要彰显时代特色，又要保留自己的民族特点。[②]

1988 年 4 月，国家教委等部门发布了《关于改革和发展西藏教育若干问题的意见》，该《意见》针对西藏民族教育的发展提出了以下几个要求，一是要注重向其他民族学习先进的科学技术和教育经验，同时还要在教育的过程中注重传承本民族的历史文化，不能数典忘祖；二是要根据本民族的历史文化和民族特点进行教育教学内容的选择和教学方法的选择，要进行深入研究，切勿照搬照抄内地的做法；三是在民族人才的培养上，既要让他们掌握现代科学技术，又要让他们懂得本民族的历史文化知识……因此，西藏民族教育发展的一个重要选择就是向内地开发，冲破狭隘的地域边界，改变以往那种封闭的教育教学环境。

这一时期，党和国家将规范少数民族文字教材作为发展双语教学的一项重要工作。党和国家高度重视这一项工作的开展，这主要表现在我国中小学教材建设中实行编审分开这一原则，这是一项非常重要的原则，推行这一重要原则，也就标志着在我国中小学教材建设上的一项重大改革的开启。按照这一原则，我国各地包括民族地区纷纷成立民族文字教材的审查委员会。例

[①] 李资源等著：《中国共产党与少数民族传统文化保护和发展研究》，人民出版社 2014 年版，第 20 页。

[②] 吴仕民主编：《中国民族教育》，长城出版社 2000 年版，第 26 页。

如 1985 年和 1986 年分别成立全国中小学教材审定委员会朝鲜文教材审查委员会和全国中小学教材审定委员会藏文教材审定委员会以及蒙古文教材审定委员会等等。编审分开原则对于落实责任制，提高民族文字教材的针对性、实用性具有重要意义，而且还可以编制出适合各民族特点和民族风俗习惯的教材，促进了教材的多样性发展，对于促进民族教材的改革来说具有很强的现实意义。《全国民族教育发展与改革指导纲要（试行）》提出了针对当前民族地区中小学教材编写出版存在基金费用不足的实际，要求国家、自治区等有关部门必须要在教材的编写出版方面予以高度重视，并予以资金资助，以确保教材的数量和质量，以适应和配合民族地区中小学民族教育的工作。

三、采取特殊措施加强民族地区普及九年义务教育

民族地区义务教育的发展并没有现成的可供复制的发展模式，也不可能创造出一劳永逸的民族教育发展模式可供使用。民族地区义务教育的发展，一方面要向汉族地区学习，但不能生搬硬套，而应该结合本地实际，做到因地制宜。不同的民族会有不同的民族特点，必须考虑到民族的特点，甚至同一民族的不同地区也会有不同的地区特点，这些实际都必须考虑在内。

实施九年制义务教育是提高国民素质的一个重要策略，也是我国教育发展的必然趋势。以 1986 年《中华人民共和国义务教育法》的颁布为标志，我国开始正式实施九年制义务教育制度。对于民族地区在实施九年义务教育的过程中，我国也相应制定和实施了特殊的政策。第一，对于入学年龄的规定。义务教育法做出了明确的规定，儿童一旦达到六周岁的年龄均应进入学校接受义务教育，确实是因为条件不允许的可以放宽到七周岁入学。《义务教育法》规定全国各地应要有针对性地推行义务教育的普及，坚持循序渐进，不必操之过急。而且也要根据各地实际推行，对于那些经济社会比较落后的地方也要尽力创造条件普及初等义务教育，这体现了党和国家对于义务教育的高度重视。接着，在 1992 年 1 月印发的《关于加强民族教育工作若干问题的意见》强调，要尽力克服义务教育普及过程中所遇到的困难和麻烦，要

加快其普及的步伐，并且国家要在财政上予以支持义务教育的发展普。①此外，《义务教育法》还专门针对边远地区、民族地区、经济落后地区的义务教育做出了再次的强调和具体的规定，规定实行免收杂费，并有条件地实行助学金制度，等等。

四、改革和扶持民族高等和职业成人教育发展

随着我国经济社会的发展，我国的民族教育也在不断发展。1985 年，中共中央作出决定，要对民族院校进行改革。其中《中共中央关于教育体制改革的决定》便是针对民族院校落实改革的一个纲领性文件，该《决定》首先提出对招生计划制度和毕业生分配制度进行改革。具体措施是这样的：一是取消了以往全部按国家计划统一招生，毕业生包分配的制度；因为国家已经慢慢开始认识到以往这种制度的缺点，随着新形势的变化，这种制度已不再适应我国经济社会的发展需要了。二是扩大了办学自主权。怎样扩大民族院校办学的自主权呢？也就是在遵循国家的计划和指令下，民族院校既有实行按照国家计划统一招生的权利，同时也有在国家招生计划之外招收委培计划和自费生的权利；同时，有权自主调整教学计划和教学大纲以及专业设置的服务方向，有权自由编写和选择教材、制定教学计划和教学大纲，甚至在提名任免其他各级干部等方面都有很大的自主权。这样的规定有助于激发民族院校教育的活力，促进民族院校教育质量的提高。1984 年西北第二民族学院经国家教委批准正式建校；2008 年北方民族大学正式挂牌；1984 年大连民族学院立项筹建，1997 年正式建校；2006 年，由国家民委、辽宁省政府和大连市政府三方一起共同建设大连民族学院。至 1997 年，全国民族学院发展到 13 所。

第四次全国民族教育工作会议提出要注重培养民族地区民族学生，制定专门的招生计划，发挥他们在民族地区经济社会发展中的积极作用，并有

---

① 吴仕民主编：《中国民族教育》，长城出版社 2000 年版，第 29 页。

条件地进行对口培养。[①] 国家对此问题亦高度重视，于是谋划了《中国教育改革和发展纲要》。根据这一纲要的指示，为了更好地贯彻落实这一指示精神，从 1994 年开始，我国的民族院校又开始改革自身的招生制度和毕业生就业制度。鉴于民族地区经济发展较为落后的现状，而且民族学生自身较为贫困的现实，考虑到民族地区的经济发展现状和少数民族学生的经济承受能力，国家又做出了一些专门的规定，如对民族类学校的收费标准进行下调，要低于当地的其他普通院校的收费标准，对报考民族类专业的学生免收学杂费。同时，民族院校的助学金制度、奖学金制度、贷款制度也需要尽快建立起来，务必确保学生能够享受到相应的福利。此外，截至 1997 年，我国的民族学院终于实现了招生并轨改革的制度，这可是一项具有很大突破性的改革，同时还对少数民族考生实行了边远少数民族地区可招定向生等这样的优惠政策；此外，研究生招生录取工作中对少数民族考生也有降分录取政策。据统计，1951 年少数民族在校大学生人数仅 2117 人，而在 1996 年的时候则达到 196800 人，占同期全国同类学校在校生人数的比例也分别由 1951 年的 1.36%，提高到 1996 年的 6.5%。需要指出的是，这一时期党和国家强调沿海、内地经济文化发达省市对少数民族高等教育对口支援协作。在民族职业教育方面，1992 年 1 月，李鹏曾经指出，培养专业技能人才对于民族地区经济社会的发展来说，是一项根本性的措施。发展民族职业教育，要有一个明确的目标定位，"做好基层干部和技术人员的培训"[②]，它要能够在民族地区摆脱贫困、走向富裕的道路上起到一定的积极作用。所以务必要加强民族职业教育，它与民族地区的发展具有直接的关联，所以第四次全国民族教育工作会议提出要在少数民族较多的县（旗）办好民族职业教育，最起码建立起一所具有示范性的中等职业技校。这对于职业技校的建立与发展可以起到带头示范的作用。

在民族成人教育方面，经过党和国家多年的努力，我国的成人教育也取

---

① 王铁志：《新中国民族教育政策的形成与发展》（下），《民族教育研究》1998 年第 3 期，第 12 页。

② 国家民族事务委员会、中共中央文献研究室编：《民族工作文献选编（1990—2002）》，中央文献出版社 2003 年版，第 47 页。

得了较大的发展，而且成人教育对于我国经济社会的发展也是具有重要的现实意义的。经过不断的摸索，一整套成人教育的理念与体系也得以在我国建立起来，虽然还有许多不足和需要改进的地方。1986年12月，我国召开了新中国成立以来首次全国成人教育工作会议。这次会议通过了原国家教委《关于改革和发展成人教育的决定》，这一决定针对我国当时成人教育的现状，针对成人教育的效果不明显的实际，针对成人教育不能很好地适应和促进民族地区经济社会发展的现实，指出了今后我国成人教育发展的主要任务和目标。针对民族成人高等教育怎么开展的问题，1992年8月国务院批准了《关于进一步改革和发展成人高等教育的意见》，该《意见》对于当前成人教育存在的问题，提出了一些具有针对性的意见和建议以及发展措施的具体要求。随后，1993年发布的《全国民族教育发展与改革指导纲要（试行）》、1995年3月颁布的《中华人民共和国教育法》都有专门针对我国少数民族成人教育发展的论述和意见，为促进其发展提供了良好的指导作用。所以，这一时期，我国民族地区的成人教育事业也取得了较大的发展，教育的体系也逐渐得以建立了，那种多渠道、多形式、多角度的教育培养模式也慢慢形成了，许多函授夜校、成人高校以及其他的专门从事成人教育的机构也得以建立起来了。此外，国家重视少数民族电化教育事业的发展。电化教育凭借现代通信技术，可以有效地提高教育的质量，突破教育的时空限制，可以为人们的学习提供很大的便利，可以有效地缓解民族地区教师不足、教学水平不高等困难。

五、大力培养少数民族专业干部和人才

少数民族干部的培养是我国民族教育工作的一项重要内容，从大的方面来讲，它也是我国民族工作的一个重要内容。党和国家，无论是在革命还是在建设时期，都十分注重做好民族干部的培养工作。随着形势的发展，在社会主义市场经济时期，党中央依然高度重视民族干部的培养问题，并将其与我国民族地区的发展结合起来加以重视。1992年年初，李鹏强调在民族干

部的培养上，我国的各行业各部门等都要重视民族干部的培养，要采取多种办法加强对他们的培养，尤其是要加强他们在专业化技术化方面的训练。[①]同样，胡锦涛也对此问题高度重视。他认为民族干部培养质量的提高，一方面要注重个体的质量，另一方面也要注重整体的质量，做到两者兼顾。要用中国特色社会主义理论来武装他们的头脑，也要加强他们对马克思主义民族理论、民族观、民族政策的学习；要通过各类学校对他们进行培养。[②]1993年12月，中组部、统战部、国家民委联合出台了《关于进一步做好培养选拔少数民族干部工作的意见》，这对于怎样培养好新时期的民族干部也提出了具体的要求和明确的目标，强调民族干部的培养要为以经济建设为中心这个首要任务服务，要按照干部"四化"原则进行培养。该《意见》具有很强的现实意义和指导性作用，是20世纪90年代关于我国培养和选拔少数民族干部工作的一个纲领性文件。

六、积极开展对口扶持促进贫困地区民族教育发展

贫困地区教育较为落后，需要党和国家等各个方面的大力支持。而新疆和西藏地区的民族教育便是我国民族地区、贫困地区民族教育落后的典型代表。针对这两个地区民族教育发展的实际，我国对其进行了对口扶持。而且，自1987年以来，国家教委和国家民委曾经多次就这两个地区的对口扶持工作召开会议，初步确定了内地的一些高校与其进行对口扶持协作，许多所高校专门为新疆地区民族学生开设民族班，平均每年从新疆招收大约800名学生。1987年9月，在北京专门召开了西藏地区的对口支援协作会议，会议提出要对新疆地区的师资力量进行支援，为新疆地区培养更多的合格的师资骨干和各类专业人才。这些都是支援工作的重点。另外，党和国家高度

---

① 刘源泉：《中国共产党少数民族文化政策研究》，华中师范大学博士学位论文2013年，第116页。

② 国家民族事务委员会、中共中央文献研究室编：《民族工作文献选编（1990—2002）》，中央文献出版社2003年版，第73—74页。

重视贫困民族地区教育的扶持工作。根据 1994 年国家确定的《国家八七扶贫攻坚计划》，在国家重点扶持的贫困县中，少数民族贫困县有 258 个，占总数的 43.4%。少数民族贫困县的教育和经济基础都比较落后，是实现国家"九五"期间普及义务教育目标的难点和重点。因此，国家对贫困地区特别是少数民族贫困地区的普及义务教育给予重点扶持。这项扶持工程首先将财力投入国家级贫困县（当时国家教委确定了 143 个少数民族贫困县），同时还对省级贫困县进行适当的照顾。国家在划定国家级贫困县时有这样的规定，即国家级贫困县数量和人口应大于或者等于项目县总数或项目覆盖人口总数的 70%。按照国家"九五"期间普及义务教育的规划要求，分别在占总人口 95% 以上和 85% 的地区普及 5—6 年小学教育和 9 年义务教育，其余地区则普及 3—4 年小学教育。根据以上划分三片地区分步实施的目标和要求，该"工程"已在两片地区实施，1998 年在三片地区将全面实施这项"工程"。

七、大力培养少数民族师资满足民族教育发展的需求

民族师资对于民族教育事业的发展，其意义是不言而喻的，没有一支强有力的师资队伍作为支撑，我国的民族教育也就不可能得到发展。现在，我国越来越重视对少数民族师资的培养，并为此做出了巨大的努力。从 1985 年开始，国家不断地设立各种师资培训中心，有专门针对西南地区的民族师资培训中心和专门针对西北地区的民族师资培训中心。这些培训中心的设立，其目的就是为了更好地更快地培养适应当地民族教育的发展需要。实践证明，这些师资力量在促进当地民族教育发展方面确实发挥了重要的作用。1993 年颁布的《全国民族教育发展与改革指导纲要（试行）》，强调要办好各级民族师范学校和少数民族师资培训中心，实际上这是对新时期少数民族师资队伍建设所提出的新要求。大力培养当地土生土长的民族教师，加强对他们的培训具有重要的现实意义，他们是提升民族地区教育质量的重要动力源泉。各级政府务必把这项工作做好，只有这样才能发展民族教育。在资金的投入上，国家、省、自治区和地（州）三级教育部门要对民族师范院校进

行重点倾斜，助其改善环境设施、办学条件、师资力量等；而且还要对其进行对口支援，大力发展民族中等师范学校和专科学校的建设；内地师范大学也要积极对其进行对口支援；对于当地民办教师，应放宽条件，创造有利条件让其转为公办教师，不断提高教师的待遇水准。①

八、积极推动民族教育的立法工作

我国民族教育走过了曲折的道路，党中央对历史的教训进行总结，逐步认识到民族教育立法的重要性。民族教育工作的开展离不开国家的民族教育立法，而且，民族教育立法可以确保我国民族教育工作的有序稳定进行，也可以有效地抵制各种阻碍我国民族教育发展的不良思潮的影响。纵观这一时期，从大的方面来说，我国的教育立法工作得到了顺利推进，取得了一些明显的成效，制定和出台了一系列相关的法律法规。如全国人大常委会制定和颁布了《学位条例》《义务教育法》《教师法》《教育法》《职业教育法》《高等教育法》这几部教育法律；国务院颁布了《普通高等学校设置暂行条例》《社会力量办学条例》《高等教育自学考试暂行条例》等16项教育行政法规；国务院教育行政部门发布了《中外合作办学暂行规定》《教育行政处罚暂行实施办法》等众多的教育规章。从而，一套内容比较完整，结构比较合理的以《教育法》为核心、以教育专门法为骨干的教育法律法规体系在我国得以形成，这就为以后我国民族教育立法提供了基本的法律依据和良好保障。在体制改革时期，虽然我国的教育立法和民族教育立法取得了不小的成效，但是我国的民族教育立法还有很长的一段路要走，因为它大部分都是由行政系所制定的单项法规，而极少部分的民族教育法规是由国家权力机关和民族自治地方权力机关制定，况且它尚未构成一个完整的体系。我国的民族教育立法任重而道远。

① 教育部民族教育司：《蓬勃发展的中国少数民族教育——纪念党的十一届三中全会召开二十周年》，《中国民族教育》1998年第6期，第5页。

第三节 改革深化时期民族教育政策特点及历史评价

经济体制的转变，对于我国的少数民族教育工作来说，机遇与挑战并存。少数民族教育工作只有适应时代的发展，逐步转变管理体制机制，创新工作方法手段，才能真正维护好、实现好少数民族的教育权益，满足各族群众的文化需求。为此，党和政府加快了民族地区教育设施的建设，着力推动基础教育和职业教育的发展，传承和弘扬了少数民族优秀传统文化。在这一时期内，我国少数民族教育政策的特点主要包括以下几个方面：

一、将政策的延续性与创新性结合起来

社会主义市场经济阶段，中国共产党总结了建党以来少数民族教育政策上的历史经验，继承了已被实践证明是正确的少数民族教育基本政策，并将它们作为政策体系的核心和基础，使党的少数民族教育政策保持了连续性和稳定性。更重要的是，这一时期，中国共产党依据社会主义市场经济体制的建立以及少数民族群众生活环境的改变，对少数民族教育工作的扶助方式、管理机制、实施方法等进行了必要的改革创新，使少数民族教育政策更具现实性和可操作性。例如，在少数民族双语教学问题上，强调"以少数民族语言文字规范化为主要目标，顺应信息时代的要求和对外交流的需要，提出了少数民族语言文字要标准化、现代化和数字化的新任务"；在发展民族职业教育问题上，强调"职业技术教育的发展必须有助于农（牧）民摆脱贫困，必须适应农（牧）业生产、必须适应农村经济社会发展的需要，同时，必须培养各方面较高素质的专业技术骨干"。充分体现了党十分注重少数民族教育政策与形势发展、时代变化的统一。总而言之，正是由于党和国家妥善处理了少数民族教育政策的继承、延续与改革、创新之间的关系，在坚持基本

纲领政策的前提下，结合不断变化的实际，运用与时俱进的理论、政策来指导发展的实践，从而调动了各族群众的积极性，促进了我国少数民族教育工作的开展。

二、将政策的理论性与实践性结合起来

建立社会主义市场经济体制时期，邓小平理论这一马克思主义中国化的最新理论成果的完整阐述，为少数民族教育工作的开展提供了强有力的理论支撑；而不断推进的少数民族教育建设实践，则为少数民族教育政策的发展提供了充足的现实土壤。这两大方面的相互作用、相互影响，给少数民族教育政策的发展注入了不竭动力，也促使党和国家更加注重少数民族教育政策的现实指导功能，从而使政策走向"理论与实践并重"① 的道路。从另一个视角来看，新阶段党的少数民族教育政策，内容更为翔实、导向更为明确。例如，在民族教育政策的实施方式上，它既在宏观上制定了办学体制改革的目标，又针对非义务教育阶段在具体的操作上要求采取投资主体多元化、沿海和内地举办面向少数民族的学校或班级、在偏远民族地区创办寄宿制中小学等举措。这样一来，不仅为宏观目标提供了实现路径，也为各地因地制宜地实施政策留有了余地。事实证明，理论与实践相结合，是少数民族教育建设的根本要求，也是衡量政策效力的内在尺度。这样的政策制定思路是比较合理的，它也充分说明了我党对于少数民族教育工作的领导能力日趋成熟。

三、将政策的时效性与长期性结合起来

少数民族教育工作是一项长期、艰巨而又复杂的工程。一方面，少数民

---

① 刘源泉：《中国共产党少数民族文化政策研究》，华中师范大学博士学位论文 2013 年，第 126 页。

族文化教育与经济和社会的发展密切相关，容易受到外部环境变化的影响；另一方面，少数民族文化教育有其自身的发展规律，与经济的发展有时不同步。这两个根本特性决定了少数民族教育政策，既要着眼于现实，及时正确处理建设过程中遇到的各种问题；又要做好科学分析，制定具有阶段性和前瞻性的发展规划。[①] 这一时期，党和国家在少数民族教育政策的制定过程中，从科学分析其根本特性出发，不但在广泛调查研究的基础上，积极推进理论创新、制度创新、机制创新，使政策更加贴近实际、贴近群众，具有时效性；而且民族教育是一个长期持续的工作，不可能一蹴而就，必须做好长期规划，制定发展目标、基本手段以及人、财、物的积累储备等，并要求各地区、各部门依据不同实际做好相应的阶段规划。例如，在少数民族干部培养问题上，党和国家既考虑到经济发展的实际需要，将培养各行业少数民族专业技术干部作为这一阶段培养工作的重点，通过委托培养、在职培训、挂职锻炼等方式，大力培养专业技术干部，又强调要建立健全各行业、各部门的民族干部培养、选拔、考核和管理机制，大胆提拔任用年轻干部和优秀人才，使少数民族干部年轻化、知识化，从而保证少数民族干部的合理布局和层次结构。

四、将政策的广泛性与具体性结合起来

《中华人民共和国宪法》第一百一十九条针对民族教育政策的广泛性规定："民族自治地方的自治机关自主地管理本地方的教育、科学、文化、卫生、体育事业……"《宪法》是我国最具权威的法律，它明确规定了民族自治地方拥有对本自治地方教育自主管理权限。《民族区域自治法》也提出了在遵循国家教育方针的前提下，民族自治区有权决定本地方的教育规划、招生办法等。这一规定进一步明确了自治机关对当地教育的管理权限和范围。

---

① 刘源泉：《中国共产党少数民族文化政策研究》，华中师范大学博士学位论文 2013 年，第 126 页。

国务院、教育部、国家民委等也都出台过一系列扶持民族教育发展的政策，涉及经费投入、招生、贫困生等方面。各民族自治地方根据《宪法》和《民族区域自治法》的规定，结合本地区的实际情况，制定了一系列发展民族教育的政策。湖南省在 1992 年通过了《湖南少数民族地区发展经济和社会事业若干优惠政策的通知》，对民族教育有关经费、招生、师资培养等方面作了明确规定。具体政策方面，为了妥善处理在教育发展中遇到的特殊问题，如新疆、西藏教育发展的问题，出台了在内地举办西藏中学、西藏班和内地新疆高中班的政策、内地与新疆和西藏对口支援协作的政策等。为尽快改变少数民族高层次人才缺乏的状况，出台了《关于大力培养少数民族高层次骨干人才的意见》。政策的广泛性与具体性的结合，在从国家层面上推动民族教育发展的同时，也解决了发展中的重点、难点及特殊问题。

五、改革深化时期民族教育政策的历史评价

在我国社会主义市场经济体制的建立时期，我国也开始了积极探索民族教育工作如何更好地适应社会主义市场经济的发展道路，以服务于民族地区经济社会发展的需要，所制定和实施的政策措施鲜明地体现了这一点，民族教育事业取得了历史性的成就。据相关资料显示：1951 年，我国各级各类的民族在校学生为 99.02 万，1998 年为 1856.22 万，与 1951 年相比增长了 19 倍。新中国成立初期全国少数民族专任教师为 6.49 万，1998 年为 88.84 万，与新中国成立初期相比增长了近 14 倍。当前单独设置的民族高等院校共有 12 所，民族地区设置的高等院校共有 101 所，1951 年在校生为 0.21 万，1998 年为 22.64 万，与 1951 年相比增长了 107 倍。[①] 具体来说，一方面，受教育人口大幅度增长，基本形成民族教育体系，也发展了民族教育相关理论。经过 20 世纪 90 年代以来的发展，已初步形成了比较完整、具有我国特色的民族教育体系。主要包括幼儿教育、基础教育、职业技术教育、成人教育和高

---

① 夏铸、阿布都：《民族教育：50 年铸造辉煌》，《中国教育报》1999 年 9 月 30 日。

等教育；民族教育的质量也有所提高；国家对民族教育的投入也有所加大；民族地区的"两基"也较为成功。另一方面，由于国家的大力扶持，少数民族人才的培养模式和民族地区高等教育发展的政策也日趋完善；形成了一支稳定的少数民族专任教师队伍；教育对口支援成效显著；中小学民族团结教育成效显著；民族教育工作得到了地方各级政府的高度重视，民族教育法制建设也因此取得了新进展。

不过我们也要看到，在对成绩进行肯定的同时，必须清醒地认识到，我国目前的民族教育事业尚未能很好地适应民族地区改革开放的需要。这一阶段，为了更好地推进我国民族教育事业的发展，我们应该注重提升民族自治地方教育的整体水平，注重加大对民族自治地方的教育投入，注重更新那些业已陈旧的教育理念和教育思想，全力加强对民族地区思想政治教育，尤其要侧重加强爱国主义教育、党的民族宗教政策教育。

第 五 章

新世纪民族教育政策的健全与完善（2000 — ）

进入新世纪后，中国共产党在领导社会主义现代化建设、开启实现中国梦的新征程中，全面分析国情、世情和民情，提出了科学发展观、构建社会主义和谐社会和全面建成小康社会等重要思想，积极推动全国各族人民共同团结奋斗、共同繁荣发展，取得了辉煌成就。在少数民族教育工作方面，党和政府坚持以人为本、全面协调可持续的基本原则，注重保护、传承和弘扬少数民族文化，充分发挥民族教育对民族地区经济社会发展的促进作用，推进少数民族教育政策的系统化、法制化，丰富和发展了民族教育政策体系，标志着我国民族教育工作步入了新阶段。

第一节　新世纪民族教育政策的发展历程

经过新中国成立以来60多年的发展，我们已经形成了具有鲜明中国特色的民族教育政策体系，这一体系具有无可比拟的优越性。新世纪新阶段，民族教育政策随着我国科教兴国战略的全面实施，而得到快速的发展。同时，在新的历史时期，我国的民族教育政策也还存在许多问题，仍需要不断进行改革和完善。

一、我国民族教育政策发展面临的新问题

进入新世纪后，在新的历史条件下，随着改革开放的深入以及国家财力的增强，我们对少数民族教育不断加大积极差异性教育政策的扶持力度，我国的民族教育得到了较大发展，也取得了举世瞩目的成绩。但民族教育政策中还是存在一些问题，仍然面临严峻的挑战，不能适应新世我国经济和社会发展的实际需要。

一是对民族教育的重要性和迫切性认识不足，缺乏文化多样性的教育理念。许多管理者对民族教育的理解不到位，只是简单看作接受学校教育和升学率的优待和照顾，而忽视了少数民族群众受教育的公平权和自主权，没有真正体现"以人为本"的价值理念。而且我国的教育政策缺乏文化多样性的教育理念。在全球和全国经济一体化的浪潮冲击大背景下，经济一体化势必带来文化的一体化①，民族传统文化正在经受前所未有的强大冲击。如何才能在经济一体化的浪潮之中使民族传统文化得到良好发展，对我们的民族文化教育政策提出了严峻挑战。目前的民族教育政策缺乏民族教育内容上的多样性，比较注重对少数民族受教育权特别是进入主流社会的受教育权的保护，而忽视对民族教育在传承和发展少数民族文化中的作用，对这一重要作用缺乏明确的定位和政策上有力的支持。正是由于理念上的缺失，导致一些政策的制定与执行缺乏整体的协调与连续性，不能可持续发展。②

二是制定与执行民族教育政策以及教育政策评估方面，有忽视民族地区特殊性的情况。民族教育的特殊性是由民族的特点与民族地区的特殊性两个方面决定的。比如民族的语言、文化、宗教、传统教育方式，民族地区的生产生活方式、居住情况、人口密度等都有其特点，但在实际的政策过程中，往往没有考虑不同民族和不同地区的具体差异，使得许多出于良好愿望的政

---

① 许可峰:《新中国少数民族教育政策发展问题研究》，西北师范大学硕士学位论文 2008 年，第 46 页。

② 张建英:《论我国民族教育政策存在的问题及对策》，《民族论坛》2012 年第 5 期，第 71 页。

策在执行中偏离了政策目标，不但没有解决一定的政策问题，反而产生了新的问题。另外，在对各项教育政策的评估过程中，宏观上缺乏完整、科学的评估体系和有效指导，观念上也欠缺一些基本的"公平"和"人本"思想，更是没有考虑到各项政策之间有效的衔接。特别是对民族教育政策的评估缺乏全面和科学的标准，也没有从民族教育的实际出发。只是用一些简单的判断和局部的政策效应作为评价的依据和标准。如我们在民族地区执行一定的优惠政策，像高考降低录取分数线等，对大学毕业以后的就业也带来了影响。有人因此甚至怀疑我们一些优惠政策是否有必要执行，而没有考虑到我们目前的学校教育与社会需求方面存在一定的矛盾。

三是在政策的制定和执行过程中，公众参与度低，执行和监控不力。我国目前还没有较为完善的民族教育法律法规，有些政策的制定和实施过程中，缺乏对各民族和不同地区差异性的考虑，忽视了群众的现实需要，决策程序存在一定的问题，在政策出台前缺乏广泛的意见征询和深入的调查研究，广大少数民族群众对相关教育政策的参与度低，缺乏长期、合理的规划和论证，使得一些政策质量偏低，不能得到少数民族群众的认同与支持，实施难度大。同时我国民族教育研究明显不足与落后，民族教育政策的制定与实施缺乏专业的研究与理论支持。另一方面，由于民族地区有着不同的地理环境、文化风俗、经济发展状况和教育水平，加上在执行一些政策时监管不力，有些政策不能得到切实有效的执行。[1]

因此，在新世纪民族教育发展中，要树立正确的民族教育理念，重视深入研究普遍性少数民族教育政策，提高民族教育政策的科学化和民主化水平，探索符合民族实际的少数民族教育政策，同时要运用保护文化多样性的全新文化理念，重视多样性少数民族教育政策，建立符合民族地区实际的政策评价标准，完善教育政策内容，加强政策监控力度，实现我国少数民族教育事业更好更快的发展。[2]

---

① 张建英：《论我国民族教育政策存在的问题及对策》，《民族论坛》2012年第5期，第72页。

② 华原俊：《我国少数民族教育存在的问题及对策》，《管理观察》2016年第11期，第92页。

二、民族教育的体制机制改革的深化与完善

进入 21 世纪后，在新形势下，我国的民族思想政治教育面临着许多新的困难与问题，这就使得在新形势下加强民族思想政治教育显得更为重要。2002 年 7 月，全国人口较少民族"普九"工作现场会议提出，当前民族教育工作的一项重要任务就是针对 22 个人口较少民族，务必要加快其民族教育事业的发展，加快其"普九"进程。

针对民族教育事业的实际问题，2002 年 7 月 7 日，国务院颁布了《关于深化改革加快发展民族教育的决定》，对于新时期我们应该怎样开展好民族教育工作做出了明确的指示和基本的要求：一是要紧密联系实际，针对不同的民族实际，设置不同的课程内容，运用不同的教学方式，采取不同的教育手段进行教育，做到因地制宜；二是要既要保持自身的教育特色，自身的教育特色不能丢掉，同时又要与时俱进，体现时代性；三是要坚持创新，坚持教育的观念创新、体制创新、机制创新，要善于向汉族地区和别国学习教育理念和教育方法；四是要坚持统筹兼顾，同时又要突出重点。具体就是要求中央财政重点向边远地区、民族地区、落后地区加强教育的投入，实现这些地区教育的大步发展。① 根据该《决定》的有关规定和精神，教育部会同国家民委联合召开了第五次全国民族教育工作会议，进一步明确了民族教育的重要地位、作用和加快民族教育改革发展的方针、政策，不断提高学校的管理水平。2005 年中央民族工作会议以后，教育部印发了《教育部关于贯彻落实〈中共中央国务院关于进一步加强民族工作 加快少数民族和民族地区经济社会发展的决定〉做好民族教育工作的通知》《教育部关于贯彻落实〈国务院实施《中华人民共和国民族区域自治法》若干规定〉的通知》，从基础教育、职业教育、高等教育以及师资培养、双语教学和民族教育等方面促进民族教育的全面、健康、协调发展。2007 年《国家教育事业发展"十一五"

---

① 国家民族事务委员会、中共中央文献研究室编：《民族工作文献选编（1990—2002）》，中央文献出版社 2003 年版，第 386 页。

规划纲要》提出，要实行公共教育资源的共享，特别是要注意实现与农村、中西部、贫困地区、边疆地区、民族地区公共教育资源的共享。要注意对民族地区实行义务教育工程、农村中小学危房改造工程、"两基"攻坚计划、全国中小学校舍安全工程等一系列重大项目，同时还要对民族地区义务教育阶段的学生实行"两免一补"政策，《教育规划纲要》也对民族教育单列一章专门规划，再次对民族地区公共教育资源的共享问题进行了强调和要求，要对民族地区进行重点倾斜。[①]

以习近平同志为核心的党中央高度重视做好民族教育工作，在 2014 年召开的中央民族工作会议上，党中央对于民族教育工作的指导思想和发展方向也提出了更高的要求和进一步的规划。总的来说，新阶段，我国民族教育工作深入贯彻党的教育工作方针和民族工作主题，着力加强基础教育，努力提高高等教育质量，大力发展职业教育，民族教育事业全面发展，取得了新的巨大成就。

第二节　新世纪民族教育政策的主要内容

经济全球化的大背景下，科学教育对国家现代化建设的基础性、先导性作用日益凸显。党和政府坚持将教育放在优先的位置，深入贯彻科教兴国和人才强国战略，提出并开始实施创新驱动发展战略，努力建设创新型国家和人力资源强国。在此形势下，民族教育在国家总体战略中的地位进一步加强，它不仅被纳入"西部大开发"以及国家"十五"规划、"十一五"规划和"十二五"规划之中，而且相关法律、法规也得到了不断的补充与强化。可以说，这一时期，我国的民族教育政策的涉及面更加广泛，内容愈加务实。

---

① 袁贵仁主编：《百年大计　教育为本——党的十六大以来教育事业改革发展回顾（2002—2012）》，人民出版社 2012 年版，第 210—211 页。

一、加快推进民族地区"两基"攻坚

"两基"是指基本普及九年义务教育、基本扫除青壮年文盲。地处我国西部的少数民族聚居地区，长期以来教育投入严重不足，教育基础薄弱，加之地理环境和观念的影响，"人均受教育年限仅有 6.7 年"，"'两基'人口覆盖率仅 77%，低于全国 14 个百分点"①，严重制约了这些地区经济和社会的发展，很大程度上影响了我国基础教育的普及，加快西部民族地区义务教育的普及已成为当务之急。2004 年 2 月 16 日，国务院办公厅转发了教育部、发展改革委等有关部门制定的《国家西部地区"两基"攻坚计划（2004—2007 年）》。《计划》分析了西部地区"两基"攻坚的形势与挑战，提出了西部地区"两基"攻坚的主要目标，即到 2007 年，西部地区"'两基'人口覆盖率达到百分之八十五以上"②，整体上实现"两基"，还系统阐述了加快农村寄宿制学校建设、扶持家庭困难学生就学、加强教师队伍建设、深化教学改革、加大对口支援等具体措施。依据这一计划，2004—2007 年，中央财政投入 100 亿元的建设资金，在西部地区和贫困地区建设了 7723 所寄宿制学校；投入 50 亿元，在西部农村建设了现代远程教育体系。为了巩固民族地区"两基"成果，2007 年 2 月印发的《少数民族事业"十一五"规划》提出，到 2010 年，"民族自治地方'普九'人口覆盖率达到百分之九十五以上"，要求各地全面落实国家关于农村义务教育的"双免一补"政策，"提高中小学公用经费保障水平"，改善中小学的办学条件，并强调，应"切实保护少数民族女童受教育的权利"③。此外，《少数民族事业"十二五"规划》还将"民族基础教育帮扶工程"列为"十二五"期间民族工作的重点建设工程，

---

① 国家民族事务委员会、中共中央文献研究室编：《民族工作文献选编（2003—2009)》，中央文献出版社 2010 年版，第 15 页。

② 刘源泉：《中国共产党少数民族文化政策研究》，华中师范大学博士学位论文 2013 年，第 130 页。

③ 国家民族事务委员会、中共中央文献研究室编：《民族工作文献选编（2003—2009)》，中央文献出版社 2010 年版，第 223 页。

决定"开展以民族自治地方中小学教师为重点的培训、轮训工作","大力发展民族自治地方农村牧区寄宿制教育,帮助贫困家庭学生完成义务教育阶段学习"。在党和国家的大力支持下,民族地区"两基"攻坚取得了阶段性的胜利。据统计,"十一五"期间,实施了"农村寄宿制学校建设工程""中小学薄弱学校改造工程""中小学教师国培计划"等一系列义务教育专项工程,中央财政累计投入550多亿元。从2011年秋季起,启动实施农村义务教育学生营养改善计划,试点范围以贫困地区、民族和边疆地区、革命老区为重点,包括连片扶贫地区的680个县、约2600万在校生。2012年教育部发布的《中国普及九年义务教育和扫除青壮年文盲的报告》宣告,我国"全面普及了九年义务教育,青壮年文盲率下降到1.08%"①。

在民族地区学前教育方面,国家组织实施了"学前教育三年行动计划"等一系列学前教育工程和项目,重点向民族地区倾斜,中央财政必须加大对民族地区学前教育的投入,合理设置民族地区学前教育机构,优先安排民族地区农村学前教育项目,加大创建幼儿园的力度。以加强学前双语教育为重点,并切实加强学前教育管理,规范办园行,强化安全监管。幼儿园教师国家级培训计划优先向民族地区幼儿园园长、骨干教师倾斜。民族地区幼儿在良好的教育环境中健康快乐成长。2011年,少数民族在园幼儿数达到251万人,占全国在园幼儿总数的7.32%,比2002年增长了130%。② 在民族地区高中教育方面,自2002年以来,通过各种形式发展普通高中,扩大规模,提高质量,引导示范性高中建设,加快建设基础薄弱校,提升教育质量大力改革和发展民族地区普通高中教育。到2011年,全国普通高中少数民族在校生人数达到191.45万人,占全国普通高中在校生总数的7.8%。③ 按照推进素质教育和普通高中课程改革要求,2011年所有民族地区普通高中都参加了新课程实验,高中起始年级全部进入新课程。

---

① 《踏上新征程 再创新辉煌》,《中国教育报》2012年9月8日。

② 袁贵仁主编:《百年大计 教育为本——党的十六大以来教育事业改革发展回顾(2002—2012)》,人民出版社2012年版,第214页。

③ 袁贵仁主编:《百年大计 教育为本——党的十六大以来教育事业改革发展回顾(2002—2012)》,人民出版社2012年版,第216页。

民族地区利用中小学布局调整契机，整合高中资源，集中力量办好地区级和县级普通高中，办好民族高中。如宁夏在银川市创办宁夏六盘山高级中学和宁夏育才中学，面向西海固地区及移民地区每年招收初中毕业生5000多人，所有学生均免收学费和住宿费，政府为每个学生每年提供1000元生活补助费和部分生活设施，还设立特困生救助金、奖学金制度，相当于给西海固地区每个县办了一所优质普通高中，基本缓解了西海固地区普通高中就学压力，从根本上满足了该地区群众对优质教育的强烈渴求，拓宽了教育扶贫的新思路。

二、积极发展民族高等教育和职业教育

1998年《中华人民共和国高等教育法》颁布实施，其中明确规定："为了帮助和支持少数民族地区发展高等教育事业，培养少数民族高级专门人才，国家应根据少数民族特点和需要办教育"，这就在法律上为发展民族高等教育事业提供了依据。2005年12月15日发布的《国家民委、教育部关于进一步办好民族院校的意见》，从"充分认识办好民族院校的重要性和紧迫性""坚持正确的办学方向""保持各民族学生的适当比例""加强教学工作""提高教育质量""加强学科建设""大力加强师资队伍建设""加强科研工作""全面加强管理"等十八个方面，提出了办好民族院校的切实可行的举措。长期以来，民族院校为民族地区的民族改革、经济建设、改革开放、社会稳定做出了很大的成绩，能更好地推进民族地区的小康社会建设，推进我国的民族团结进步事业，促进各民族的共同繁荣，继续办好民族院校。[1]据统计，2011年全国各类高等教育少数民族学生数达到237万人，占全国高校学生总数的6.67%，比2002年增长了338.08%。民族地区高等教育毛入学率稳步提高，进入大众化阶段。据统计，自1980年以来，招收少数民族预科生近10万人，为高校提供了大批合格的少数民族生源，这一批批的

---

[1]　司永成主编：《民族教育政策法规选编》，民族出版社2011年版，第260—262页。

学生大学毕业后，大多回到本省区工作，成为民族地区各条战线的骨干。民族地区高等院校、民族学院（大学）和内地吸收民族班相辅相成，构成了广阔地域上的少数民族高等教育网络，充分适应了我国少数民族大杂居、小聚居的分布格局，为民族高等教育的发展和少数民族各级各类人才的培养，提供了有利的条件。[①] 此外，民族地区高校和民族院校不断推进学科专业调整和课程改革，加强应用型学科、特色学科建设，以适应国家主体功能区战略、区域主导产业和特色产业发展的需要，开展省部共建地方高校工作。教育部先后与 5 个自治区、3 个民族省份以及吉林省共建了 10 所地方高校。加强重点学科及专业建设。"十一五"时期，立项建设了 7 个"国家民委—教育部"共建重点实验室。设立了民族问题研究专项课题，加强民族问题研究重点基地建设。

在民族地区职业教育发展方面，《关于加快少数民族和民族地区职业教育改革和发展的意见》的发布，对于党和政府今后应该怎样进一步促进民族地区职业教育的发展作出了具体而详尽的论述，并为其发展制定了具体的方针政策，这是党和政府第一次正式提出对少数民族和民族地区职业教育发展的纲领性文件，这足以见得党和政府对于促进少数民族和民族地区职业教育的重视。《意见》强调，职业教育对于提高劳动者的素质是十分有效的，也是十分必要的，但是，不管怎么说，现行的民族职业教育还是需要进一步改进的，因为它对于我国民族地区政治、经济、文化等方面的发展还不是十分的适应，形成不了一个互助互推，良性循环发展的趋势。所以，必须对民族职业教育的重要性予以高度的重视，必须明确其办学的指导思想即为少数民族和民族地区服务，此外，对于其办学路子和促进其发展的相关政策措施必须进行积极的探索以适应各民族和各地区发展的需要。在办学形式上，需要采取灵活多样的办学形式，既要开展学历教育，又要开展职业培训，促进这两者有机结合，既要实行全日制办学，又要实行部分时间制办学；在教学内容和方法上，要注重实践教学和实用技术训练，加强教育的针对性，提高教学的有效性，同时，还要注重培养学生的创新意识和创新能力，要善于采取

---

① 王鉴主编：《中国少数民族教育政策体系研究》，民族出版社 2011 年版，第 34 页。

现代化手段进行教学，如要充分利用现代媒体开展远程教学；此外，《意见》还对于民族职业教育的经费问题、招生制度问题、优惠政策问题、保障机制问题等进行了明确的说明和规定。① 据统计，2011 年，全国中等职业学校少数民族在校生人数达 126.64 万，占全国中等职业学校总人数的 7.39%，比 2002 年增长了 105.78%，民族地区高中阶段毛入学率大幅度上升。教育部会同有关部门实施了职业教育基础能力建设工程，"十一五"期间，中央财政安排 5 个民族自治区和新疆生产建设兵团 21 亿元，支持了 576 所职业学校建设，其中，安排 3.95 亿元，支持了 171 个中职实训基地和 67 个高职实训基地；安排 2.8 亿元，支持了 28 所中等职业教育改革发展示范学校建设；安排 12.2 亿元，支持 296 所县级职教中心和示范性中等职业学校建设；安排 2.1 亿元，支持了 10 所示范性高职学校建设。积极推进民族地区职业教育改革创新。"十一五"规划提出要根据民族地区经济和产业结构特点，支持发展一批面向民族优秀传统文化、民族传统工艺、民族非物质文化遗产、现代农牧业等特色专业。2009 年率先在四川省藏区实施了"9＋3"免费职业教育计划，2010 年在内地 12 个省市举办了内地西藏中职班，年招生 3000 人，已有上万名藏区学生在省内外重点中职学校学习，满足了藏区农牧民子女接受优质职业教育的迫切愿望。同时，在集中连片民族贫困地区推广"9＋X"中职教育。

民族地区具有一技之长的新增劳动力明显增多。2009 年在广西建立"国家民族地区职业教育综合改革试验区"，大大促进了广西民族职业教育事业的发展，使广西在民族地区职业教育改革发展方面起到了一种先锋模范作用。

三、大力培养少数民族骨干人才

推进民族地区的发展，关键要靠人才和智力的支撑。如何加快少数民族

---

① 国家民族事务委员会、中共中央文献研究室编：《民族工作文献选编（1990—2002）》，中央文献出版社 2003 年版，第 272 页。

优秀人才的培养，成为亟待解决的问题。为此，党和国家从建立健全法律、法规着手，明晰各方权责，强化保障机制，使各类民族人才的培养体系得以建立和进一步完善。第一，实施"少数民族高层次骨干人才培养计划"。鉴于民族地区高层次人才严重匮乏的状况，党中央把培养少数民族高层次人才，作为"关乎我国各族民族共同繁荣发展、维护国家长远稳定统一的一项迫切的政治任务"，采取特殊政策予以支持。2004 年 7 月，国务院五部委联合下发了《关于大力培养少数民族高层次骨干人才的意见》，主要内容是国家给予部分部委院校一定的少数民族骨干计划指标（含硕士研究生、博士研究生），采取"统一考试、适当降分"的办法录取，实行"定向招生、定向培养、定向就业"[①]，经费上享受中央级高校研究生的拨款政策。2005 年 6 月，国家出台了《培养少数民族高层次骨干人才计划的实施方案》。《方案》进一步明确了培养任务、计划管理、招生范围、报考条件和毕业就业等，体现了党和政府对少数民族人才培养工作的重视，为计划的顺利推进奠定了制度基础。迄今我国已累计招收硕士生 9500 名，博士生 3500 名。第二，提高民族院校少数民族学生的录取比例。2003 年 11 月，国家民委发布的《关于委属院校招收录取少数民族学生比例的规定》要求，委属院校在全日制普通本专科招生中，"中央民族大学招收的少数民族学生比例应为 70%，其他委属院校招收的少数民族学生比例应为 65% 左右"[②]。2005 年 12 月，《国家民委教育部关于进一步办好民族院校的意见》又作出规定，对于报考民族院校的少数民族考生，要"适当降低分数录取"，使"各民族院校的少数民族学生比例一般保持在65%—70%"[③]。第三，内地办学成为民族地区人才培养的重要平台。目前，内地办学规模不断扩大，2011 年少数民族高层次骨干计划、内地西藏班、新疆班、民族预科班等各类内地民族班年招生人数已达到 7.2 万人。其中，全国有 21 个省（市）举办内地西藏班和中职班，在校生达 2.3 万人，已累计招收西藏学生近 8 万人；全国 16 个省市举办内地新疆高中班和中职班，在校生规模达到 2.5 万人，已累计招收 4.6 万人。内地西藏班和

---

① 司永成主编：《民族教育政策法规选编》，民族出版社 2011 年版，第 248 页。
② 司永成主编：《民族教育政策法规选编》，民族出版社 2011 年版，第 228 页。
③ 司永成主编：《民族教育政策法规选编》，民族出版社 2011 年版，第 260—261 页。

新疆班已成为一块坚强的阵地，是一块宣传民族政策、促进民族团结的坚强阵地。近年来，中国人民大学等 8 所高校通过单独考试的方式，为西藏培养研究生 461 人；2003—2011 年，中国农业大学等 13 所内地高校招收非西藏生源定向西藏就业学生，累计招生 2600 余人。2010 年起实施"新疆文化艺术人才定向就业培养和定向培训计划"，中央音乐学院等 24 所高校每年为新疆定向培养和培训文化艺术人才 400 余名。此外，国家实施公派留学"西部地区人才培养特别项目"，共录取各类留学人员 4000 余人。这一时期，有关部委还完善了少数民族考生的高考优惠政策，扩大了高等学校民族预科班和民族班的规模，高等院校少数民族在校生数量逐步提高。据统计，2011 年全国各类高校少数民族在校生已达 237 万人。此外，党和国家启动了"少数民族在职干部培训工程"，每年培训各级各类少数民族干部 3000 余人次，有效提升了民族干部队伍的素质和能力。经过不懈努力，我国少数民族各类人才的数量明显增加，少数民族人才的结构与层次显著改善，初步缓解了民族地区人才匮乏的问题，为民族地区经济和社会的发展以及全面建成小康社会提供了人才保证。

四、进一步加大对民族教育的投入和对口支援

为实现民族地区教育与中东部地区教育的协调发展，发挥文化教育对少数民族和民族地区经济社会发展的促进作用，党和政府将中央和地方财政对教育支持的重点放在民族聚居区、边远农牧区和贫困山区。从 1998 年到 2000 年，中央财政相继拨款 24 亿元支持西部地区义务教育的发展。"十五"期间，中央财政安排专项资金投入我国贫困地区义务教育工程，重点支持西部地区义务教育的发展，加强对西部农村中小学危房改造；还要求通过多渠道收集资金用于推进西部地区职业教育，如重点建设一批中等职业学校，办好一批示范性高等职业学校和重点高等学校，不断改善办学条件和基础设施。

此后，相继施行的《2003—2007 年教育振兴行动计划》《中国农村扶贫开发纲要（2001—2010 年)》《国家中长期教育改革和发展规划纲要

（2010—2020 年）》、"西部开发助学工程"等均强调了发展民族教育的重要性，制订了具体的实施方案。[①]2002 年 7 月 7 日，《国务院关于深化改革加快发展民族教育的决定》针对少数民族和民族地区的义务教育工程、职业教育开发工程、扶贫教育工程等也提出了在政策上要予以重点关照；对未普及初等义务教育的国家扶贫开发工作重点县，向农牧区中小学生免费提供教科书，推广使用经济适用型教材；采取减免杂费、书本费、寄宿费、生活费等特殊措施确保家庭困难学生就学；等等。

2010 年 7 月，国家提出要针对少数民族和民族地区在教育事业发展方面存在的特殊困难和突出问题提出一些具有实效性的解决措施，不断提高这些民族和地区的教育发展水平。[②]此外，国家还颁布了《扶持人口较少民族发展规划（2011—2015 年）》、《关于大力发展少数民族和民族地区职业教育的意见》以及《关于进一步做好民族地区寄宿制中小学管理工作若干问题的意见》等专门性政策法规。不仅明确规定了民族教育经费投入的主体、比例和时限，设立了以中央财政拨款为主的民族教育补助经费，还提出要适度运用财政、金融等手段支持民族教育的发展，并强调通过改革和创新各项保障机制，构建多元化的投入机制，从根本上解决民族教育经费不足的问题。据有关统计显示，在本世纪的头 10 年内，国家投入西藏教育的经费呈逐年增长的趋势，1999 年到 2009 年投入了 292 亿元，2009 年教育总投入为 59.71 亿元。从 1985 年开始，国家对西藏农牧区中小学校实行吃、住、学习费用全免和助学金制度。20 多年来，补助标准逐年提高。2007 年起，国家对于西藏普通高校、中等职业学校所投入的包括国家奖助学金、免费教育资金在内已超过 8000 亿元，年平均受益学生超过 3 万人次。2012 年国家财政性教育经费为 22236.23 亿元，占 GDP 比例为 4.28%，与上年的 3.93% 相比增加了 0.35 个百分点，持续了 20 年的"追 4"行动如期实现，成为中国教育发展史上的重要里程碑。

教育对口支援民族地区是贯彻中央精神，发挥社会主义制度优越性，实

---

① 刘源泉：《中国共产党少数民族文化政策研究》，华中师范大学博士学位论文 2013 年，第 130 页。

② 《国家中长期教育改革和发展规划纲要(2010—2020 年)》，《人民日报》2010 年 7 月 30 日。

现各民族大团结、各民族共同繁荣的重要战略。加强教育对口支援工作，对于落实教育优先发展战略地位，促进民族地区与其他地区的教育交流合作，增强民族地区教育自我发展能力，提高民族教育质量和发展水平，加快缩小民族地区与发达地区的差距，造就一大批服务区域经济和产业发展的人才，增进各民族交流交往交融，促进民族团结进步事业具有重要意义。新世纪以来，特别是党的十六大以来，教育对口支援坚持突出重点与整体推进相结合，坚持宏观政策指导与项目推进相结合，坚持主导与社会广泛参与相结合，成效显著。首先，国家不断扩大支援范围和支援力度。通过东部地区经济较发达的市县与西部民族地区"两基"攻坚县"县对县"教育对口支援、西部民族地区各省市经济较发达的市县与本地"两基"攻坚县"县对县"教育对口支援、有关省级党政机关和中央国家机关对西部民族地区"两基"攻坚县的教育支援和教育界社会团体组织的东部学校与西部学校结对帮扶等活动，促进了"两基"攻坚县普及九年义务教育、巩固提高普及义务教育的成果和水平。继续实施"对口支援西部地区高校计划"。目前受援高校已达47所，覆盖了18省（区、市）和新疆建设兵团。2006—2010年，不仅派出大量教师进行支教工作，而且还接收大量教师进校进修，并与其共同合作完成多项科研项目。[①]教育对口支援工作长期、稳定、协调、健康发展，促进了民族地区办学条件的改善和教育质量的提高。其次，高校在对口支援中扮演了日益重要的角色。根据《关于对口支援西藏自治区高等学校工作的通知》精神，实现了高校对口支援西藏地区高校全覆盖。随着2010年组织22所教育部直属高校之后，2011年，又增加了49所高校对口支援新疆农业大学、新疆师范大学、和田师范专科学校等27所本专科院校，重点支持学科专业、教师队伍以及实验室建设。新疆所有高校均与内地高校建立了对口支援关系。教育部已实施了5期内地高校支援新疆培养少数民族人才协作计划。而且多所高校定低要求向新疆招录学生，累计招生2.5万余人。2010年，确定由教育部等8部委所属的93所高校和北京市等24个省、自治区、直辖市所

---

① 袁贵仁主编：《百年大计　教育为本——党的十六大以来教育事业改革发展回顾（2002—2012）》，人民出版社2012年版，第222页。

属的 200 余所高校，"十二五"期间招收培养新疆少数民族本专科生 2.8 万人。2011 年援疆省市 145 所高校接收 1.21 万名新疆未就业大学毕业生接受再就业培训。最后，鼓励和引导企业及社会力量参与到民族地区教育的对口援建中来。教育部实施的"东部地区学校对口支援西部贫困地区学校工程"确定了对新疆各地州建立对口支援关系，目前赴新疆支教的中小学教师已达 2000 多人，援建投入达 4.67 亿元，新建和改扩建 400 多所中小学。2010 年，在中央启动新一轮对口援疆工作后，北京、天津等 19 个省市 2011—2015 年教育援疆资金达 97.61 亿元。在对口支援中，援疆省市除加大自身财政投入外，还积极协调疆外企业支持新疆教育发展。如浙江省教育厅牵线浙江荣盛控股集团在阿克苏设立 2000 万元专项基金，支持阿克苏教育发展。为解决塔县新学年教师紧缺问题，深圳市关爱办牵头深圳中航集团等企业在全市招募了 13 名志愿者组成深圳募师支教队，赴塔县开展为期 1 年的支教工作，并成为深圳教育援疆支教队的补充力量。除发动本省市企业教育援疆外，各省市积极组织社会力量以多种形式支持新疆教育。如深圳市充分发挥老年专家志愿者余热，先后组织了 27 位平均年龄在 60 岁左右、具有高级以上职称的退休教师志愿者，赴新疆喀什市，开展为期一个半月的"银龄"支教活动。随着越来越多的高校、中央企业和对口支援省市企业以及共青中央、全国妇联等社会团体和社会人士参与到对口支援工作中来，以高人才培养质量为目标，政府主导、社会参与、多层次、全方位、多形式的对口支援工作格局已经形成，对口支援的力量不断增强，对口支援参与面和受益面不断扩大。

五、在民族教育中不断加强民族团结教育

民族团结教育必须时时刻刻抓好做好，绝不能松懈，什么时候民族团结教育做好了，我国的民族关系就会往好的方面发展，如果民族团结教育工作做不好，民族关系处理不好，民族工作的成效就很难显示出来，民族地区经济社会的发展也很难推进。当然，开展民族团结教育必须要结合民族的实际，丰富教育的内容和形式。只有这样才能够更好地做好民族团结教育工

作。①民族团结教育的着力点，应该在于加深少数民族对"三个离不开"的认识和理解②，加深他们对马克思主义民族观、宗教观以及党的民族宗教政策的认识和理解，让他们真正树立和践行维护国家统一、反对民族分裂，促进各民族之间和谐相处、团结互助的观念。在这一思想的指导下，这一时期的民族团结教育体现出三个特点：

一是把握正确方向。积极培育和弘扬社会主义核心价值观。广泛开展"热爱伟大祖国，共建美好家园"的主题教育活动，要使各族人民真正做到爱自己的国家，对自己的伟大祖国充满自豪感和自信心，要对自己的祖国有着高度的国家认同感和文化认同感，具有强烈的归属感，增强中华民族凝聚力。

二是注重育人过程。把民族团结教育贯穿于校内外教育全过程。在具体的操作过程中，需要将党的民族理论和民族政策、国家法律法规引进到教材、课堂、学生头脑中来。具体而言，必须把爱国主义教育纳入思政课中来，把民族问题和民族政策列为重要的教学内容，加强马克思主义民族理论和民族政策教育；注重理论与实践相结合，即既要着重课堂教学，又要注重引导学生参与社会实践，并且还要善于利用校园文化等环境来开展民族团结教育，注重教育形式的多样化，在全国各级各类学校中深入开展形式多样的民族团结教育主题活动。将民族团结教育作为教师培养培训的重要内容，全面提高教师开展民族团结教育的意识和能力。推进爱国主义教育和民族团结教育进社区、进农村、进寺庙，促进各民族和睦相处，同呼吸、共命运、手拉手、心连心。

三是讲究教育实效。通过创新民族团结教育形式、夯实教育内容，提高吸引力和感染力，增强针对性和实效性。各地坚持每年组织开展"民族团结教育月"，利用寒暑假或者节假日，组织学生到革命传统教育基地、博物馆、企业、农村参观学习，邀请老革命前辈作革命传统报告，对学生进行革命传统教育、国情教育；利用班会、团队活动、升旗仪式、专题讲座等形式进行

---

① 《中国教育年鉴》编辑部：《中国教育年鉴（2000）》，人民教育出版社2000年版，第246页。

② "三个离不开"即汉族离不开少数民族，少数民族离不开汉族，少数民族之间也互相离不开。

爱国主义教育和民族团结教育。这样的爱国主义教育和民族团结教育对于增强他们对于中华民族自豪感和凝聚力发挥了重要作用。[1]2008 年 11 月 26 日，教育部办公厅和国家民委办公厅联合印发了《学校民族团结教育指导纲要(试行)》，《纲要》对于民族团结教育的指导思想、基本原则、目标与任务、内容与方法等都做了明确的规定。特别强调加强学校的民族团结教育工作对于促进我国经济社会事业又好又快发展和我国各民族团结统一和共同繁荣等具有重要的现实意义。

六、稳步科学推动双语教育的发展

这一时期，党和政府稳步、科学推动双语教育的发展。一是加强双语教材和教学资源建设。为了确保各民族学生拥有使用和发展其民族语言文字的权利，加强双语教材的编译和出版，建立了民族教材出版机构和民族语文教材协作组织，目前，在全国已经建立了一些教材编译审查机构和跨省区民文教材协作组织，以及相应的民文教材出版单位，这些出版单位每年所出版的教材基本满足了双语教学的需要；同时还出台特殊的补贴政策用以弥补少数民族文字教材出版发行产生的亏损；加强民族语言文字应用研究、规范标准建设和资源库建设，自"十一五"以来，国家先后投入了 5200 万元资金支持少数民族双语教学资源开发。除了学习国家通用语言文字和本民族语言文字外，部分省区根据实际情况，在少数民族中小学开设了外语课程。二是加强民族地区双语教师队伍建设。继续扩大双语师资来源渠道，通过特岗计划、城镇教师支教计划、大学生实习支教计划等项目补充农村双语师资，重点加强学前和小学阶段双语教师的培养。从 2011 年开始，针对少数民族双语骨干教师培训资金的问题，将资金规模从原来每年的 1000 万元增加到 1亿元。《关于做好少数民族双语教师培训工作的意见》提出，为了提高双语

---

① 袁贵仁主编：《百年大计 教育为本——党的十六大以来教育事业改革发展回顾(2002—2012)》，人民出版社 2012 年版，第 217—218 页。

教师整体师资水平，力争在"十二五"期间，将本地区双语教师轮训一遍。同时，不断改善教师工作条件，2010 年，国家安排 5 个自治区中央专项资金共 2.5 亿元用以启动实施农村贫困边远地区教师周转宿舍试点项目。三是加强双语教学管理。根据民族地区双语教育特点设置课程体系，增强实用性和针对性。鼓励和支持汉族师生学习少数民族语言文字和各少数民族师生之间相互学习语言文字，促进各民族交流交往交融。建立双语教育督导评估和质量监测机制，严格执行双语教育课程设置方案和各学科课程标准，改进双语教学方法，提升教学质量。2011 年新疆双语教学质量监测评价中心对所属七地州 308 所学校 4 万名小学生进行了首次汉语教学质量监测，监测结果显示双语教育推进工作成效显著。组织实施了不同层次、不同范围、多种模式的双语教育实验。以培养一大批支撑民族地区支柱产业、特色产业发展的双语兼通的少数民族人才为目标，不断创新双语教育模式，拓展少数民族学生的语言文化交流能力，使他们能适应经济社会的发展，拥有更多的职业选择和自我发展机会。[1]

七、进一步完善民族学生资助政策

"十一五"期间，我国建立并逐步完善了中央和地方分项目、按比例分担的农村义务教育经费保障机制，全面免除农村义务教育阶段学生学杂费、住宿费，免费提供教科书，为家庭经济困难寄宿生提供生活费补助，为接受高中阶段教育的学生提供国家助学金，等等。建立健全了高校家庭经济困难学生资助体系，资助的额度和范围不断扩大，而且资助经费尤其偏重于中西部地区的民族学生，中央财政与西部地区地方财政分担比例为 8∶2。高校国家助学金名额重点向民族地区高校和民族院校倾斜，享受国家助学金学生占在校生的比例，西部省份为 28%，国家民委所属 6 所高校为 27%，均高

---

① 袁贵仁主编：《百年大计　教育为本——党的十六大以来教育事业改革发展回顾（2002—2012）》，人民出版社 2012 年版，第 217—218 页。

于全国 20% 的平均水平。

据初步统计，"十一五"期间，中央财政投入新疆、西藏、内蒙古、宁夏、广西这几个自治区的保障机制经费 278.18 亿元，中职助学金 30.3 亿元，中职免学费资金 10.18 亿元等①，从 2011 年起，西藏"三包"政策覆盖面扩大到高中阶段教育，补助标准提高到 2200 元，对学前教育农牧民子女和城镇困难家庭子女实行生活补助和助学金政策，覆盖面达到 95% 以上。同时中央财政每年安排 2000 万元义务教育助学金，专项用于补助西藏自治区寄宿制贫困学生生活费。国家在政策、规划、投入上对民族教育给予重点倾斜，少数民族在校生占全国在校生总数比重持续增长，近年来均高于人口自然增长比例，一些少数民族成人文盲率下降幅度较快，10 多个少数民族人口平均受教育程度高于全国平均水平。目前，民族自治地方普及九年义务教育的人口覆盖率达到 100%。少数民族在校学生占全国在校学生总数的比重呈明显增长趋势，从 2002 年到 2011 年，普通小学、普通中学、普通高等院校少数民族在校生比例分别由 9.46% 上升到 10.52%，由 7.40% 上升到 8.83%，由 5.99% 上升到 6.67%。第六次全国人口普查数据显示，我国 15 岁以上少数民族人口受教育程度增幅与全国平均水平相当，其中朝鲜族、蒙古族、满族等 13 个少数民族 15 岁以上人均受教育程度高于全国水平。

八、采取各项措施提高教师队伍水平

这一时期，党和国家采取各项措施加强民族地区教师队伍建设。2002 年 7 月 7 日，《国务院关于深化改革加快发展民族教育的决定》强调了教师队伍对于民族教育发展的重要意义，必须协调好教育投入在教师队伍建设中的比例。西部地区和民族地区要特别注意培养"双语型"的教师队伍。

---

① 刘源泉:《中国共产党少数民族文化政策研究》，华中师范大学博士学位论文 2013 年，第 130 页。

　　《决定》对于深化教师制度改革作出了以下几点具体要求：一是要拓宽教师来源的渠道，为教师队伍补充生力军；二是要加强对校长的培训，提高其对学校的管理水平和管理能力；三是要提倡教师继续接受教育，提高学历学位层次；四是要不断提高教师的待遇，营造尊师重教的良好风尚。

　　这一时期，国家还通过建立和健全各项制度机制，来提高各级各类教育事业中少数民族专任教师的比重。具体来说，一是完善教师补充机制。如实施"农村学校教育硕士师资培养计划"等，据统计，仅2006—2010年，为民族地区输送农村教师近9万人。这对于补充和更新农村教师队伍，提高农村义务教育质量具有重要意义。二是加强教师培训。如"西部农村教师远程培训计划""援助西藏教师培训计划"等一系列项目计划的实施，起到了良好的效果，为民族地区共培训了70.8万教师。三是实施"中职教师素质提高计划"。"十一五"期间，教育部会同有关部门向五个自治区和新疆生产建设兵团投入4329万元，培训中职骨干教师3047人，特聘紧缺专业兼职教师50人次。教师队伍建设的加强，为民族地区学校不断提高教育质量发挥了关键作用。

第三节　新世纪民族教育政策特点及历史评价

　　新世纪新阶段，党和国家不断深化对少数民族文化教育问题重要性的认识，将教育工作置于重要战略地位，制定并实施了一系列具有科学性、创新性、前瞻性的民族教育政策，探索从根本上解决我国少数民族教育发展过程中面临的体制机制问题、方式手段问题和人才队伍问题，形成了符合科学发展观要求的少数民族教育政策法规体系，使我国的少数民族教育发展迎来了又一个新的高潮。具体来说，这个时期少数民族教育政策的特点有：

一、更加注重体制机制的改革

党和政府清醒地认识到，若要不断发展社会主义文化，为我国经济社会发展提供精神动力和智力支持，必须采取有力措施革除制约教育发展的体制性障碍。为此，党中央、国务院要求各地、相关部门从健全宏观管理体制、优化微观运行机制，对原有少数民族教育体制机制进行改革，并明确提出，"应改革民族教育过于集中统一的管理体制，完善教育宏观管理体制，改革管理手段和方式"。要加强中央政府的宏观调控，主要运用立法、拨款、规划、评估、信息服务、政策指导、执法监督和必要的行政手段对民族教育发展的速度、规模、质量、结构和效益进行调控；与此同时，加强地方政府的统筹决策权，扩大地方政府管理民族教育的权限。这种将民族教育管理的权限逐渐下移的做法，有助于解决过分集权给民族教育带来的弊端。在民族教育经费保障机制方面，党和政府提出要加大中央和省级政府对地方教育的财政投入，完善分级管理；要加强中央和省级政府民族教育的责任，增大财政转移支付，加大民族教育专款拨付的力度；要鼓励社会参与，推进办学主体的多元化，促进少数民族地区社会各集团的各种资源引向少数民族地区教育的发展，积极支持和正确引导各种社会集团采取国有民办、民办公助、公办民助等形式的办学活动，实行民族教育办学主体的多元化。

此外，还特别强调，加强地方民族教育立法，对于民族教育改革成果的巩固和推广、民族教育的改革与发展的保障、民族政策和教育政策的全面实施和落实不仅很有必要，而且意义十分重大。只有加强依法治教，才能使教育得到真正的保障。所以，对民族教育体制机制进行改革，有利于激发民族教育发展的内在活力，为我国民族教育的科学发展提供了持续性动力。

二、更加注重方式手段的创新

这一时期，党和政府在科学总结少数民族教育发展的特殊规律、学习借鉴他国传承和保护民族文化教育的经验教训基础上，积极探索少数民族教育工作的有效途径，提高了政策的效力与效果。具体来说，在少数民族教育政策的类型上，各级党委及政府由过去主要依靠行政命令式政策进行少数民族教育工作的模式，逐步转变为以国家和地方性的法律法规为核心，辅以必要的应急性政策的模式，使政策的体系稳定、延续性强。从另一个角度来说，我国少数民族教育政策已逐步告别了过去较为单一的国家法规为主的结构，基本实现了国家纲领性法规与地方实施性法规相结合、中长期发展规划与近期发展目标相结合、扶持促进性政策与规范惩处性政策相结合的新局面，形成了相互协调、有序联动的政策结构体系。在扶持少数民族文化建设的方式上，改变了过去单纯增加资金投入的基本方式，在提供经费支持的同时，还要力图通过加强研究人才培养模式和教育技术能力以及教育市场的培育开发、特殊的税收制度等多种方式渠道，建构少数民族教育发展的长效机制，促使我国少数民族教育事业实现良性发展。在民族教育的扶助手段上，既强调教育设施的建设与更新，如少数民族教育设施的建设、民族地区教育服务平台的搭建以及现代科技设备的普及和运用等等，也重视扶助形式的多样化以及多种发展方式的相互融合。实际上，这是与我国民族教育的实际非常吻合的，符合了我国民族教育形势发展的客观要求，拓展了少数民族教育发展的层次性，促进了少数民族文化教育事业与民族地区经济和社会的协调发展。

三、更加注重人才队伍的建设

繁荣和发展少数民族教育事业，人才是根本。党中央、国务院高度重视少数民族教育人才队伍建设，不断提升少数民族教育人才工作的战略地位。2009 年 7 月，《国务院关于进一步繁荣发展少数民族文化事业的若干意见》指出了民族文化事业发展的重要性，并且针对民族文化事业发展的具体开展办法进行了积极的探讨和详细的要求，要"努力造就一支数量充足、素质较高的少数民族文化工作者队伍"①。2010年7月，在中央政治局集体学习时，胡锦涛强调了"要加强文化战线方面的人才建设和人才培养，而且为了促进文化事业的发展，必须要加强这方面的领导班子的建设，为促进文化体制的改革提供组织上的保证和人才支持"②。各地、各部门认真落实中央的指示精神，按照"德才兼备、锐意创新、结构合理、规模宏大"的要求，在实践中加大了少数民族文化教育人才队伍建设力度，选拔机制、激励机制和保障机制，优化和壮大了少数民族教育人才队伍。首先，完善少数民族文化教育的培养体系。一方面要不断健全基础教育、职业教育、高等教育和继续教育；另一方面要加大对民族文化传承体系的支持力度，以提高人才的思想道德素质和创新能力为核心，构建现代化、多层次的少数民族教育人才培养平台。其次，改革少数民族教育人才的选拔任用机制。一方面，大胆使用优秀年轻人才，树立用人所长，破除身份界限，正确看待文凭与水平、本民族与其他民族的关系，拓宽选拔民族教育人才的视野；另一方面，科学合理使用少数民族教育人才，促进人岗相适、用当其时、人尽其才，充分施展才能的用人机制。最后，修订少数民族教育人才管理制度。根据社会主义市场经济的要求，各地建立了民族教育人才流动配置机制，畅通人才流通的渠道，建立优秀人才的配置与公共服务体系；完善了少数民族教育人才激励机制，使分配、奖励与其工作业绩紧密联系，体现了人才的价值与贡献的统一；构建少数民族教育人才的社会保障机制，建立了以养老保险和医疗保险为重点的社会保障制度，初步形成了国家、社会和单位相结合的少数民族教育人才保障体系。这一时期，我国少数民族教育人才队伍的数量、质量和结构都得到了明显提高。在教育的发展过程中，人才是第一重要的因素。可以说，我国民族教育队伍人才数量和质量的提高，为我国民族文化教育事业的发展提供了人才保证，也为少数民族文化的大发展大繁荣提供了智力支持。

---

① 国家民族事务委员会、中共中央文献研究室编：《民族工作文献选编（2003—2009）》，中央文献出版社2010年版，第349页。

② 《胡锦涛在十七届中共中央政治局第22次集体学习时的讲话》，《人民日报》2010年7月24日。

四、更加注重稳定性与灵活性的结合

由于发展民族教育事业是党和国家的一项长期任务，这就使得民族教育政策具有长期性和连续性，因而具有了相对的稳定性，才能规范和引导民族教育持续健康地发展。民族教育政策又有一定的灵活性。首先，随着我国社会主义事业的不断发展，民族教育自身及所处的政策环境也在不断发展变化，有必要从实际出发，对民族教育政策进行调整、补充、完善。其次，与汉族相比，我国的各个少数民族无论是在经济社会上，还是在文化诸如风俗习惯、宗教信仰、心理素质上都有很大的差异，而且，各少数民族之间也同样存在着很大的差异，因此，我们在实施民族教育的过程中，必须要做到与他们的实际相结合，在制定具体的教育目标、内容和方法上都应该与民族实际相符合，不搞"一刀切"，采取适合少数民族和民族地区特点的优惠甚至特殊政策，具体问题具体解决。最后，政策本身未必尽善尽美，要一边实施一边根据实际情况进行修改，才有利于政策的真正落实。如，国家实行"两免一补"政策。《国务院关于基础教育改革与发展的决定》指出：从 2001 年开始，在农村地区推广使用经济适用型教材和对贫困地区家庭经济困难的中小学生免费提供教科书。从 2005 年春季学期开始，共有 1600 万名来自 592 个国家贫困县的农村贫困家庭正在接受义务教育阶段的孩子免费享受到了国家提供的教科书，并且还不需要交纳任何学杂费，而且，国家还对补助寄宿生的生活费进行了适度的提高。2007 年，免除农村义务教育阶段的一切学杂费，减轻农村家庭经济负担，并对农村贫困家庭学生免费发放教科书、提供寄宿生活补助。而西藏由于经济发展落后，教育发展水平低，早在推行基本普及 9 年制义务教育、基本扫除青壮年文盲时，国家就对西藏农牧民子女义务教育阶段实行"两免、三包"政策，"两免"即免费提供教科书、免费提供学杂费；"三包"即对 9 年制义务教育阶段的农牧民子女住校生实行"包吃、包住、包学习用品"。目前，西藏有超过 20 万名农牧民子女实行了"三包"，85% 以上的农牧民子女享受了"两免"。

五、更加注重特殊性与普遍性的统一

民族教育政策的特殊性有两层含义：一方面是民族地区的历史、政治、经济、自然环境、文化背景、语言风俗、人的心理素质等都与内地、发达地区有很大的不同，这就决定了民族教育政策的特殊性；另一方面，各少数民族之间也存在不同，体现在经济发展、文化背景、宗教信仰、思维方式等方方面面，因而针对不同的少数民族、不同的民族地区制定的教育政策必然不同。教育是国家发展的基本条件，各少数民族纵有千差万别，也要遵循国家在教育方面的统一的方针、目标、标准，按照国家的要求培养人才。民族教育政策的特殊性是以国家教育的普遍性为前提的。例如，广西壮族自治区规定，实施义务教育应根据各地区经济条件和基础状况，因地制宜，分阶段有步骤地进行。全区到 2000 年基本普及初等教育，到 2010 年基本普及初等中等教育。广西根据本地区的实际制定出的实施义务教育的具体步骤，既保持了与全国实施义务教育基本精神的一致性，又有利于指导全区义务教育的普及。可见，民族教育政策与国家教育政策的这种统一性，既是国家在办学方向与培养目标上的要求，也是民族地区教育发展在规模、速度与水平上的要求。

六、新世纪民族教育政策的历史评价

新世纪新阶段党中央高度重视少数民族教育事业的发展，并为此提出了许多大政方针，在这些大政方针的指引下，国务院和各地各级政府认真分析和研究少数民族和民族地区教育的实际，从其实际出发制定和贯彻了许多促进民族教育发展的政策，并取得了可喜的成绩。

第一，初步建立了一个比较完善的民族教育政策体系。党和政府以扬弃的态度对待以往的民族教育政策，对于错误的民族教育政策坚决废止，对于正确的民族教育政策则继续坚持执行，使其在民族教育的具体实践中继续发挥效用。同时，党和政府还善于与时俱进地制定和实施了一些新的民族教育政策：制定和实施少数民族高层次骨干人才计划，分为硕士研究生和博士研究生计划；大力扶持西藏、新疆教育事业的发展，专门在内地开设西藏中学、西藏班、新疆高中班等；善于利用经济发达地区的教育优势开展民族教育的对口支援工作，以促进经济和教育落后地区教育事业的进步；对那些人口较少的民族或民族地区采取特殊照顾的政策，如支持民族贫困地区拥有优先接受教育的权利；随着科技的进步，民族地区的现代远程教育也开始着力普及；中央和地方财政加大对民族教育的投入，充分利用各种收入形式加大对民族教育的投入；对于民族地区的课程设置、教师队伍的建设、教育管理人员的培训等也有了一定程度的改善。这些都是我国民族教育政策贯彻执行的具体体现，对于民族教育事业的发展功不可没。

第二，拟定了较为明确的民族教育目标和政策举措。目前，与全国教育平均水平相比，我国的民族教育水平仍有很大的提升空间，由此，如何缩小这一差距，确保少数民族享有更为公平的受教育的权利，是我国落实民族教育政策不得不考虑的问题。为了达成这一目标，国家便制定和实施了许多实实在在的政策举措：划拨专项民族教育资金，加强培养民族地区教师，开办民族院校进行定向招生，扩大民族学生的招录人数，并且实行优先录取或降分录取；开展"双语教学"加强少数民族学生对汉语的学习，等等。

第三，初步建立了民族教育法规体系。迄今，我国的改革开放已经走过了30多个年头，在这一过程中，我国的教育法制建设稳步推进、成绩显著。一系列的教育法律法规得以出台和贯彻，如《学位条例》《义务教育法》《教师法》《教育法》《普通高等学校设置暂行条例》《高等教育法》《社会力量办学条例》《民办高等学校设置暂行规定》《职业教育法》等，这些民族教育法律法规是我国实行民族教育的一些重要和具体的规范，为推进我国民族教育提供了重要的法律依据和基本的法律法规保障，有利于我国民族教育走向法制化的轨道，标志着我国民族教育法规体系的初步建立和形成。

纵观60多年来我国民族教育政策的演进过程，期间所取得的成就是令人瞩目的，为我国民族教育事业的发展营造了良好的政策环境，提供了良好的政策基础。但是，在这一过程中，我国的民族教育事业也曾因为诸如"文化大革命"这样的负面影响而遭受巨大的破坏。因此,认真总结我国民族教育政策正反两方面的经验教训,对于今后顺利推进我国的民族教育事业是大有裨益的。

一是必须高度重视民族教育,并且要注重发挥民族教育政策在民族教育中的作用。民族教育政策对于促进民族教育事业的改革和发展意义重大。1951年6月1日,西南民族学院正式成立,其后不久,邓小平为其题词为"团结各民族于祖国大家庭的中心问题之一",充分体现了党和国家对民族教育的重视和关怀。党和政府根据各个时期形势和社会发展的需要,与时俱进,不断充实、完善民族教育政策,采取了一系列措施,许多民族自治地方和各级人民政府,把民族教育摆在优先发展的战略位置上,在财力紧张的情况下,千方百计筹措资金,积极投入民族教育事业,逐步走出一条适合少数民族和民族地区实际的新路子。

二是必须坚持社会主义的方向和为少数民族服务的原则。我国是社会主义国家,我国的民族教育事业必须要为社会主义的中国服务,必须毫不动摇地坚持社会主义的办学方向,必须要为少数民族和民族地区的政治、经济、文化和社会的发展服务,必须要为促进国家的统一和民族的团结发挥其应有的功能。而且,民族教育还必须与其他的劳动实践相统一,为民族地区培养和造就德智体美等全面发展的人才。唯有如此,民族教育的成效才能真正得以体现,这样的民族教育才算是真正成功的教育。

三是必须结合民族地区特点和民族特色开展民族教育。民族教育的对象是少数民族人民,他们大多生活在偏远的民族地区,其民族的经济、文化、风俗习惯等各有不同。正是由于上述的差异性,在开展民族教育的过程中,必须充分深入研究这些差异性,要做到区别对待,因材施教,既要求贯彻党和国家的民族政策,又要求贯彻党和国家统一的方针政策,坚持这两者的有机结合。要做到具体问题具体分析,在制定民族教育的目标、内容、方法时都必须从民族的实际出发,切勿一刀切。

四是必须加快民族教育政策的法制化步伐。在我国这样的一个统一的多民族国家里,民族教育不可或缺,它对于民族地区经济社会的发展和实现各民族的共同繁荣意义非凡。为此,国家必须在民族教育政策上多做文章，积极推进民族教育政策的立法化、制度化的进度，以保障民族教育政策的有力贯彻。回顾我国民族教育的发展历程，通过对其经验教训的总结，我们发现，民族教育立法实在太有必要、太重要了。令人感到欣慰的是，我国的民族教育立法也取得了不小的成就，如《教育法》《义务教育法》业已出台并发挥其功用。但是，目前，我国的民族教育立法工作还没真正走上依法治教的轨道，其立法的任务依然很艰巨，要走的道路还很长。

第 二 篇

理论与政策篇

　　理论是制定政策的依据，政策是理论的重要表现，必须要正确处理好两者之间的关系。在理论上，坚持以辩证唯物主义和历史唯物主义为其理论基石，它为我们研究新中国民族教育政策，提供了世界观和方法论的指导，提供了根本立场、观点和方法。在政策上，跟踪学术前沿，深度研究新中国少数民族教育政策的基本问题，深入分析我国民族教育的主要矛盾及其具体表现，构建具有中国特色的民族教育政策体系的逻辑结构。本篇一是探讨了少数民族教育政策的基本问题，考察了民族教育理论与政策研究的现状，阐释了少数民族教育政策科学内涵、理论范畴，分析了民族教育政策体系和民族教育发展的主要矛盾；强调了民族教育政策制定的依据；阐述了少数民族教育政策的本质、特点及重要作用；同时，指出了民族教育政策体系应遵循的基本原则。二是提出和构建了民族教育政策体系逻辑结构的基本思路，分析了民族教育政策体系的基本构成等。三是对新中国成立以来党和国家关于民族基础教育（民族学前教育、中小学教育）、民族高等教育、民族职业教育、民族成人教育的一系列政策分别进行了阐释。

第 六 章

民族教育政策的基本问题

　　我国社会正处在全面深化改革时期。党的十八大报告关于"努力办好人民满意的教育"的重要论述中对教育改革发展作出一系列重大部署，提出了新的更高要求。党的十八届三中全会通过的《中共中央关于全面深化改革若干重大问题的决议》提出"深化教育领域综合改革"的总体要求和任务，明确了教育改革的攻坚方向和重点举措，对于促进教育事业科学发展，努力办好人民满意的教育，具有极为重要的指导意义。目前，我国民族教育处于急剧变革之中，面临着新情况、新问题，结合《国家中长期教育改革和发展规划纲要（2010—2020年）》提出的基本内容和精神，进一步加强民族教育政策研究，依据变化的情况作出相应的调整、改革和充实，特别是根据我国少数民族和民族地区经济社会发展的特点制定出创新的政策措施，推动民族教育政策与时俱进，进一步完善民族教育政策体系是极为紧迫的任务和要求。

第一节　民族教育政策的内涵及理论范畴

　　民族教育政策是政策的一个重要组成部分，是政策的一般本质在民族教育政策领域中的特殊表现。人们对民族教育政策概念的理解，目前并没有形成统一的认识，民族教育政策的概念定义多种多样，载入辞书的定义至少不下五六种。民族教育政策学科学体系把民族教育政策概念作为自身的逻辑起点，要正式界定民族教育政策概念，应遵循界定概念的基本方法。民族教育政策最为基本的理论范畴有若干概念，包括教育、民族与民族教育、教育政策、民族政策与民族教育政策等理论范畴。想要深入理解民族教育政策的本质和特点，把握政策实质精神，就必须深刻认识和全面把握民族教育政策的最为基本的理论范畴。

一、民族教育政策内涵的界定

任何学科都应当有自己特定的研究对象和探索领域，不然它就没有客观存在的必要。学习和研究一门学科，首当其冲的是要明确它的研究对象，研究对象的确立是一门学科独立存在的首要条件。恩格斯指出："每一门科学都是分析某一个别的运动形式或一系列互相关联和互相转化的运动形式的，因此，科学分类就是这些运动形式本身依据其内部所固有的次序的分类和排列，而它的重要性也正是在这里。"[①] 毛泽东指出："科学研究的区分，就是根据科学对象所具有的特殊的矛盾性。因此，对于某一现象的领域所特有的某一种矛盾的研究，就构成某一门科学的对象。"[②] 恩格斯、毛泽东关于科学的学科分类思想和理论反映了科学发展与区分的规律，揭示学科特定研究对象的本质，是人们学习和研究各门学科的理论依据，是我们探索各学科研究对象、范围以及性质的指导性的科学方法，同时也是人们界定诸种科学概念应遵循的基本方法。

民族教育政策概念是民族教育政策学科学体系的逻辑起点。界定民族教育政策概念必须将它置于"政策"概念的体系之中，遵循界定概念的基

---

① 恩格斯著，中共中央马克思恩格斯列宁斯大林著作编译局译：《自然辩证法》，人民出版社 1971 年版，第 227 页。

② 《毛泽东选集》第 1 卷，人民出版社 1991 年版，第 309 页。

本方法。"界定一个概念的科学定义，按常规的方法，要掌握两条。先是找准它的属概念，即和它最近的、涵盖范围比它广的概念。然后，再确定区别于这个属概念限制条件，即通常所说的种差，也就是区别这个概念的内涵。"[1] 为此，在界定民族教育政策概念时，在遵循和运用界定概念的基本方法的过程中，必须把握三项工作。第一是找准属概念，为被界定概念定位。通常被用于民族教育政策属概念的是民族政策，其涵盖范围比被界定的民族教育政策广，它同民族政策属概念的规定性相一致，是相应的。第二是明确和反映被界定概念区别于属概念的特殊规定性或具有的特殊矛盾性，也就是事物的根本属性，也称为事物的本质属性。民族教育政策的特殊性在于，它是一种以培养少数民族人才为根本目的的特殊政策，明确被界定概念的特殊规定性，就把握了被界定概念的内涵。第三是概念界定的文字表述，要做到精和简明，文字表达一定要科学准确，简明扼要，以便掌握和运用。

二、民族教育政策的理论范畴

民族教育在我国少数民族地区经济社会发展中具有特殊地位和作用，党和国家始终重视民族教育的发展改革。在各个历史时期，我国制定的一系列民族教育政策都以党和国家总体战略目标和任务为主线，以少数民族地区的实际情况和特点为依据，并根据情况的发展变化，不断地进行调整、改革、充实和完善，从而促进了民族教育发展，有力地保障了少数民族地区群众平等受教育的权利，并缩小了民族教育与全国教育水平的差距。当前，深化教育领域综合改革，构建中国特色社会主义民族教育政策体系，是完全必要的。它是主动适应少数民族和民族地区经济社会发展需要；是努力满足人民群众对多样化高质量教育的现实需要；是自觉遵循教育规律和人才成长规律，大力培养少数民族高素质人才的需要；是实现"两个百年"目标以及实

---

[1]　齐祖亮：《学校管理新论》，成都电讯工程学院出版社 1988 年版，第 66 页。

现各民族共同团结奋斗和共同繁荣发展的迫切要求。

教育乃国之根本，少数民族教育政策在整个国家教育政策中占有重要地位，也构成了我国民族政策的主体框架。面向新的历史时期，深化民族教育领域综合改革，构建中国特色社会主义民族教育政策体系，必须更加注重民族教育政策的系统性、整体性、协同性的新任务和新要求。它既是一个实践问题，又是一个理论问题。

所讲的是一个实践问题，是指中国少数民族教育政策的制定，充实调整和完善是源于实践，产生于实践，服务于实践，不是来自人们的主观臆想，它是中国社会政治经济发展的必然要求，是我国少数民族和民族地区经济社会发展的必然要求，是民族教育必须适应社会主义市场经济体制改革发展的必然要求。

所讲的又是一个理论问题，这是因为理论是政策的灵魂，政策是理论的运用和表现，民族教育政策涉及教育学科、民族学科、政策学科等诸种学科的理论、规律和特点，其中最为基本的理论范畴，包括教育、民族与民族教育、教育政策、民族政策与民族教育政策等理论范畴。这是我们在讨论民族教育政策过程中，必须侧重研究的问题。

（一）民族教育概念

1. 什么是民族。史学家们认为：人类由猿进化而来，然后逐步演进为具有血缘的部落，并形成了人类社会早期"共同体"——原始民族。伴随着历史的车轮不断向前推进，民族部落开始向古代民族和现代民族演进。民族是历史范畴，在每个不同的历史阶段都有来自不同民族阶段的含义。斯大林最早在自己的著作《马克思主义与民族问题》一书中就为民族下了定义。1929年，他在《民族问题和列宁主义》这一著作中进一步论证了民族的定义，"民族是人们在历史上形成的一个有共同语言、共同地域、共同经济生活以及表现在共同文化上的共同心理素质的稳定的共同体。"[①] 随着民族历史发展，早

---

① 《斯大林选集》上卷，人民出版社 1979 年版，第 64 页。

在阶级和国家形态出现的古代民族时期，世界上便出现了单一民族和多民族国家。从上述定义描述中我们了解到：

（1）民族由种族发展而来，他们有着共同的血缘关系，但民族以"共同的语言、地域、生活以及民族文化特点"为基本特征，并不完全等同于种族。

（2）国家在古代民族形成时期由阶级的出现发展而来，国家可以是单一民族也可以是多民族构成。民族是具有"共同的语言、地域、生活以及民族文化特点"的非社会组织机构，因此，民族也不等同于国家。

（3）每一个人都从属于某一个固定的民族，是该民族的一分子。在这里，通过英汉互译来分析不同地域对"民族"理解的确切含义。在英文中，对于种族、民族、少数民族、国家等的解释与中文一样，都有其固定的词组和单词来表达，而"民族"一词，在不同的语境下与不同的单词搭配成不同的词组来对概念加以确定。这样便不会出现像中国学术界一样对"民族"这一概念混淆使用的情况。[1]

2.什么是民族教育，对此有广义和狭义两种。"广义的教育是把凡是能增进人们知识才能、思想品德和身体的一切活动都称之为教育。""狭义的教育是指教育者按照一定的社会要求，有目的、有组织、有计划地向受教育者的身心施加系统的影响，使受教育者发生预期的变化，成为教育者所希望的人。"[2]

那么，何谓民族教育，亦即民族教育的概念是什么，这是我们研究民族教育理论务必首先弄清楚或者回答的问题，科学地界定民族教育这一概念，有其重要的理论意义和实践意义。从20世纪80年代以来民族教育的概念界定就众说纷纭，成为相关学术研究领域内国内外专家学者不断探讨的重要问题，根据滕星教授研究和梳理，总结为以下几点：[3]

（1）单一民族教育说（Ethnic Education）。日本《世界大百科事典》的定义："民族教育是指对为有着共同文化集团的民族成员，所进行的培养他们具有能够主动地追求自己民族的经济、社会、文化发展的态度和能力的教

---

① 哈经雄、滕星主编：《民族教育通论》，教育科学出版社2001年版，第3—4页。

② 罗正华主编：《教育学》，中央广播电视大学出版社1989年版，第17—18页。

③ 哈经雄、滕星主编：《民族教育通论》，教育科学出版社2001年版，第2—3页。

育。"国内学者认为："民族教育是一个民族培养其新一代的社会活动，是根据本民族的要求而对受教育者有目的、有计划、有组织、有系统的影响活动，以便把受教育者培养成一定社会的人，为本民族服务。"①

（2）多重含义说（Ethnic Education, Education for Nationalities, Ethnic Minority Education, National Minority Education, Native Education and Immigrants Education）。王锡宏等人认为："民族教育是一个具有多层次含义的概念，第一层含义指少数民族教育，第二层含义指多民族国家中各民族教育的总和，第三层含义指世界各民族教育。"② 在滕星《中国少数民族双语教育概论》中认为，由于我们是多民族国家，民族关系源远流长、错综复杂，因此中国的民族教育是从"单一民族教育"和"复合民族教育"，两方面进行梳理。

（3）少数民族教育说（Ethnic Minority Education）。在我们国家，说起民族教育，则指除了汉族以外的其余 55 个少数民族地区的少数民族教育。如《教育大辞典·民族卷》认为："民族教育是中国少数民族教育的简称，特指除汉族以外，对其他 55 个民族实施的教育。"《中国大百科全书·教育卷》的定义是："少数民族教育（Educational For National Minorities），就是在多民族国家内对人口居于少数的民族实施的教育，简称民族教育。在中国指对汉族以外的其他民族实施的教育。"③

（4）国民教育说（National Education 或 Education For Nationalities）。国内由学者指出两种情况："其一，在单一民族国家，民族教育的概念往往被国民教育的概念所代替；其二，在多民族国家，民族教育成了泛指多民族教育总和的集合概念。只有这些单一民族国家和多民族国家沦为殖民地或半殖民地的时候，才使用民族教育的概念。"④

（5）跨文化教育说（Cross Cultural Education）。孙若穷《中国少数民族教育学概论》对民族教育的定义，从广义角度出发，是针对不同文化背景的受教育者实施的"跨文化教育"；从狭义角度出发，则指"在一个多民族国

---

① 李红杰：《民族教育学研究对象和体系浅议》，《北方民族》1992 年第 1 期。

② 王锡宏：《少数民族教育概念新探》，《民族教育研究》1994 年增刊。

③ 王鉴：《民族教育学》，甘肃教育出版社 2002 年版，第 9 页。

④ 耿金生：《论民族教育的概念和民族教育的特点》，《民族教育研究》1991 年第 2 期。

家里对少数民族的一种教育"①。

以上5种说法各有千秋，根据以上几种不同的定义和分析探讨，我们不难理解，所谓民族教育指的就是对一个有稳定的基本特征的共同体实施文化传播和培养其适应社会变迁的社会活动。

我国著名的民族教育专家哈经雄、滕星教授经过多方分析和多年潜心研究后，提出了"多元一体化教育理论"（Multicultural Integration Education Theory）。这一理论认为：在一个多民族国家中实施教育，除了要传递主流民族的智慧结晶和优秀传统文化成果之外，同时也要兼顾到本国各少数民族文化的传递。教育对象既包括主流民族群众人员，还包括少数民族成员。教育内容既包括主流民族文化还包括少数民族文化。教育的目的是传承与发扬各民族特有的优秀文化，加强各民族之间的文化交流，促进各民族经济共同发展，最终实现民族大繁荣大团结，从而真正达到"多元一体"。

纵观人类历史，国家作为一个历史范畴，是阶级矛盾不可调和的产物，是基于人类民族文化共同体的权力组织机构。这时教育则首当其冲地成为阶级分化、民族压迫和国际竞争的有力武器。

20世纪50年代以前，世界主流国民教育大体上来讲都是多数民族教育，也就是单一的主流民族教育，实质上是民族歧视与民族同化的表现手段，为了掩人耳目才叫做国民教育。到了60年代，由于民族主义意识觉醒，以美国黑人运动为代表的全世界各国少数民族纷纷倡导开设本民族教育课程，也就是多元文化教育。经过几十年的风雨洗礼，多元文化教育已然成为人类教育史上美好理想的浪潮。

当前，多民族国家实施的国民教育仍以多元化教育为主，具有复合民族性质，其实质就是国民教育的内容要以主流民族的文化体系为主导结构和主体框架，在此基础之上加入少数民族特色文化教育，两者相辅相成，以丰富国民教育内容，发展民族教育，解决少数民族面临的问题和困境。即少数民族群体不仅仅要接受传授普适性知识的主流民族国民教育，以增强个人对现

①　孙若穷:《中国少数民族教育学概论》，中国劳动出版社1990年版，第15页。

代主流社会的适应性；还要将体现本民族特色的地方文化知识不断地传承和发扬光大。这一方面保证了少数民族在政治经济文化等方面的权利和利益，另一方面也丰富了人类社会文化的多样性。

综上所述，对民族教育基本概念的解释可分为广义和狭义两种：广义的民族教育指对全民族成员实施教育，以传承共同的民族文化，确保民族成员通过习得主流民族的优秀文化，适应主流社会的发展，并求得个人的生存与发展。广义上来讲，这一概念包含了全部教育，纵向涵盖了原始民族教育、古代民族教育、现代民族教育；横向涵盖了单一民族教育和复合民族教育；包括主流民族教育和少数民族教育。狭义的民族教育指"对在一个多民族国家中人口居于少数的民族的成员实施的复合民族教育，即多元文化教育。多元文化教育的目的是，一方面帮助少数民族成员提高适应现代主流社会的能力，以求得个人的最大限度的发展；另一方面继承和发扬少数民族的优秀传统文化遗产，丰富人类文化宝库，为人类作出应有的贡献"①。

总而言之，厘清民族教育广义与狭义范围上的基本概念，才能够更好地指导民族教育，建立更加科学民主的少数民族教育体系。

（二）民族教育政策概念

1. 民族政策

民族政策是指多民族国家及其执政党为调节民族关系、处理民族问题、开展民族事务、维护多民族国家的统一、促进多民族国家的发展而采取的相关策略、准则和措施。民族政策体现着国家的民族治理理念和执政党的民族纲领。对少数民族实行保护和照顾是我国民族政策的重要特点，同时也充分体现了马克思主义民族平等观的本质要求。

2. 教育政策

百年大计，教育为本。这是中国社会的至理名言。但是办好教育，必须要有正确的教育政策作保证，没有正确的教育政策，就没有健康发展的教育

---

① 滕星：《民族教育概念新析》，《民族研究》1998 年第 2 期。

事业。关于什么是教育政策，不同的学者有着不同的理解，人们依据不同的视角，可以定义不同的教育政策内涵。对于教育政策所下的定义，可谓仁者见仁、智者见智。上述引录诸家学者对教育政策界定的表述，虽然对其内涵有不同的界定，但都有一定的客观依据、价值取向及其合理性内容，基本因素大致趋向一致。综上所述，对教育政策的定义为：教育政策是行动准则和指导原则，是在某一段时期内为实现某一利益群体的目标和利益而制定的。不同的利益群体所实施的教育政策也大相径庭。在我们国家，具有特定意义的教育政策是在我们的执政党即中国共产党的领导下，依据一定的策略和准则，努力实现该时期内的教育目标。

3. 民族教育政策

民族教育政策既是党和国家民族政策的重要组成部分，又是党和国家教育政策的重要组成部分，它是在我们的执政党即中国共产党的领导下，依据一定的策略和准则，努力实现该时期内的教育目标的具体行动准则。一般来说，我们将党和国家制定的推动民族教育发展的所有法规、文件、制度及其相应政策措施的总和统称为民族教育政策。

民族教育政策可分为总政策、基本政策和具体政策。它通常以方针、策略、法律、法规、规章、决定、条例、指示等形式来体现。

三、民族教育政策体系和民族教育发展的主要矛盾

民族教育政策是党和国家的教育方针和民族政策基本纲领的具体体现，是民族教育改革发展的根本保证。新中国成立60多年来，民族教育事业的不断发展，极大提高了全民族素质，为少数民族和西部地区经济社会发展作出了不可替代的重大贡献。但是，我国民族教育事业在改革与发展中仍然还存在着一些不确定的矛盾和问题。为了深入探索和准确把握民族教育事业改革发展中的基本教育政策，我们必须剖析民族教育政策体系自身的矛盾和问题，特别是要深入分析民族教育事业改革发展中的主要矛盾及其表现，才能科学确定民族教育政策体系中的基本教育政策。

（一）民族教育政策体系自身结构的矛盾和问题

民族教育政策是一个系统而又复杂的体系。从其内容来看，既有国家国民教育政策问题，又有民族教育政策问题；从其结构来看，既有纵向结构问题，又有横向结构问题；从其特点来看，既有统一性问题，又有特殊性问题；从其层次来看，既有指导大系统的总政策问题，又有指导分系统的基本政策、具体政策的问题；从其文化背景来看，在一个统一的多民族国家里，既有少数民族自身的问题，又有主流民族占主导的统一多民族国家的文化背景问题，还有世界文化背景系统问题；从政策环境来看，既有地理自然环境，又有社会环境等诸种问题。

民族教育政策问题涉及面极广，内容十分丰富，数量繁多，结构纵横交错更加复杂，矛盾和问题众多。在这样一个客观存在着多种矛盾的特殊复杂体系中，关键要善于把握它的主要矛盾和矛盾的主要方面，这个唯物辩证法的世界观和方法论。毛泽东的《矛盾论》作了精辟的论述，指出："在复杂的事物的发展过程中，有许多的矛盾存在，其中必有一种是主要的矛盾，由于它的存在和发展规定或影响着其他矛盾的存在和发展。"[①] 他进一步指出："任何过程如果有多数矛盾存在的话，其中必定有一种是主要的，起着领导的、决定的作用，其他则处于次要和服从的地位。因此，研究任何过程，如果是存在着两个以上矛盾的复杂过程的话，就要用全力找出它的主要矛盾。捉住了这个主要矛盾，一切问题就迎刃而解了。"[②] 毛泽东的《矛盾论》为我们破解民族教育的改革与发展的矛盾和问题指明了方向，提供了思想武器，找到了解决矛盾的方法。民族教育事业的改革与发展离不开教育政策与民族教育政策的指导，无论是教育政策，还是民族教育政策，所涉及的内容、领域、层次、类型、结构等方面的政策十分复杂、数量众多。从广义的角度讲，其民族教育政策体系是无所不包，它包括国家教育政策和国家民族教育政策，改革发展所需要的所有教育政策，在改革与发

---

① 《毛泽东选集》第 1 卷，人民出版社 1991 年版，第 320 页。

② 《毛泽东选集》第 1 卷，人民出版社 1991 年版，第 322 页。

展民族教育事业中面对诸种复杂矛盾，不懂得用全力寻找出它的主要矛盾或关键性问题，其结果如堕烟海，找不到中心，也就找不到解决矛盾和问题的方法；从狭义的角度讲，集中认识问题，找出影响民族教育改革与发展的主要的、基本的、关键性的问题进行研究探索，形成狭义的民族教育政策体系。这有利于我们区别主次矛盾以及矛盾的主次方面，区别事物的主流与支流、本质与现象，更加集中地科学地认识问题；有利于我们清晰明确地把握民族教育政策的体系，更加自觉地不断调整充实，不断改革创新，不断修正完善民族教育政策体系；有利于政府和教育行政部门集中力量，进行科学设计，创新理论，创新制度，创新机制，更好地贯彻落实"优先发展、育人为本、改革创新、促进公平、提高质量"的教育工作方针，全面贯彻落实党的民族政策，重视和支持民族教育事业发展，全面提高少数民族和民族地区教育水平。[①]

我们在探索研究民族教育政策体系过程中发现这是一个客观存在着多种矛盾和问题的特殊复杂体系，人们必须分析比较哪些矛盾和问题是主要的、基本的、起着决定作用的关键性的问题，这些矛盾和问题确实对我国民族教育的改革与发展起着关键性的作用，在这个前提和基础上，正如列宁所说的要把观念的东西转化为现实的东西，就得付诸实践，以客观存在着的矛盾和问题为依据，制定或调整、充实和完善有关政策，形成民族教育改革与发展所需要的基本的教育政策。我们根据唯物辩证法原理和对民族教育现实矛盾和问题的分析，认为民族教育质量、体制、经费、教师政策是民族教育政策体系中最主要的、最基本的、最必需的民族教育政策，在民族教育政策体系中起到基础性、全局性和关键性作用，对民族教育事业的改革与发展起到了保证作用。

前面所述，这是我们从民族教育政策体系的内容、结构、特征等方面进行比较分析概括出来的矛盾和问题，其出发点是要人们准确判断和正确选择出民族教育政策体系中的基本教育政策，是我们破解民族教育改革与发展的矛盾和问题的一个重要内容。

---

① 《全国教育工作会议文件选编》，人民出版社 2010 年版，第 54 页。

（二）民族教育发展中的主要矛盾及其具体表现

从现实出发，分析 21 世纪科学技术突飞猛进，知识经济快速发展的走势，民族教育面对前所未有的发展机遇和新世纪的挑战，特别是要把握我国民族教育呈现出来的主要矛盾。这个主要矛盾就是各民族人民群众日益增长的教育需求与现有民族教育发展水平不高、优质教育资源有限之间的矛盾更加突出。这个主要矛盾体现在如下几个方面：

其一，在教育质量上。教育的根本任务是培养人才，提高教育质量是民族教育改革发展以及各级各类学校的重点教育工作。目前，我国的教育规模已经达到世界第一，但同发达国家相比还有一定的差距，主要体现在教育教学质量方面，少数民族和民族地区各级各类学校教育已有较快较好的发展，但同国内发达地区相比，无论是在数量还是在质量上都有较大的差距，随着我国社会主义现代化建设的推进，服务国家由人力资源大国向人力资源强国的转变，服务经济发展方式的转变，服务培养高素质人才的转变，教育质量的问题日益凸显。提高教育质量是民族教育事业的主题，更是今天建设人力资源强国的紧迫要求，尤其是实现各民族大团结大繁荣的必然要求。

其二，在教育体制上。民族教育体制自 1993 年以来，以改革计划经济体制条件下形成的办学体制、管理体制和投资体制，现已基本建立了与社会主义市场经济体制相适应的民族教育体制，但也应看到目前我们国家现行的教育体制及其运行机制仍然存在不少问题，应试教育依旧占据着主导地位，造成素质教育的实施困境，教育资源分配不均、结构和布局不合理、城乡教育不公平、区域教育发展不平衡等问题仍然很突出。

其三，在学校育人工作上。自 21 世纪以来，我国少数民族地区全面实现城乡免费义务教育，职业教育得到快速发展，高中阶段教育不断普及，高等教育大众化，培养一批又一批高素质劳动者和技能型人才，造就一批专门人才和拔尖创新人才，取得了举世瞩目的伟大成就。但是，在各级各类学校育人工作上，还不能完全适应国家经济社会发展要求，特别是同贯彻落实党和国家"把育人为本作为教育工作的根本要求"还尚未完全落实，还有差距。当前在基础教育阶段，应试教育弊端仍然令人担忧，素质教育推进困难，损害基础教育，过早搞文理分科，甚至"以升学为本""以分为本"，把学生束缚在无穷的考试战车上，不惜牺牲学生的身心健康，极大地偏离了学校教书育人为本的方向。在高等教育阶段，一方面正在遭遇多元文化、多元价值观的挑战，社会各种思潮通过各种信息媒体向青少年奔涌而来；另一方面，高校自身不同程度地存在着重理论轻实践，重科研轻教学，重专业轻思想教育，理论脱离实际，从书本出发，搞本本主义，唯名逐利的倾向，不惜把学生当作廉价的劳动力使用，有损于教书育人、科研育人、管理育人。这同样偏离了育人为本的方向。学校是育人的场所，学校教育的根本任务是培养人才，无论是各级基础学校教育还是各类高等学校教育，都必须坚持育人为本，立德树人，其根本价值追求都是服务于培养德才兼备高素质人才这个中心任务，离开这个中心任务，学校工作就会偏离正确的方向。

其四，在教师队伍建设上。经过几十年的努力，我国已基本建立了一支思想道德素质、文化科学素质和专业业务素质优良的教师队伍。但是必须了解，我国教师队伍整体素质亟待提高，教师的地位待遇有待加强，教师管理机制需要完善。教师队伍状况，影响制约教育质量，党和国家必须始终把教师队伍建设摆在突出位置。

其五，在教育经费投入上。从2012年开始，我国实现教育经费财政支出占国内生产总值4%的目标，这表现出党和国家对优先发展教育的高度重视。改革了单一的政府教育投资体制，建立了以政府投资为主，多种渠道筹措教育经费的体制。重视和支持民族教育事业是党和国家的一贯方针，在教育经费上，在人力、物力和财力投入上，始终给予特殊照顾，多渠道、多项目增加对少数民族和民族地区教育的投入，加大力度从根本上解决少数民族地区教育事业发展过程中遇到的特殊困难和突出问题。但是必须看到我国教育投入仍然不足，教育优先发展的战略地位尚未完全落实，依然制约着民族教育现代化的建设。

我们揭示民族教育事业的主要矛盾及其表现，使我们不断深化对民族教育政策体系中基本教育政策地位作用的认识，可以得出其重要的结论：在民族教育事业的改革发展进程中，教育质量是核心，教育体制是实现人才培养的基本路径，教师队伍建设是关键，育人为本是教育工作的根本要求，教育经费是教育事业的物质资源保障。显而易见，民族教育的主要矛盾及其表现规定和形成了教育质量、体制、教师队伍建设、教育经费等民族教育政策体系中的最基本教育政策。它对民族教育事业的改革发展起到了主要的、关键性的保证作用。

第二节　民族教育政策的本质与作用

　　毛泽东说过，"政策和策略是党的生命"①。政策在政治活动中之所以能比喻为"生命"，不仅在于它在政治实践中具有规范和指导的功能，协调人们的认识和行动共同为实现某一目标而努力奋斗，更在于它所具有的本质力量深深植根于政治活动运转的基本要素即国家、阶级和利益之中，所以它具有强大的号召力和组织力。概而言之，一是从根本上说，民族教育政策的本质反映了统治阶段的要求，是国家意志的表现，这种意志是统治阶级经济关系和经济利益的反映。二是民族教育政策是统治阶级内部各个社会阶层利益调整与综合的产物。一个良好的民族教育政策应该反映统治阶级内部各社会阶层的共同的长远利益，但又能恰当地在其不同利益之间做出恰当的平衡。②

一、民族教育政策的本质

　　无论是西方还是东方，在多民族国家中，民族教育政策都是由国家及其执政党制定的。马克思主义的创始人早在 19 世纪中叶就提出了教育的性质、

---

① 《毛泽东选集》第 4 卷，人民出版社 1991 年版，第 1298 页。
② 王世忠著：《教育管理学》（第二版），科学出版社 2014 年版，第 132 页。

发展方向及其领导权是由一定历史时期的"社会关系决定"的著名原理，这里所讲的"社会关系"①，就是指生产关系，尤其是所有制关系。从根本上来说，教育政策，包括民族教育政策和民族高等教育政策同样是由"社会关系决定"的。原始社会末期，伴随公有制解体，私有制出现，剥削阶级与被剥削阶级的形成，便产生了国家。正如恩格斯指出的"国家是社会在一定发展阶段上的产物"②，国家是在阶级出现之后才产生的，它是随着阶级的产生而产生，也随着阶级的消灭而消灭。国家是统治阶级的工具，列宁说过，国家是维护一个阶级对另一个阶级的统治的机器。是统治阶级对被统治阶级实行专政的暴力组织，它的核心是由军队、警察、监狱、法庭等强力部门组成一整套有组织的暴力机构。国家是阶级矛盾不可调和的产物和表现。它代表统治阶级的意志、利益和要求。历史和近现代社会没有超阶级的国家，所有的国家都是某一特定阶级专政的国家，在历史上有奴隶主专政的国家和封建主专政的国家，近代有资产阶级专政的国家，现代则出现了无产阶级专政的社会主义国家。关于国家的产生和实质问题，正如列宁在《论国家》一文中所指出的是一个最复杂最困难的问题。也可以说，是一个被剥削阶级及其代理人弄得最混乱的问题。在奴隶制社会，说"国家是上天赐予的力量"，把国家问题同宗教问题混为一谈，在封建制社会有所谓"君权神授"的说法，在资本主义社会把国家说成是"永恒的""超阶级的"，是"民主、自由、平等和博爱的体现"等神话。掩盖国家作为阶级统治的暴力工具的本质。这个问题之所以被人弄得这样混乱，这样复杂，是因为它比其他一切问题更加牵涉到统治阶级的利益。统治阶级总是利用国家学说来为社会特权做辩护，为剥削的存在做辩护，为资本主义的存在做辩护。毛泽东依据马克思主义的国家学说揭穿了剥削阶级掩盖国家阶级实质的种种诡辩，他在《新民主主义论》一书精辟论述"国体"和"政体"两个范畴及其区别。而政体，"那是指的政权构成的形式问题，指的一定的社会阶级取何种形式去组织那反对敌人保护自己的政权机关"③。国体问题表明这个国家究竟掌握在哪一个阶级的手

---

① 华东师范大学教育系编：《马克思恩格斯论教育》，人民教育出版社1986年版，第104页。
② 《马克思恩格斯选集》第4卷，人民出版社1995年版，第170页。
③ 《毛泽东选集》第2卷，人民出版社1991年版，第677页。

中，这个阶级又联合哪些阶级去统治，镇压哪些阶级。简言之，"国体"问题是指社会各阶级在国家中的地位，是谁对谁专政的问题，是区别各种国家的性质问题；"政体"问题，只是指一个国家的政权组织形式问题。只有根据不同国体来区别各种国家，才能把握各种国家的真正性质。马克思主义指出，自阶级产生以来，阶级斗争贯穿着阶级社会的全部历史。各阶级在阶级斗争中会形成集中地代表自己利益的政治集团、政治组织。这样的政治集团和政治组织在近现代资本主义国家中就是政党。政党是阶级中最积极的和最有组织的一部分，政党是代表不同阶级、阶层或集团并为实现其利益进行斗争的政治集团。因此，在多民族国家中，国家及其执政党制定的民族教育政策，必定要体现统治阶级意志，代表统治阶级利益，反映统治阶级要求，并通过民族教育政策来调整统治阶级内部各个阶层的利益关系，协调民族教育的内外部关系，促进民族教育的发展，达到为统治阶级培养所需人才的目的。由此可见，民族教育政策是统治阶级意识的体现，是统治阶级利益的表现，是统治阶级要求的反映，是调整统治阶级内部关系和协调民族教育内外部关系的产物。这就是民族教育的本质。

中国共产党和我国政府所制定的民族教育政策，从根本上体现了工人阶级和各族人民的意志、利益和要求，科学地起着调整工人阶级和各族人民内部各阶层利益关系，合理地协调民族教育内外部关系，促进民族教育快速发展，培养少数民族和民族地区经济社会发展所需要人才的作用。

二、民族教育政策的特点

民族教育政策的特点是由我国社会主义社会的基本制度和中国统一的多民族国家的基本国情所决定的。其主要特点大致有以下几点：

（一）价值倾向性

价值倾向性，是指民族教育政策制定是对价值观念进行判断和选择的结果，在制定政策的时候，决策者总是要以一定的理论和价值观念为指导。对现实进行深入的分析和研究，确定目标，设计行动路线。在这个过程中，民族教育政策选择遵循一定的思想路线，力求满足某种利益要求，倾向性是很明显的。民族教育政策的价值倾向性可分为有阶级性和无阶级性两类，前者反映了统治阶级的政治要求，为巩固统治地位的政治制度和经济制度服务。后者则反映了处于同一生产力发展水平的国家对教育事业发展的共同要求，尽管这些国家的政治制度可能是不同的。比如，普及义务教育是世界上多数国家普遍实行的民族教育政策。

政策的人本性是我国民族教育的重要特点。一是从政策产生的宏观背景看，"中国新民主主义革命的胜利，社会主义基本制度的建立，为当代中国一切发展进步奠定了根本政治前提和制度基础"[①]，新中国为了保障全国各少数民族在政治、经济、文化、教育等方面的平等权利，于20世纪50年代初期，对民族地区进行了民主改革，废除奴隶制和封建农奴制，实施党和国家的民族政策，建立民族区域自治制度，昔日广大农奴和奴隶获得了人身自由，成为新社会的主人，又于20世纪50年代中期进行了社会主义改造，建立社会主义制度，巩固和发展各民族平等、团结、互助的社会主义民族关系。二是从民族教育的性质和制度变革看，党和政府始终重视民族地区教育事业，从改变旧社会特权阶级的教育性质和制度到建立新的人民教育制度，特别是建立国家保障各少数民族在政治、经济、文化、教育的民族平等权利；从实行教育向农牧民及其子女开门到扫除青壮年文盲；从全面普及义务教育、基本普及高中教育到高等教育进入大众化阶段，建立具有中国特色的社会主义民族教育体系，教育公平水平不断提高，促进教育公平的一系列新政策、新举措不断迈上新台阶，有力地缩小了民族教育差距。三是从民族教育政策的核心内容看，在革命建设和改革的各个历史时期，党和政府制定和实施了一系列发展民族教育的方针、原则和政策，形成了具有中国特色的社会主义民族教育政策体系。贯穿其中的基本指导思想和核心内容：一是把少数民族教育纳入国民教育体系，重点扶持，保障少数民族平等受教育的权

---

① 《十七大以来重要文献选编》（上），中央文献出版社2009年版，第6页。

利；二是各级各类民族学校教育要面向少数民族和民族地区，以少数民族学生为主要教育对象，以培养德智体全面发展的少数民族人才为宗旨。这两条已成为国家基本教育政策。进入 21 世纪以来，在科学发展观指导下，制定《国家中长期教育改革和发展规划纲要（2010—2020 年)》，把育人为本作为教育工作的根本要求，把促进公平作为教育发展的战略重点之一，把全面提高少数民族和民族地区教育发展水平作为重要内容。因此，以上三个方面，无论从哪一个方面来观察都体现了民族教育政策的人本性特点。

（二）规范性与科学性

所谓规范性包含两层含义：其一是指民族教育政策必须由相应的权力机构按一定的程序研究制定，确保合法与科学。其二是指民族教育政策具有权威性和严肃性，它以强制及非强制的手段约束人们的行为，所有有关人员必须遵守政策，这样才能保证人们步调一致地完成教育活动，实现教育目标。"政策和策略是党的生命。"① 缺乏科学性的民族教育政策，是没有生命力的政策。民族教育政策的科学性，是我国民族教育政策的又一显著特点。一是民族教育政策是依据党的思想路线制定的。实事求是，一切从实际出发，理论联系实际，实践是检验真理的唯一标准是我们党的思想路线，也就是制定和实施民族教育政策的认识路线。二是民族教育政策来自于社会实践。它是在民族教育办学实践中探索、总结和凝练出来的，并经过社会实践的检验证明其政策的正确性。我国民族教育，既是全国整个教育事业中的重要组成部分，又是全国整个民族工作的重要组成部分，在深刻认识和科学把握教育发展规律、民族工作规律和民族教育特点的基础上，提出和制定的教育政策，正确地反映和体现了教育规律、民族工作规律和民族教育特点，特别是在民族教育政策体系中科学地体现了上述规律和特点具有科学性、规律性、真理性和民族性的本质内容，其科学性是无可置疑的。三是科学地确立教育宗旨。教育是培养人的社会实践活动，教育宗旨亦即教育的目的和方向，也就是把

---

① 《毛泽东选集》第 1 卷，人民出版社 1991 年版，第 57 页。

受教育者培养成符合一定社会需要的人的总要求，它是教育工作的出发点和最终目标。如何科学地确立教育宗旨，关系到教育的目的和方向。我国民族教育的宗旨是培养德智体全面发展的高素质的少数民族人才。它是依据教育规律和学生身心发展规律而确立的，它是依据党的教育方针和民族政策相统一的指导方针而确立的，坚持普通教育的共性与民族教育的个性相结合，培养德智体全面发展的中国特色社会主义事业的建设者和接班人。党和国家在各个历史时期制定的教育法律、法规、规章和条例等文件，以相关条款和形式已作出明确规定和准确表述。民族教育政策的科学性，还表现在它所确立的民族教育宗旨，科学地体现了马克思主义关于人的全面发展的思想。

（三）中介性与相对主观性

民族教育政策是沟通教育理论和教育活动的中间环节。"没有革命的理论便没有革命的行动。"[①] 这一论断无疑是正确的。但理论是一种高度抽象化、概括性和一般化的意识形态，它阐述了事物发展的客观规律，却没有提高驾驭事物和改造事物的技术规则。正如基础科学还不能直接应用到生产第一线，还必须有工艺科学和工艺技术作为中间科学一样，民族教育理论也必须通过民族教育政策转化，才能具体指导人们去正确行动。

（四）相对稳定性与灵活性

民族教育政策是一经确定，就应保持相对稳定，直至目标实现。稳定的政策可使政策实施有充足的时间保证，可使人们满怀信心地为实现政策去努力奋斗。老子说过："治大国若烹小鲜"，如果政策变化频繁，朝令夕改，就会破坏政策的严肃性，执行者不免要对政策本身和政策制定者失去信任。当然，民族教育政策的连续性和稳定性也不是绝对的，当外部环境发生重大变化的时候，如果政策已经不能适应需要，阻碍教育工作的发展，就应中止旧

---

① 邓小平：《来俄的志愿》，《党的文献》1997年第1期。

政策，制定新政策。灵活性，是指良好的民族教育政策绝不是要僵死地束缚人们的行动，而是要鼓励人们根据所处的具体环境创造性地开展工作去实现预期的目标。多数政策规定，总是留有一定余地，使政策执行者能自主、灵活地开展工作，使之与具体环境的要求相符。如果由于民族教育政策本身不正确或不完善阻碍了教育工作的开展，就应该根据需要加以补充和修改。

（五）目的性与系统性

任何民族教育政策都是为实现一定的教育目标服务的，它向人们提供构想计划和筹划实际行动的思考范围及规则，保证它们与目标上一致。中华民族自古以来就是一个统一的多民族国家，在历史上早已形成了"中华民族多元一体"的格局。中华人民共和国诞生后，新中国发展成为一个统一的多民族的社会主义国家。这是我国的基本国情。发展民族教育，制定民族教育政策，必须依据中国的民族国情。为此，党和国家始终坚持把党和国家统一制定的教育方针和民族政策，作为我国发展民族教育、制定和实施民族教育政策的根本指导方针和原则。在我国革命、建设、改革的各个历史时期，党和国家始终强调要加强对民族教育工作的领导，全面贯彻党的教育方针和民族政策，并制定一系列行之有效地发展民族教育的政策措施。因此，这必然体现出我国民族教育政策的根本指导方针具有方向性特点。少数民族和民族地区在政治、经济、文化上都有自己的特点，发展民族教育要按照少数民族的政治、经济和文化的特点，制定适合少数民族和民族地区经济社会发展需要的民族教育政策。这不仅是一条发展民族教育的正确认识路线，而且是一条发展民族教育必须遵循的客观规律。党和国家在制定民族教育政策过程中，注重紧密结合民族教育的特殊性和特点。因此，民族教育政策就必然凝聚并体现出自身的特殊性。

系统性，是指任何一个民族教育政策都不是孤立的，它总是民族教育政策体系的一个组成部分，政策之间互相联系、互相支持和互相制约。因此，民族教育政策的制定和执行都必须从全局出发，追求整体最优化，而不是个别政策的最优化，某些对局部有利而对整体不利的政策，应该予以废止或调整。任何事物的产生、发展都是在一定基础上进行的，而非凭空产生和发展的。中国目前的国家教育政策，是基于吸收和总结古今中外的教育和少数民族教育的思想精华和不断发展的经验教训。因此，从这个意义上说，我们国家的教育政策的基础是延续和发展；同时，党和国家始终是基于国际国内形势，及时对我们的国家教育政策的发展作出调整，以继续保持我们的重点放在国家工作和教育的主题。例如，对少数民族学校、语言和少数民族文化，以平等对待的政策和国家的支持国家教育政策的招生政策等，这些政策从开始提出到现在，始终具有历史继承性。当然，随着时代社会的发展，我们不断地进行调整。系统的国家教育政策主要是指国家教育政策问题和相互依存关系的其他社会问题。根据国家的马克思主义理论，国民教育是社会总问题的一部分，国家的教育方针是整个社会政策的一部分。国家教育政策活动作为社会实践的一个组成部分，在教育领域的这一特定的民族社会执行公共政策，这是国民教育在社会关系方面的调整，解决了国民教育的社会问题。系统性的政策问题，也体现在政策的领域，如果没有足够周到的考虑，往往会对其他地区产生影响。扩大高等教育，如就业政策引起的高等教育收费对贫困家庭等方面的影响，社会问题的影响。在各级党委和政府的当地少数民族地区。这些政策之间，既相互联系、相互支持，又相互制约，形成国家教育政策的统一、协调、严密、自上而下的制度。

三、民族教育政策的重要作用

"政策和策略是党的生命。"这是毛泽东的至理名言。民族教育事业的改革发展离不开教育政策和民族教育政策的指导，民族教育政策是我国民族教育发展的根本保证。

（一）实现党对民族教育的领导权

中国共产党是全中国人民的领导核心。对于如何实现党的领导，列宁、毛泽东都有正确的论断，他们认为首先应该是"对政策的领导"。中国共产党的领导主要是通过制定和实施一定的政策来实现。列宁指出无产阶级专政就是无产阶级对政策的领导。毛泽东指出："政策是革命政党一切实际行动的出发点，并且表现于行动的过程和归宿。一个革命政党的任何行动都是实行政策。"① 科学地论述党的领导与政策的关系，指明党的领导实质上就是政策的领导，党的政策是实现领导权的重要方式。毛泽东不仅精辟地论述了党的领导是通过制定和实施政策来实现的，而且深刻地论证了在革命斗争中政策和策略的极端重要性，他指出："只有党的政策和策略全部走上正轨，中国革命才有胜利的可能。政策和策略是党的生命，各级领导同志务必充分注意，万万不可粗心大意。"②

民族教育政策是实现党对民族教育领导权的重要方式。为了实现党和国家对民族教育事业的领导，党和国家必须制定民族教育政策，正确地贯彻执行党和国家的民族教育政策，是关系到中国特色社会主义民族教育事业的领导权、性质和方向的重大问题。党的民族教育政策是党的民族教育工作的出发点，并且表现于民族教育工作的过程和归宿。党的民族教育政策是党的民族教育工作的生命线，没有党的民族教育政策，就无法实现党对民族教育工作的领导，就没有中国特色社会主义民族教育事业的顺利发展和进步。

（二）教育行政部门指导与管理民族教育的依据

民族教育政策是在党和国家的民族政策和教育方针指导下制定的，它是以马克思列宁主义、毛泽东思想和中国特色社会主义理论为指导，根据教育发展规律和学生身心发展的客观规律，适应少数民族和民族地区经济社会发展需要，在总结民族教育经验的基础上提出和制定的。现已形成了具有中国特色的民族教育政策体系，这个体系包括民族教育的总政策、基

---

① 《毛泽东选集》第 4 卷，人民出版社 1991 年版，第 1286 页。
② 《毛泽东选集》第 4 卷，人民出版社 1991 年版，第 1298 页。

本政策和具体政策。因此，民族教育政策对我国民族教育工作具有极其重要的指导作用，是我国民族教育工作的基本依据，为民族教育的改革与发展提供了指导方针和原则；为政府和教育行政部门行使对民族教育的指导与管理提供了政策依据和管理策略；为各级各类民族教育坚持社会主义办学方向，加强党的领导，全面贯彻党的教育方针和民族政策，深化民族院校内部管理体制改革，坚持面向社会，依法自主办学，实行民主管理，深化教育改革，培养少数民族人才，发展科学研究和服务社会等根本性工作，指明了办学方向，提供了政策依据，是建设中国特色社会主义民族教育的重要保证。

（三）调整民族教育内外部关系

人类社会是经济、政治、科技、文化和教育等系统构成的有机统一体，它们之间既相互联系、相互依赖，又相互制约、相互影响，并各自保持相对的独立性。在这里以民族高等教育作为典型来阐述民族教育政策的协调发展作用。民族高等教育既是全国整个民族事业的重要组成部分，又是全国整个高等教育事业的重要组成部分；民族高等教育作为社会系统的一个分系统，它不可能脱离社会外部环境和自身系统的内部环境而孤立存在，它本身就是一个开放的系统，否则，它的内外环境之间就不可能保持正常的物质、能量和信息交换，其系统就不可能获得发展，存在就面临危机。民族教育生存和发展同样离不开社会外部环境和自身系统内部环境。社会外部环境主要是民族教育与经济、政治、文化的关系；自身系统内部环境主要是民族教育系统各部分各要素之间的关系。要实现民族教育内外部关系的协调发展，必须在科学发展观指导下自觉地运用民族教育政策调整民族教育内外部的关系，调整民族教育与经济社会的关系，调整民族教育内部各部分各个要素与其他各类教育之间的关系，使民族教育内部关系和外部关系及其两者之间的关系，更为合理有序，使民族教育与经济社会关系更加适应，相互协调，使民族教育内部各部分各要素与其他各类教育相互协调、相互促进。

实现民族教育的协调发展，就是要在发展中运用民族教育政策调整民族教育内外部的关系：一是实现民族教育与经济社会的协调发展，使民族教育与民族地区经济建设和社会发展相适应，与建立社会主义市场经济体制相适应，从而确保实现民族教育与民族地区经济社会发展相适应；二是实现民族教育体系各部分各要素与其他各类教育之间关系的协调发展，使基础教育、职业技术教育、成人教育与高等教育之间的发展相适应；使专科教育、本科教育与研究生教育之间的发展相适应；使高等学校质量与数量、速度与效益、规模与结构、学科专业建设与设置布局、教学与科研、公平与效率有机统一，促进发展的良性循环，实现最大教育效益，从而真正实现民族教育系统各部分各要素之间的发展相协调，为促进民族地区经济发展和社会进步，提供人才支持和智力支持。由此可见，民族教育政策是调整民族教育内外部关系，实现民族教育协调发展的重要策略和手段。

（四）传承和发展各民族优秀文化

教育与文化的关系非常密切。任何一种教育都是特定文化环境中的教育。教育是随着文化的发展而不断发展的。文化的传承与创新，又是通过教育这个途径来完成的。少数民族教育除具有一般教育的作用外，还具有特殊的保存和创新各民族文化知识的功能。我国各少数民族在长期的历史发展中，创造了内容丰富、特色鲜明的民族文化，增强了中华文化的活力和影响力，成为中华文化不可分割的重要组成部分，都是中华民族共有的宝贵精神财富。[①] 传播和创新文化知识，是教育的一项重要职能。就教育而言，知识的传播和发展，与人才培养同等重要。开展学术研究，也是教育的一项重要内容。著名哲学家罗素曾说过："如果考虑到大学在人类生活中的作用，学术研究至少和教育同等重要。"[②] 少数民族教育通过基础性研究、应用性研究及开发性研究，有选择性地传承优秀传统民族文化，着力培养各民族学生的

---

① 李资源等著：《中国共产党少数民族文化建设研究》，人民出版社 2011 年版，第 1 页。
② 罗素著：《论教育》，东方出版社 1990 年版，第 195 页。

批判精神和创新能力，努力提高各民族学生的综合素质。少数民族教育不断地丰富和发展了人类文化知识宝库。

少数民族教育一方面通过教育教学活动，为各民族受教育者传承本民族的悠久而灿烂的历史文化，另一方面通过科学研究活动，分析、继承和创新各少数民族的优秀文化。少数民族教育在促进各民族文化之间的交流融合、传承各民族文化知识、丰富中华民族文化宝库，以及不断促进各民族传统文化与现代化的融合方面，发挥着重要的作用。

民族文化通过少数民族教育得到保存、传播和发展，同时也通过少数民族教育使各民族文化彼此之间产生积极的交流，实现民族融合。少数民族教育通过有选择的传承，剔除了文化糟粕，继承了文化精华。继承是民族文化延续的前提和基础，同时为了使民族文化能够适应时代与社会发展，还应该得到不断创新发展，使其融入时代特色，保持鲜活的发展生命力。口传历史是过去很多民族保存民族传统文化的重要方式。但我们也常常读到这样的报道，一些民族传统文化艺术往往随着传承者的去世而不可避免地永远失去，造成无法挽回的损失。少数民族教育，则以文字、声像等方式实现了对民族文化的有效保存和传播。①

第三节　民族教育政策制定的依据

理论是政策的灵魂，政策是理论的重要表现，任何科学意义上的政策，都是在一定理论指导下制定的。民族教育政策与国家整个民族政策一样，并非凭空产生的，而是有其深刻的理论依据和现实依据。理论依据包括马克思主义人的全面发展思想和民族理论、多元文化理论、公平正义理论、教育补偿理论等；现实依据则主要根据我国的基本国情；法律依据主要有宪法、民

---

① 滕星、王铁志主编：《民族教育理论与政策研究》，民族出版社 2009 年版，第 15 页。

族区域自治条例、教育法等。

一、民族教育政策制定的马克思主义理论依据

马克思主义人的全面发展思想是新中国民族教育政策的教育理论基础，马克思主义民族理论是新中国民族教育政策的民族理论基础。

（一）马克思主义人的全面发展思想是民族教育政策的教育理论基础

马克思主义的人的全面发展思想是一个不断发展的理论，是马克思、恩格斯在 19 世纪创立和奠定了理论基础；列宁和斯大林在俄国十月革命前后继承和发展马克思、恩格斯的人的全面发展思想；在中国革命、建设、改革的历史条件下，中国共产党人把马克思列宁主义的人的全面发展原理与中国国情及民族教育的具体实际相结合，形成了毛泽东的人的全面发展思想和中国特色社会主义的人的全面发展思想。

马克思主义关于人的全面发展学说，是在资本主义社会针对人的片面发展、畸形发展而提出的。同时根据社会已出现的生产力水平，就预见到由于机器大工业生产的出现和新的生产力的不断发展，客观上要求人全面发展。根据马克思主义创始人的论述，人的全面发展的含义是智力和体力都得到充分发展，脑力劳动和体力劳动相结合，有高度的科学文化知识和技术水平，通晓整个生产系统，具有共产主义的精神风貌和道德品质。人的全面发展的标志是能够"根据社会需要或者他们自己的爱好，轮流从一个生产部门转到另一个生产部门"[①]，把不同社会职能当作互相交替的活动方式。完全摆脱由旧式分工所造成的人们的职业的局限性和发展的片面性。

马克思主义所预见并论证过的人的全面发展，是一个崭新的科学概念，同历史上的思想家、教育家提出的所谓"和谐发展"或"多方面发展"的学说

---

① 《马克思恩格斯文集》第 1 卷，人民出版社 2009 年版，第 689 页。

和主张，以及资产阶级学者和空想社会主义者从人性或人道主义来论述人的
发展有着本质的区别。其分野的根本点：一是在维护私有制的前提下及其脑力
劳动与体力劳动相对立的社会制度下人的全面发展问题；二是在生产力高度发
展的基础上，消灭了阶级对立的社会制度下人的全面发展问题。马克思主义
关于人的全面发展的精神实质，就是人的智力和体力得到广泛而充分的发展，
以适应大工业现代化生产的需要。简而言之，就是实现人的自由全面发展。

马克思非常重视教育与生产劳动相结合，提出许多宝贵而又有价值的思
想：（1）马克思指出，"现代工业吸引男女儿童和少年来参加伟大的社会生
产事业，是一种进步的、健康的合乎规律的趋势，虽然在资本主义制度下
它是畸形的。在合理的社会制度下，每个儿童从 9 岁起都应当像每个有劳
动能力的成人那样成为生产工作者，应当服从普遍的自然规律，这个规律
就是：为了吃饭，他必须劳动，不仅用脑劳动，而且用手劳动。"[1]（2）马克
思认为，从工厂法的教育条款来看，"把初等教育宣布为儿童劳动的强制条
件。这一条款的成就，第一次从实践上证明了智育和体育同体力劳动相结合
的可能性，反过来证明了体力劳动同智育和体育相结合的可能性"[2]。（3）马
克思指出，从欧文"工厂制度中萌发出来未来教育的幼芽，未来教育对所有
已满一定年龄的儿童来说，就是生产劳动同智育和体育相结合，它不仅是提
高社会生产的一种方法，而且是造就全面发展的人的唯一方法。"[3]（4）马克
思在《哥达纲领批判》一文中指出："普遍禁止儿童劳动是同大工业的存在
不相容的。在按照各种年龄严格调节劳动时间并采取其他保护儿童的预防措
施的条件下，生产劳动和教育的早期结合是改造现代社会的最强有力的手段
之一。"[4]概括地说，马克思关于教育与生产劳动相结合的论述，科学地论证

---

[1] 华东师范大学教育系编：《马克思恩格斯论教育》，人民教育出版社 1986 年版，第
206 页。

[2] 华东师范大学教育系编：《马克思恩格斯论教育》，人民教育出版社 1986 年版，第
228—229 页。

[3] 华东师范大学教育系编：《马克思恩格斯论教育》，人民教育出版社 1986 年版，第
305 页。

[4] 华东师范大学教育系编：《马克思恩格斯论教育》，人民教育出版社 1986 年版，第
272 页。

了：这种结合不仅是现代工业发展的必然趋势，同时合乎儿童和少年身心发展健康成长的自然规律；这种结合即使在资本主义制度下，相对来说也是一种进步的、健康的，在社会主义制度下是绝对必要，完全合理的，是造就全面发展的人的唯一方法；这种结合，在按照儿童和少年各种年龄严格调节劳动时间并采取其保护措施的条件下，不仅是提高社会生产的一种方法，同时也是改造现代社会的最强有力的手段之一。马克思在特定的历史条件下，把教育与生产劳动相结合作为抵制现有制度弊病最必要的抗毒素。马克思恩格斯阐述了关于教育与生产劳动相结合的诸种社会意义的思想理论，揭示了它们是相互联系，相辅相成的。"社会的改造和人的改变是互为因果，互相促进，为了从根本上改变社会，需要培养全面发展的人，而为了培养全面发展的人，需要从根本上改造社会。社会改造和人的改造是在同一过程中实现的。"[①]

在实现人的全面发展过程中，教育是培养全面发展的人的手段和条件。教育能发展人的智力、体力、道德、审美观和劳动能力，人的全面发展需要全面发展的教育，必须使受教育者在德育、智育、体育、美育、综合技术教育诸方面得到发展。然而必须懂得，教育本身要受到社会生产力、生产关系、社会制度、分工等方面条件的制约，教育要与这些条件相适应。同时还要懂得，实现人的全面发展是社会主义社会发展的客观需要，但同时它又是一个历史过程。

列宁在新的历史时期，根据马克思的人的全面发展思想，结合苏维埃国家的实际情况，创造性地丰富和发展了马克思的关于人的全面发展思想，其主要内容有：一是苏维埃国家关于人的培养必须与国情相结合；二是继承和捍卫了马克思关于教育与生产劳动相结合的思想；三是丰富和发展了马克思关于综合技术教育思想，认为它是人的全面发展的重要组成部分。

在中国革命、建设、改革的历史条件下，中国共产党人把马克思列宁主义的人的全面发展原理与中国国情的具体实际相结合，先后形成了毛泽东的人的全面发展思想和中国特色社会主义的人的全面发展理论体系。马

---

① 张健主编：《马克思主义教育思想研究》，教育科学出版社 1989 年版，第 207 页。

克思列宁主义的人的全面发展思想是毛泽东的人的全面发展思想和中国特色社会主义的人的全面发展理论体系的理论来源；毛泽东的人的全面发展思想主要包括：一是依据马克思主义关于人的本质观，论述了人的基本特性，确立了人的发展观的重要理论基础；二是首创全面发展的社会主义教育方针；三是教育必须为无产阶级政治服务；四是坚持教育与生产劳动和社会实践相结合，有利于学生健康成长和全面发展。中国特色社会主义的人的全面发展思想，是在改革开放条件下形成和发展起来的。毛泽东的人的全面发展思想与中国特色社会主义的人的全面发展理论体系都是马克思主义的人的全面发展思想在中国的运用和发展，是中国化的马克思主义的人的全面发展理论。毛泽东的人的全面发展思想是中国特色社会主义的人的全面发展理论体系的重要理论来源和理论基础，同时，中国特色社会主义的人的全面发展理论体系是在改革开放新的历史时期对毛泽东的人的全面发展思想的继承和发展。

教育方针是党和国家在一定历史时期提出的教育工作发展的总方向，是教育基本政策的总概括。然而，教育方针的确定，不是任意的、主观的，而是根据马克思主义的教育原理，特别是马克思主义关于人的全面发展学说制定的。马克思主义关于人的全面发展思想是毛泽东的人的全面发展思想和中国特色社会主义的人的全面发展理论体系的理论来源，中国共产党人在领导中国革命、建设、改革各个历史时期，把马克思主义关于人的全面发展理论的基本原理同中国国情及其教育具体实践相结合，先后形成两大人的全面发展成果，这两大理论成果都是中国化马克思主义的人的全面发展理论，它为我国制定调整充实完善国民教育政策和民族教育政策指明了方向，提供了依据，准备了思想，奠定了理论基础。

（二）马克思主义民族理论是民族教育政策的民族理论基础

马克思主义民族理论，是由马克思恩格斯在 19 世纪创立、列宁和斯大林继承和发展、中国共产党几代领导集体继承、丰富和发展的科学的民族理论。马克思主义民族理论是新中国民族教育政策的民族理论基础。

马克思主义民族理论的科学内容是十分丰富的，概括起来其主要内容有如下几个方面：

一是论述了民族平等和民族团结的理论。马克思、恩格斯认为所有的民族都应该一律平等，他们在其合著的《神圣家族》一书中指出："古往今来世界上每个民族都在某些方面优越于其他民族"，"任何一个民族都永远不会优越于其他民族。"①这一科学论断给无产阶级民族平等原则提供了理论基础，各民族平等是各国无产阶级团结合作的基础和前提。二是论述了民族的形成和民族的特征。马克思恩格斯认为，民族是人类历史发展到一定阶段的产物，属于社会历史范畴，民族形成于原始社会末期，由于生产力的发展，产生了私有制、阶级和国家，是由部落联盟演变而来，民族形成的主要特征是排除了血缘关系的民族形态，具有共同的地域、语言、经济和文化心理因素。三是论述了民族问题的理论。马克思恩格斯认为，在阶级社会，民族是由不同阶级组成的，每个民族都包含着不同的阶级；阶级剥削压迫是民族剥削压迫的主要根源；民族对民族的剥削压迫以及各民族之间的敌对关系，从根本上是由阶级对阶级的剥削压迫造成的；只有消灭了阶级对阶级的剥削压迫，才能消灭民族对民族的剥削压迫。四是马克思恩格斯论述了民族问题是社会总问题的一部分的理论。马克思恩格斯论证了民族问题与社会问题的关系，提出了民族问题是社会总问题的一部分，只有在解决整个社会问题的过程中民族问题才能逐步解决。马克思恩格斯把民族问题和社会总问题联系在一起，把民族问题的解决和无产阶级的革命联系在一起。五是马克思恩格斯提出了国家结构形式的理论。马克思、恩格斯十分重视国家结构形式问题，特别是在多民族国家，无产阶级革命胜利后采取何种国家结构形式的问题，马克思恩格斯对单一而不可分的民主共和国、联邦制和自治制等进行了研究和探讨，衡量了其对无产阶级和被压迫民族的利弊。马克思恩格斯在一系列的著作中论证了国家结构形式问题，坚持在多民族国家要尽可能建立单一而不可分的民主共和国。

列宁的民族理论的产生、形成和发展，与当时俄国的基本国情特别复杂

---

① 龚学增、胡岩：《当代中国民族宗教问题》，中共中央党校出版社2010年版，第34页。

而又尖锐的民族问题具体特点，世界帝国主义政治、经济新特征，错综的社会矛盾，西方无产阶级斗争蓬勃发展，世界范围内尤其是东方殖民地半殖民地民族解放运动出现的新浪潮，有着密切的联系和不可分割的关系，是在新的历史条件下逐步形成和发展的具有革命性和科学性意义的马克思主义民族理论。在领导俄国十月社会主义革命和建设实践中，列宁科学分析民族问题新发展，正确指导、处理和总结俄国革命建设中的民族问题的实践活动，将马克思主义民族理论发展为民族与殖民地问题的理论。列宁主义民族理论是列宁主义理论体系的重要组成部分，也是对马克思恩格斯民族理论的继承和发展。列宁主义民族理论的科学内容是十分丰富的，主要是提出和全面阐述了马克思主义民族概念和定义；揭示了资本主义发展在民族问题上呈现出两个历史趋向。第一个趋向是民族生活和民族运动的觉醒，反对一切民族压迫的斗争，民族国家的建立。第二个趋向是民族之间各种联系的发展和日益频繁，民族壁垒的破坏，国际资本、政治、科学等统一的形成。这两个趋向都是资本主义的世界规律，进一步阐明了民族之间的平等、团结、联合的原则等。

十月革命一声炮响，给中国送来了马克思列宁主义。以毛泽东为主要代表的中国共产党人在领导中国新民主主义革命、社会主义革命和社会主义建设的伟大实践中，把马克思列宁主义民族理论与中国国情，特别是中国民族国情及其民族特点相结合，开创了马克思主义民族理论中国化的发展道路，创造了毛泽东民族理论。毛泽东民族理论是毛泽东思想的重要组成部分，是马克思主义中国化的民族理论成果，毛泽东的著作中包含了一系列的新思想、新观点、新方法，它体现了中国共产党对马克思主义民族理论的丰富和发展，综合起来其主要内容包括以下几个方面：科学定义了中华民族，坚持民族平等和民族团结的原则，提出实行民族区域自治，保障各民族的自治权利，要求大力培养少数民族干部，积极帮助少数民族发展经济和文化建设，坚持反对两种民族主义，重点反对大汉族主义。

党的十一届三中全会后，以邓小平为主要代表的中国共产党人，强调社会主义时期民族问题的性质总体上属于人民内部矛盾，实现了民族工作重心向经济建设转移，制定了民族区域自治法，推进了民族地区的改革开放和社会主义现代化建设。十三届四中全会以来，以江泽民为主要代表的中国共产党人，正确把握时代特征，丰富和发展了马克思主义民族理论的科学内涵和党的民族工作的方针政策，强调各民族要始终同呼吸、共命运、心连心，不断增强中华民族的凝聚力，作出实施西部大开发战略等一系列加快少数民族和民族地区发展，增进民族团结的重大决策，全面开创了民族工作的新局面。党的十六大以来，以胡锦涛为主要代表的中国共产党人，以科学发展观统领民族工作全局，提出各民族共同团结奋斗、共同繁荣发展是新世纪新阶段民族工作的主题，提出正确处理民族问题是衡量党的执政能力和各级党政组织领导水平的重要标志，强调解决民族地区的困难和问题归根结底要靠发展，关键要坚持以科学发展观统领经济社会发展全局，着力构建社会主义和谐社会，进一步推动了民族团结进步事业发展。

党的十八大以来，以习近平同志为核心的党中央十分重视民族工作事业，深入少数民族和民族地区调查研究，全面分析我国民族工作面临的国内形势，特别是近期召开了中央民族工作会议暨国务院第六次全面民族团结进步表彰大会，习近平在会上发表重要讲话，深刻阐述当前和今后一个时期我国民族工作大方针政策，站在全局和战略的高度，系统阐述了坚持中国特色解决民族问题的正确道路；精辟地阐述了全国各族人民筑牢中华民族共同体的思想基础；提出和部署加快民族地区奔向全面小康步伐的重要任务；进一步强调党的领导是民族工作成功的根本保证，做好民族工作关键在党、关键在人等新观点、新思想、新论断，习近平的系列重要讲话是做好新形势下民族工作的纲领性文献，是对中国特色社会主义民族理论的新发展，为新时期民族教育政策的制定和教育事业的发展指明了前进方向，奠定了民族理论基础。

二、民族教育政策制定的其他理论依据

（一）多元文化理论

多元文化是一种理念，更是一种教育的改革运动。多元文化起源于60

年代民族学研究，并且有广义和狭义之分，广义多元文化的教育是指促进社会正义，并通过学校改革平等，是基于平等、自由、正义、尊严教育理念和思想实践，它涉及广泛的种族、社会阶层、性别、宗教、语言、特殊性问题；多元文化的教育是一种尊重差异的泛文化的学习教育。在价值层面，多元文化主义主张文化为基本范畴，对"文化"的基本概念进行分析和批判；倡导尊重来自不同文化背景的学生的权利；质疑和文化同化理论的批评；并维持了学习和传播当地文化。

对多元文化主义和全球化的移民热潮中，处于不利地位的民族意识，出现质疑同化和批判现代教育模式因素密切相关的学说，是基于平等、自由、正义、尊严教育理念的倡导者和实践，它涉及面广的种族、民族、阶级、性别、宗教、语言、特殊性问题。改变课程设置和教材是实现多元文化的教育目标的重要途径，它的目标就是要体现不同课程的学生组成；让学生了解民族的整体体验，促进"敏感性训练"文化的理解；提升文化的理解和宽容，并积极采取社会行动，以实现社会的民主和正义情感与道德的承诺。多元文化教育在中国倡导的新课程建设的民主化和现代化进程具有参考价值。

多元文化的教育是一个全新的视角，更是一种教育实践的运动，它应该体现在学校教育的各个方面。对于多元文化的目标，许多学者进行了讨论，概括起来，大致有以下几点：

（1）保持平等的教育机会，多元文化的教育主张。来自不同文化背景的儿童有平等的学习机会，而不是因为文化、语言、民族、种族、性别等不同的身份而引起的权利的丧失。

（2）提高弱势群体学生的学习成绩，弱势群体包括社会、经济、政治处境不利的种族和族裔群体。许多研究表明，少数民族学生因为语言和文化的学术成果方面，往往不能取得良好的效果，学生自己学习的问题是文化问题，不同的是学生在中学（非主流）的文化社会研究的原因。多元教育是教育、帮助所有弱势群体，让他们体验其他文化的经验，提高自己的学习成绩，帮助他们建立自信。多元文化是反对种族歧视，但不限于种族歧视。

（3）理解和支持文化的多样性，培养学生的敏感度。不同民族生活方式和宽容度不同。多元文化改变了学校和教学结构，多元文化的教育是面向全体学生规划多元文化的对象不限于少数民族和学生讲不同母语，多元文化帮助学生跨越种族和文化的界限，加强自由、能力和技巧。

（4）促进理解和文化竞争力，促进文化解放的文化。在多民族的社会，少数民族学生的文化认同通常有四种情况：第一种是适应能力，对家庭文化、主流文化都采取接受的态度，提高适应能力；第二种是抛弃母语和文化学习，全面接受主流族群文化规范；第三种是微不足道的，他们既不接受主流文化，也无法掌握民族文化；第四种是他们排斥分离和抵制主流文化，民族文化具有很强的认同和归属感。多元文化教育评论家认为，学生只是在提高表现文化的能力，而不是自我排斥文化群体的语言和实践社区的文化。学生提倡弹性和多元文化的作战力量。

（5）学生发展自己的能力和社会活动能力，学生关心人口、贫困、性别和其他社会问题。学生批判性理解所造成的社会结构和不平等的教育关系、文化和种族压迫。

多元文化的教育是什么？银行人士认为，学校多元文化的特点应该是：学校的教师对学生有比较高的期望，并以积极、正面的态度关怀学生；反映不同民族、性别的经验、文化的正规课程和价值观；教学方法以满足学生的学习风格和文化，以及学习动机模式；教师要尊重学生的母语和方言；用来显示各种事件、现象和感悟文化、民族和种族的看法教科书。①

（二）教育公平理论

公平的概念可以从政治、法律、经济、伦理、哲学和事实等方面来理解，如果以社会资源各方面资源来取代的话，公正（justice），即正义。正如罗尔斯在"正义论"开幕式上所说："正义是社会制度的首要价值，正像

---

① 杰姆·班克斯著，李萍绮译：《多元文化教育概述》，台湾心理出版社2002年版，第20页。

真理是思想体系的首要价值一样。"①

　　教育公平是人们在人与人之间教育领域的精华，人们利益分配的主观评价，当配置为基础的理性规范、原则，教育公平界定社区教育资源。教育公平的起点公平、过程公平、结果公平，在程序公正和公平的本质上，从公平公正的管理体现在教学，从对学习公平弱势群体的关注方面，学者们做了大量的研究，还从教育哲学、入学机会公平和校园内外部公平、课堂教学公平公正、课程平等、教学评价的公平性等方面进行分析，并讨论了很多。教育公平是促进人的先决条件的全面发展。现代教育的政治价值是平等的，通过教育实现社会公平。和谐社会是公平的社会，教育公平是社会公平的源泉，也是公平社会的核心。教育不公平是社会最大的不公平。教育公平的内涵也应该从这一层面出发去了解，教育公平是具体的、相对的、不断变化的，而不是抽象的、绝对的、一成不变的。从一定意义上说，教育公平既是原则也是一种理想，还需要一个过程。

　　2010 年第六次全国人口普查数据显示，我国 55 个少数民族人口113792211 人，占全国总人口的 8.49%；同 2000 年第五次全国人口普查相比，各少数民族人口增加 7362627 人，增长 6.92%。全国有 159 个民族自治地方，其中包括五个自治区，30 个自治州，自治县（旗）124，以及乡镇 1356，民族自治地方占 64% 的总面积。② 在这样一个多民族的国家，少数民族教育事业的发展不仅是国家社会经济发展的一个重要组成部分，也是中国社会主义经济建设和发展的重要组成部分。少数民族教育的发展不仅促进了社会进步和少数战略工具的繁荣，也促进了国家经济、政治、科技、艺术和文化发展，在我国其他方面的少数民族教育的必要基础的共同发展无疑已成为整个国家教育发展的重要组成部分，从教育公平方面，教育体系，少数民族教育，在整个社会的发展是很重要的、独特的部分。

　　教育公平是全民教育的前提和基础，实现全民教育，也是全国教育事

①　[美] 约翰·罗尔斯：《正义论》，中国社会科学出版社 1998 年版，第 1 页。

②　中华人民共和国国家统计局：《2010 中国第六次人口普查主要数据公报》（第 1 号），2014 年 4 月 28 日。

业发展和国家文化繁荣的重要保证。国民教育公平不仅是社会公平的基础，还是实现全社会共同富裕、和谐的基石。然而，由于历史和现实的原因，少数民族教育的总体发展仍处于落后状态，与发展国家的整体教育水平的要求也相去甚远。如何从公平正义的维度看待少数民族教育事业的发展，以及如何在体制、法律政策中提出建设性的意见和建议，这是值得深思的。

（三）教育补偿理论

教育资源失衡是经济、政治、文化、历史、环境等在特定时空背景下相互作用的结果。在诸多因素的影响下，教育政策是最关键的，教育资源在很大程度上是制度和政策安排，因此，探索教育资源的不平衡的根本原因，必须在相关政策导向和制度制定中深刻反省。有四个取向会影响教育资源的分配：一是平等取向，即教育在人、财、物、信息和地区之间的其他资源，城市和农村之间的指数相同数量的学校，教师的数量，学生的数量等配置；二是强倾斜取向，即"先经济效率"追求的原则，对社会的优势，以区域、区位优势为重点群体，教育资源优先分配给符合条件的、好的地区和学校；三是倾斜取向，即在维持现有的教育资源秩序的基础上，照顾贫困地区和群体，注重保护弱势群体的教育发展需求底线；四是补偿取向，资源即分配给教育作为历史反思的前提，在社会改革和发展过程中，以弥补受损的群体、弱势地区和弱势群体的教育发展的实际需要为主。这四个取向将产生四个不同的教育资源配置模式：在第一个取向中，实现了形式上的平等，配置弱势群体之间教育资源格局将维持现有的差距；在第二个取向引导下，教育资源将继续收集强势群体，资源的分配将拉大教育差距，形成强者愈强、弱者愈弱的教育资源分配的格局；在第三个取向引导下，教育资源会照顾弱势群体的不利处境，给予弱势群体特殊照顾，强势群体和弱势群体的教育差距拉大的趋势，可以减缓或遏制；在第四个取向引导下，资源配置教育损失将使弱势群体蒙受弥补，对弱势群体的发展权优先，教育资源将更加容易流动，从而逐步改变弱势群体的弱势地位，继续缩小弱势群体和强势群体之间的教育发展差距。[①]

三、民族教育政策制定的现实依据

所谓现实依据，就是政策赖以产生、形成的现实环境及其条件。我国民族教育政策生成的现实环境及其条件，概括起来大致有三个方面：

其一，从社会发展阶段来看，自新中国成立以来，特别是改革开放以来，经过全党全国各族人民的不懈努力，我国取得了举世瞩目的发展成就，从生产力到生产关系、从经济基础到上层建筑都发生了深刻的重大变化。但是我国现阶段仍处于并将长期处于社会主义初级阶段。正如党的十八大报告所指出的，"我们必须清醒地认识到，我国仍处于并将长期处于社会主义初级阶段的基本国情没有变，人民日益增长的物质文化需要同落后的社会生产之间的矛盾这一社会主要矛盾没有变，我国是世界最大发展中国家的国际地位没有变。"[②] 强调社会主义初级阶段是我国的"最大国情""最大实际"。我们讲一切从实际出发，就是从中国现在仍处于并将长期处于社会主义初级阶段出发，就在于提出和制定的民族教育政策不能脱离或者超越社会主义初级阶段，更不能抛弃社会主义基本制度，走改旗易帜的邪路。科学地制定民族教育政策只能从社会主义初级阶段的实际出发，而不能从主观愿望出发，不能从这样那样的外国模式出发。必须坚持党在社会主义初级阶段的基本路线，党的基本路线是党和国家的生命线，必须坚持把以经济建设为中心同四项基本原则、改革开放这两个基本点统一于中国特色社会主义伟大实践。

其二，从国家的民族关系来看，我国是一个统一的多民族的社会主义国家，这是我国国情的重要特征。自新中国成立以来，通过识别并经中央政府确认，中国共有 56 个民族，其中汉族人口占绝大多数，其他 55 个少

---

① 许丽英：《论教育补偿机制的构建——义务教育资源均衡配置的实现路径探讨》，《教育发展研究》2010 年第 19 期。

② 《十八大以来重要文献选编》（上），中央文献出版社 2014 年版，第 12—13 页。

数民族人口相对较少，各民族人口数量相差较大；各民族的分布呈现大散居、小聚居、交错杂居的特点；少数民族聚居区大都地广人稀，资源富集，战略地位重要。中国各民族早在秦汉时期就已发展成为统一的多民族国家，形成了中华民族多元一体的格局；自新中国成立以来，经过民主改革，社会主义改造，消灭民族压迫和阶级剥削，建立社会主义制度，走上了社会主义发展道路。确立和贯彻党的民族政策，实施了民族区域自治制度，巩固和发展了民族平等、团结、互助、和谐的社会主义民族关系，我国已经形成一个统一的多民族的社会主义国家；我国少数民族和民族地区的政治、经济、文化、教育、科技发展很不平衡，并具有许多特殊性；民族问题和宗教问题互相交织等情况，这是构成我国基本国情的重要内容。科学制定民族教育政策，必须从我国是一个统一的多民族的社会主义国家的国情出发，必须从我国少数民族和民族地区经济社会发展的实际情况和特点出发。

其三，从阶段性特征来看，我国少数民族和民族地区的教育，随着经济社会发展进入新世纪新阶段，呈现出一系列新的阶段性特征，中国特色社会主义民族教育实践出现了许多新情况、新要求。第一，少数民族和西部地区高等教育进入大众化阶段，民族高等学校的数量规模显著增长，实现了跨越式发展，同时人才培养水平、科研能力和社会服务质量总体上还不高，不能完全适应民族地区经济社会需要，面临的更艰巨的任务是提高民族教育质量，增强质量意识，牢固树立质量是民族院校生命线的观念，切实采取措施深化教学改革，加强教学管理，加大教育投入力度，建设高素质的教师队伍，提高人才培养质量，提升科学研究水平，增强社会服务能力。第二，民族教育已探索出一条适应少数民族和民族地区实际及其特点的发展道路，基本形成具有中国特色的民族教育体系，有力保障了各少数民族人民群众及其子女受教育的权利，目前我国民族教育面临的主要矛盾明显地表现为各族人民群众日益增长的教育需求与接受良好教育，尤其是优质教育资源相对不足之间的矛盾。特别是在我国进入全面建成小康社会决定性阶段，党的十八大报告指出，确保2020年全面建成小康社会，提出了新思想、新指标、新理念，构建中国特色社会主义事业"五位一体"

的总体新布局，提出夺取中国特色社会主义新胜利的八项基本要求。对教育提出更高的要求，迫切要求培养造就数以亿计的高素质劳动者、数以千万计的专门人才和一大批拔尖创新人才，要求努力办好人民满意的教育，努力满足人民群众多样化高质量教育的新期望。第三，党的十六大以来推动民族教育事业科学发展，城乡免费义务教育全面实现，职业技术教育快速发展，农村教育得到加强，教育公平迈出重大步伐，加快了从教育大国向教育强国，从人力资源大国向人力资源强国迈进，同时教育结构和布局不尽合理，城乡、区域教育发展不平衡，特别是少数民族和西部地区发展与东部发达地区相比相对滞后，发展差距有明显扩大的趋势，是我国发展不平衡的突出表现。要坚持用科学发展观统领民族教育的改革发展全局，推动民族教育事业科学发展，着力促进教育公平，把促进教育公平作为国家基本教育政策，努力构建以权利公平、机会公平、制度公平、资源配置公平为主要内容的教育公平保障体系。从根本上说，这些阶段性特征都是社会主义初级阶段基本国情的具体体现。

综上所述，我国仍然处于社会主义初级阶段，中国是一个统一的多民族的社会主义国家和我国特色社会主义民族教育进入新世纪新阶段，呈现出许多新的阶段性特征等方面，构成民族教育政策制定的现实依据。

四、民族教育政策制定的法律依据

民族教育政策制定的法律依据，就是要求国家权力机关和教育行政相关部门，在制定民族教育政策时，严格依照法律规定的权限和程序进行，不得与法律相违背。民族教育政策制定的法律依据主要有宪法、民族区域自治条例、教育法等。

宪法是国家的根本大法，是特定社会政治经济和思想文化条件综合作用的产物，以保障人权为目的，对社会进行制度安排的基本形式，经历了由单一的政治制度安排到包括政治、经济、文化在内的全方位的制度安排的过程，国家内部政治力量的对比关系的变化对宪法的发展变化起着直接作用，同时国际关系也对宪法发展趋势有所影响。宪法是每一个民主国家最根本的法的渊源，其法律地位和效力是最高的。中国宪法是由中国的最高权力机关——全国人民代表大会制定和修改的，一切法律、行政法规和地方性法规都不得与宪法相抵触。受教育权是我国宪法所规定的公民的一项基本权利，也是最能够体现国家权力与公民权利相互关系的一种实体性宪法权利。《中华人民共和国宪法》第二章"公民的基本权利和义务"第46条规定："中华人民共和国公民有受教育的权利和义务。国家培养青年、少年、儿童在品德、智力、体质等方面全面发展。"

《中华人民共和国教育法》规定我国教育事业是为了实施科教兴国战略，发展我国教育事业，提高全民族的素质，促进社会主义物质文明和精神文明建设，是根据宪法制定的法律。《中华人民共和国教育法》对教育基本制度、学校及其他教育机构、教师和其他教育工作者、受教育者、教育与社会等事宜作出了详细的规定。《中华人民共和国教育法》第九条规定："中华人民共和国公民有受教育的权利和义务。公民不分民族、种族、性别、职业、财产状况、宗教信仰等，依法享有平等的受教育机会。"第十条规定："国家根据各少数民族的特点和需要，帮助各少数民族地区发展教育事业。国家扶持边远贫困地区发展教育事业。"

第四节　民族教育政策制定的基本原则

为了保证党和国家确定的改革发展民族教育根本指导方针的实现，办好各级各类民族教育，培养德智体美全面发展的高素质的少数民族人才，为了充分发挥民族教育政策在改革与发展民族教育实践中的重要作用，在当前和今后一个时期，还必须坚持和贯彻发展民族教育的基本原则。

一、方向性与特殊性相互观照

我国是一个统一的多民族的社会主义国家。中华民族"多元一体"的格局没有变，我国仍处于并将长期处于社会主义初级阶段的基本国情没有变，人民日益增长的物质文化需要同落后的生产之间的矛盾这一社会主要矛盾没有变，我国是世界最大发展中国家的国际地位没有变。在任何情况下都要牢牢把握社会主义初级阶段这个最大国情，推进任何方面的改革发展都要牢牢立足社会主义初级阶段这个最大实际。目前，我国社会主义现代化建设已进入新的发展阶段，实现现代化，科技是关键，人才是核心，教育是基础，需要培养一大批德智体美全面发展的少数民族的各类人才，民族教育必须面向现代化、面向世界、面向未来，为造就一大批合格的少数民族的社会主义现代化建设人才而不懈努力。因此，贯彻和执行发展民族教育的根本指导方针，必须要坚持民族教育社会主义的办学方向和坚持民族特点、民族地区特殊性相结合的原则。

民族教育作为我国社会主义教育事业的重要组成部分，必须牢牢把握社会主义的办学方向。民族教育坚持社会主义的办学方向是我国社会主义性质决定的，是社会主义初级阶段的基本国情和党的基本路线决定的，是我国社会主义经济、政治和文化特征对民族教育的必然要求，也是我国少数民族地区经济社会发展对民族教育的必然要求。民族教育坚持社会主义办学方向，最主要的内容是：必须坚持马克思列宁主义、毛泽东思想、邓小平理论、"三个代表"重要思想和科学发展观为指导，坚持中国特色社会主义道路；必须坚持中国共产党对民族教育工作的领导，坚定不移把党的政治领导、思想领导、组织领导贯穿到民族教育工作的全过程和各方面；必须坚持党和国家制定的教育方针；必须坚持民族平等和团结，坚持民族区域自治制度，增强对伟大祖国、中华民族、中华文化、中国特色社会主义的认同，把教育规律与民族工作规律紧密结合起来。这些基本原则，不仅适应我国整个国民教育，而且同样适应我国整个民族教育。这些基本原则已载入我国《宪法》、《教育法》和《高等教育法》。民族教育坚持社会主义办学方向，必须遵循《宪法》确定的基本原则，必须遵循《教育法》《高等教育法》等教育法律明确规定的教育的社会主义性质、方针、目的、党的领导、指导思想、服务方向、基本任务等原则。

民族教育作为我国社会主义民族事业的重要组成部分，必须注意民族特点和民族地区特殊性。少数民族在政治、经济、文化上都有自己的特点，必须按照民族的政治、经济和文化的特点，来探索适应少数民族和民族地区实际的教育结构、教育体制、人才培养模式、教学内容、学校学制和办学形式，还必须充分注意和照顾民族高等院校自身的特殊性，在办学宗旨、教育对象、专业设置、人才类型、服务方向、办学模式、教学语言和文化传统等方面都有较大的差别性和特点。在改革与发展民族教育，制定民族教育政策过程中，必须坚持从实际出发，实事求是，遵循民族发展规律和民族工作规律，充分体现民族特点、民族地区特殊性和民族高等院校自身的特殊性。《教育法》总则第十条规定："国家根据少数民族的特点和需要，帮助各少数民族地区发展教育事业。"《高等教育法》总则第八条明确规定："国家根据少数民族的特点和需要，帮助和支持少数民族地区发展高等教育事业，为少数民族培养高级专门人才。"因此，发展民族教育，必须注意民族特点和民族地区特点。

改革与发展民族教育，坚持社会主义的办学方向和坚持民族特点、民族地区特殊性相结合的原则，要求我们必须遵循科学的认识路线，实事求是，一切从实际出发，理论联系实际，把握统一性与多样性，共同性与特殊性，原则性与灵活性相结合的工作方法。

二、自力更生与国家帮扶相互促进

发展民族教育事业要坚持民族地区发扬自力更生、艰苦奋斗精神。中国是一个统一的多民族国家，我国民族地区大部分地处祖国边疆地区或靠边疆地区，绝大部分少数民族人口居住在边境地区、边远地区、高寒地区、沙漠地区、草原地区、高原地区，自然条件差，生态环境不良；由于种种历史原因，民族地区的经济、科技、文化相对落后，人民生活较困难，教育基础较差、起点低，工作难度大，教育成本较高。要改变这种状况，首先，需要各少数民族和民族地区各级党委、政府高度重视教育工作，大力实施科教兴国战略，人才强国战略，把民族教育摆在优先发展的战略地位，努力增加对教育经费的投入，要发扬自力更生，艰苦奋斗精神，依靠各族人民，充分调动广大少数民族群众办教育的积极性，克服困难，加快发展民族教育事业，开发人力资源，提高人力资源素质。

重视和支持民族教育事业是党和国家的一贯政策。重点扶持少数民族和民族地区发展民族教育事业，是党和国家始终坚持的方针，早已载入我国《宪法》、《教育法》和《高等教育法》等法律并作了明确规定，国家要根据少数民族的特点和需要，继续采取各种政策措施帮助和扶持民族教育事业的发展，特别是要随着国家综合实力不断增强，在人力、物力和财力上继续加大对民族教育事业的投入，更加重视和支持民族教育事业，明确规定公共教育资源要向民族地区倾斜，中央和地方政府要进一步加大对民族教育的支持力度，国家制定一系列优惠政策。

组织贯彻落实内地省市及有关高等学校对民族地区教育支援是一项长期政策。内地发达地区，特别是东部地区和中部地区等兄弟省市要大力帮助和支援少数民族和西部地区经济社会发展，内地及沿海地区重点高等院校要加强教育对口支援，充分利用内地优质教育资源，探索各种形式，促进教育资源共享，吸引更多民族地区少数民族学生到内地接受教育，加大对民族地区师资培训力度、提高教师的政治素质和业务素质，鼓励和支持高等院校毕业生到民族地区基层任教，支援民族地区发展现代远程教育，扩大优质教育资源覆盖面，共同推进民族地区教育现代化，实现民族地区教育的跨越式发展。

坚持民族地区自力更生与国家扶持和发达地区支援及有关高等院校开展教育对口支援相结合，共同推进民族地区教育事业发展，这不仅是一条行之有效的改革发展民族教育的重要原则，而且也是逐步实现我国民族教育现代化的重要途径。

三、各民族优秀文明成果相互借鉴

当今世界是一个改革开放、发展创新的世界，要保持一个民族的兴旺发达，就必须打破封闭，向别的民族学习优秀的文化和先进的科学技术。对中华民族来说，中华文化源远流长，博大精深，在我们这个统一的多民族国家里，各民族共同生活，各民族和汉族一起，在长期的历史发展进程中共同创造了灿烂的丰富的中华民族文化，形成了以爱国主义为核心的团结统一、爱好和平、勤劳勇敢、自强不息的伟大民族精神。我们在继承和发扬中华民族优秀的历史文化传统的同时，还必须坚持扩大教育的交流与合作，大胆吸取和借鉴世界不同民族、不同地区的先进科学技术和优秀文化成果。对我国各少数民族来说，在传承、发展、创新本民族优秀文化传统的同时，不断扩大民族间和地区间的开放和交流，使各民族间互相促进，共同发展；特别是在学习使用本民族语言文字的同时，要按照有利于民族长远发展，有利于提高民族素质，有利于各民族科学文化交流的要求，要努力学习"双语""多语"，坚持"双语"教学，以适应现代化建设的需要。学习使用"双语""多语"，掌握多种语言文字，既是民族进步的重要标志，又是民族发展的重要条件。国家扶持和帮助少数民族发展文化教育事业，支持少数民族优秀文化的传承、发展、创新，同时倡导学习、吸收和借鉴国内外其他民族的优秀文明成果，主张各民族之间相互学习，取长补短、互相促进，共同发展，使各民族的文化教育既保持自身特色，又具有鲜明的时代特点，不断丰富各族人民的文化生活，不断提高各族人民的思想道德素质和科学文化素质，不断提高我国教育的国际竞争力。

四、教育公平与特殊优惠政策相结合

我国仍然处于并将长期处于社会主义初级阶段，又是一个统一的多民族的社会主义国家，坚持促进教育公平与采取特殊优惠政策相结合，构建民族教育政策体系的基本原则是符合中国基本国情和具体实际的。同时，采取特殊优惠政策，目的在于促进教育公平和社会公平。

1. 必须大力促进教育公平

从教育的价值取向来看，教育在整个现代社会发展中具有基础性、全局性和先导性地位，教育公平是一种重要的社会公平，是社会公平的重要基础，在整个社会公平体系中具有基础性地位。教育公平是人的发展的基础，教育涉及所有人，涉及千家万户，惠及子孙后代，接受教育是个人获得发展的基本前提。教育是人生的起点，也是改变人的社会综合竞争能力的重要途径。缩小不同群体发展差距，消除家庭贫困的代际传递，实现人的自由全面发展，首先要保障人人有受教育的机会。从改善民生的观点来看，党的十七大把教育列为以改善民生为重点的社会建设六大任务之首。指出："教育是民族振兴的基石，教育公平是社会公平的重要基础。"① 教育公平成为党和政府的重大民生议题，成为改善民生之基。是当今社会最受关注的民生问题。教育公平既是社会公平的重要方面，又是促进社会公平的重要力量。实践证明，教育公平可以改善民生，缩小收入差距，通过提高受教育者的素质和能力直接影响其收入能力。

2. 教育公平是需要逐步实现的历史过程

近年来，国家采取了一系列重大政策，教育公平迈出了重大步伐。如进城务工人员子女等接受义务教育问题，特殊儿童得到特别帮助进入特殊教育学校问题，贫困生得到广泛资助问题等，通过修订《义务教育法》（2006 年6 月 29 日），贯彻落实《国务院关于基础教育改革与发展的决定》，教育部、国务院西部开发办印发《2004—2010 年西部地区教育事业发展规划》，国务院批转教育部《2003—2007 年教育振兴行动计划》，《国务院关于解决农民工问题的若干意见》，国务院批转教育部《国家教育事业发展"十一五"规划纲要》等重要文件，提供了法律保障、政策依据和经费保证，得到了较好解决。但是，由于人口多、底子薄、城乡、区域和学校间教育发展严重不平衡的状况尚未得到根本转变；同时要转变破除阻碍教育公平的思想观念，体制

---

① 《十七大以来重要文献选编》，中央文献出版社 2009 年版，第 29 页。

机制及制度障碍，着力解决影响和制约教育公平的突出问题。因此，如何实现教育公平，最大限度地保障人民群众享有公平接受教育的权利和获得公平接受教育的机会，进而实现社会公平已成为我国教育发展面临的重大课题。

根据《国家中长期教育改革和发展规划纲要（2010—2020 年)》关于工作方针基本精神，针对当前教育公平存在的一些问题，把促进教育公平既作为国家基本教育政策，又作为教育改革发展的基本原则，不断满足人民群众日益增长的教育需要。要坚持教育的公益性和普惠性，关键是保障机会公平。一要明确重点，促进教育均衡发展和扶持困难群体，健全国家资助政策体系，不让一个学生因家庭经济困难而失学。二要明确政府的主要责任，把合理配置公共教育资源作为根本措施，向薄弱学校、农村地区、边远贫困地区、民族地区倾斜，缩小城乡差距、区域差距和校际差距。三要以加强关键领域和薄弱环节为重点，采取倾斜政策，实现重大项目，特别是"义务教育学校标准化建设"、"推进农村学前教育"、"发展民族教育"、"发展特殊教育"和"家庭经济困难学生资助"等项目，推进教育公平不断迈上新台阶。四要建立促进教育公平所需要的长效机制。制度是社会公平正义的根本保证，也是促进教育公平的长效机制，着力构建以权利公平、机会均等、制度公平、资源配置公平为主要内容的教育公平保障体系。[①]

3. 推进教育公平是一个复杂的社会系统工程，它涉及各级各类教育的方方面面

我国是一个统一的多民族国家，我国少数民族有一亿多人口，分布在全国各地，西部和边疆大部分地区是少数民族聚居地。加快少数民族和民族地区发展，促进各民族共同繁荣，是党中央实施科教兴国战略、西部大开发战略、人才强国战略的出发点和落脚点，在实施上述战略的过程中，我国少数民族和民族地区的教育虽然得到了快速健康发展，但由于历史、社会、自然条件，特别是经济发展水平等多种原因，目前少数民族和民族地区的教育还面临着一些特殊困难和问题，其发展水平总体上还落后于全国平均水平，与

[①] 袁振国：《教育公平是社会公平的重要力量》，《中国教育报》2012 年 11 月 5 日。

沿海东部发达地区相比差距更大。进入 21 世纪，党中央国务院提出大力促进教育公平，要把促进教育公平作为国家基本教育政策，教育公平水平的不断提高成为新世纪教育突出亮点和重要任务，针对这种形势，党和政府要结合新情况、新问题继续出台一些特殊政策与优惠政策，帮助少数民族和民族地区在实现教育平等这个社会最为基础的平等基础上，不断提高教育公平水平，使教育公平不断迈上新台阶，有力地缩小区域、城乡和校际之间的教育差距。

所谓采取特殊政策，就是指党和政府依据一定历史时期教育改革发展的战略目标任务，结合少数民族和民族地区民族教育的具体实际情况，有目标、分步骤地对民族教育给予重要扶持或进一步加大对民族教育支持力度，切实解决少数民族和民族地区教育事业发展面临的特殊困难和突出问题，以推动民族教育事业发展，如进入新世纪以来，国家先后实施贫困地区义务教育工程、农村中小学危房改造工程、西部地区"两基"（基本普及九年制义务教育、基本扫除青壮年文盲）攻坚计划工程，中央财政先后投入 290 多亿元，极大地改善了民族地区办学条件。2004 年，国家从西部农村开始实行"两免一补"（免杂费、免费提供教科书、补助寄宿生生活）政策，惠及绝大部分少数民族学生。2006 年起率先在西部实施农村义务教育经费保障机制改革。国家对特别困难的民族和地区，安排专项资金进行补助。如每年安排1.2 亿元资金，对西藏农牧区中小学实行"三包"（包吃、包住、包学习费用）。截至 2008 年年底，民族地区实现"两基"目标的县已有 674 个，占总数的 96.6%。① 又如 2014 年 8 月 7 日，国家财政部、教育部下达 2014 年改善贫困地区义务教育薄弱学校办学条件的 310 亿元中央专项资金，主要应用于保障每名学生都有课桌椅、寄宿学生一人一床位、学生安全饮用水、食堂能够满足就餐需要、教室和寝室门窗完好、具备必要的取暖条件、配备数字教育资料接收和播放设备等。同时，保障办好必要的教学点，妥善解决县镇学校大班额问题，推进农村学校教育信息化。国家采取特殊政策，实行多种

---

① 《中国的民族政策与各民族共同繁荣发展》（2009 年 9 月），人民出版社 2009 年版，第 42—43 页。

形式举办民族教育，在民族地区举办了民族小学、民族中学、民族中等专业学校、民族师范学校和民族学院；普通高等学校设立民族预科和民族班，举办内地西藏学校和西藏班，新疆内地高中班，内地高校对口支援西部地区高校，实施少数民族高层次骨干人才培养计划等特殊政策。

所谓采取优惠政策，就是指党和政府根据少数民族和民族地区经济社会发展，特别是民族教育的具体实际情况，对民族教育事业给予更优厚照顾和待遇，以解决少数民族和民族地区教育事业发展面临的特殊困难和突出问题。其一，在教育经费上，给予优惠照顾，制定优惠教育专项补助经费。1951年政务院批准的《关于第一次全国民族教育会议的报告》中提出：关于少数民族地区的教育经费，各地人民政府除按一般开支标准拨给教育经费外，并应按各民族地区的经济情况及教育工作，另拨专款，帮助解决少数民族学校的设备、教师待遇、学生生活等方面的特殊困难。民族教育专项补助经费历年都在增加，一直延续至今，1990年中央财政部决定从当年起，由中央财政每年安排2000万元专款，用于支持少数民族地区发展教育的补助专款。1991年国务院印发的《关于进一步贯彻实施中华人民共和国民族区域自治法若干问题的通知》中重申："国家设立少数民族教育补助专款"，实行专款专用，保证直接用于少数民族教育事业。1993年中共中央国务院在1993年印发的《中国教育改革和发展纲要》中提出在国家安排的少数民族地区各项补助费及其他扶贫资金中，划出一定比例的经费用于发展民族教育。其二，在民族院校办学经费投入上始终给予优惠政策。中央对国家民委6所直属民族院校的办学经费均由中央财政部统一拨款，比一般普通高等学校的经费更为优惠，有关省、自治区直属民族院校的经费由财政厅统一拨款，在政策上有较大倾斜。进入新世纪以来，中央财政加大了对国家民委直属民族院校的投入力度，如1999年中央财政部对其拨款不到2亿，到2005年中央财政部对其拨款将近10亿，增长了5倍之多。2005年12月20日，国家民委、教育部《关于进一步办好民族院校的意见》①规定财政上继续按

---

① 国家民委教育科技司、教育部民族教育司编：《蓬勃发展的中国民族院校》（全国民族院校工作会议材料汇编），中央民族大学出版社2006年版，第8页。

照优惠民族院校原则"在生均定额拨款和专项补助方面继续给予优惠政策"。其三，在保障少数民族学生学习和生活待遇上给予优待照顾。新中国成立后的前30年，在民族地区中小学校普遍对学生实行人民助学金制度，在寄宿制民族中小学校实行"三包"政策，亦即对少数民族中小学生"包吃、包住、包学习用品"等，进入新世纪义务教育阶段，全面免除了城乡义务教育阶段学生学杂费。我国九年义务教育实现了真正免费的义务教育。在新中国成立以来，在前30年，在民族高等教育学校系统中，国家对民委直属民族院校和地方民族院校实行人民助学金制度，规定民族院校学生100%享受助学金，一般普通院校学生享受范围定为60%—80%，改革开放后的30多年，改革人民助学金制度，国家继续对民族院校学生的生活待遇给予优惠政策，规定民族院校的学生享受比一般普通院校标准更高的专业奖学金、生活困难补助，并且少缴或免缴学杂费，民族类学科专业学生不缴学杂费，进入新世纪，政府建立健全国家资助政策体系，努力不让一个学生因家庭经济困难而失学，初步建立起家庭经济困难学生资助政策体系。2014年7月26日，中央财政部、教育部、中国人民银行、银监会四部门联合发出通知[①]，决定自2014年7月1日起，调整国家助学贷款资助标准，进一步细化资助比例，规定国家助学贷款资助标准提高，本专科生每人每年上限由6000元调整为8000元，全日制研究生每人每年不超过12000元，这样，可以更好地满足家庭经济困难学生的国家助学贷款需求。在高等学校学生中资助政策体系中，国家助学贷款主要定位于帮助家庭经济困难学生解决在校期间的学费和住宿费问题，此次调整前，国家助学贷款资助标准和比例，一直执行的是2002年的规定。这一规定是在国家助学贷款工作刚刚起步的情况下制定的。其四，在普通高校招生工作中，对少数民族考生给予优惠照顾的政策，这种政策内容包括如下几个方面：关于放宽年龄限制的政策，关于放宽录取分数标准的政策（适当降低分数线），关于同等成绩、优先录取的政策，关于使用民族语文考试的政策，关于录取比例不低于少数民族人口比例的政策，等等。其五，在进一步增强对民族高等教育的扶持力度上。2002年国家14号

---

① 《国家助学贷款资助标准提高》，《人民日报》2014年7月27日。

文件《国务院关于深化改革加快发展民族教育的决定》中规定"做好高校民族班和民族预科班的招生工作，以上学年招生规模为基数，并按学年全国普通高等学校本科招生平均增长比例，确定当年国家部委及东中部地区所属高等学校民族班和民族预科班的招生规模；预科的经费按本科生标准和当年招生数，分别由中央和地方财政核拨；加强民族预科教育基地建设，深化预科教育改革，提高教育改革，提高教育质量。实施培养少数民族高层次骨干人才计划，从 2003 年开始，选择若干所重点高等学校面向少数民族和西部地区，采取特殊措施培养少数民族的博士、硕士人才。对民族地区高等学校和民族院校学位授权点的建设和研究生招生规模等给予特殊的政策扶持。资助西部各省（自治区、直辖市）重点建设一批骨干示范作用的高等学校，重点支持办好中央民族大学。国家公派留学生也要向少数民族和西部地区倾斜。"①2010 年国家颁布的《国家中长期教育改革和发展规划纲要（2010—2020 年)》明确规定"要重视和支持民族教育事业"，"全面提高少数民族和民族地区教育发展水平。公共教育资源要向民族地区倾斜。中央和地方政府要进一步加大对民族教育支持力度"。这一规定体现了国家对指导发展民族教育的优惠政策。

党的十七大提出，教育是民族振兴的基石，教育公平是社会公平的重要基础。党和政府在新的历史条件下把促进教育公平作为国家基本教育政策，同时作为国家改革发展教育基本原则。推进教育公平是一个逐步实现的过程，一方面，需要不懈努力，不断提高教育公平水平，缩小教育差距，另一方面国家要采取特殊政策和优惠政策，向薄弱学校倾斜，缩小校际教育差距；向农村倾斜，缩小城乡教育差距，向民族地区和西部地区倾斜，缩小区域教育差距，给予困难人群特殊关爱，缩小群体差距。因此，坚持促进教育公平与采取特殊政策、优惠政策相结合是构建民族教育政策体系的基本原则的重要内容。两者是相辅相成、相互依存、相互促进的。

---

① 教育部民族教育司、国家民委教育科技司编：《走向辉煌的中国民族教育》（第五次全国民族教育工作会议材料汇编)，民族出版社 2003 年版，第 4 页。

五、教育与宗教相分离

在我国少数民族中有许多人信仰宗教，有一些少数民族几乎是全民或民族的绝大多数成员信仰一种宗教，如伊斯兰教、喇嘛教和藏传佛教等。在一些地区无论是过去、现在还是今后一个相当长的时期，宗教信仰都有一定的群众性和民族性、长期性和复杂性，因而宗教问题和民族问题往往交织在一起。在一些民族地区，宗教对民族教育都会产生一定的影响，甚至在一些地区出现了宗教干扰、冲击学校教育，妨碍国家教育制度的现象。这是民族教育中一个不可忽视的问题，要正确处理民族教育与宗教关系问题。宗教信仰自由是国家处理宗教问题的基本政策，要注意全面贯彻国家的宗教信仰自由政策。应依据《宪法》和《教育法》等法律法规文件精神正确处理教育与宗教的相互关系问题。

关于我国实行教育与宗教相分离的原则是根据《宪法》有关宗教信仰政策而制定的。《宪法》第三十条规定："中华人民共和国公民有宗教信仰自由。任何国家机关、社会团体和个人不得强制公民信仰宗教或者不信仰宗教，不得歧视信仰宗教的公民和不信仰宗教的公民。国家保护正常的宗教活动。任何人不得利用宗教进行破坏社会秩序，损害公民身体健康，妨碍国家教育制度的活动。"《中华人民共和国教育法》依据《宪法》规定，对确立的实行教育与宗教相分离基本原则，作了明确的规定和表述，《教育法》第八条规定："教育活动必须符合国家和社会公共利益。国家实行教育与宗教相分离，任何组织和个人不得利用宗教进行妨碍国家教育制度的活动。"这是我国教育活动应当遵循的基本原则。

《教育法》关于教育与宗教相分离的基本原则，主要包括两个方面的内容：其一是指国民教育领域的各级各类学校及其他教育机构、教师和其他教育工作者应当尊重公民宗教信仰的自由，不得以是否信仰宗教作为入学条件之一。学校和教师有进行辩证唯物主义和历史唯物主义教育，宣传无神论的权利和义务，但不得强迫学生和其他受教育者不信仰，更不能强迫学生或其他受教育者信仰某种宗教或宗教的某一教派。其二，任何宗教组织和个人不得干预学校进行辩证唯物主义和历史唯物主义及自然科学知识的教育，不得在学校进行传播宗教的活动和进行宗教仪式，也不得利用学校对在校学生灌输宗教思想，发展宗教教徒，甚至进行破坏民族团结和祖国统一的活动。

民族教育要正确处理民族教育与宗教的关系，要加强宣传教育，正确引导。要全面贯彻党的宗教信仰自由政策，又要实行宗教与教育相分离原则，还要注意充分发挥宗教界爱国人士在筹集资金、改善办学条件等方面的助学积极性。坚持宗教与国民教育分离，是确立社会主义民族教育的基本原则。

综上所述，中国共产党自建立以来，始终坚持以马克思主义民族理论和中国少数民族的具体实践和民族平等相结合，以团结、互助和共同繁荣发展的原则，坚持实施民族区域自治制度；始终坚持马克思主义与民族地区具体实际相结合的基本原则，全面贯彻党的教育方针，以实现与联合党的民族政策，按照一般的教育总体遵循国家法律和教育相结合的特殊规律，培养少数民族地区高层次人才和服务相结合的发展，我们将继续从中国的国情出发，走出正确的道路，走出中国特色。在建设和长期实践的改革中，我们党坚持继承和理论联系实际的创新，坚持与时俱进，改革和发展，推进理论创新、制度创新，推进马克思主义理论。在马克思主义理论和教育理论民族国家指导下，结合中国国情，制定和贯彻党的民族政策和一系列国家教育政策。在新的世纪里，以中国特色社会主义为指导，对其成果进行全面总结，科学地总结他人的经验，深入它的规律的探索，正确地预测它的未来发展方向和定位，对中国的社会主义民族教育政策功能体系的构建，21世纪国家教育发展战略的发展，有着极其重要的理论意义和现实意义。

第 七 章

民族教育政策基本体系

　　党的十八届三中全会从整体上将中国的教育改革与发展带到了一个新的历史阶段，全会通过的《中共中央关于全面深化改革若干重大问题的决定》（以下简称《决定》），提出了"深化教育领域综合改革"的总体要求和任务。教育政策是党和国家的教育方针路线的具体体现，是我国教育改革发展的根本保证，教育事业的改革发展离不开教育政策的指导。中国共产党在领导我国革命、建设、改革的各个历史时期，把马克思主义基本原理同中国的基本国情以及少数民族教育具体实际相结合，不仅创造出适合我国国情的民族教育理论，而且制定出一系列行之有效的民族教育政策。但是目前，民族教育政策的改革发展如何跟上教育领域综合改革的总体要求和任务，如何构建民族教育政策的体系，如何调整、充实、改革和完善民族教育政策体系的内容，仍是本章需要侧重研究和探索的几个主要问题。

第一节　民族教育政策的体系

　　要探讨民族教育政策的体系，就必须要明确学术界对国家教育政策的体系和对民族教育政策体系的研究状况，尤其是要把握上述两个政策体系概念的界定。

一、国家教育政策体系的探讨

无论何种政策体系总要体现一定的逻辑结构，国家教育政策体系也不例外，必须构建一个较完整的国家教育政策的逻辑结构。究竟采取何种形式来构建一个较完整的国家教育政策的逻辑结构，在学术界，目前正处于探讨之中，至今尚未形成一个统一的看法和完善的表述，但归纳起来，大致有四种观点：

其一，采取一般政策的分类方法，把教育政策分成总政策、基本政策和具体政策三个部分。[①]

其二，认为国家教育政策的体系就是由各级各类教育政策所组成的，主张有多少种教育，国家就要制定多少种教育政策。[②]

其三，有学者提出教育政策的体系可以分为 11 个方面，亦即教育体制、质量、经费、人事、国家学制、课程与教学、学历与学位、教师教育、学校语言文字等政策。[③]

其四，主张抓住主要矛盾，从影响教育改革与发展的基本问题去研究国家教育政策的体系，要回答的是国家教育改革发展所必需的政策指导。这一意见认为从广义和狭义角度出发对国家教育政策体系进行界定可划分为两种："亦即从广义上讲，国家教育政策的体系，它包括一个国家教育改革与发展所需要的所有教育政策。从狭义上讲，国家教育政策的体系，它是把对影响一个国家教育改革与发展的基本问题进行研究形成的体系称之为狭义的国家教育政策体系。这一意见进一步从分析比较国内外教育政策体系结构中，确立了教育质量政策、教育体制政策、教育经费政策、教师政策，这四

---

① 将政策体系分成总政策、基本政策和具体政策的观点，参见曹喜：《政策分析的三个维度》，载《理论探讨》1993 年第 3 期。

② 参见孙绵涛主编的《教育政策学》对这一观点的评述，中国人民大学出版社 2010 年版，第 55 页。

③ 韩清林：《教育政策的若干理论与实践问题》，《当代教育科学》2013 年第 17 期。

大政策从最基本的几个方面对国家教育改革与发展进行指导。"[1] 其理论与实践的依据有三个方面：一是它们所要解决的是一个国家教育改革与发展中的关键问题，亦即培养什么样的人和怎样培养人的核心问题；二是它们组成了一个较为完整的政策逻辑结构；三是它们是由一些国家和地区教育改革与发展的实践经验所证明的。

可以用一简图把这一国家教育政策的逻辑结构表示出来[2]（见图 7.1）。

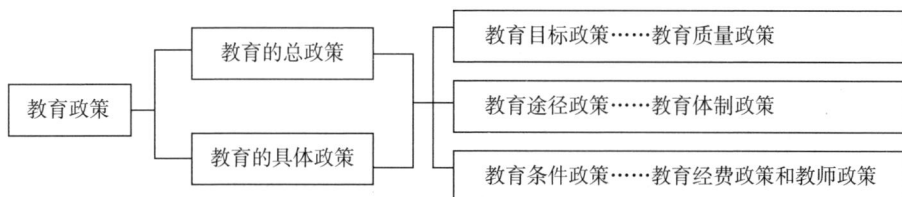

图 7.1　国家教育政策的逻辑结构图

综上所述，以上 4 种不同的意见都有其不同的内涵，都有其科学的成分，都有其合理的设想，但相比较而言，我们认为华中师范大学孙绵涛教授在其主编的《教育政策学》一书中关于国家教育政策体系问题的研究更为集中，更为符合我国教育改革与发展的实际，他将国家教育政策体系定义分为广义和狭义两种：认为广义的国家教育政策的体系，它包括一个国家教育改革与发展所需要的所有教育政策。狭义的国家教育政策的体系主要包括教育质量政策、教育体制政策、教育经费政策、教师政策，因为它们所要解决的是一个国家教育改革与发展中的关键问题，它们组成一个较为完整的政策逻辑结构。这一思路有利于国家教育行政部门清晰明确把握国家教育改革与发展所需要的基本的教育政策；有利于教育系统的领导干部、广大教师和教育工作者准确把握国家教育政策的体系，并以此为依据不断地完善国家教育政策体系，提供理论依据和智力支持；有利于教育学术界开展交流，相互学习，进一步深入研究。

---

① 孙绵涛主编：《教育政策学》，中国人民大学出版社 2010 年版，第 55 页；孙绵涛：《关于国家教育政策体系的探讨》，《教育研究》2001 年第 3 期。

② 孙绵涛主编：《教育政策学》，中国人民大学出版社 2010 年版，第 59 页。

二、我国民族教育政策体系的探讨

我国民族教育政策的产生、形成和发展，从唯物史观角度来考察，可以看作两种社会因素综合作用的产物：一是受少数民族和民族地区经济社会发展所影响或制约，二是受我们党和国家为推动民族事业发展制定的民族政策、教育政策的影响。从少数民族文化背景视角来考察，它由三个文化背景构成：一是少数民族自身的文化背景系统；二是以主体民族为主的统一多民族国家的文化背景系统；三是世界文化背景系统。本民族文化背景系统是民族教育的基础；统一多民族国家的文化背景系统对民族教育具有主导、决定性的作用；而世界文化背景系统是制约和影响民族教育发展的外在因素。

学术界对民族教育政策体系的探讨尚属起始阶段，讨论交流、学术争鸣尚未广泛展开，研究成果载诸报刊见之不多，是民族教育研究领域中的薄弱环节。但是，这并没有否认有些学者研究的成果和贡献，值得肯定的是西北师范大学王鉴教授2003年在《民族研究》第6期发表的《我国民族教育政策体系探讨》一文，其思路是有启迪作用的，并受到一些同行学者的认可；中央民族大学滕星教授和国家民委民族出版社总编辑王铁志教授主编的《民族教育理论与政策研究》一书，提出的教育政策体系结构的设计，是颇有研究价值的。作为一种学术研究活动和成果，我们认为有必要将上述学者、专家对民族教育政策体系探讨的观点做客观的展示。

王鉴教授撰文《我国民族教育政策体系探讨》[①]，文章认为国家改革与发展少数民族教育可以通过民族教育政策体系提供最基本、最关键的范围与结构，包括民族教育质量、管理体制、课程、经费、教师、学生6个方面的政策。这些民族教育政策又与国家民族政策中的民族文化政策、宗教政策、语言文字政策等相互支持、相互促进，形成了中国特色的少数民族教育政策体系。这种政策体系从理论依据来看，它同时兼顾了国家民族问题与国家教育问题两方面的价值取向。

---

① 王鉴：《我国民族教育政策体系探讨》，《民族研究》2003年第6期。

可以用一简图把民族教育政策体系的这一逻辑结构表示出来① （见图7.2）。

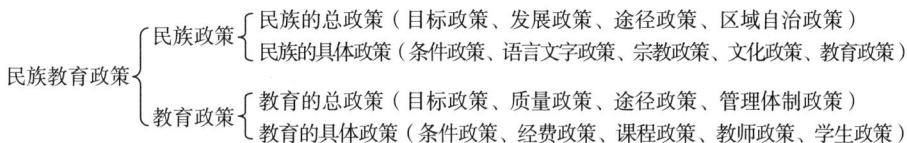

民族教育政策 {
民族政策 {
民族的总政策（目标政策、发展政策、途径政策、区域自治政策）
民族的具体政策（条件政策、语言文字政策、宗教政策、文化政策、教育政策）
}
教育政策 {
教育的总政策（目标政策、质量政策、途径政策、管理体制政策）
教育的具体政策（条件政策、经费政策、课程政策、教师政策、学生政策）
}
}

图7.2　民族教育政策体系的逻辑结构图

该文认为，我国民族教育政策体系的结构包括民族政策与教育政策两个方面，其中民族政策又包括4个基本政策领域，即民族语言、宗教、文化、教育政策；其中教育政策包括民族教育质量政策、管理体制政策、课程政策、教育经费政策、教师政策、学生政策6个方面。这些方面的政策组成了一个较为完整的逻辑结构。从纵向来看，这一体系包括了自上而下的国家民族教育的总政策和具体的政策两个层次；从横向来看，它贯穿了教育目标政策、教育途径政策和教育条件政策三个方面。民族教育的总政策是对全国民族工作中的教育问题和教育工作中的民族问题都起作用的政策；民族教育的具体政策是对国家某一层次和某一方面的教育起作用的政策。民族教育的目标政策是指民族教育培养人的质量标准政策，它和国家的人才培养质量标准相一致，同时还有更特殊的一些要求；民族教育的途径政策是指实现民族教育质量标准的政策；民族教育的条件政策是指保证民族教育途径充分发挥育人功能的政策。在我们提出的民族教育政策体系中，民族教育的质量政策是属于教育目标政策范畴；教育管理体制政策属于教育途径政策的范畴；民族教育经费、课程、教师、学生政策以及民族语言、宗教、文化政策等属于教育条件政策的范畴。

滕星、王铁志教授在《民族教育理论与政策研究》一书中提出关于"政策体系结构"②的设计，指出一个国家的政策体系是一个系统，按政策的结

① 王鉴主编：《中国少数民族教育政策体系研究》，民族出版社2011年版，第44页。
② 滕星、王铁志主编：《民族教育理论与政策研究》，民族出版社2009年版，第444页。

构层次大体上可分为四类：总政策、基本政策、方面政策和具体政策。

滕星、王铁志教授关于该书进一步阐述这四类政策的定位作用及其相互关系。认为总政策是各类指导理念和行为规范的总称，用来约束政府行为。总政策是各类政策的鼻祖，站在理论的指导层面。帮助规范制定和正确使用各种政策规范。基本政策在方面政策中占据主导和指导地位。反映出社会主流的政治信仰和社会价值观。方面政策是针对某一个方面政策问题作出的政策规定，有专门的针对性，如民族政策。这其中，教育政策就属于方面政策，它是特定的利益群体在某段时间内为了发展自身的教育事业所制定的行动准则。教育政策作为公共政策，它确保实现一定的社会公平，保障弱势群体的教育权益。民族教育政策是教育政策的一个重要内容。它们之间是一般性和特殊性的关系，民族教育政策是针对少数民族教育的特殊性而相应制定的。它是指国家、政党为了发展民族教育事业实现一定历史时期的教育路线、方针、目标和任务而制定的、发布的具体的行动总则，它要遵循教育政策的基本内容和原则，又要体现我国民族政策方针和原则。

我们认为，可以根据政策从宏观、中观和微观三个层次展开讨论，可以将民族教育政策体系分为三个层次：民族教育总政策、民族教育基本政策和民族教育具体政策。

民族教育总政策是关于民族教育工作的总的指导思想和指导理论，是关于民族教育指导思想、性质、功能和途径的指导理论。我国民族教育总政策是遵循教育规律和民族工作规律，坚持党和国家教育方针同贯彻党和国家的民族政策有机结合，全面推行素质教育。

民族教育基本政策是在民族教育指导理论的指导下，对不同民族教育发展需要作出的发展少数民族教育的基本政策，从教育的基本要素看，民族教育基本政策包括民族教育质量政策、民族教育体制政策、民族教育教师政策、民族教育经费政策四大最基本政策。

民族教育具体政策是关于民族教育某一方面特定具体的政策问题的规定。包括不同层级不同类别民族教育体系的特定具体政策，如民族基础教育政策、民族高等教育政策、民族职业教育政策、民族成人教育政策、民族预科教育政策、民族特殊教育政策等。

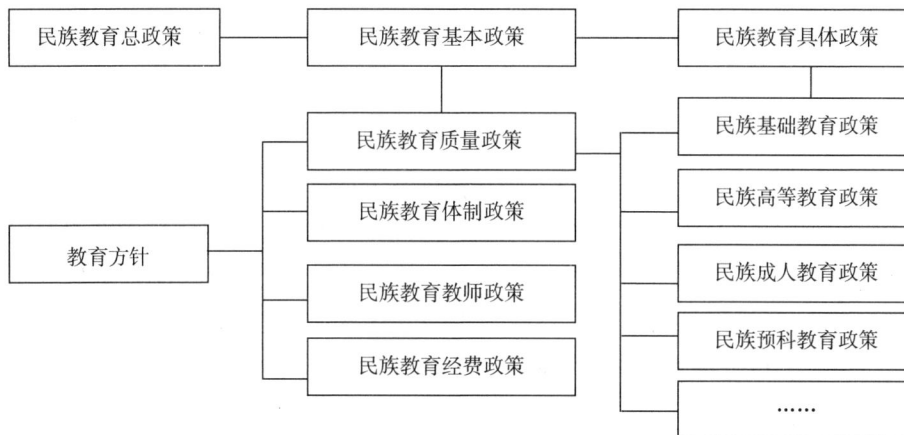

图 7.3 民族教育政策体系树

第二节 民族教育政策体系的层次及其内容

在我国革命、建设、改革的各个历史时期,党和国家特别重视民族教育,制定出一系列行之有效的民族教育政策,现已基本形成有中国特色的社会主义民族教育政策体系。这个体系大致由民族教育的总政策、民族教育的基本政策、民族教育的具体政策组成。

一、民族教育总政策

(一)民族教育总政策的内涵

广义的总政策,是指我国最高层级的指导民族教育工作的纲领性文件和根本宗旨,是政策体系中统率或具有统摄性的政策。总政策是其他具体政策的根据,对它们起到指导和规范的功能。总政策是指在一个政策系统或政策领域中处于最高地位、对其他政策具有指导价值和意义的政策。因为总政策、基本政策和具体政策是相对而言的。狭义的民族教育总政策是指教育方针，所谓教育方针是指一个国家在一定历史阶段根据政治、经济和社会发展需要以及人的发展的规律，它是对教育目标和教育政策的概括。它包括教育的指导思想、性质、功能、目的和途径。其中教育指导思想、性质、目的和途径是最根本的内容。一个比较全面的比较完整的教育方针，能够说明三个基本问题：教育为谁服务；办什么教育，培养什么样的人；怎样办学校，怎样培养人的问题。民族教育总政策，是关于民族教育工作的总的指导思想和指导理论，坚持党和国家教育方针同贯彻党和国家的民族政策有机结合，全面推行素质教育。

我国民族教育的根本指导方针包括党和国家制定的教育方针和民族政策基本纲领两个方面的有机结合，它是教育方针与民族政策基本纲领的相统一，两者相辅相成，既相互联系，又相互影响，既相互支持，又相互补充，形成一个有机结合的、辩证统一的民族教育的根本指导方针。这是我国改革与发展民族教育的根本指导方针。这个根本指导方针，完全符合中国的国情，中国是一个多民族统一的社会主义国家，民族教育是国家教育事业中重要的组成部分，在民族工作中有教育问题，在教育工作中有民族问题，在探索民族教育政策体系过程中，国家确立了把党和国家的教育方针和民族政策基本纲领作为改革与发展民族教育的根本指导方针，亦即民族教育的总政策，两者都不可缺少，也不能偏离。我国民族教育既有它的共性，又有它的特殊性。民族教育作为整个国家教育工作的一部分，必须坚持贯彻党的教育方针，遵循教育规律、学生身心发展规律和人才成长规律；新中国教育方针的形成和发展，大致经历了两大时期：亦即我国社会主义教育方针提出与形成时期和中国特色社会主义教育的发展时期。全面把握教育的基本内容及其精神实质，是回答教育为谁服务，培养什么样的人，怎样培养人的核心问题。

民族教育工作作为整个国家民族工作的一部分，必须坚持党和国家的民族政策基本纲领。遵循民族发展规律和民族工作规律。把国家的教育方针同民族政策相结合，落实到实践中，坚持普通教育的共性与民族教育的特殊性相结合，实现党和国家的教育方针同党和国家的民族政策基本纲领相统一，只有这样，才能适应国家和社会发展需要，适应少数民族和民族地区经济发展要求；只有这样，才能坚持以人为本促进学生全面发展，培养社会主义事业的建设者和接班人，培养德智体美全面发展的人；只有这样，民族关系才能不断平等、稳定、和谐地发展，增加民族间的凝聚力，共同奋斗，共同发展，加快社会主义现代化和中华民族伟大复兴。

1951 年 11 月，教育部部长马叙伦在政务院第 112 次会议上作了《关于第一次全国民族教育会议的报告》，会议同时修订通过了《关于加强少数民族教育工作的指示》、《关于建立少数民族教育行政机构的决定》、《培养少数民族师资试行方案》和《少数民族学生待遇暂行办法》4 个文件。1952 年颁布了《中华人民共和国民族区域自治实施纲要》和《关于保障一切散居的少数民族充分享有民族平等权利的决定》。这些法律法规保证我国少数民族与汉族一样，成为国家的主人，享有包括教育权在内的各种权利。

（二）坚持育人为本的民族教育办学理念

育人为本是教育工作的根本要求，是民族教育理念亟待解决的事情。国家要制定少数民族和民族地区各级各类学校教育工作关于贯彻落实育人为本相配套的政策规范，使我们培养的人既有高尚的道德素养，又有建设社会主义现代化的真实本领。育人为本是中国特色社会主义教育理论的重要原理，其内容既丰富又深刻。依据这个理论所制定的民族教育育人为本的政策是多方面的。

1. 育人为本的含义

科学发展观的核心是以人为本，而育人是以人为本的表现形式，教育工作的根本要求就是育人。这是教育发展与改革的重要战略主题，坚持履行党的教育方针，进一步积极推行素质教育。而重中之重的问题是我们需要培养什么样的人，怎样培养人，视德智体美全面发展的人为最终目标。教育的最终目的就是塑造人，坚持育人为本，必须把人才的培养作为第一任务，紧紧抓住人才培养在教育事业中的中心地位。

2. 育人为本是教育工作的根本要求

在党的十七大报告中把"育人为本，德育为先"写进党的主题报告，体现了以人为本的科学发展观核心内容。《教育规划纲要》明确地将育人为本写进今后十年我国教育事业改革与发展的二十字方针之中，是具有中国特色的长期教育改革与发展，重点和价值追求。教育事业，包括民族教育事业是一个系统工程，教育事业的改革与发展涉及方方面面，千头万绪。教育体制的各种改革，永远都围绕着培养高素质人才为中心任务，离开这个中心任务，学校就不成其为学校，教育改革与发展和学校工作就会偏离育人为本的正确方向。

3. 教育工作以育人为本要遵循教育规律、学生身心发展规律和人才成长规律

教育工作是有规律可循的，我国著名的教育理论学者潘懋元教授在多年艰辛研究探索中，得出两条教育规律：一条是关于教育与社会发展关系的规律；另一条是关于教育与人的发展关系的规律，人才的成长，同样是有规律可循的，人才培养工作必须遵循人才成长规律，人才成长规律就是指人才成长过程中具有内在的普遍的客观必然要求。教育是培养人的社会活动，从这个基本的定义出发，人作为教育的对象，其最根本的任务就是促进人的发展，亦即人的整体素质的发展。教育工作以育人为本，就必须遵循教育规律，遵循学生身心发展规律，遵循人才成长规律，而不能从主观主义出发，本本主义出发，在教育、教学活动中要根据学生的身心发展特点和成长规律，如果与教育规律相违背，那么教育的发展会遭受各种各样的险阻甚至遭受破坏，就不能很好地履行教育的职责，完成教育的使命；如若违背学生身心发展规律，学生的全面发展和健康成长就会受到阻碍，甚至损害，就不可能实现教育的目的；如若违背人才成长规律就会弄巧成拙，事与愿违。人才的挖掘、塑造、使用是有科学性的，如果依照规律行事，那么事半功倍，如果与之相背离，那么事倍功半，因此也不可能会出现更多的人才，出好人才。实践是检验理论的标准，理论需要同实践相结合，通过实践产生人才。

4. 教育工作以育人为本必须坚持德育为先，立德树人

党的十八大报告提出："要坚持教育优先发展，全面贯彻党的教育方针，坚持教育为社会主义现代化建设服务，为人民服务，把立德树人作为教育的

根本任务，培养德智体美全面发展的社会主义建设者和接班人。"①新中国成立以后，党和政府历来重视思想政治教育和道德教育，1978 年 4 月 22 日，邓小平在《在全国教育工作会议上的讲话》一文中讲道："学校应该永远把坚定正确的政治方向放在第一位。"②《教育规划纲要》总结和概括了一整套"德育为先，立德树人"的政策措施。主要要求：其一，深化马克思主义中国化的教育成果，塑造学生正确积极的价值观、人生观和世界观。其二，巩固理想信念和道德感，坚定学生对中国共产党的领导，坚定对中国特色社会主义制度的信心。其三，我国的民族精神是爱国主义，时代精神是改革创新。其四，完善学生诚实待人、相互帮助、守法守纪、勤俭节约的优良品质，与社会主义荣辱观相融合。其五，公民要有民主法治、平等自由、正义公平的理念，培养公民的意识教育，培养符合社会主义需要的公民。其六，中华民族优秀传统文化和革命文化要继承与发扬。其七，学校教育要德育为先，将德育渗透到学校、家庭、社会各个环节、各个方面之中，不断提高德育工作的感染力和影响力。其八，重视未成年人的思想教育以及大学生的思想教育。其九，加强教师师资队伍的建设，如高校辅导员、班主任等，促进德育工作者专业化发展。

5. 教育工作以育人为本，必须切实转变教育观念

坚持以育人为本，落实以育人为本，必须有破有立，破立结合。这是事物发展的辩证法。立就是树立以人为本的发展理念，树立以育人为本的教育理念；破是破除"以物为本""以金钱为本""以权为本"的旧观念，破除"以升学为本""以分数为本""以考试为本"的教育旧观念，冲破"应试教育"的旧观念。在民族教育实践活动中，坚持以育人为本，贯彻落实以育人为本，必须树立新的育人观念：其一，要有德智体美全面育人的观念，坚持德育为先，促进学生全面的健康发展，通过教育的引导，学生学会知识、学会劳动、学会生活、学会创造、学会做人，培养中国特色社会主义需要的人才。其二，要树立教育"以学生为主体，以教师为主导"的育人新观念。在

---

① 《中共中央关于全面深化改革若干重大问题的决定（辅导读本）》，人民出版社 2013 年版，第 41—42 页。

② 《邓小平论教育》，人民教育出版社 1995 年版，第 66 页。

育人的全过程，各个环节，调动学生的主观能动性和主动性、依循教育教学的规律和学生的发展特点，因材施教，培养社会需要的复合型和创新型人才。教育工作以育人为本，要求少数民族和民族地区各级各类学校把促进学生健康成长作为学校一切工作的出发点和落脚点，学校的一切工作都要服务和服从于学生的健康成长，而不能反其道而行之，与之相违背。学校工作千头万绪，纷繁复杂，无论是学校党政领导，还是教职员工都是为学生健康成长服务的，也不论是何种部门，从党办校办到宣传部、组织部，从教务处、科研处到政工处、学生处，从人事处、财务处到后勤处、保卫处，只有具体工作的分工不同，内容不同和范围不同，归根到底，其根本目的是一致的，都是为了促进每个学生主动地、生动活泼地发展，为每个学生提供合适的教育，促进学生健康成长，这是学校一切工作的出发点和落脚点。其三，要树立个性化、多样化的优质人才观念。教育工作要面向全体学生，打造适合每个学生成长的教育，使他们有自己的思想，健康活泼生动地发展，发现每个孩子身上的闪光点和潜能，为国家和社会培养高素质的人才。其四，"优先发展教育，建设人力资源强国"是时代的大势所趋。《教育规划纲要》中明确指出：实现现代化，科技是关键，人才是核心，教育是基础。中国广大民族地区有两大资源亟待发展，亦即人力资源和物质资源，在我国，民族地区蕴藏着丰富的自然资源，要把自然资源优势变为经济优势，把物质资源变为社会财富，不在于劳动力数量的增量或资本存量的积累，而在于对人力资源的开发。我国民族地区人力资源虽然比较丰富，但质量较低，主要表现在劳动者的文化程度和总体素质较低，这是一个很大的矛盾。在民族地区必须优先发展教育，加强人力资源开发建设，提高各民族劳动者的科学文化素质。无可讳言，这两个资源，都要去开发，而且都要以人力资源开发为先导，去推动物质资源的开发。[①]努力将我国发展成教育强国和人力资源强国。其五，要树立继续教育、终身教育的育人新观念。培养学生继续学习、终身学习、自主学习能力，使他们在一生中各个阶段都能根据自己意愿接受进一步教育

---

① 霍文达主编：《中国少数民族高等教育改革与发展重大问题研究》，南海出版公司2005年版，第98页。

的机会。

6.教育工作以育人为本，必须全面推进素质教育

第一，当前社会需要发展素质教育。从国际上看，在新世纪之际，随着科学技术的蓬勃发展，知识经济扮演着越来越重要的角色，国力竞争日趋激烈。教育在国家的发展中处于基础地位，国家实力的分量被劳动者的素质决定，被各级人才的质量和数量决定，这对于我国新时代的要求更为紧迫。从国内看，自改革开放以来，教育事业取得了令人瞩目的成绩。我国的教育观念、教学内容等有滞后现象，影响了青少年的全面发展，不能适应提高国民素质的需要。素质教育是在这个历史时期为适应国家现代化建设和全面提高国民素质，针对长期存在的应试教育弊端提出来的，是在中国共产党领导下运用中国化马克思主义教育理论解决中国教育问题的实践和理论探索。1999年6月，召开第三次全国教育会议，江泽民在会议上发表重要讲话，这是我国全面推进素质教育的指导思想和基本纲领。

第二，素质教育的内容。素质教育是当代的全新教育理论，着重提出了全面推进素质教育内涵的新概括、指导思想、基本原则、要求和重点。

教育工作以育人为本，《决定》作出了新概括。素质教育内涵的新概括，主要包括四个要点：一是党的教育方针要落实贯彻；二是不断提高国民综合素质；三是素质教育的重点是培养学生的创新精神和实践能力；四是以造就人的全面发展为素质目标。

教育工作以育人为本必须牢记全面推进素质教育的指导思想。《决定》将"三个面向"和"四个统一"作为全面推进素质教育的根本指导思想。普及素质教育，加强现代化建设，面向世界，展望未来，学生的科学知识和思想修养相统一，理论与实践的统一，融合到服务人民群众之中，做好理想与奋斗相统一的准备。教育工作以育人为本，必须把握全面推进素质教育的原则。教育工作以育人为本，必须明确全面推进素质教育的要求。决定指出：其一，素质教育要落实到初等、中等和高等教育之中，贯彻到学校教育、家庭教育、社会教育各个方面，在不同的类级和不同方面，教育的内容要有针对性和适应性，各自有不同的侧重点，相互配合，全面贯彻落实。根据各个地方的特点，少数民族具有特殊性。其二，实施素质教育的过程中，紧紧围绕三维目标有序进行，必须将德智体美等恰当地融入各个教学环节中，学校重视智育的同时要优先发展德育，此外加强体育、综合实践的教育，多个方面相互渗透，引领学生积极向上发展。其三，《决定》对德育、智育、体育、美育和劳动教育分别提出了具体要求，并要求切实加强党和政府的领导，深入动员社会各界关心、支持和投身素质教育，共同努力开创素质教育的新局面。

第三，素质教育是当代的全新教育理论。它是中国共产党几代领导集体，根据马克思主义关于人的全面发展的理论，结合中国革命、建设、改革的伟大实践，总结了我国教育改革发展的丰富经验，考察了国际教育改革发展的新趋势，吸收了古今中外教育思想的精华，分析了国际国内科学技术和知识经济发展对教育及其人才培养的综合素质新要求，党和政府及教育理论工作者，在中国教育改革实践活动中，针对我国当前在人才培养中存在的"为应试而教，为应试而学"，教育与社会实践相脱节，重科学教育，轻人文教育等思想倾向和行为的现实问题，而提出的一种"以提高国民素质为根本宗旨"的现代教育思想理念。素质教育是一种具有鲜明时代性和思想性特征的教育理念，它不是一种教育模式或分类。素质教育是中国共产党人的卓越创造，它是一种适应新时代的先进教育理念。素质教育具有很高的理论建树，它体现了马克思主义人的全面发展学说和党的教育方针的有机统一，体现了科学发展观"以人为本"的理念，教育面向全体学生，核心价值是"以学生为本"，学校工作是"以育人为本"的新理念；全面推进素质教育，是我国教育事业的一场深刻革命，它同以往的实用主义、功利主义等应试教育思想观念有着根本区别。素质教育的实施，是有史以来最为广大、最为深刻、最符合人才成长规律的教育革命。

（三）保证少数民族接受教育的机会均等

1. 坚持民族平等的基本原则

坚持民族平等是党和国家在民族中最基本的政策。首先，民族平等意味着每个人都有权利参与国家事务的管理，每一个民族的公民在生活中一律平等，民族歧视是不被允许的；其次，民族教育方面也是人人平等，每一个公民都有受教育的权利。

要正确认识少数民族教育的特殊性是保障少数民族平等受教育的前提，要从每一个民族的现实发展状况出发，全面考虑影响各个民族教育的因素，采用切合实际的方法和手段，制定相关的措施，因为特殊性，所以少数民族教育不同于一般教育。这是党的思想路线决定的，党的思想路线就是实事求是，这也是民族教育理论的依据之一。

各个民族教育主管部门要坚持各民族一律平等的原则，保障少数民族受教育的基本权利，为少数民族的同胞们提供均等的教育条件、教育机会。少数民族平等地受教育是我国一项最基本的政治平等的方面。我国民族问题最主要的是民族特点、民族差异、民族矛盾，因此，正确处理民族矛盾和民族关系是一项重要任务，换句话说，少数民族教育的平等权利是民族平等原则的体现。

2.尊重少数民族特点，多层次多形式举办民族教育

在实施民族教育的过程中，我们要充分全面地考虑民族特点，要求各类教育行政部门依据不同的情况，展开不同的措施和方法，因地制宜促进民族教育发展，在民族教育的思想方面，必须坚持实事求是的态度，防止照搬照抄不符合少数民族教育特点的其他模式。在各个民族政策和文件中，民族地区学校办学符合少数民族地区的特点，从现实出发，采取恰当的办学模式和教学方式。在贫苦偏远地区，努力办好寄宿小学、中学和民族班，培养合格的公民，为基础教育打好基础，民族学校办学不仅要结合当地的实际情况，还要尊重少数民族的风俗习惯，注意提高办学的有效性，合理设置课程。也可创办独具特色的民族学院和民族大学。在一部分中等学校和高等学校设立专门招收少数民族学生的民族班和预科班等。倡导不同民族学生合班或合校学习。提倡汉族学生与少数民族学生相互学习、相互理解，增进民族之间的情感融合；风俗习惯差距显著的，可以实行分餐分宿。有些地区由于受传统观念的影响，女童入学和巩固率很低，要加强宣传教育，积极动员女童入学。学生辍学和流失是目前迫切需要解决的问题，我们在党和国家方针的指导下，积极采取措施。

各民族自治地方可根据本地区实际情况，采取特殊政策和措施发展民族教育。1984 年颁布的《中华人民共和国民族区域自治法》进一步提出了民族自治地方自主地发展民族教育的三个方面：

一是民族自治地方积极发展中等职业教育、民族师范学校等，努力减少文盲数量，使基础教育得到普及。培养少数民族专业人才。

二是将贫困偏远的少数民族地区的学校设立奖学金，或者建立寄宿制学校。

三是民族自治地方的自治机关有权决定在少数民族的学校应该采用少数民族的文字教材，有必要使用少数民族的语言授课以及学习汉语言的问题。

依据我国少数民族地区经济、社会发展要求和教育实际状况，民族地区可以多层次、多形式举办民族教育。要求培养少数民族人才的教育活动要因地制宜地进行，多层次、多模式地培养少数民族的人才，提高我国少数民族同胞们的综合素质。民族教育的发展，要从该地的实际情况和特点出发，遵循教育规律，协调发展，摆正正确的办学指导思想，巩固基础教育的建设，积极发展中等职业教育。通过不断地完善，促使民族内部结构和层次符合少数民族地区经济和政治发展的需要。我们大同民族有着共同利益，这样的利益具有共同性，但各民族地区都被各自的社会、经济、历史、文化等因素影响着，尤其在语言文字、民俗习惯、宗教信仰、心理素质等方面仍有很大的差异和差距。自改革开放以来，少数民族地区在人才多类型的方面呈现出多元化的特点。只有不同层次不同类型地举办民族教育，才能解决民族办学方式的问题。

3. 尊重民族地区差异，促进教育均衡发展

对差异性显著的民族地区保持尊重的态度，使得民族教育稳定平衡发展，各个教育行政部门在制定民族教育发展规划时，要依据教育发展的不同类型和层次，使不同的民族教育协调发展。考虑差异、均衡发展的思想，在对待不平衡的民族教育方面，要根据教育发展的实际要求，确定层次和类型，使民族教育更好地适应本地区经济和社会发展的需要。

长期以来，我国民族地区教育与其他地区教育发展差距较大，因此在未来很长一段时间内，还应该根据民族地区民族教育的实际情况，要分主次、

分阶段地对民族教育提供帮助和支持，实现民族教育事业优先积极发展。对民族教育采取重点扶持的政策是党和国家历来坚持的基本政策。

二、民族教育政策体系的基本政策

民族教育基本政策是在民族教育理论的指导下，对不同民族教育发展需要作出的发展少数民族教育的基本政策，从教育的基本要素看，民族教育基本政策包括民族教育质量政策、民族教育体制政策、民族教育教师政策、民族教育经费政策四大最基本政策。

（一）民族教育质量政策

民族教育质量政策是衡量人才培养的质量标准。国家要制定少数民族和民族地区各级各类学校教育关于完善人才培养质量标准体系，以人才培养模式的更新、教育质量评价的创新和人才评价制度的规范化，来提高教育质量和人才培养的水平，促进学生德智体美全面发展。

1.加强素质教育，全面贯彻教育方针，培养各级各类少数民族人才，对提高各族人民群众综合素质意义重大。加强民族教育工作的指导，落实党的相关民族政策，着实解决少数民族地区教育事业发展中面临的种种问题。

2.提高教育质量是民族教育改革发展的核心任务。坚持科学发展观，促进人的全面发展，适应社会发展的需要，注重教育内涵的发展，学校要有自己的办学特色。建立健全以教师、教材、教法为重点的质量保障体系，完善政府、学校、家长共同参与的质量监测体系。在各个学校广泛地开展民族团结教育的过程中，坚持党的民族理论和政策教育，引导师生们牢固树立中华民族意识，不断夯实各民族的团结基础，增强中华民族的凝聚力。

3.创新人才培养模式。人才培养模式是由培养目标、教学内容、教学方式方法、教学组织管理等要素组成的。创新人才培养模式是人才培养体制改革的核心环节，目的是优化人才知识结构，提高综合素质，拓展创新和实践能力，使得人才辈出，新型人才不断产生。要创新人才培养模式，就必须深化教育教学改革，按照新的人才培养观念，坚持知行结合、因材施教。

4.完善教学评价。建立科学合理的教学评价标准和人才标准。记录学生的成长过程，促进学生乐观向上、自主自立、努力成才。注重学生的综合评价，完善学生评价以及选拔制度，规避单纯追求学历高低的倾向。

5.完善考试制度。克服一考定终生的弊端，学校可以选择自主招生考试。义务教育可以免去考试就近上学，高等中学可以推行学业水平考试和综合素质评价。对于高等学校录取学生而言，可以使学生统一参加高考的时候，对他们的高中学业水平成绩多方位考量，全国统考可以尝试文理不分科，外语科目社会化考试（一年多次可以参与报名考试）。倡导终身学习的观念。

（二）民族教育体制政策

教育体制改革政策要解决的是各级各类教育实现发展的路径问题，国家要根据少数民族和民族地区的特点制定改革民族教育体制的政策规范。

我国社会主义民族教育政策从思想上、制度上、组织上、措施上，较为全面、系统、有针对性地解决了民族教育方面的问题，今天已基本形成了比较完整的少数民族教育政策体系。可以说，我国少数民族教育政策的实践过程全面反映了中国民族教育发展所取得的巨大成就，这些成就也是党和国家在我国民族教育政策制定和实施中所起的正确引导作用的反映。民族教育政策的实践过程是一个在发展民族教育事业实践中不断探索和在认识上不断深化的过程。总之，对民族教育规律认识上的提升才能使民族教育政策上有创新，使实践不断完善。特别是改革开放以来，民族教育政策不断出现新的内容和举措更是促进了民族区域自治地区教育事业的发展，这些都加强和完善了我国少数民族教育政策制度，是民族教育积极发展的首要条件。

民族教育观念的更新是民族体制改革的前提，改革人才培养体制是核心，为了提高人才培养的水准，根本要求是使学生得到全面发展，将德智体美劳有机结合。教育的有效性不是看学生试卷答案有多么准确，分数有多么高，而是看学生的学习能力、动手能力、独立思考问题和解决问题的能力，看是否有社会责任意识，这样的人才观念才能人人成才，人人各有所才。

改革教育体制，建设现代学校制度，一定要正确处理政府、学校、社会的关系，推进政校分开。建设现代学校制度，完善中国特色现代大学制度，制定完善高等学校章程，包括民族院校大学章程，建设完善治理结构。办学体制改革得到深化，倡导政府、社会共同参与，办学主体多元化、形式多样化，以政府办学为主导地位，民办教育为辅助作用的格局。管理体制改革需要深入化，首先是转变政府管理职能，改善公共教育服务的水平，各级政府的责任一定要明确，做到责权分明、统筹协调、合理有序。为了发展民族教育事业，国家规定在中央及各级地方政府的教育部门内，必须设立少数民族教育机构承担发展少数民族教育的责任。规定各级民族区域自治地方的教育行政机构，应把发展与改革民族教育作为本地区教育工作的重点。民族自治地方以及少数民族人口较多的省、地、县，要在教育行政部门内设置民族教育机构或配备专人，加强对民族教育的领导和管理。

1952年，政务院做出《关于建立民族教育行政机构的决定》，主要内容包括：教育部设民族教育司；各大行政区人民政府教育部设立民族教育处（科）或有关处科内设专职人员；各省、市、专署、县分别设立适当的民族教育行政机构或专职人员；各级地方政府的民族教育机构与该部门的其他机构要适当分工，少数民族教育司、处、科负责民族教育的行政、经费、师资、学制、课程、教材等方面事项的管理。1955年，教育部发布《全国民族教育行政领导问题》的意见，其基本精神是：各级教育行政部门应该不断完善和健全民族教育行政机构，明确民族教育行政机构的工作范围，加强民族教育的思想领导工作。1981年，第三次全国民族教育会议上，重申了1952年《关于建立民族教育行政机构的决定》精神，要求恢复、建立和健全"文化大革命"中被破坏的各级民族教育行政机构。国家民委设有教育司专职民族教育事务机构。这些民族教育行政机构的职能是在民族教育工作中贯彻党和国家的民族政策和教育政策，并依据国家机关制定的民族教育规章制度组织、领导和管理少数民族教育事业，民族教育管理机构的设立，对民族教育的指导有很大的积极作用，特殊性的特点为教育工作加强领导，如宗教干扰学校教育、举办寄宿制民族中小学、采用一些政策协调少数民族学生上学比例、加大投入民族教育费用等问题。强化这项工作的领导，是民族地区新时代建设的需要，是提高民族教育质量、增强民族凝聚力和团结精神的需要。

深化招生就业体制改革。国家有关部门对民族地区及少数民族招生就业采取积极政策，提高少数民族学生教育水平。20世纪50年代，国家有关部门就曾做出高等学校或一般中学录取少数民族学生应制定适当的入学成绩标准，并在他们入学后提供适当补习条件的规定。70年代末恢复高考制度后，国家出台的政策文件规定，高等学校在录取边疆或牧区的少数民族考生时，可以根据当地实际情况适当降低录取分数，对毕业的少数民族学生，根据所学专业、民族和籍贯等条件，尽量安排到本地区的民族机关和学校工作，为更好地工作提供资源和条件。但是，目前少数民族招生就业优惠政策面临新的形势和特点。例如，高考加分政策作为国家为消除教育机会事实上不均等而实行的一项补偿性政策，当前，我国已有16个少数民族接受高等教育的水平已经超过了全国平均水平，因此需要对少数民族招生就业政策进行改革，在国家通用语言已经普及、教育水平大体相同的地区可以缩小政策差距，逐步做到一律平等；对语言文化差异较大、教育质量还不高的地区，除了应该大力普及双语教育、调整专业设置、提高教育质量外，还要继续实行高考加分政策。

深化教育体制改革，国家要根据《中华人民共和国宪法》和《中华人民共和国民族区域自治法》制定关于尊重和保障民族自治地方自主管理和发展本地方的教育权利的政策规范，遵照国家教育方针和法律法规，确定地方学校的设置、学制、办学形式、教学内容、教学用语和招生办法，力争扫除文盲，普及九年义务教育，多种形式开展中等教育，培养少数民族人才。在少数民族贫困地区设立寄宿小学和中学，建立奖学金机制，帮助学生顺利完成义务教育的学习。经费和助学金由当地财政解决。依据新时期新阶段特点，使民族各地区的教育协调发展，确保学龄儿童都能接受义务教育，提高教学质量。加快民族地区高中阶段的教育，在资源较薄弱地区投资建立新的高中阶段学校，大力发展民族职业教育。积极发展民族高等教育，优秀人才的引入，巩固学科建设，提高办学质量，使高校民族预科班得到快速发展。

语文课程得到普及，使用汉语言文字。支持少数民族使用本民族语言，积极开展学前双语教育。加强双语教育的师资力量、教学活动、教材编写等方面仍需要国家的大力支持。由于有的少数民族学生有本民族的语言文字，为了使更多学生入学，国家对少数民族学生提供特殊待遇。如"只要他们的学科成绩达到最低录取标准，汉语程度估计能够听懂讲课，则予以优先录取"。有的民族学校可以用本民族语言单独招生考试，甚至有的聚居区的学生可以免考外语。如果有学生报考民族语的学校，那么民族聚居区学生可以用该民族的文字完成试卷。民族自治区用本民族语言上课的学校，可以不参加国家统一的考试，可以自己命题、考试和录取。使用本民族语言上课的民族中学毕业生，在报考汉语授课的高等学校时，应该参加全国统一的考试，汉语言则由教委另外命题，汉语言答卷。

（三）民族教育教师政策

加强教师队伍建设，造就业务能力强、职业道德高尚、充满活力的优质教师队伍。国家要制定与少数民族教师队伍建设相配套的政策规范，加大对民族地区师资培训力度，提高教师的政治素质和业务素质，以保障各级各类民族学校的教育教学的需要和高质量人才的培养。其主要有五个方面：第一，明确建设高质量教师队伍的目标和方向；第二，加强教师师德建设；第三，增强教师业务能力水平；第四，改善教师的待遇和社会地位；第五，健全各级教师管理制度。现分述如下：

1.提高教师队伍的质量

好的教育离不开好的教师，应明确建设高质量教师队伍的目标和方向。提升教师综合素质，培养业务能力强、职业道德高尚、充满活力的优质教师。

2. 增强教师师德建设

师德是教师知识修养和文化品位的体现，需要教育培养，更需要自我修养，广大教师应坚持以德立身，自尊自律。教师要带头弘扬社会主义道德和中华传统美德，关爱学生，崇尚科学，严谨笃学，自觉坚守精神家园，坚守人格底线，做学生健康成长的指导者和引路人，以高尚的情操和道德风范影响和感染学生。将师德作为评价教师的重要标准。采取综合有效的措施，形成整个社会的良好学术道德和风气，严肃查处学术不端和学术腐败行为。

3. 提高教师业务能力水平

做好教师培养培训科学规划，完善教师培养培训体系，优化各级教师队伍结构，提高教师教学质量和教书育人的本领。积极投身教育改革，通过建立研修培训、学术交流、脱岗轮训、带薪培训等方式，造就一批教学骨干和学术带头人。

重点培养农村教师，提高小学教师的综合素养。完善农村教师制度政策和补充机制，吸引更多优秀先进人才到农村基层等艰苦地区从教。积极全面推进全国师范类学生的免费教育政策，完善特设中小学义务教育学校教师特设岗位计划和代偿机制，鼓励高校毕业生到农村基层等艰苦边远地区执教。改善农村教师培养制度，进行为期五年的教师培训规划。推进教育改革，构建以高等师范类院校为主、综合类大学参与的教师教育体系。制定一套培养教师新型模式，加强实践的训练，增强教学经验，提高教师质量。

把"双师型"教师作为重点，提高职业院校教师队伍整体素质。依托高等院校和社会相关企业，共建"双师型"教师培养培训基地。加大培养培训力度，完善教师企业实习实践制度和相关人事制度，聘任有丰富实践经验的高技能人才任兼职教师。

把中青年教师和教育创新团队作为重点，提高高校教师队伍整体素质。提高高校教师的科研创新和教学能力。促进跨学科、跨单位合作，形成产学研一体的高水平教学和科研创新团队。合理分配薪酬，进行人性化的人事管理，挖掘优秀中青年教师。加快实施海外高层次人才引进计划、"长江学者"

和"国家杰出青年科学基金"等人才项目，为高等院校集聚具有国际影响力的学科领头人才。

4.提高教师社会地位和待遇

全社会要弘扬尊师重教的良好风尚，尊重教师的辛勤劳动，关心教师健康，维护教师权益，注重改善教师的工作生活条件，吸引更多人从事教师行业。按教师平均工资水平不低于当地公务员平均工资水平的原则，落实教师绩效工资制度，将薪酬待遇和个人工作成效密切挂钩。对工作偏远地区的教师提供优待条件，如工资、职务等方面实行倾斜政策，为教师提供临时住所。制定优惠政策和津贴标准，改善教师工作生活条件，提高教师的政治和社会地位。完善教师医疗养老等社会福利保障政策，把广大教师的积极性和创造性更好地发挥出来，对长期在农村地区从教以及作出突出贡献的教师给予奖励，在全社会大力宣传和弘扬优秀教师的先进事迹和高尚品德。

5.健全各级教师管理制度

严格限制各级教师准入标准，注意教师的任职学历标准和品行要求。制定教师资格证书制度，并定期登记，保证整个教师队伍的健康发展。对幼儿园制定教师配备标准，在中小学建立统一的教师职务（职称）等级，并逐步实行城乡统一的编制标准，同时对农村基层等艰苦边远地区实行倾斜政策。在职业学校探索设置正高级教师职务（职称）。加强各级学校岗位管理，创新教师人才聘用和晋升方式，规范人事管理，完善奖惩机制，激发广大教师从教的积极性、主动性和创造性。建立健全中小学教师和校长流动及退出机制。中小学教师在评职称时，要求有一年以上的教学经验（在农村学校或薄弱学校）。制定校长任职资格标准，推进岗位培训工作和校长队伍管理的规范化、制度化和科学化。

创造有利条件，深化教育体制改革，鼓励校长和教师在实践中大胆探索，优化教学结构，更新教学内容，改进教学方式，形成适合中国国情的教学特色和办学风格，造就一批有真才实干的教育家。大力表彰和宣传模范教师的先进事迹，特别是终身从事中小学教育事业的典型，让尊师重教蔚然成风，对有突出贡献的教育工作者设立荣誉称号，让教师成为受人尊敬，值得羡慕的职业。

（四）民族教育经费政策

教育经费政策所要解决的是切实保障教育事业改革发展所需的物质基础。在加速实现教育现代化建设条件下，国家要制定保障教育经费投入的政策规范，以保障教育事业改革发展的物质基础，其主要内容有三个方面：一是加大教育投入；二是完善投入机制；三是加强经费管理。这是我国从人力资源大国走向人力资源强国、从教育大国走向教育强国的必要条件和物质基础。

1. 加大教育投入

教育投入是一项长远发展性的投资，也是发展教育事业的物资基础。

国家和地方政府要深入加大民族教育的支持。建立以政府投资为主，各个渠道汇聚教育经费，大大地提高教育的投资。

各级政府要优化各项财政收入和支出，将教育视为重点投资区域。严格按照教育法律规定，使学生的教育费用有所增长，确保学校教师和学生办公经费有所提高。

不断扩大各种社会资源，多途径使得教育投入增长。财政、税收、金融和土地的优惠政策得到落实，积极倡导社会力量的捐助和出资。适时考虑当地经济发展状况。

2. 改善投入机制

确定教育政府的公共服务职能，加强教育经费的投入，学校办学资金得到保证。各地学校要根据国家办学的基本标准和教育基本要求来制定各个学校每个学生的收费标准和拨款基本标准。

国务院和地方各级人民政府承担起各自的职责，将义务教育纳入财政保障的范围，各个省、自治区以及直辖市人民政府落实投入体制。中央和地方的财政要共同承担一定比例的农村义务教育经费。提高义务教育的资源设施。

非义务教育需要政府、受教育者和其他渠道共同分担经费的投入。学前教育需要政府、社会创办者和家庭共同承担经费。中等教育实行财政投入为主，其他途径筹资为辅。中等职业教育需要政府和各个企业的社会力量共同筹资经费。高等教育实行创办者投入为主、受教育者和社会捐赠等途径进行分担。

进一步巩固农村、贫困地区、民族地区的教育投入。巩固关键区域和薄弱环节，尽可能解决相关突出问题。大力开发远程教育，使优质资源能扩展到各个地区。

健全国家资源政策体系。根据每个地方学校教育的发展情况，对农村困难家庭和城镇低保家庭子女的学前教育予以资助。提高农村困难家庭义务教育的生活补助标准，完善中小学生营养均衡摄入。建立普通高中家庭经济困难学生国家资助制度。完善助学贷款机制。对研究生教育收费制度更加健全，改善资助机制，设立国家奖学金。

3. 加强经费管理

严格执行国家财政资金管理法律制度。为了提高预算执行效率，必须建立科学化的管理机制，设立高等教育拨款咨询委员会，统筹经费分配。加强学校财务会计制度建设。公办高等学校的总会计师需由政府委派，目的在于加强经费使用监督，对大型项目建设和经费使用情况进行审计，保证经费使用的过程规范、安全、有效，并且对大型项目的经费进行考评，防止国家资产流失，提高利用效率。改善学校收费，坚持勤俭节约的办学原则，拒绝铺张浪费。

民族教育政策体系中的五项基本政策内容，是根据党和国家新世纪以来制定的教育政策和民族教育政策文本而来的。其一，在教育政策方面，主要有：国务院批转教育部《2003—2007年教育振兴行动计划》《国家教育事业发展"十一五"规划纲要》《中共中央关于全面深化改革若干重大问题的决定》等；其二，在民族教育政策方面，主要有：《国务院关于深化教育改革加快发展民族教育的决定》，中共中央、国家民委、教育部《关于进一步办好民族院校的意见》，中共中央办公厅、国务院办公厅印发《关于进一步加强西部地区人才队伍建设的意见》，国务院办公厅关于印发《少数民族事业"十一五"规划》，国家民委关于印发《国家民委中长期人才发展规划》等。由于我国是一个统一的多民族的社会主义国家，其文化教育是一种"多元一体"的结构，这就决定了我国民族教育政策体系既有共同性，又有特殊性，共同的就适用共同的政策，特殊的就适用特殊的政策，两者之间是辩证统一的有机结合，是符合中国国情的。

三、民族教育政策体系的具体政策

所谓具体政策，是指在社会基本活动领域之下更小的范围中发挥作用的政策。也有学者称这种层次的政策为实质政策，是为解决社会发展中某个领域某个区域中的具体问题的具体政策或实质政策，有时可能是通过一项措施、一个工程表现出来的。具体政策有自己的范围、地位、特点和功能。具体政策有特定的范围层次和地位。有的政策著作中又称具体政策为实质性政策，它主要是指中、下层公共管理部门在特定时期、特定范围，为解决特定问题所规定的行动目标、任务和准则。同时，具体政策的表现形式也多种多样，有计划、条例、法规、章程、说明、措施、办法、细则、项目，等等。具体政策在政策的纵向结构中处在最低的层次上。它是在基本政策的指导下制定出来的，是基本政策的具体化；具体政策是将基本政策所规定的目标与任务付诸实施的工具与手段；具体政策是同具体时间和空间中的政策问题联系在一起的，它处在基层和公共管理的前沿位置上，因而是解决实际问题的依据。

自新中国成立以来，党和国家制定了一系列具体的民族教育政策，开始发展社会主义少数民族教育事业。据有关文献资料的不完全搜集，截至目前，在不同历史时期，由党和国家专门制定的发展少数民族教育的主要政策文件大致可分为民族基础教育政策、民族高等教育政策、民族职业教育政策、民族成人教育政策、民族预科教育政策、民族特殊教育政策等。1953年，教育部批复了《关于兄弟民族应用何种语言教学的意见》；1956年，中共中央转发了《民族事务委员会党组关于少数民族语文工作中几个问题的报告》，同年，高等教育司印发了《关于优先录取少数民族学生事宜》，教育部印发了《民族学院政治训练班暂行教学计划草案》、《关于内地支援边疆地区小学师资问题的通知》和《民族问题与民族政策教学大纲》三个文件，教育部发布《关于继续派援藏教师的通知》，中共中央、国务院批准了教育部、国家民委《关于加强民族教育工作的意见》；1983 年，国家民委、教育部、财政部印发《关于民族学院干部轮训转向正规培训的意见》；1987 年，国务院批转《关于改革和发展西藏教育若干问题的意见》。

　　除了以上由党和国家专门制定的具体的少数民族教育政策外，党和国家关于发展少数民族教育的政策还大量反映在其他的相关教育政策和法规之中，并且，在党和国家其他的政治、经济、财政、文化、文字等有关政策中，也有大量的关于发展少数民族教育的相关政策。这些政策和法规同样也是不同历史时期发展少数民族教育事业的依据。①

---

① 金东海主编:《少数民族教育政策研究》，甘肃教育出版社 2002 年版，第 26—30 页。

第 八 章

民族教育政策的基本内容

新中国成立初期，民族教育得到初步发展。自改革开放以来，民族教育快速发展。党和国家从少数民族和民族地区的实际出发，积极探索具有中国特色的民族教育政策体系和内容的完善机制，大力发展民族教育。实施科教兴国和西部大开发战略以来，民族教育形势发生了根本性变化，一个具有中国特色的从初等到高等民族教育的体系框架逐步形成，成为国民教育体系的重要组成部分。

第一节　民族基础教育政策

新中国成立以来，党和国家出台了一系列政策，从指导思想、任务目标、实施措施、保障办法等方面给予规定，民族基础教育发展环境逐步改善，民族学前教育、中小学教育规模和质量都有了显著的提升。

一、民族学前教育政策

新中国成立后，党和国家明确规定了民族学前教育是社会主义教育事业的组成部分。1951 年，政务院正式发布《关于学制改革的决定》，明确地把幼儿教育作为新学制的第一环，明确提出学前教育是中国社会主义教育事业的一个重要组成部分。1952 年，教育部出台《幼儿园暂行规程（草案）》，具体规定了幼儿园的任务、四大目标等。这些规定逐步使民族学前教育的管理工作、教学工作、培养目标、保障措施等走上正规化和科学化轨道，为民族学前教育的发展明确了目标、落实了措施。

由于民族地区经济落后，民族学前教育事业的发展不可能全部依靠国家投资，因此，党和国家采取公办、民办并举的方针，逐步解决了广大少数民族群众的学前教育需求。1956 年，教育部等三部门出台了《关于托儿所、幼儿园几个问题的联合通知》，指出："目前托儿所、幼儿园的办理，仍可采用多种多助办法，不必过早强调统一，也不应有过高过多的要求；但必须明确以办理整日制（即日托）托儿所、幼儿园为努力方向，并应根据各地不同情况和条件，逐步加以整顿和改进。"[1] 针对各少数民族存在的诸多差异，民族学前教育必须把社会主义的内容同形式很好地结合起来。在学前教育方针指导下，实行"两条腿走路"，从而保证民族学前教育健康地、迅速地发展。

1978—1988 年，是民族学前教育的恢复时期。党和国家重申了幼儿教育是社会主义教育事业的组成部分、是培养有社会主义觉悟的有文化的劳动者的基础等基本内容，并采取一系列政策措施，使民族学前教育回到正确的发展轨道。

1979 年，教育部出台《城市幼儿园工作条例（试行草案）》，共 5 章，包括总则、幼儿园工作任务、卫生保健和体育锻炼等基本内容，对幼儿教育的方针、目标、内容和制度作了详尽的规定，其中特别强调："要尊重少数民族的风俗习惯。"[2]"教养员应该说普通话。少数民族地区的幼儿园可使用本民族语言进行教育教学。"[3] 有力地促进了民族学前教育的发展。

---

[1]　谢启晃著：《中国民族教育史纲》，广西教育出版社 1989 年版，第 100 页。

[2]　国家教育委员会办公厅编：《教育工作文件选编（1979）》，人民教育出版社 1986 年版，第 120 页。

[3]　国家教育委员会办公厅编：《教育工作文件选编（1979）》，人民教育出版社 1986 年版，第 122 页。

1981年，教育部印发的《幼儿园教育纲要（试行草案）》，对幼儿特点与幼儿园教育任务、幼儿园教育的内容与要求、教育手段及注意事项等内容作出了明确规定，并特别要求："少数民族的幼儿学会本民族语言。"[①] 它的颁发有助于民族学前教育工作者把握方向，理清思路，引领民族学前教育事业迅速恢复正常秩序。1983年，教育部出台的《〈关于发展农村幼儿教育的几点意见〉的通知》指出："在我们这样一个人口众多、经济尚不够发达的国家，发展幼儿教育必须坚持'两条腿走路'的方针，农村应以群众集体办园为主，充分调动社（乡）、队（村）的积极性，县镇则应大力提倡机关、厂矿、企事业、街道办园，并支持群众个人办园。与此同时，要积极恢复和发展教育部门办的幼儿园。"[②] 并对建设一支稳定、合格的幼儿教师队伍进行了详细部署。1989年，国家教委发布《幼儿园工作规程（试行）》，规定了民族学前教育的任务、目标和保障措施。

1992年，国务院出台的《九十年代中国儿童发展规划纲要》指出："重点支持少数民族、边疆、贫困地区儿童工作的发展。"[③] 1995年发布的《中华人民共和国教育法》规定："国家实行学前教育、初等教育、中等教育、高等教育的学校教育制度。"[④] 明确规定民族学前教育为基本的教育制度。

1997年，国家教委正式发布《关于印发〈全国幼儿教育事业"九五"发展目标实施意见〉的通知》，详细规定了民族地区幼儿教育事业"九五"发展指标（见表8.1）。[⑤]

---

① 瞿葆奎主编：《中国教育改革》，人民教育出版社1991年版，第711页。

② 中央教育科学研究所编：《中小学工作手册》，法律出版社1985年版，第84页。

③ 本书编委会编：《中华人民共和国立法司法行政解释全书》第六卷，中国言实出版社1997年版，第6131页。

④ 本社编：《中华人民共和国教育法 中华人民共和国义务教育法 中华人民共和国教师法》，中国法制出版社2010年版，第4页。

⑤ 中国学前教育研究会编：《中华人民共和国幼儿教育重要文献汇编》，北京师范大学出版社1999年版，第474—475页。

表 8.1 第三片九省（区）幼儿教育事业"九五"发展指标统计

内蒙古	到 2000 年，全区 4—6 岁幼儿入园率将达到 40%，如果将接受非正规教育的幼儿算在内，4—6 岁幼儿入园率将达到 42%
广西	到 2000 年，全区 3—6 岁幼儿入园（班）率基本达到 50%
贵州	到 2000 年，全省学前三年入园（班）率将达到 50%
云南	到 2000 年，全省学前三年幼儿入园（班）率达到 30% 左右
西藏	到 2000 年，全区 3—5 岁幼儿入园率达到 35%
甘肃	到 2000 年，全省 1—6 岁幼儿入园（班）率将达到 34.80%
青海	到 2000 年，全省 3—5 岁学前幼儿入园率将达到 35%
宁夏	到 2000 年，全区 3—6 岁幼儿入园率将达到 35%
新疆	（暂缺）

1999 年，中共中央、国务院发布的《关于深化教育改革 全面推进素质教育的决定》强调："实施素质教育应当贯穿于幼儿教育、中小学教育、职业教育、成人教育、高等教育等各级各类教育，应当贯穿于学校教育、家庭教育和社会教育等各个方面。在不同阶段和不同方面应当有不同的内容和重点，相互配合，全面推进。在不同地区还应体现地区特点，尤其是少数民族地区的特点。"[1]

2001 年，国务院正式印发《中国儿童发展纲要（2001—2010)》，特别强调指出："建立并完善 0—3 岁儿童教育管理体制……积极探索非正规教育形式，满足边远、贫困地区及少数民族地区幼儿接受学前教育的需要。"[2] 同年 7 月，教育部出台的《幼儿园教育指导纲要（试行）》提出："少数民族地区还应帮助幼儿学习本民族语言。"[3]对于新世纪民族学前教育政策的完善和发展有着重要的意义。

2003 年，国务院办公厅转发《教育部等部门（单位）〈关于幼儿教育改

① 中共中央文献研究室编：《十五大以来重要文献选编》（中），中央文献出版社 2011 年版，第 38 页。

② 《中国儿童发展纲要（2001—2010)》，《中国妇运》2001 年第 6 期，第 17 页。

③ 《幼儿园教育指导纲要（试行）》，《中国教育报》2001 年 8 月 15 日，第 3 版。

革与发展指导意见〉的通知》，提出今后五年（2003—2007年）幼儿教育改革的总目标，并要求各省（区、市）"积极扶持农村及老少边穷地区的幼儿教育工作"[①]。对于规范、调控民族学前教育办园行为提供了依据。

2010年7月，中共中央、国务院正式出台《国家中长期教育改革和发展规划纲要（2010—2020年）》，把学前教育单独作为一章，提出了到2020年学前教育的发展目标，要"重点发展农村学前教育""支持贫困地区发展学前教育"[②]。11月，国务院出台《关于当前发展学前教育的若干意见》，提出了加快推进学前教育发展的十条政策，其中，特别要求："中央财政设立专项经费，支持中西部农村地区、少数民族地区和边疆地区发展学前教育和学前双语教育。地方政府要加大投入，重点支持边远贫困地区和少数民族地区发展学前教育。规范学前教育经费的使用和管理。"[③]

2012年7月，国务院发布《关于印发〈少数民族事业"十二五"规划〉的通知》，提出"十二五"期间民族学前教育的主要任务是："支持民族地区大力发展公办幼儿园，积极扶持普惠性民办幼儿园发展，优先将农牧区幼儿园纳入学前教育项目支持范围，构建'广覆盖、保基本'的学前教育公共服务体系。"[④]

2013年，中共中央发布的《关于全面深化改革若干重大问题的决定》指出："推进学前教育、特殊教育、继续教育改革发展。"[⑤]2014年11月3日，教育部等三部门出台《关于实施第二期学前教育三年行动计划的意见》，决定2014—2016年实施第二期学前教育三年行动计划。重点任务之一是解决好连片特困地区、少数民族地区、留守儿童集中地区资源短缺问题；措施

---

① 《国务院办公厅转发〈教育部等部门（单位）关于幼儿教育改革与发展指导意见〉的通知》，《中华人民共和国国务院公报》2003年第12期，第14页。

② 《中共中央　国务院印发〈国家中长期教育改革和发展规划纲要（2010—2020年）〉》，《人民教育》2010年第17期，第4页。

③ 《国务院关于当前发展学前教育的若干意见》，《中华人民共和国国务院公报》2010年第34期，第5—6页。

④ 《少数民族事业"十二五"规划》，《中国民族报》2012年8月14日，第2版。

⑤ 《中共中央关于全面深化改革若干重大问题的决定》，《人民日报》2013年11月16日，第3版。

之一是财政性学前教育投入要最大限度地向农村、边远、贫困和民族地区倾斜。[①]

2015 年 8 月，国务院正式发布《关于加快发展民族教育的决定》，指明了民族学前教育发展的方向：到 2020 年，"民族地区学前两年、三年毛入园率分别达到 80%、70%。""科学规划、合理布局民族地区学前教育机构，支持乡村两级公办和普惠性民办幼儿园建设，新建、改扩建安全适用的幼儿园，开发配备必要的教育资源，改善保教条件，满足适龄幼儿入园需求。规范办园行为，强化安全监管，加强保教管理。合理配置幼儿园保教人员。重点支持民族地区实施学前教育三年行动计划。"[②] 在 7 天后召开的第六次全国民族教育工作会议对此进行了具体落实。

二、民族中小学教育政策

新中国成立以后，党和国家从少数民族和民族地区的实际情况出发，依据党的民族政策制定了一系列发展民族中小学教育的方针、政策和措施，使民族地区基础教育事业获得了迅速发展。经过新中国成立以来各族人民坚持不懈的努力，从根本上改变了少数民族和民族地区中小学教育事业极端落后的状况。

由于政治腐败、经济落后、民不聊生，旧中国普及义务教育只是一句空话。1949 年，《共同纲领》明确规定，实行团结互助，民族平等是我国处理民族问题和发展少数民族教育的基本原则和纲领。发展民族中小学教育，必须注重民族的特殊性和民族地区的特殊性。民族中小学教育的方针任务、学制和教学计划等在不同的历史阶段也有不同的规定和不同的内容。1951 年 11 月 23 日，政务院第 112 次政务会议批准教育部马叙伦部长《关于第一次全国民族教育会议的报告》中指出："各少数民族学校的教学计划、教学大

---

① 宗河：《2016 年全国学前三年毛入园率达 75%》，《中国教育报》2014 年 11 月 16 日，第 1 版。

② 《国务院关于加快发展民族教育的决定》，《中国民族报》2015 年 8 月 18 日，第 3 版。

纲应以中央教育部的规定为基础，并结合各民族的具体情况，酌量加以变通或补充。少数民族各级学校的学制，应遵照中央人民政府政务院关于改革学制的决定，结合各少数民族地区的具体情况，有步骤地实行改革和建立。"[①]为此，各个民族地区结合本地区的实际情况，规定了本地区民族中小学的学习年限和教学计划。如新疆规定有两种教学计划，一是 10 年制中小学，即中小学各 5 年。一是 11 年制，即小学 5 年，中学 6 年。青海省藏族中小学为 12 年制，即中小学各 6 年。

1980 年 10 月，教育部、国家民委联合出台《关于加强民族教育工作的意见》，明确要求从经费、师资、教材、教学方法等方面切实抓好民族中小学教育。1982 年，教育部正式出台《全国牧区、山区寄宿制民族中小学经验交流会纪要》，介绍了各地在办寄宿制学校中积累的三条经验。一是党委和政府加强领导。各省（区）党委和政府恢复和发展了民族教育，并相应地拨出一定数量的经费。各省（区）还制定了举办牧区、山区民族中小学的近期与远期规划。二是既要抓好教学，不断提高教学质量，又要抓好生活，创造良好的生活环境。三是坚持"两条腿走路"，实行国家办学和社队集体及个人办学相结合。[②] 同时，还指出了今后办好寄宿制中小学应注意的六个问题：一是必须继续提高对办好寄宿制民族中小学的认识。二是兴办寄宿制学校态度要积极，步骤要稳妥。三是牧区、山区办寄宿制学校的具体方针应是以举办寄宿制学校和全日制固定学校为主，实行多种形式办学。四是必须加强思想政治教育。五是在寄宿制民族学校教学中要进行一些改革的试点工作。六是必须认真加强教师队伍的整顿、培训和提高工作。[③]

1982 年通过的《中华人民共和国宪法》规定："国家举办各种学校，普及初等义务教育……"[④]1984 年通过的《中华人民共和国民族区域自治法》

---

① 谢启晃著：《中国民族教育史纲》，广西教育出版社 1989 年版，第 111 页。

② 何东昌主编：《中华人民共和国重要教育文献（1976—1990）》，海南出版社 1998 年版，第 2058 页。

③ 何东昌主编：《中华人民共和国重要教育文献（1976—1990）》，海南出版社 1998 年版，第 2058—2059 页。

④ 全国人大常委会办公厅联络局编：《中华人民共和国宪法及有关资料汇编》，中国民主法制出版社 1990 年版，第 10 页。

对此进行了具体落实，而对民族中小学教育的规定主要集中在第 37 条、71 条。第 37 条是关于民族中小学教育发展、资金、双语教学等内容的规定，第 71 条则规定："国家加大对民族自治地方的教育投入，并采取特殊措施，帮助民族自治地方加速普及九年义务教育和发展其他教育事业，提高各民族人民的科学文化水平。"①

1985 年，中共中央发布的《关于教育体制改革的决定》提出："实行九年制义务教育……"② 这是中央文件首次提出"九年制义务教育"，对于促进民族中小学的发展具有特殊意义。1986 年通过的《中华人民共和国义务教育法》，是我国颁布和施行的第一部关于教育的专门法律。第 47 条明确规定："国务院和县级以上地方人民政府根据实际需要，设立专项资金，扶持农村地区、民族地区实施义务教育。"③ 它为民族义务教育带来了全新的发展模式、管理机制与制度支持，对于民族义务教育发展实现历史性跨越具有重要意义，标志着民族中小学教育进入一个新的发展阶段。

1992 年 2 月，国务院正式出台《九十年代中国儿童发展规划纲要》，明确指出："今后十年，我国普及初等义务教育和扫除文盲的任务主要集中在经济不发达地区和少数民族地区，突出问题是解决女童就学困难。要采取特殊措施，在这些地域辽阔、居住分散、交通不便的省份，扩建和新建一部分小学或教学点，在有需要的地方，办好寄宿制小学和民族小学。注重培养少数民族女教师，在贫困地区建立女童奖学金制度，促进女童入学工作，继续办好女童班。"④10 月，国家教委办公厅印发的《关于对全国 143 个少数民族贫困县实施教育扶贫的意见》，提出了教育扶贫的三个主要任务，促进了民族中小学教育的发展。

---

① 《中华人民共和国民族区域自治法》，《中华人民共和国全国人民代表大会常务委员会公报》2001 年第 2 期，第 133 页。

② 中共中央文献研究室编：《十二大以来重要文献选编》（中），中央文献出版社 2011 年版，第 190 页。

③ 《中华人民共和国义务教育法》，《中华人民共和国全国人民代表大会常务委员会公报》2006 年第 6 期，第 439 页。

④ 本书编委会编：《中华人民共和国立法司法行政解释全书》第六卷，中国言实出版社 1997 年版，第 6132 页。

1992 年 10 月，国家教委、国家民委发布的《关于加强民族教育工作若干问题的意见》指出："要大力加强基础教育，积极创造条件，实施九年制义务教育……同时要调整好初中的布局，有计划地办好所有初中。"[①] 还对民族中小学师资建设、民族中小学办学形式、民族中小学教育的管理、教育扶贫和经费等方面做了具体规定。为了落实这一精神，国家教委、国家民委于 1993 年召开全国教育对口支援协作工作会议，有关省（区、市）教育部门负责人代表省（区、市）教委、教育厅（局）在会上签订了《教育对口支援协作协议书》。1994 年 3 月 10 日，国家教委办公厅、国家民委办公厅联合印发《关于〈全国教育对口支援协作工作会议纪要〉的通知》，要求要继续提高认识，把对口支援协作工作作为一项政治任务长期坚持下去；要增强紧迫感，加快落实对口支援具体项目的步伐；要进一步扩大支援协作的内涵，变单向的教育支援为教育、经济与技术的双向协作；加强协调和项目管理，逐步建立督察和表彰制度。

1992 年，国家教委民族地区教育司出台《关于印发〈全国民族教育发展与改革指导纲要〉（试行）的通知》。一是关于民族中小学教育目标方面，"要大力加强基础教育。"[②] 二是对民族中小学校舍、教学仪器、设备、图书资料和其他教学设施、教材方面进行了规定，如要求"八五"期间要加强民汉互译的名词术语规范化的研究和民族学生学习"双语"的教学研究。三是规定了民族中小学教师的选拔、待遇、培训等内容。四是提出了办学形式要适合少数民族和民族地区的实际和特点。学校布局要注意办学效益。五是关于民族中小学教育扶贫目标方面的规定：90 年代，国家教委将组织经济发达地区协助民族贫困县制定教育发展规划。[③]

1993 年 2 月，中共中央、国务院出台《中国教育改革和发展纲要》，提出 90 年代各级各类教育发展的具体目标之一就是："全国基本普及九年义务

---

① 司永成主编：《民族教育政策法规选编》，民族出版社 2011 年版，第 124 页。

② 郭齐家、雷铣主编：《中华人民共和国教育法全书》，北京广播学院出版社 1995 年版，第 195 页。

③ 郭齐家、雷铣主编：《中华人民共和国教育法全书》，北京广播学院出版社 1995 年版，第 196—199 页。

教育（包括初中阶段的职业技术教育）。"①10月通过的《中华人民共和国教师法》规定："各级人民政府应当采取措施，为少数民族地区和边远贫困地区培养、培训教师。""地方各级人民政府对教师以及具有中专以上学历的毕业生到少数民族地区和边远贫困地区从事教育教学工作的，应当予以补贴。"②1995年3月通过的《中华人民共和国教育法》再次重申义务教育为我国基本的教育制度，为民族义务教育的发展提供了法律保障。

1996年，国家教委下发《关于进一步加强贫困地区、民族地区女童教育工作的十条意见》（以下简称《意见》），对进一步加强贫困地区、民族地区女童教育工作提出加强领导、坚持依法治教、为女童创造就学条件、加强女教师培养和培训、坚持多种形式办学、教学内容应适应女童需要、广泛动员社会力量参与女童教育、利用国际援助合作项目等10条具体意见。《意见》指出：女童教育是普及义务教育的重要内容，各级政府必须提高对女童教育重要性的认识，把女童教育列入普及义务教育重要议事日程。要坚持有关女童教育的标准，凡未达到标准要求的，各级督导部门不得通过评估验收。《意见》要求：社会必须保障女童受教育的权利不受侵犯，学校必须依法为女童入学提供良好的受教育环境。有条件的地方可设立扶持女童教育基金，对因贫致入学难的少数地区和贫困家庭的女童可减免杂费和实行助学金制度。学校还应积极开展勤工俭学，帮助女童解决课本费、杂费及其他必需的费用。③《意见》还提出：在民族地区特别是在信仰伊斯兰教的地区，要根据需要，有计划地培养、增加女教师。政府和教育部门要关心贫困地区、民族地区女教师的工作和生活，提高她们的政治、业务素质，提高复式教学和双语教学的能力。要依需要和可能把培养和选拔女校长作为一项重要工作认真抓好。④

---

① 《中国教育改革和发展纲要》，《中国高等教育》1993年第4期，第10页。
② 《中华人民共和国教师法》，《中国高等教育》1993年第12期，第6页。
③ 教育部基础教育司义务教育实施处编：《义务教育法规文献汇编》，中国社会出版社1998年版，第231页。
④ 教育部基础教育司义务教育实施处编：《义务教育法规文献汇编》，中国社会出版社1998年版，第232页。

1999 年 1 月，国务院批转《教育部〈面向 21 世纪教育振兴行动计划〉的通知》，提出："继续扩大内地学校培养少数民族学生的规模，促进各民族素质的共同提高。基础教育阶段，要继续办好内地为边疆少数民族举办的教学班（校），适当扩大培养规模。内地高等学校要为培养少数民族的优秀专门人才做出更多贡献。要重视加强民族地区'双语'教育教学和师资培养培训工作。"① 该文件和 6 月出台的《关于深化教育改革 全面推进素质教育的决定》，对民族中小学教育的改革和发展产生了重大影响。

虽然到 20 世纪末民族中小学教育取得了飞跃式的发展，但进入 21 世纪，民族中小学教育存在的问题仍然很多，如民族中小学教育的均衡发展问题亟待解决；随着普及程度的提高，实现民族中小学教育从量的规模普及向质的提升转变也迫在眉睫。因此，党和国家采取了一系列政策，使民族中小学教育的普及程度和普及水平又上升到一个新的台阶。2001 年，国务院先后颁布《中国儿童发展纲要（2001—2010）》《关于基础教育改革与发展的决定》；2002 年，国务院又专门出台《关于深化改革 加快发展民族教育的决定》，对新世纪民族教育的指导思想、目标任务、基本原则及措施等作出明确而详细的规定。

2005 年，《国务院实施〈中华人民共和国民族区域自治法〉若干规定》颁布，第 19 条第一款规定："国家帮助民族自治地方普及九年义务教育，扫除青壮年文盲，不断改善办学条件，大力支持民族自治地方有重点地办好寄宿制学校；在发达地区普通中学开设民族班或者开办民族中学，其办学条件、教学和管理水平要达到当地学校的办学标准和水平。"② 第 20 条规定："各级人民政府应当将民族自治地方义务教育纳入公共财政的保障范围。中央财政设立少数民族教育专项补助资金，地方财政相应安排少数民族教育专项补助资金。国家积极创造条件，对民族自治地方的边境地区、贫困地区和人口较少民族聚居地区的义务教育给予重点支持，并逐步在民族自治地方的

---

① 《国务院批转教育部〈面向 21 世纪教育振兴行动计划〉的通知》，《中华人民共和国国务院公报》1999 年第 2 期，第 39 页。

② 《国务院实施〈中华人民共和国民族区域自治法〉若干规定》，《中华人民共和国国务院公报》2005 年第 20 期，第 8 页。

农村实行免费义务教育。"①

均衡发展是义务教育的战略性任务。在教育部于 2005 年出台《关于进一步推进义务教育均衡发展的若干意见》后，2006 年修订的《中华人民共和国义务教育法》，首次以法律的形式提出"促进义务教育均衡发展"②。为此，2007 年 2 月 27 日，国务院发布的《关于印发〈少数民族事业"十一五"规划〉的通知》指出："普及和巩固九年义务教育，全面落实农村义务教育阶段学生免收学杂费、对贫困家庭学生免费提供教科书、补助寄宿生生活费等政策，提高中小学公用经费保障水平。"③

2010 年出台的《国家中长期教育改革和发展规划纲要（2010—2020 年)》，专门把义务教育列为一章，并提出："努力缩小区域差距。加大对革命老区、民族地区、边疆地区、贫困地区义务教育的转移支付力度。鼓励发达地区支援欠发达地区。"④ 在"民族教育"专章中提出："巩固民族地区义务教育普及成果，确保适龄儿童少年依法接受义务教育，全面提高普及水平，全面提高教育教学质量。支持边境县和民族自治地方贫困县义务教育学校标准化建设，加强民族地区寄宿制学校建设。加快民族地区高中阶段教育发展。支持教育基础薄弱地区改扩建、新建一批高中阶段学校。"⑤

2012 年，国务院发布《关于印发〈少数民族事业"十二五"规划〉的通知》，提出"十二五"期间民族基础教育的新任务是："推进民族地区义务教育均衡发展，深化基础教育课程改革和教学改革，提高教育教学质量。""继续办好内地西藏班、新疆高中班……"⑥ 国务院于同年发布的《关于深入推进义

---

① 《国务院实施〈中华人民共和国民族区域自治法〉若干规定》，《中华人民共和国国务院公报》2005 年第 20 期，第 9 页。

② 《中华人民共和国义务教育法》，《中华人民共和国全国人民代表大会常务委员会公报》2006 年第 6 期，第 436 页。

③ 《少数民族事业"十一五"规划》，《中国民族报》2007 年 3 月 30 日，第 3 版。

④ 《中共中央　国务院印发〈国家中长期教育改革和发展规划纲要（2010—2020 年)〉》，《人民教育》2010 年第 17 期，第 5 页。

⑤ 《中共中央　国务院印发〈国家中长期教育改革和发展规划纲要（2010—2020 年)〉》，《人民教育》2010 年第 17 期，第 7 页。

⑥ 《少数民族事业"十二五"规划》，《中国民族报》2012 年 8 月 14 日，第 2 版。

务教育均衡发展的意见》，也对民族义务教育均衡发展作了详细规定。这些政策有力地推进了民族基础教育均衡发展，促进了内地西藏班、新疆高中班的发展。

2015 年 6 月，新中国成立以来第一个由国务院层面颁布实施的加强乡村教师队伍建设的《乡村教师支持计划（2015—2020 年）》出台，提出统一城乡教职工编制标准、职称（职务）评聘向乡村学校倾斜，还将建立乡村教师荣誉制度等。①

2015 年 8 月 11 日，国务院印发的《关于加快发展民族教育的决定》指出：到 2020 年，"义务教育学校办学条件基本实现标准化，九年义务教育巩固率达到 95%，努力消除辍学现象，基本实现县域内均衡发展。高中阶段教育全面普及，普职比大体相当，中职免费教育基本实现。"同时要求："民族地区义务教育发展规划、资源布局应主动适应扶贫开发、生态移民、城镇化建设等需要。大力推进民族地区义务教育学校标准化建设，全面改善贫困地区义务教育薄弱学校基本办学条件，缩小城乡差距和校际差距。因地制宜保留并办好必要的村小学和教学点。以提高教学质量为重点，实施民族地区中小学理科教学质量提升计划，深化课程和教学改革，开齐开足国家课程，开设具有民族特色的地方课程和学校课程。依法保障农业转移人口和其他进城务工人员随迁子女平等接受义务教育的权利。切实解决'大班额''大校额'问题。依法履行控辍保学职责，降低辍学率。建立健全农村留守儿童关爱服务机制。保障女童入学。"在提高普通高中教学质量方面提出："继续支持民族地区教育基础薄弱县普通高中建设，扩大优质教学资源，按国家规定标准配齐图书、实验室、教学仪器设备。全面深化课程改革，落实国家课程方案，加强选修课程建设，推行选课走班。强化基础知识和基本技能训练，加强理科课程和实验课教学，开展研究性学习、社区服务和社会实践，促进学生全面而又个性发展。全面实施普通高中学业水平考试和综合素质评价。推动普通高中多样化特色化发展，鼓励举办综合高中。"②特别是"高中阶段教

---

① 张烁：《致敬！330 万乡村教师》，《人民日报》2015 年 9 月 10 日，第 17 版。
② 《国务院关于加快发展民族教育的决定》，《中国民族报》2015 年 8 月 18 日，第 3 版。

育全面普及",对于提高少数民族和民族地区人口受教育年限,提升少数民族和民族地区人口素质具有特殊意义。其规定的目标与任务,在 8 月 18 日召开的第六次全国民族教育工作会议上再次给予明确规定和落实。

2015 年 10 月 29 日,通过的《中国共产党第十八届中央委员会第五次全体会议公报》明确指出:"提高教育质量,推动义务教育均衡发展,普及高中阶段教育,逐步分类推进中等职业教育免除学杂费,率先从建档立卡的家庭经济困难学生实施普通高中免除学杂费,实现家庭经济困难学生资助全覆盖。"① 既体现了党和国家对教育公平性的高度重视,也为全面落实《关于加快发展民族教育的决定》的主要目标、任务、措施提供了根本保障。

第二节　民族高等教育政策

新中国成立后,针对民族高等教育在 1949 年前极端落后的情况和形势,党和国家就目标任务、体制机制、经费投入等方面,采取了许多支持性政策,民族高等教育从无到有,从小到大,取得了显著成效。

一、民族高等教育初创时期的政策

1949 年 9 月,中国人民政治协商会议上通过《共同纲领》,第 53 条明确规定了民族文化教育的政策,是新中国成立初期发展文化教育事业的基本方针,也是改革旧民族教育、建立新民族教育的基本依据。

1950 年批准的《培养少数民族干部试行方案》和《筹办中央民族学院方案》。前者对各民族学院的办学宗旨、培养目标、课程内容、教学要求、

---

① 《中共十八届五中全会在京举行》,《人民日报》2015 年 10 月 30 日,第 1 版。

科学研究、经费等问题做了明确规定，是创建适合中国国情的少数民族学院而颁布实行的第一个重要方案。同时指出："目前以开办政治学校与政治训练班，培养普通政治干部为主，迫切需要的专业技术干部为辅。"[①] 这一办学宗旨也影响到民族自治地方的其他高等学校。

《筹办中央民族学院试行方案》（以下简称《方案》）包括五个方面，是新中国筹建中央民族学院而颁布的第一个实施方案，对中央民族学院的任务、系班设置、教学方法、科研机构、领导体制等问题做了明确规定。

新中国成立初期，民族地区最缺的是政权建设人才，因此，从新中国成立初期民族地区实际情况出发，为民族学院确定上述办学宗旨和具体办法是正确的。

二、民族高等教育发展时期的政策

1977—2001 年，是民族高等教育的发展时期。党和国家出台了一系列系统的政策，从改革民族高等教育体制机制入手，在经费、办学形式、师资队伍建设等方面给予了大力支持。

党的十一届三中全会后，随着国家工作重心的转变，进一步明确了新时期的培养目标和办学方向。1979 年，国家民委、教育部印发《关于印发〈关于民族学院工作的基本总结和今后方针任务的报告〉的通知》，系统总结了民族学院办学经验和教训，全面阐述了民族学院的性质、特点，对民族学院办学宗旨作了适时调整："现在，我国进入了新的历史时期，各民族学院必须把工作重点转移到社会主义现代化建设上来，坚决执行新时期党和国家对民族工作方面的任务，大力培养四化所需要的具有共产主义觉悟的政治干部和专业技术人才，为少数民族地区的社会主义现代化建设服务。"[②]1980 年，

---

① 何东昌主编：《中华人民共和国重要教育文献（1949—1975）》，海南出版社 1998 年版，第 67 页。

② 国家民委办公厅等编：《中华人民共和国民族政策法规选编》，中国民航出版社 1997 年版，第 427 页。

教育部、国家民委颁布的《关于加强民族教育工作的意见》继续强调：应采取多种途径和多种方法发展少数民族高等教育。

1984 年通过的《中华人民共和国民族区域自治法》规定："国家举办民族高等学校，在高等学校举办民族班、民族预科班，专门或者主要招收少数民族学生，并且可以采取定向招生、定向分配的办法。高等学校和中等专业学校招收新生的时候，对少数民族考生适当放宽录取标准和条件，对人口特少的少数民族考生给予特殊照顾。各级人民政府和学校应当采取多种措施帮助家庭经济困难的少数民族学生完成学业。"[1]

1992 年，国家教委、国家民委出台的《关于加强民族教育工作若干问题的意见》提出："八五"期间，要把工作重点放在适度发展、优化结构、改善条件、深化改革、提高质量上。[2] 同月，国家教委民族地区教育司印发《关于印发〈全国民族教育发展与改革指导纲要〉（试行）的通知》，对民族高等教育在 90 年代的工作重点、招生优惠政策、国际交流与合作等进行了规定。"有关主管部门和省、区人民政府，要大力支持和帮助民族学院改善条件、深化改革、发挥优势、提高质量、办出特色。"[3]

1993 年 1 月，国务院批转的《国家教委关于加快改革和积极发展普通高等教育的意见》尤其强调："对少数民族地区，国家和地方政府都要采取特殊政策和措施，积极扶持少数民族高等教育的发展。"[4]2 月印发的《中国教育改革和发展纲要》确定了民族高等教育改革和发展的思路、目标、内容和步骤，是建设中国特色社会主义民族高等教育的纲领性文件。

1993 年 7 月，国家民委印发《关于加快所属民族学院改革和发展步伐的若干意见》，既规定了民族学院改革和发展的原则、任务，也提出了一系列措施，如逐步扩大办学规模；努力提高科研水平，积极发展校办产业；继

---

① 《中华人民共和国民族区域自治法》，《中华人民共和国全国人民代表大会常务委员会公报》2001 年第 2 期，第 133 页。

② 司永成主编：《民族教育政策法规选编》，民族出版社 2011 年版，第 123 页。

③ 郭齐家、雷铣主编：《中华人民共和国教育法全书》，北京广播学院出版社 1995 年版，第 199 页。

④ 《国务院批转国家教委关于加快改革和积极发展普通高等教育的意见的通知》，《中华人民共和国国务院公报》1993 年第 2 期，第 5 页。

续加强师资队伍建设，努力提高待遇，鼓励教职工在本职岗位勤奋工作；进一步扩大对外开放等。1998 年通过的《中华人民共和国高等教育法》规定："国家根据少数民族的特点和需要，帮助和支持少数民族地区发展高等教育事业，为少数民族培养高级专门人才。"[①] 1999 年颁布的《关于深化教育改革全面推进素质教育的决定》，明确了民族高等教育在 21 世纪改革与发展的目标。

三、民族高等教育改革深化时期的政策

2002 年至今，是民族高等教育的改革深化新时期。党和国家实施了一系列发展民族高等教育的创新性政策措施，大大推动了民族高等教育前进的步伐。

2002 年，国务院出台的《关于深化改革　加快发展民族教育的决定》，对做好高校民族班和民族预科班的招生工作、实施培养少数民族高层次骨干人才计划等特殊政策进行了详细规定，标志着民族高等教育改革进入深化时期。

2005 年发布的《国务院实施〈中华人民共和国民族区域自治法〉若干规定》中规定："国家帮助和支持民族自治地方发展高等教育，办好民族院校和全国普通高等学校民族预科班、民族班。对民族自治地方的高等学校以及民族院校的学科建设和研究生招生，给予特殊的政策扶持。各类高等学校面向民族自治地方招生时，招生比例按规模同比增长并适当倾斜。对报考专科、本科和研究生的少数民族考生，在录取时应当根据情况采取加分或者降分的办法，适当放宽录取标准和条件，并对人口特少的少数民族考生给予特殊照顾。"[②]

---

① 《中华人民共和国高等教育法》，《中华人民共和国全国人民代表大会常务委员会公报》1998 年第 4 期，第 316 页。

② 《国务院实施〈中华人民共和国民族区域自治法〉若干规定》，《中华人民共和国国务院公报》2005 年第 20 期，第 9 页。

2010 年，《国家中长期教育改革和发展规划纲要（2010—2020 年）》颁布，把高等教育专列一章。在"民族教育"专章中又特别提出："积极发展民族地区高等教育。"[①] 在"组织实施重大项目"之"发展民族教育"中强调"支持民族学院建设"[②]。2012 年发布的《关于印发〈少数民族事业"十二五"规划〉的通知》，具体提出了"十二五"期间民族高等教育的任务等内容。

振兴中西部高等教育，是全面提高高等教育质量的重大举措。2013 年，教育部等三部门发布《关于印发〈中西部高等教育振兴计划（2012—2020 年）〉的通知》，明确了中西部高校具体的改革和发展目标。提出的指导原则是：突出应用服务，支持区域急需，强化特色发展，发挥主体作用，注重分类指导。在明确了 2020 年民族高等教育发展目标的基础上，具体规定了需要达成的三大主要任务：一是加强建设与发展涉及保护和弘扬优秀民族传统文化及西部地域特色文化、边疆文化、中原文化等地域特色文化的专业，以及民族传统工艺相关专业。二是继续实施面向贫困地区定向招生专项计划，适度扩大少数民族高层次骨干人才计划等。三是"十二五"期间，重点支持 100 所左右有特色、高水平的地方普通本科高校加快发展。[③]

2015 年 8 月 11 日，国务院发布的《关于加快发展民族教育的决定》指出：到 2020 年，"高等教育入学机会不断增加，高考录取率不断提高，学科专业结构基本合理，应用型、复合型、技术技能型人才培养能力显著提升。""优化高等教育布局和结构。制定实施民族地区高校布局规划、民族院校和民族地区高校学科专业调整规划。优先设置与实体经济和产业发展相适应的高等职业学校。积极支持有条件的民族地区设置工科类、应用型本科院校。引导一批民族地区普通本科高校和民族院校向应用技术型高校转型。以就业为导向，调整民族院校和民族地区高校学科专业结构，重点提高工、农、医、管

---

① 《中共中央　国务院印发〈国家中长期教育改革和发展规划纲要（2010—2020 年）〉》，《人民教育》2010 年第 17 期，第 7 页。

② 《中共中央　国务院印发〈国家中长期教育改革和发展规划纲要（2010—2020 年）〉》，《人民教育》2010 年第 17 期，第 14 页。

③ 《教育部　国家发展改革委　财政部关于印发〈中西部高等教育振兴计划（2012—2020 年）〉的通知》，http://www.gov.cn/gzdt/2013-05/22/content_2408927.htm。

理等学科比例，支持办好师范类专业，提升民族特色学科水平。硕士博士学位点设置、本专科研究生招生计划、高校人文社会科学研究基地、中央财政支持地方高校发展的专项资金等向符合规划、办学条件和质量有保障的民族院校和民族地区高校倾斜。办好民族院校。"①8 月 18 日，第六次全国民族教育工作会议再次进行了规定。

2015 年 10 月 22 日，国家民委、教育部出台《关于共建国家民委所属高校的意见》，标志着国家民委所属 6 所高校全部进入委部共建高校行列，教育部将进一步加强对委属高校改革发展的指导和支持。这样，必将进一步推动 6 所高校人才培养质量和办学水平的提升，进一步促进 6 所高校服务少数民族和民族地区发展、服务民族工作、服务国家大局能力的提升。②10 月 24 日，国务院发布《关于印发〈统筹推进世界一流大学和一流学科建设总体方案〉的通知》，不仅提出了到 2020 年、2030 年的总体目标，而且提出到本世纪中叶，基本建成高等教育强国。③ 这对于提升民族高等教育质量来说，无疑是个利好的政策。相信在若干年后，数所民族高校必将进入世界一流行列，民族高校的若干学科必将进入世界一流学科前列。

第三节　民族职业教育政策

新中国成立后，党和国家就发展目标、指导思想、主要任务、基本原则、经费投入、体制机制改革、招生就业等方面对民族职业教育制定了许多政策方针，民族职业教育逐步走上持续发展的轨道。

---

① 《国务院关于加快发展民族教育的决定》，《中国民族报》2015 年 8 月 18 日，第 3 版。

② 闵教：《国家民委和教育部决定共建民委所属高校》，《中国民族报》2015 年 10 月 30 日，第 1 版。

③ 董洪亮：《统筹推进世界一流大学和一流学科建设总体方案》，《人民日报》2015 年 11 月 6 日，第 6 版。

一、民族职业教育奠基阶段的政策

1949—1966年，是民族职业教育的奠基阶段。新中国成立后，按照《共同纲领》制定的"注重技术教育"的方针，1951年10月1日，政务院发布《关于改革学制的决定》，明确规定了中等技术学校的任务是培养工业、农业、交通、运输等方面的中级和初级技术人才。[①] 鉴于中等技术学校在数量与质量上远远不能适应民族地区发展的需要，1952年，政务院又颁布了《关于整顿和发展中等技术教育的指示》，也从八个方面明确了民族中等技术教育的发展方向和具体办法。

为了大力整顿并有计划地发展中等专业教育，加强领导，提高教学质量，1954年，政务院发布《关于改进中等专业教育的决定》，提出了各类中等专业学校要改进教学工作、中等专业学校章程、加强中等专业学校的领导等。同年，教育部发布的《中等专业学校章程》规定，凡初级中学毕业或具有同等学历、年龄为15至25周岁的中国公民，均可报考中等专业学校，但在民族地区入学年龄可放宽到30岁。[②]

二、民族职业教育发展时期的政策

1977—1999年，是民族职业教育的发展阶段。这一时期，党和国家颁布了许多政策，在指导思想、目标任务、保障措施等方面予以详细规定。

1980年，国务院批转《教育部、国家劳动总局〈关于中等教育结构改革的报告〉的通知》，为新时期民族职业教育政策的出台奠定了基础。1985年，中共中央出台的《关于教育体制改革的决定》提出："大力发展职业技

---

① 国务院法制办公室编：《中华人民共和国法规汇编》第1卷，中国法制出版社2005年版，第608页。

② 哈经雄、滕星主编：《民族教育学通论》，教育科学出版社2001年版，第448页。

术教育。"① 为了落实党的十三届七中全会提出大力发展职业技术教育的精神，1991年，国务院印发《关于大力发展职业技术教育的决定》，提出了90年代奋斗目标，专门强调："我国职业技术教育要走符合国情的发展路子。要坚持分区规划、分类指导，因地制宜地确定具体发展目标。要重视并积极帮助老、少、边、山、穷地区发展职业技术教育。"②

为了贯彻落实上述精神，大力发展少数民族和民族地区职业技术教育，1992年，国家教委出台的《关于加强少数民族与民族地区职业技术教育工作的意见》，是民族职业教育史上第一个专门性政策法规。一是第一次提出要高度重视职业技术教育在少数民族和民族地区经济建设和社会发展中的战略地位和作用。二是进一步明确了民族职业技术教育改革与发展的方向和路子。三是提出采取特殊政策和措施，推动职业技术教育的发展。四是要加强对民族职业技术教育工作的领导，要调整、充实、配备好职业学校的领导班子等。③

1992年，国家教委民族地区教育司出台《关于印发〈全国民族教育发展与改革指导纲要〉（试行）的通知》，提出：要积极发展多种形式的职业技术教育；在县城或条件较好的乡（镇）试行"5＋1"、"6＋1"或"3＋1"职业技术培训，使其成为当地农、牧、副、渔、交通、运输、饮食、服务等各业需要的初、中级实用技术人才。④

1993年发布的《中国教育改革和发展纲要》，指明了民族职业教育发展的目标。1996年通过的《中华人民共和国职业教育法》规定："国家采取措施，发展农村职业教育，扶持少数民族地区、边远贫困地区职业教育的发展。"⑤

---

① 《中共中央关于教育体制改革的决定》，《中华人民共和国国务院公报》1985年第15期，第471页。

② 《国务院关于大力发展职业技术教育的决定》，《中华人民共和国国务院公报》1991年第36期，第1258—1259页。

③ 国家民委办公厅等编：《中华人民共和国民族政策法规选编》，中国民航出版社1997年版，第578—581页。

④ 郭齐家、雷铣主编：《中华人民共和国教育法全书》，北京广播学院出版社1995年版，第199页。

⑤ 《中华人民共和国职业教育法》，《中华人民共和国全国人民代表大会常务委员会公报》1996年第4期，第85页。

民族职业技术教育进入法制化时期，为民族职业教育的发展指明了方向。

三、民族职业教育创新阶段的政策

2000 年至今，是民族职业教育的创新阶段。这个时期，党和国家出台了一系列创新性政策，推进民族职业教育在管理体制、办学形式等方面全面创新。

为了贯彻落实全国教育工作会议、中央民族工作会议精神，加快少数民族和民族地区职业教育的发展，2000 年，国家民委、教育部印发《〈关于加快少数民族和民族地区职业教育改革和发展的意见〉的通知》，是新世纪我国制定实施的第一个民族职业教育发展的政策性指导文件。与 1992 年的《关于加强少数民族与民族地区职业技术教育工作的意见》比较，有许多新提法。一是强调要充分认识职业教育在民族地区经济社会发展中的战略地位和作用。二是更加明确地提出了民族职业教育的办学指导思想是：一切从实际出发，始终坚持为少数民族和民族地区服务。三是详细而具体地提出了民族职业教育的五年目标。四是规定要坚持"因地制宜、按需施教、灵活多样、注重实效"的原则，积极探索适应少数民族和民族地区发展需要的职业教育办学模式。五是提出要进一步制定、完善发展民族职业教育的有关政策。①

2005 年 5 月通过的《国务院实施〈中华人民共和国民族区域自治法〉若干规定》中规定："国家采取措施，扶持民族自治地方因地制宜发展职业教育和成人教育，发展普通高中教育和现代远程教育，促进农村基础教育、成人教育、职业教育统筹发展。"② 为了落实这一精神，10 月，国务院发布的《关于大力发展职业教育的决定》指出："积极开展城市对农村、东部对西部职业教育对口支援工作。"各级财政安排的职业教育专项经费重点支持民族

---

① 《国家民委、教育部印发〈关于加快少数民族和民族地区职业教育改革和发展的意见〉的通知》，《中华人民共和国国务院公报》2001 年第 11 期，第 9—14 页。

② 金炳镐主编：《民族纲领政策文献选编》第二编，中央民族大学出版社 2006 年版，第 923 页。

职业教育发展等。①

2010 年出台的《国家中长期教育改革和发展规划纲要（2010—2020 年)》，把职业教育独列一章，对目标任务、保证措施进行了规定。在"民族教育"专章中特别指出："大力发展民族地区职业教育。加大对民族地区中等职业教育的支持力度。"②2012 年发布的《关于印发〈少数民族事业"十二五"规划〉的通知》，提出"十二五"期间民族职业教育的主要任务是："加快发展民族地区职业教育，办好一批适应当地经济发展方式转变和产业结构调整要求的职业院校，加大符合当地产业发展需求的优势特色专业建设支持力度，中等职业教育改革发展示范校建设项目、职业教育实训基地建设项目等国家实施的项目向民族地区倾斜。继续办好内地西藏班、新疆高中班和内地西藏、新疆中职班，鼓励和支持有关省区相对发达城市面向当地民族地区举办中职班。"③

2014 年 4 月，教育部办公厅、农业部办公厅出台《中等职业学校新型职业农民培养方案试行》，提出的招生对象："年龄一般在 50 岁以下，初中毕业以上学历（或具有同等学历），主要从事农业生产、经营、服务和农村社会事业发展等领域工作的务农农民以及农村新增劳动力。招生重点是专业大户、家庭农场经营者、农民合作社负责人、农村经纪人、农业企业经营管理人员、农业社会化服务人员和农村基层干部等。"④既是国家经济社会发展、科教兴国战略层面人才支撑的需要，也是我国广大农民个体层面实现以人为本、满足个人多样化的学习和发展的需要，是进一步推动现代职业教育面向农村和民族地区加快发展的重大战略部署。通过发展少数民族和民族地区的现代农业职业教育，把"文化教育"和"现代农业技能培训"有机结合起来，从"思想观念""综合素质"等多方面来迅速提高少数民族和民族地区农村贫困人口素质，真正变"输血"为"造血"，让贫困家庭的孩子都能接受公

① 《国务院关于大力发展职业教育的决定》，《中华人民共和国国务院公报》2005 年第 35 期，第 35 页。

② 《中共中央　国务院印发〈国家中长期教育改革和发展规划纲要（2010—2020 年)〉》，《人民教育》2010 年第 17 期，第 7 页。

③ 《少数民族事业"十二五"规划》，《中国民族报》2012 年 8 月 14 日，第 2 版。

④ 《中等职业学校新型职业农民培养方案试行》，《中国农村教育》2014 年第 5 期，第 4 页。

平的、有质量的教育，尽力阻断少数民族和民族地区农村贫困代际传递。

2014 年 5 月，国务院出台的《关于加快发展现代职业教育的决定》中规定："加强民族地区职业教育，改善民族地区职业院校办学条件，继续办好内地西藏、新疆中职班，建设一批民族文化传承创新示范专业点。"[1] 文件呈现若干突破性的亮点，对民族职业教育的发展将产生重大影响。

2014 年 6 月 16 日，教育部等六部门联合发布《关于印发〈现代职业教育体系建设规划（2014—2020 年）〉的通知》（教发〔2014〕6 号），提出："民族地区要从加快区域经济社会发展和促进各民族交流交融的要求出发，加快职业教育发展步伐，着力优化结构、提高质量，加强双语、双师型教师队伍建设，提升职业教育服务当地特色优势产业、民族文化和民族工艺、基本公共服务、社会管理和贫困家庭脱贫致富的能力。"[2] "中央和省级政府、发达地区加大对贫困地区、革命老区、民族地区、边疆地区职业教育的扶持、支援力度。改善民族地区职业院校办学条件。"[3] 至此，民族现代职业教育的顶层设计圆满完成。

2015 年 8 月，国务院出台的《关于加快发展民族教育的决定》指出："加快发展中等职业教育。适应培养创新创业人才和培育新型职业农牧民要求，合理布局民族地区中等职业学校，保障并改善基本办学条件。现代职业教育质量提升计划、优质特色学校建设等项目重点向民族地区倾斜。加强校企合作，推进产教融合，择优扶持发展民族优秀传统文化、现代农牧业等优势特色专业。聘请民族技艺大师、能工巧匠、非物质文化遗产传承人担任兼职教师。推进招生和培养模式改革，扩大中东部地区职业院校面向民族地区招生规模，提高民族地区中等职业学校毕业生升入高等职业院校比例，实现初高中未就业毕业生职业技术培训全覆盖。鼓励内地优质职业教育资源以及有条

---

① 《国务院关于加快发展现代职业教育的决定》，《中华人民共和国国务院公报》2014年第 19 期，第 10 页。

② 《教育部等六部门关于印发〈现代职业教育体系建设规划（2014—2020 年）〉的通知》，《职业技术教育》2014 年第 18 期，第 54 页。

③ 《教育部等六部门关于印发〈现代职业教育体系建设规划（2014—2020 年）〉的通知》，《职业技术教育》2014 年第 18 期，第 58 页。

件的企业在民族地区开办职业技术学校，落实税收等相关优惠政策。"① 在随即召开的第六次全国民族教育工作会议上再次进行了详细规范。

2015 年 10 月，教育部印发《高等职业教育创新发展行动计划（2015—2018 年）》，提出到 2018 年，专科层次职业教育在校生将达 1420 万人，接受本科层次职业教育学生达到一定规模，以职业需求为导向的专业学位研究生培养模式改革取得阶段成果，培养"中国制造 2025"需要的不同层次人才。同时，明确了高职创新发展的六个方面：实现发展动力由政府主导向院校自主的转变；要求高职院校实现发展模式从规模扩张向内涵建设转变；办学状态从相对封闭向全面开放转变等。② 它设计的 65 项任务和 22 个项目，将进一步优化民族高职教育的培养结构，进一步提升民族高职教育的发展质量。

第四节　民族成人教育政策

民族成人教育是民族教育的重要组成部分，新中国成立以来，党和国家非常重视发展民族成人教育，根据少数民族和民族地区经济社会发展的实际情况，从指导思想、目标任务、制度建设、保障措施等方面出台了一系列政策，民族成人教育迅速发展，并成功转型。

一、民族成人教育起步时期的政策

民族成人教育体系和制度的建立并纳入法制化轨道，是在新中国成立以后。新中国成立后 18 年（1949—1966 年），是民族成人教育的起步时期，

---

① 《国务院关于加快发展民族教育的决定》，《中国民族报》2015 年 8 月 18 日，第 3 版。
② 《为"中国制造 2025"培养不同层次人才》，《中国教育报》2015 年 11 月 4 日，第 5 版。

为了迅速发展民族成人教育事业，党和国家从少数民族和民族地区实际情况出发，从制度建设、师资队伍、经费支持等方面制定一系列政策，民族成人教育从无到有，由低级到高级，从局部到全面铺开。这一时期，初步建立了民族教育体制机制，以提升素质、扫除文盲为特征，以政治教育和文化教育为主，着重进行了少数民族干部教育培训和少数民族群众扫盲教育，以适应民族地区政权建设和社会改革的需要。

（一）民族干部教育培训的政策

少数民族干部对维护本民族内部和民族之间的团结，组织和带领各族群众进行革命和建设，起着不可替代的特殊作用。因此，党和国家为保证少数民族干部教育培训工作的性质、方向和质量，高度重视其培养和培训工作，颁布了一系列政策法规。

新中国成立之初，党在少数民族和民族地区的工作重点是建立政权和巩固政权，实行土地改革和民主改革，逐步建立社会主义制度。同时，要贯彻党的民族政策，推行民族区域自治，就需要大量少数民族干部。加之随着经济建设的发展，对少数民族各类技术人才的需要也非常迫切，仅有约 1 万人的少数民族干部远远无法满足当时革命和建设发展的形势需要。因此，大量培养少数民族干部就成为民族教育的首要任务。[①]

《中国人民政治协商会议共同纲领》即规定："加强劳动者的业余教育和在职干部教育，给青年知识分子和旧知识分子以革命的政治教育，以应革命工作和国家建设工作的广泛需要。"[②] 实际上，毛泽东等党的第一代领导集体高度重视少数民族干部培养工作的思想，早在革命战争时期就显露端倪。新中国成立后，有了进一步明确的阐述。1949 年 11 月，毛泽东在给中共中央西北局和彭德怀的电报中就指出：在"青海、甘肃、新疆、宁夏、陕西各省省委

---

① 中共中央党史研究室科研管理部、国家民族事务委员会民族问题研究中心等编：《中国共产党民族工作历史经验研究》上册，中共党史出版社 2009 年版，第 611 页。

② 《建党以来重要文献选编（1921—1949）》第 25 册，中央文献出版社 2011 年版，第 767 页。

及一切有少数民族存在的地方的地委，都应开办少数民族干部训练班，或干部训练学校。请你们注意这一点，要彻底解决民族问题，完全孤立民族反动派，没有大批少数民族出身的共产主义干部，是不可能的"①。这封电报指出了培养少数民族干部的意义、途径，对开创新中国的民族干部教育培训工作具有重要指导意义。1950年，毛泽东在党的七届三中全会上又指示："我们一定要帮助少数民族训练他们自己的干部，团结少数民族的广大群众。"②1951年，毛泽东在中共中央政治局扩大会议上再次指出："认真在各少数民族中进行工作，推行区域自治和训练少数民族自己的干部是两项中心工作。"③凸显了训练少数民族干部的重要性。在此基础上，毛泽东倡议创办中央民族学院。

1950年，《培养少数民族干部试行方案》和《筹办中央民族学院试行方案》被批准。前者规定了培养少数民族干部的基本任务和基本途径，后一个方案则是对筹办中央民族学院的原则性规定。两个方案对少数民族干部教育的方针任务、学校及训练机构的设置、教学内容和方法、民族语文教学和汉语教学、科研、经费和学生待遇等均有明确而具体的规定。④两个方案第一次系统地规定了新中国的少数民族干部教育政策和培养措施，标志其纳入正规化轨道。方案实施后，直接推动了民族学院的创建和各级各类民族干部学校、民族干部训练班的开设，在通过高中等专业学校大规模培养少数民族干部的同时，也利用各类短期教育形式培训了大批少数民族干部。

1951年，《关于改革学制的决定》出台，确定了社会主义学校教育制度，也使工人、农民的干部学校以及各种成人补习学校在学校系统中的地位有了明确的规定，从根本上保证了民族成人教育的地位。1953年，中共中央颁布的《关于加强干部文化教育工作的指示》指出："少数民族的干部文化学习，

---

① 国家民委政策研究室编：《中国共产党主要领导人论民族问题》，民族出版社1994年版，第42页。

② 国家民委政策研究室编：《中国共产党主要领导人论民族问题》，民族出版社1994年版，第45页。

③ 国家民委政策研究室编：《中国共产党主要领导人论民族问题》，民族出版社1994年版，第69页。

④ 何东昌主编：《中华人民共和国重要教育文献（1949—1975）》，海南出版社1998年版，第67—68页。

原则上应使用本民族的语文，但在自愿原则下，亦可采取当地社会生活中普遍应用的别种文字；其学制、课程及教学时间等，得根据具体情况，参照上述规定办理。"①这样，自新中国成立初期起，从中央到地方，通过各种方式培养培训少数民族干部。

（二）民族工农教育政策

中华人民共和国同以前的陕甘宁边区政府以及更早一些的中华苏维埃共和国政府有着历史的传承关系，就教育来讲，1949 年以后的成人教育实际上也是老解放区和苏区工农教育的延伸和发展。新中国的成立为在全国范围内推行以工农为主体的成人教育提供了政权的保障，这一点是国家的性质决定的。工人、农民是新中国的政治基础，他们不仅有全面享受教育的充分的权利，而且，他们受教育的程度也关系到人民民主专政的巩固和发展。所以，新中国成立以后，无论在各级各类的教育工作会议上，或是在各级政府颁布的政策法令中，都反复强调教育应该着重为工农服务，教育的普及要以工农为主要对象，强调发展职工的业余教育和农民教育。②这也是党和国家关于民族工农教育政策措施的理论基础。

1. 民族工农扫盲教育政策

新中国成立时，民族地区文盲甚多，有的文盲半文盲人口占总人口的95% 以上，一些边远落后地区还处于"结绳记事，数豆记账"③的状况。所以，扫除文盲不仅是党和国家关注的重要问题，也是民族成人教育的首要任务。1950 年，政务院出台《关于开展职工业余教育的指示》，规定了职工业余教育的对象、内容及方式等。

1950 年，政务院批转的《关于开展农民业余教育的指示》中首次提出了扫除文盲的对象和标准，并强调指出："少数民族地区，除按老区新区各

---

①　教育教研室编：《教育社论选辑》，北京师范学院出版社 1959 年版，第 264 页。

②　陆有铨著：《躁动的百年：20 世纪的教育历程》，北京大学出版社 2012 年版，第352 页。

③　孙若穷主编：《中国少数民族教育学概论》，中国劳动出版社 1990 年版，第 474 页。

采用不同方针外，并应特别注意民族政策的教育，及针对当地少数民族特点与情况，进行其他必要的教育。少数民族的文化教育除尚无民族文字者外以用本民族文字为原则，但在自愿的原则下，亦可采用当地社会生活中普遍应用的别种文字。"①1956年发布的《关于扫除文盲的决定》，对扫除文盲的任务、标准等作了具体规定，尤其强调："在少数民族地区和条件特殊困难的地区，应该根据具体情况确定扫除文盲的计划和速度。"②

全国扫盲工作的具体领导机构，最初是中央扫除文盲工作委员会。1954年11月18日，并入教育部，全国性的扫除文盲工作遂由教育部具体负责。1956年，全国扫除文盲协会成立。到该年底内蒙古等21个省（区、市）先后成立了扫除文盲协会或筹备组织，任务是广泛动员和组织知识分子、社会人士和一切识字的人参加扫盲工作，并动员和组织不识字的人接受识字教育等。③

2.民族工农文化教育政策

1949年12月，教育部出台《关于开展1949年冬学工作的指示》，对当年冬学的内容、教材、师资等提出了具体要求。12月，教育部召开第一次全国教育工作会议，草拟《工农速成中学实施方案》，要求全国的军队、机关、团体和学校为工农青年办速成中学。

党和人民政府一向重视民族职工教育，1950年9月，教育部和中华全国总工会联合在京召开第一次全国工农教育会议，对新中国成人教育的方针、制度、组织管理、经费、教学、师资等一系列问题进行了广泛讨论，会议的决定随后便以政府法令的形式加以颁布，主要有《关于举办工农速成中学和工农干部文化补习学校的指示》《关于开展农民业余教育的指示》《工农速成中学暂行实施办法》《各级职工业余教育委员会组织条例》等。这些成人教育方面的政策措施，也对民族成人教育的方针、政策、实施办法等作了比较全面的规定，有力地保证了民族成人教育各方面工作有序、健康地进行。

---

① 《关于开展农民业余教育的指示》，《人民教育》1951年第3期，第66页。
② 国务院法制局、中华人民共和国法规汇编编辑委员会编：《中华人民共和国法规汇编（1956年1月—6月）》，法律出版社1956年版，第486页。
③ 陆有铨著：《躁动的百年：20世纪的教育历程》，北京大学出版社2012年版，第355页。

二、民族成人教育发展时期的政策

1978 年后，党和国家就民族干部教育培训、工农教育等方面采取了许多政策，大力发展民族成人教育。这样，从十一届三中全会到 2001 年，民族成人教育进入快速发展时期。

（一）民族成人教育成长时期的政策

从党的十一届三中全会到 1985 年，根据少数民族和民族地区实际情况，党和国家针对民族成人教育颁布了许多政策，民族成人教育进入成长期，主要特征是以干部教育培训、"双补"教育、扫盲教育为主，取得了较大成绩。

1. 民族干部教育培训的政策

1979 年，国务院批转的《关于民族学院工作的基本总结和今后方针任务的报告》指出：干部教育从 50—60 年代以培训政治干部为主、其他专业人才为辅的方针变为两者兼顾，为"四化"培养德才兼备的干部。

1983 年，国家民委等三部门发布的《关于印发〈关于民族学院干部轮训转向正规培训的意见〉的通知》指出：一是对民族学院干训工作的方针任务作如下调整。从 1983 年下半年起，干部轮训要逐步过渡到正规培训，主要提高少数民族干部的专业知识水平。二是在今后一两年内，除开办必要的短期政治、文化、专业轮训外，还要积极挖掘潜力，创造条件，举办正规学制为两年、三年的相当于初中、高中程度的中专、大专程度的干部培训班。三是各种正规的干部培训班都要按照国家规定经考试入学。四是各民族学院举办的干部培训班的经费，凡列入高等学院名单的民族学院，在"高等学校经费"项下列支，未列入高等学校名单的民族学院在"其他支出"款内列支。①

1984 年通过的《中华人民共和国民族区域自治法》规定："民族自治地

---

① 国家民委办公厅等编：《中华人民共和国民族政策法规选编》，中国民航出版社 1997年版，第 472—473 页。

方的自治机关根据社会主义建设的需要，采取各种措施从当地民族中大量培养各级干部、各种科学技术、经营管理等专业人才和技术工人，充分发挥他们的作用，并且注意在少数民族妇女中培养各级干部和各种专业技术人才。"①

2. 民族工农教育的政策

粉碎"四人帮"后，民族工农教育得到迅速的恢复和发展。鉴于少数民族和民族地区成人文盲率回升的情况，也是为了贯彻落实国务院于 1978 年 11 月 6 日发布的《关于扫除文盲的指示》精神和"一堵、二扫、三提高"② 的工作方针，1980 年，教育部、国家民委发布《关于加强民族教育工作的意见》。在扫盲教育方面指出：要注意抓好成人（特别是中青年和干部）的扫盲教育，逐步改变大多数成年人甚至基层大多数民族干部是文盲这种落后的状况。③1981 年颁布的《关于加强职工教育工作的决定》，深刻地阐述了职工教育在现代化建设中的地位、作用和重要意义，明确地提出了今后的任务和措施，对职工教育计划、办学形式、毕业生政策、教师队伍、职工教育经费等问题作了原则规定。

1981 年，国务院召开全国职工教育会议。中央各有关部门分别或联合制定并陆续印发了《关于编制职工教育事业计划的意见》等文件，以指导职工教育工作的开展。1984 年通过的《中华人民共和国民族区域自治法》规定："民族自治地方的自治机关自主地发展民族教育，扫除文盲，举办各类学校，普及九年义务教育，采取多种形式发展普通高级中等教育和中等职业技术教育，根据条件和需要发展高等教育，培养各少数民族专业人才。"④ 把扫除文盲教育纳入《中华人民共和国民族区域自治法》中，有力地保障了少数民

---

① 《中华人民共和国民族区域自治法》，《中华人民共和国全国人民代表大会常务委员会公报》2001 年第 2 期，第 128—129 页。

② 国务院法制局编：《中华人民共和国现行法规汇编 1949—1985 教科文卫卷》，人民出版社 1987 年版，第 36 页。

③ 国家民委办公厅等编：《中华人民共和国民族政策法规选编》，中国民航出版社 1997 年版，第 444 页。

④ 《中华人民共和国民族区域自治法》，《中华人民共和国全国人民代表大会常务委员会公报》2001 年第 2 期，第 130 页。

族和民族地区扫除文盲教育的顺利推进。1985年，中共中央在《关于教育体制改革的决定》中第一次正式使用"成人教育"一词："有关干部、职工、农民的成人教育和广播电视教育是我国教育事业极为重要的组成部分，国家教育委员会应就改进和加强这方面工作，作出专门的决定。"[①]

（二）民族成人教育调整时期的政策

1986—1991年，民族成人教育进入调整期。在这一时期，针对民族成人教育出现的"三乱"现象和民族成人教育的滑坡，促使民族成教界进行反思、调整，1990年，国家开始治理整顿。"三乱"现象很快得到遏制，民族成人教育逐渐走出低谷。

1.民族成人教育改革和发展的政策

1986年，国家教委等部门召开了新中国成立以来第一次全国成人教育工作会议。1987年，国务院发布《批转〈国家教育委员会关于改革和发展成人教育的决定〉的通知》，系统总结了各个方面的经验，把对成人教育地位作用的认识提到了新的高度，规定了成人教育的五个主要任务，如"对已经走上岗位而没有受完初等、中等教育的劳动者进行基础教育"[②]等，是民族成人教育发展史上的一个重要里程碑。

1987年，国家教委等六部门发布《〈关于开展大学后继续教育的暂行规定〉的通知》，明确规定："大学后继续教育是成人教育的重要组成部分。"[③]1995年通过的《中华人民共和国教育法》规定："从业人员有依法接受职业培训和继续教育的权利和义务。国家机关、企业事业组织和其他社会组织，应当为本单位职工的学习和培训提供条件和便利。"[④]肯定了继续教育

---

① 《中共中央关于教育体制改革的决定》，《中华人民共和国国务院公报》1985年第15期，第477页。

② 《关于改革和发展成人教育的决定》，《成人教育》1987年第4期，第2页。

③ 《关于开展大学后继续教育的暂行规定》，《国防科工委继续工程教育》1988年第4期，第1页。

④ 本社编：《中华人民共和国教育法　中华人民共和国义务教育法　中华人民共和国教师法》，中国法制出版社2010年版，第9页。

的法律地位。

2. 民族工农扫盲教育的政策

扫除文盲教育是我国民族成人教育的主要任务之一，是提高少数民族素质的一个不可忽视的方面。1988 年，国务院发布《扫除文盲工作条例》，共17 条，是扫除文盲教育工作的基本规范。规定扫盲教育的对象是："凡年满15 周岁以上的文盲、半文盲公民，除丧失学习能力的以外，不分性别、民族、种族，均有接受扫除文盲教育的权利和义务。对丧失学习能力者的鉴定，由县级人民政府教育行政部门组织进行。"该规定不仅明确了扫除文盲教育的对象，而且规定了可操作的原则。扫盲教育的具体要求是："扫除文盲教学应当使用全国通用的普通话。在少数民族地区可以使用本民族语言文字教学，也可以使用当地各民族通用的语言文字教学。"[1]1993 年，重新修订《扫除文盲工作条例》，并开始对全国扫盲工作进行验收，在推动民族扫盲教育持续开展方面起了重要作用。

1995 年通过的《中华人民共和国教育法》，将扫除文盲教育规定为国家教育的一项基本制度："各级人民政府、基层群众性自治组织和企业事业组织应当采取各种措施，开展扫除文盲的教育工作。按照国家规定具有接受扫除文盲教育能力的公民，应当接受扫除文盲的教育。"[2]从而确立了民族扫盲教育的法律地位。

（三）民族成人教育深入发展时期的政策

1992 年年初，邓小平南方谈话发表后，社会主义现代化建设掀起新高潮。民族成人教育也由此进入快速发展的新阶段，主要特征是民族成人高等学历教育和岗位培训齐头并进。

在 1992 年党的十四大报告提出的"积极发展职业教育、成人教育和高

---

①　国务院法制办公室编：《中华人民共和国教育法典　注释法典 18》，中国法制出版社2012 年版，第 57 页。

②　本社编：《中华人民共和国教育法　中华人民共和国义务教育法　中华人民共和国教师法》，中国法制出版社 2010 年版，第 5 页。

等教育"① 方针指引下，同年 10 月，国家教委、国家民委发布《关于加强民族教育工作若干问题的意见》，要求"积极发展多层次、多种形式的职业技术教育和成人教育"②。这应该是国家文件中第一次提出少数民族和民族地区发展"成人教育"一词。

1993 年 1 月，国务院办公厅转发国家教委的《关于进一步改革和发展成人高等教育的意见》提出："动员社会各方面的力量大力支持、积极兴办多种形式、多种层次、多种规格的成人高等教育"③ 等。当年次月发布的《中国教育改革和发展纲要》指出："成人教育是传统学校教育向终生教育发展的一种新型教育制度，对不断提高全民族素质，促进经济和社会发展具有重要作用。"④

1995 年通过的《中华人民共和国教育法》规定："国家实行职业教育制度和成人教育制度。""国家鼓励发展多种形式的成人教育，使公民接受适当形式的政治、经济、文化、科学、技术、业务教育和终身教育。"⑤ 从而也赋予了民族成人教育的法律地位。

1997 年，党的十五大报告中指出："发挥各方面的积极性，大力普及九年义务教育、扫除青壮年文盲，积极发展各种形式的职业教育和成人教育，稳步发展高等教育。"⑥ 将成人教育与职业教育并列，未提及"继续教育"一词。

---

① 江泽民：《加快改革开放和现代化建设步伐　夺取有中国特色社会主义事业的更大胜利——在中国共产党第十四次全国代表大会上的报告》，《求是》1992 年第 11 期，第 9 页。

② 国家民委办公厅等编：《中华人民共和国民族政策法规选编》，中国民航出版社 1997 年版，第 588 页。

③ 《关于进一步改革和发展成人高等教育的意见》，《中国成人教育》1993 年第 3 期，第 5 页。

④ 《中国教育改革和发展纲要》，《中国高等教育》1993 年第 4 期，第 11 页。

⑤ 本社编：《中华人民共和国教育法　中华人民共和国义务教育法　中华人民共和国教师法》，中国法制出版社 2010 年版，第 5 页。

⑥ 江泽民：《高举邓小平理论伟大旗帜，把建设有中国特色社会主义事业全面推向二十一世纪——在中国共产党第十五次全国代表大会上的报告》，《求是》1997 年第 18 期，第 17 页。

三、民族成人教育转型时期的政策

20 世纪的国家政策基本上使用"成人教育"一词，并认为成人教育包含继续教育。2002 年开始，国家政策中常常同时出现"成人教育"与"继续教育"，自 2007 年以来，偏向单独使用"继续教育"一词，而"成人教育"一词则逐渐隐去。[①]

（一）"成人教育"向"继续教育"转型时期的政策

2002 年 7 月，国务院印发《关于深化改革加快发展民族教育的决定》，指出："要重视和加强幼儿教育、职业教育、成人教育、特殊教育，使各类教育协调发展。"[②]"采用远程教育等现代化手段，提高继续教育的质量和效益。"[③]"继续教育""成人教育"一起使用。但同年 11 月党的十六大报告中则提出："加强职业教育和培训，发展继续教育，构建终身教育体系。"[④] 第一次以党代会报告的形式将继续教育列为终身教育体系的一个部分，以"继续教育"替代了"成人教育"。

2004 年，国务院出台《批转教育部〈2003—2007 年教育振兴行动计划〉的通知》，在"实施'职业教育与培训创新工程'"中明确指出："大力发展多样化的成人教育和继续教育。"[⑤]"继续教育"概念已经从"成人教育"中

---

① 龙汛恒、马林：《从"成人教育"到"继续教育"：政策导向性的转变》，《当代继续教育》2013 年第 6 期，第 14 页。

② 《国务院关于深化改革　加快发展民族教育的决定》，《中华人民共和国国务院公报》2002 年第 24 期，第 8 页。

③ 《国务院关于深化改革加快发展民族教育的决定》，《中华人民共和国国务院公报》2002 年第 24 期，第 9 页。

④ 江泽民：《全面建设小康社会，开创中国特色社会主义事业新局面——在中国共产党第十六次全国代表大会上的报告》，《求是》2002 年第 22 期，第 15 页。

⑤ 中华人民共和国教育部编：《〈2003—2007 年教育振兴行动计划〉学习辅导读本》，教育科学出版社 2004 年版，第 11 页。

分化出来，成为两个并列的词。2007 年 2 月 27 日，在国务院发布的《关于印发〈少数民族事业"十一五"规划〉的通知》（国办发〔2007〕14 号）仅使用了"继续教育"一词。

　　2010 年出台的《国家中长期教育改革和发展规划纲要(2010—2020 年)》，直接将继续教育专门列为一章，指出："继续教育是面向学校教育之后所有社会成员的教育活动，特别是成人教育活动，是终身学习体系的重要组成部分。"① 用"继续教育"替代"成人教育"并非其首创，是个渐变过程。一是就表层原因而言，代表了国家层面的语言体系的语词转变。二是就更改的价值而言，主要体现为四个方面：结合"成人教育"时代特征，为实践形态正名；顺应经济社会的发展，对"成人教育"重新定位；落实先进教育理念，构建终身教育体系；适应国际概念变化，与国际继续教育发展接轨。②

　　2012 年 6 月，教育部颁布《关于印发〈国家教育事业发展第十二个五年规划〉的通知》，就我们统计结果显示："成人教育"一词出现 1 次，"成人"出现 7 次；而"继续教育"出现了 31 次，还有专门"推进继续教育体系建设"一部分。③7 月，国务院办公厅出台《关于印发〈少数民族事业"十二五"规划〉的通知》，通篇既没有"成人教育"一词，甚至连"成人"一词也没有出现，而且也没有出现"继续教育"一词。④11 月，党的十八大报告指出："办好学前教育，均衡发展九年义务教育，基本普及高中阶段教育，加快发展现代职业教育，推动高等教育内涵式发展，积极发展继续教育，完善终身教育体系，建设学习型社会。"⑤ 已经没有"成人教育"一词。

---

　　①　《中共中央　国务院印发〈国家中长期教育改革和发展规划纲要（2010—2020 年)〉》，《人民教育》2010 年第 17 期，第 7 页。

　　②　龙汛恒、马林：《从"成人教育"到"继续教育"：政策导向性的转变》，《当代继续教育》2013 年第 6 期，第 14—15 页。

　　③　《教育部关于印发〈国家教育事业发展第十二个五年规划〉的通知》，《中华人民共和国国务院公报》2012 年第 28 期，第 32 页。

　　④　《少数民族事业"十二五"规划》，《中国民族报》2012 年 8 月 14 日，第 2 版。

　　⑤　胡锦涛：《坚定不移沿着中国特色社会主义道路前进　为全面建成小康社会而奋斗——在中国共产党第十八次全国代表大会上的报告》，《人民日报》2012 年 11 月 18 日，第 3 版。

2013 年，中共中央发布的《关于全面深化改革若干重大问题的决定》指出："推进学前教育、特殊教育、继续教育改革发展。""试行普通高校、高职院校、成人高校之间学分转换，拓宽终身学习通道。"[①] 没有发现"成人教育"一词，仅有"成人高校"一说，"继续教育"在形式与内容上替换"成人教育"的转型已完成。2015 年 8 月，国务院发布的《关于加快发展民族教育的决定》，也已没有"成人教育"一词，"继续教育"一词出现了 5 次。

（二）民族继续教育的政策

党和国家使用"继续教育"而不用"成人教育"后，颁布了许多促进民族继续教育发展的政策措施，推进民族成人教育由学历教育为重心向学历与非学历教育并举的格局转变，这种转变是国家对民族成人教育未来发展走向的准确定位。

2010 年发布的《国家中长期教育改革和发展规划纲要（2010—2020年)》，将继续教育列为一章，包括三个部分：一是加快发展继续教育。二是建立健全继续教育体制机制。三是构建灵活开放的终身教育体系。[②]2012年，教育部颁布的《关于印发〈国家教育事业发展第十二个五年规划〉的通知》指出："加强职业教育与普通教育、继续教育的相互沟通。建立学分银行，完善学分互认、累积制度，探索同一层次普通学校和职业学校之间的课程互设、学分互认、学生互转的机制，推动应用型本科课程进入职业院校。"[③]

2014 年，国务院颁布的《关于加快发展现代职业教育的决定》强调："积极发展多种形式的继续教育。建立有利于全体劳动者接受职业教育和培训的

---

① 《中共中央关于全面深化改革若干重大问题的决定》，《人民日报》2013 年 11 月 16 日，第 3 版。

② 国务院法制办公室编：《中华人民共和国教育法典 注释法典 18》，中国法制出版社 2012 年版，第 64 页。

③ 《教育部关于印发〈国家教育事业发展第十二个五年规划〉的通知》，《中华人民共和国国务院公报》2012 年第 28 期，第 31 页。

灵活学习制度，服务全民学习、终身学习，推进学习型社会建设。"① 成为民族职业教育的奋斗目标和方向。

2015 年 8 月 11 日，国务院印发的《关于加快发展民族教育的决定》提出积极发展继续教育："加强对民族地区城乡社区教育的指导。城乡社区教育机构和网络建设向民族地区倾斜。支持民族地区建设以卫星、互联网等为载体的远程开放教育及服务平台，加强涉农专业、课程和教材建设，开展学历与非学历继续教育。引导民族地区广播电视大学转型升级。鼓励中东部省市和教育部直属高校面向民族地区开放继续教育优质资源。加强农牧民继续教育。"② 8 月 18 日，第六次全国民族教育工作会议也作了详细部署。

（三）民族干部教育培训的政策

进入 21 世纪，党和国家在《少数民族事业"十一五"规划》《少数民族事业"十二五"规划》中，把干部教育培训工作摆上重要位置。国家民委大力支持民族干部教育培训工作，形成了合力推进的良好工作格局。

2007 年，国务院发布的《关于印发〈少数民族事业"十一五"规划〉的通知》提出："国家有关部门继续办好各种形式的少数民族干部培训班，重点做好民族自治地方和边境地区、人口较少民族、少数民族妇女的干部培训工作。加大各级行政学院和国家重点大学培训少数民族干部力度。整合培训资源，拓宽培训渠道，扩大培训规模，改进培训方式，提高培训质量。"实施少数民族人才队伍培养工程，实施少数民族高层次骨干人才培养计划，选拔县（市、旗、区）、乡镇少数民族中青年干部接受各种形式的大专以上学历教育。③

2012 年，国务院办公厅颁布的《关于印发〈少数民族事业"十二五"规划〉的通知》指出："加强对少数民族和民族地区干部的教育培训。发挥各级党

---

① 《国务院关于加快发展现代职业教育的决定》，《中华人民共和国国务院公报》2014 年第 19 期，第 7 页。

② 《国务院关于加快发展民族教育的决定》，《中国民族报》2015 年 8 月 18 日，第 3 版。

③ 《少数民族事业"十一五"规划》，《中国民族报》2007 年 3 月 30 日，第 3 版。

校、行政学院、干部学院、高校和社会培训机构的作用，建立健全分工明确、优势互补的民族干部教育培训体系。"提出实施少数民族和民族地区干部教育培训工程："实施少数民族和民族地区党政领导干部培训项目，对民族自治地方、边境地区、民族乡镇、人口较少民族等党政领导干部进行分期分批培训。加大民族地区干部双语培训力度。加强教育培训师资队伍建设，建立教育培训师资库，实现优秀师资资源共享。建立完善培训课程体系，加强精品课程和精品教材建设。编译出版民族地区基层干部双语培训教材。"①推进民族地区干部挂职锻炼工作，做好民族工作干部涉外培训工作。加大对少数民族妇女的培训力度。

党的十八大以来，习近平在系列重要讲话中对干部教育培训进行科学阐述，提出了一系列新思想、新任务、新目标，为进一步改进和完善民族干部教育培训工作指明了方向，为民族干部教育培训取得更大的成绩奠定了基础。

本篇在理论体系上，坚持以辩证唯物主义和历史唯物主义为其理论基石，它为新中国民族教育政策研究、制定提供世界观和方法论指导。任何形态的政策都是建立在一定的学科基础理论之上的，中国特色社会主义制度和统一的多民族的国情及其民族教育特点，是我们研究、制定和构建民族教育政策体系的教育理论基础；马克思主义、列宁主义、毛泽东思想和中国特色社会主义民族理论体系，是我们研究、制定和构建民族教育政策体系的民族理论基础。将对新中国民族教育政策的研究分析建立在马克思主义的唯物史观的哲学基础上，建立在马克思主义人的全面发展理论和民族理论的坚实基础上，充分体系了思想观点鲜明，理论基础厚实。

在政策体系上，立足学术前沿考察了民族教育政策研究的现状，界定和阐述了少数民族教育政策科学概念应遵循的基本方法；论述了少数民族教育政策的理论范畴、本质、特点和重要地位作用，特别是依据中国国情和民族教育特点，构建了中国少数民族教育政策体系的逻辑结构，亦即：阐述了民族教育政策体系的根本指导方针；概括了民族教育政策体系的基本原则；分

---

① 《少数民族事业"十二五"规划》，《中国民族报》2012 年 8 月 14 日，第 2 版。

析了民族教育的主要矛盾及其具体表现，认为民族教育质量政策、民族教育体制政策、民族教育教师队伍建设政策、民族教育经费投入政策，是我国民族教育政策体系中最为基本的构成，并分别对新中国成立以来党和国家关于民族基础教育、民族高等教育、民族职业教育、民族成人教育的一系列政策进行了阐释。从科学概念的定义界定到逻辑结构的构建，形成了比较完整的具有民族特色、时代特色的民族教育政策体系，这些都对于提升民族教育政策研究，对于构建民族教育政策体系的内在逻辑结构的创新，对于推进民族教育改革与发展，对于创造符合中国国情的民族教育体系等方面，具有重要的理论价值和现实意义。

第三篇

实践与经验篇

　　经过 60 多年的发展，初步形成了包括各级各类教育在内的民族教育体系，为全面提升少数民族群众素质、努力培养人才、加强民族团结和维护国家统一，作出了重大贡献。具体来说，从纵向方面，本篇一是探讨了民族基础教育的发展实践，阐述了民族学前教育、民族中小学教育取得的显著成绩。二是研究了发展民族高等教育的一系列举措，总结了体系构建、师资队伍、资金支持、体制机制改革四个方面取得的成绩。三是解读了民族职业教育的做法，研究了在新型农民职业技能培训等方面取得的成绩。四是阐述了民族成人教育的措施，并对其在民族干部教育培训、民族工农教育、民族成人学校教育等取得的成绩进行了研究。五是研究了民族教育的主要经验。新中国成立 60 多年，基本形成了具有中国特色的民族教育改革和发展模式，积累了极其丰富的经验：坚持中国共产党对民族教育的领导；坚定不移地走科学发展的道路；坚持为少数民族和民族地区服务。这些经验不仅是我们的宝贵精神财富，也是民族教育在新世纪新时期继续实践的指导力量。

表 10.4　8 省（区）普通高等学校生均公共财政预算教育

事业费增长情况　　（单位：元）①

地　区	普通高等学校		
	2012 年	**2013 年**	增长率（％）
全国	16367.21	15591.72	−4.74
内蒙古	14678.16	15356.47	4.62
广西	12450.49	13382.09	7.48
贵州	12005.79	14957.26	24.58
云南	22653.06	12825.88	−43.38
西藏	25106.51	27378.79	9.05
青海	19702.95	16504.51	−16.23
宁夏	20698.16	17665.66	−14.65
新疆	14557.47	15372.47	5.60

办学条件、办学水平等的大力提升，为民族高等教育可持续协调发展提供了坚实的保障。

四、体制机制改革取得一定成效

新世纪以来，在党和国家关心下，民族高等教育较全面而又稳妥地改革了宏观体制和微观体制。

在宏观体制改革上，初步改革了办学体制、管理体制和投资体制，初步建立了与社会主义市场经济体制相适应的新体制。办学体制上，改革计划经济体制下形成的政府包揽的办学格局，建立以政府办学为主体、社会各界共同参与，公办、民办学校共同发展的办学体制。如建立综合性民办北京民族

---

① 《教育部国家统计局财政部关于 2013 年全国教育经费执行情况统计公告》，《中国教育报》2014 年 11 月 6 日，第 3 版。

大学，填补了民办民族高等教育的空白；民族自治地方涌现出一批富有生命力的民办高等学校，如内蒙古丰州学院、广西邕江大学、宁夏石嘴山职业技术学院、西藏拉萨岗施语言学院等。

管理体制上，打破了民族高等教育条块分割的管理体制，实现了条与块的有机结构。主要表现在：国家民委由对所属民族学院的直接行政管理转变为运用立法、拨款、规划、信息服务、政策指导等手段进行宏观管理；进一步扩大所属民族学院的办学自主权，保证学校在专业设置、教学科研、人事安排、职称评定、工资分配等方面充分享有法律、政策规定的权限；民族高等教育基本形成国家民委和省级政府分工负责、两级办学、两级管理、条块有机结合的新管理体制；国家民委和民族院校通过采取"共建""合作""协作"等形式，极大地促进了民族高校形成合理结构布局。

投资体制方面，对原有民族高等教育投资体制进行诸多改革。如建立了以国家财政拨款为主，多渠道筹措教育经费为辅的教育新投资等，保证了投入总量持续增长，教育经费使用效益不断提高。

微观体制改革方面，民族高等教育确立了以培养人才为中心，以学科建设为龙头，遵循民族高等教育的规律和特点，适应社会主义市场经济体制发展要求为指导原则的方针，大力进行了民族院校内部机制改革。

第十一章

民族职业教育

新中国成立以来，在党和国家民族职业教育政策指引下，民族职业教育健康发展，具有中国特色的从初等到高等的民族职业教育体系逐步形成，与民族基础教育、民族高等教育、民族成人教育共同形成了多种形式、多个层次的民族教育体系，为构建和谐社会和全面建成小康社会发挥了极大的推动作用。

第一节　发展民族职业教育的实践

新中国成立后，少数民族和民族地区整顿和改革了原有的民族技术学校，使之适合少数民族和民族地区经济社会发展的实际条件和需要。改革开放以来，党和国家高度重视民族职业教育，实施了许多措施，采取了许多办法，从各个方面促进了民族职业教育的发展。

一、新中国成立后民族职业教育发展的实践

新中国成立后，民族职业教育得到快速发展。1980 年，国务院批转《教

育部、国家劳动总局〈关于中等教育结构改革的报告〉的通知》，民族职业教育恢复招生，加强了师资培训和教材建设。1985 年，《关于教育体制改革的决定》发布后，民族地区迅速规划建设了一批中等职业学校或中等专业学校。1986 年，全国职业技术教育工作会议召开，使过去许多悬而未决的问题得到解决，也为民族职业教育的进一步发展奠定了基础。

职业学校和职业培训中心在民族地区普遍建立。如内蒙古 1984 年 5 月召开全区中等教育结构改革规划会议，讨论制定了《1984—1990 年发展职业技术教育的规划（草案）》，明确规定了职业教育的领导机构、招生等基本内容。1986 年，内蒙古召开全区教育工作会议，重新调整了 1984 年的总体规划。到 1988 年年底，全区有职业高中 202 所，在校生 26358 人，农职业初中 142 所，在校生 53517 人，附设职业班的普通中学有 120 所，接受各类中等职业教育的在校生已占整个高中招生总数的 43%。其他民族地区的职业教育也同样得到了大力改革和发展，到 1988 年，全国中等专业技术学校少数民族学生在校生人数达 9.20 万人，比 1965 年增长 8.46 倍。①

进入 20 世纪 90 年代，民族职业教育迎来新阶段。《关于大力发展职业技术教育的决定》《中国教育改革和发展纲要》先后出台，为民族职业教育发展带来了进一步发展的新机遇，对推动民族职业教育事业发展具有历史性的重大作用和影响。

1996 年，《中华人民共和国职业教育法》颁布后，少数民族和民族地区各级政府制定了民族职业教育战略发展规划和具体的实施办法，加强了组织管理，增加了经费，结合开展绿色证书工程，使培训规范化、常态化，民族职业教育发展的社会环境有了明显改善。

二、新世纪发展民族职业教育的实践

新世纪以来，党和国家推进民族职业教育在管理体制、办学形式等方面

---

① 哈经雄、滕星主编：《民族教育学通论》，教育科学出版社 2001 年版，第 450 页。

全面创新。早在 1999 年《关于深化教育改革全面推进素质教育的决定》就要求在全社会实行学历证书与职业资格证书并重的制度。2000 年，劳动和社会保障部出台《招用技术工种从业人员规定》，初步建立了就业准入制度。同年，国家民委、教育部发布《关于加快少数民族和民族地区职业教育改革和发展的意见》，是新世纪我国制定实施的第一个民族职业教育的政策性指导文件。

2010 年颁布的《国家中长期教育改革和发展规划纲要（2010—2020 年）》提出："大力发展民族地区职业教育。加大对民族地区中等职业教育的支持力度。"[1] 为此，少数民族和民族地区也纷纷制定了规划，如 2011 年出台的《内蒙古自治区中长期教育改革和发展规划纲要（2010—2020 年）》等。

中等职业教育免学费政策是民族地区促进教育公平的重大举措，如广西于 2014 年发布《关于加快改革创新全面振兴教育的决定》，要求突破中等职业教育发展瓶颈。各县政府要办好一所新型中等专业学校，坚持学校教育与职业培训并举，努力构建现代职业教育体系。[2] 2014 年 6 月 12 日，广西财政厅、教育厅等 4 部门联合发布《关于全面实施中等职业教育免学费政策的通知》，详细提出了免学费范围、免学费补助标准及办法。[3]

2014 年 6 月，习近平就加快职业教育发展作出重要指示时强调，要加大对农村地区、民族地区、贫困地区职业教育支持力度，努力让每个人都有人生出彩的机会。[4] 为此，于 9 月召开的中央民族工作会议暨国务院第六次全国民族团结进步表彰大会提出实行免费中等职业教育[5]，为民族职业教育的大发展奠定了基础。

---

[1]　《中共中央国务院印发〈国家中长期教育改革和发展规划纲要（2010—2020 年）〉》，《人民教育》2010 年第 17 期，第 7 页。

[2]　《关于加快改革创新全面振兴教育的决定》，《广西日报》2014 年 2 月 6 日，第 3 版。

[3]　《关于全面实施中等职业教育免学费政策的通知》，《广西壮族自治区人民政府公报》2014 年第 18 期，第 31 页。

[4]　《更好支持和帮助职业教育发展为实现"两个一百年"奋斗目标提供人才保障》，《人民日报》2014 年 6 月 24 日，第 1 版。

[5]　《中央民族工作会议暨国务院第六次全国民族团结进步表彰大会在北京举行》，《人民日报》2014 年 9 月 30 日，第 1 版。

国务院于 2014 年 5 月发布《关于加快发展现代职业教育的决定》后，少数民族和民族地区先后发布实施意见，如 2014 年 7 月广西发布《关于贯彻〈国务院关于加快发展现代职业教育的决定〉的实施意见》，提出总体目标是：到 2020 年，建成符合广西各方面需要的现代职业教育体系，实现"一达标、两优化、三提升"[①]。2015 年 1 月 16 日，内蒙古自治区人民政府出台《关于加快发展现代职业教育的意见》，提出到 2020 年，形成具有鲜明地区特点和民族特色的现代职业教育体系。[②] 实施措施主要有：积极推进现代职业教育体系建设、深化职业教育改革创新、实施职业教育质量提升工程、健全职业教育保障机制等。还特别指出：在贫困人口集中地区，根据特色产业发展需要建好一批中等职业学校。加快集中连片特困地区职业教育发展。在争取国家帮助支持的基础上，自治区各有关部门要加大对贫困地区职业教育的支持力度。加快牧区职业学校和少数民族职业学校发展，推进民族文化传承。开展定向培养、对口帮扶等工作，加强牧区职业学校和民族职业学校师资队伍建设。着力发展贫困地区、牧区职业学校和少数民族语言的远程职业教育，加强"农科教结合"和"三教统筹"，促进贫困地区、牧区经济社会发展。[③]

近年来，内蒙古各级党委、政府设立了职业教育专项经费，启动了"中等职业教育基础能力建设工程"。2014 年 12 月 24 日，内蒙古召开全区职业教育工作电视电话会议，会议提出，要加快构建具有内蒙古特色的现代职业教育体系，为落实自治区"8337"发展思路提供有力的人才保障，为自治区经济社会发展提供坚强有力的人才支撑。[④]

基础能力和实习基地建设是职业教育体系建设中的重要环节，自 2014

---

① 《广西壮族自治区人民政府关于贯彻〈国务院关于加快发展现代职业教育的决定〉的实施意见》，《广西壮族自治区人民政府公报》2014 年第 21 期，第 5 页。

② 《内蒙古自治区人民政府关于加快发展现代职业教育的意见》，《内蒙古自治区人民政府公报》2015 年第 4 期，第 20 页。

③ 《内蒙古自治区人民政府关于加快发展现代职业教育的意见》，《内蒙古自治区人民政府公报》2015 年第 4 期，第 23 页。

④ 章奎：《加快构建具有内蒙古特色的现代职业教育体系》，《内蒙古日报（汉）》2014 年 12 月 25 日，第 1 版。

年以来，新疆推动职业院校、企业"产学研"模式进一步开展，并在实际调研、产业分类的基础上组建了四大职教园区。已投入资金 12.78 亿元，启动了南疆四地州和喀什、霍尔果斯经济开发区 8 所重点中等职业学校建设。在援疆省市帮助下，先后有 32 所县级中等职业学校（其中南疆 18 所）实施了校舍新建、改建或扩建工程，一批基层薄弱中职学校的基本办学条件得到明显改善。同时，启动实施南疆中职专项招生计划试点工作，合理编制分地区初中毕业生分流和高中阶段教育招生计划，鼓励和支持南疆初中毕业生到北疆职业学校就读。阿克苏、和田地区整建制培养持续推进。南疆四地州初中毕业升入高中阶段升学率达到 84.27%。①

宁夏在大力推进现代职业技能公共实训中心建设的同时，正积极探索建立自治区职教园区资源共享新机制。2015 年 10 月底前，11 个宁夏现代职业技能公共实训中心建成后，将率先成为园区实现资源共享的重要平台。目前，《宁夏现代职业技能公共实训中心资源共享运营管理办法》《自治区职教园区师资共享实施方案》已起草完成。前者对受托方职责、实训管理、师资管理、考核评估、费用结算等进行了详细说明和规定。后者则对建立师资互聘、名师共享的运行、管理、沟通、考评机制，保障园区内教师、名师和督导的自由流动提出新思路新办法。2015 年内，自治区职教园区师资共享资源库将全面建成，通过职教园区教师互聘信息管理平台，实现园区院校师资共享、教师互聘。②

面对"十三五"，各民族地区也积极出台职业教育发展计划。如内蒙古提出全方位构建职业教育体系。③2015 年 1 月 3 日，广西教育厅公布的《现代职业教育体系建设规划（2015—2020 年）》提出，到 2020 年，广西中等职业教育在校生数量要达到 90 万人，总体保持中等职业学校和普通高中招生规模大体相当；职业院校职业教育集团参与率要达到百分之百；本科层次

---

① 刘延旭：《新疆职业教育如雨润千秋——访全国人大代表古丽努尔·买买提》，《中国民族报》2015 年 3 月 24 日，第 9 版。

② 陈晓东：《宁夏推进职教园区资源共享》，《中国教育报》2015 年 4 月 9 日，第 3 版。

③ 章奎：《教育的作用无可替代——访自治区党委高校工委书记、教育厅厅长侯元》，《内蒙古日报（汉）》2016 年 1 月 5 日，第 1 版。

职业教育在校生占本科教育的比例应当大于 50%，高等职业教育规模占高等教育的一半以上；6 所普通本科要转型发展为职业教育"示范校"。①

第二节　民族职业教育的成绩

新中国成立初期，由于党和国家的重视，民族职业教育取得初步成效。改革开放后，民族职业教育迎来大好发展机遇，并逐渐成为民族教育体系的重要组成部分，在办学规模、教学质量、人才培养等方面取得了很大的成绩。

一、初步形成民族职业教育体系

1942 年年底，新疆已有职业学校 6 所，21 个班，730 名学生。1946 年，在台湾各个县高山族地区，均设有农业讲习所 1 所，训练农业技术人才，同年下半年将这类讲习所改组为民众职业补习学校。②旧中国民族地区职业教育十分落后，分布不平衡，规模小，内容单一。

新中国成立后，尤其是进入新世纪以来，初步形成了多渠道、多形式、多层次办学的民族职业教育体系。主要包括职前培养、职后培训等，结构更加合理。

近几年，新疆进一步加大对中等职业学校的扶持力度，中职招生比例逐年提高。持续加大职业教育投入力度，推进区内外、南北疆之间职业教育合作办学。狠抓中等职业教育教学质量。继续推进自治区农业类、工业类、现代服务类、石油化工类四大职教园区和中央财政扶持的国家级职业教育实训

---

① 张莺：《每个设区市至少一所高职》，《中国教育报》2016 年 1 月 4 日，第 1 版。
② 谢启晃编著：《中国民族教育史纲》，广西教育出版社 1989 年版，第 52—53 页。

基地建设工作，积极做好重点职业学校及示范性专业的建设工作，大力推进工学结合、校企结合、顶岗实习的人才培养模式。在劳动与社会保障部门的支持下，除继续开展农村中学职业教育外，还积极推进社区教育，完善社区教育服务工作。支持企业开展职工培训，促进各类从业人员综合素质的提高。中职学校由1954年的13所增长到2014年的155所，在校学生由5637人增加到18.66万人，增长了33.32倍。普职结构比为1.7∶1，高中阶段毛入学率达到83.95%。2014年，中职毕业生平均就业率为83.99%，高职毕业生平均就业率为90.69%。①

自2007年以来，广西相继实施的两轮职教攻坚计划，被教育部确定为国家民族地区职业教育综合改革试验区。到2010年年底，全区初步形成中等职业教育与普通高中教育协调发展的良好格局。②

进入新世纪以来，宁夏职业教育异军突起，在全国产生较大影响，成为教育工作的亮点。③2014年年底，西藏中等职业学校9所，在校生1.7万人。④到2014年年底，内蒙古有中等职业学校271所，有高职高专院校35所，近8年累计培养101.3万名高素质劳动者和技术技能人才。⑤

二、不断增加资金的投入

为了大力发展民族职业教育，"十一五"期间，国家投入资金15亿元，

①　黄金鲁克、蒋夫尔、储召生、万玉凤：《教育之光映边疆——新疆维吾尔自治区民族教育改革发展纪实》，《中国教育报》2015年9月28日，第5版。

②　《广西壮族自治区中长期教育改革和发展规划纲要（2010—2020年）》，《广西日报》2011年3月9日，第9版。

③　《宁夏中长期教育改革和发展规划纲要（2010—2020年）》，《中国教育报》2011年2月15日，第6版。

④　中华人民共和国国务院新闻办公室：《民族区域自治制度在西藏的成功实践》，《光明日报》2015年9月7日，第6版。

⑤　章奎：《加快构建具有内蒙古特色的现代职业教育体系》，《内蒙古日报（汉）》2014年12月25日，第1版。

支持 5 个民族自治区职业教育项目建设 483 个。2012 年,《关于扩大中等职业教育免学费政策范围进一步完善国家助学金制度的意见》将六盘山区等11 个连片特困地区和西藏、四省藏区、新疆南疆三地州中等职业学校农村学生(不含县城)全部纳入享受助学金范围。[①]

2013 年,全国中等职业学校生均公共财政预算教育事业费支出情况是:全国中等职业学校为 8784.64 元,增长最快的是宁夏(43.07%)。其中,少数民族较多的 8 省(区)中等职业学校生均公共财政预算教育事业费支出情况如下(见表 11.1):[②]

表 11.1　8 省(区)中等职业学校生均公共财政预算教育事业费
支出情况　　　　　　(单位:元)

地　区	中等职业学校		
	2012 年	2013 年	支出率(%)
全国	7563.95	8784.64	16.14
内蒙古	11784.04	11943.86	1.36
广西	5722.84	6528.29	14.07
贵州	6960.62	9060.32	30.17
云南	5922.11	8105.25	36.86
西藏	13427.89	15822.99	17.84
青海	8031.31	7674.27	−4.45
宁夏	6338.02	9067.61	43.07
新疆	11932.11	12741.22	6.78

2013 年,全国中等职业学校生均公共财政预算公用经费支出情况是:全国中等职业学校为 3578.25 元,增长最快的是贵州省(74.16%),2012 年,

---

① 民宗:《民族地区职业教育需要大力发展》,《人民政协报》2013 年 12 月 16 日,第 6 版。

② 《教育部国家统计局财政部关于 2013 年全国教育经费执行情况统计公告》,《中国教育报》2014 年 11 月 6 日,第 3 版。

为3173.51元；2013年，为5526.92元。另外，2012年，云南是2471.4元；2013年，是3782.99元，增长53.07%。2012年宁夏是2969.57元，2013年，为4394.54元，增长47.99%。[1]

2014年年底，中央财政下达现代职业教育质量提升计划专项资金40亿元，同时提前下达2015年改善中职学校办学条件部分补助资金预算20亿元。40亿元重点支持公办中职学校（含技工学校），适当向人口集中和产业发展需要的农村、民族和贫困地区倾斜等。[2]

三、开展新型农民职业技能培训

民族地区坚持与区域经济相适应、与农牧民脱贫致富紧密结合的办学宗旨，各级各类职业学校培养的毕业生为民族地区经济社会发展作出了重要贡献。农村牧区职业学校根据需要，举办乡镇及村级干部中专班、培训班，很多毕业生走上了村长、乡长岗位。

建设实训中心，是宁夏加快发展民族地区现代职业教育的重点项目。2013年11月，宁夏教育厅等有关部门委托宁夏职业技术学院等6家单位承建11个自治区级实训中心[3]，这些实训中心在培养培训农牧民方面起了重要作用。

青海化隆县决定把"拉面经济"作为"龙头"产业，打造民族快餐品牌，并于2004年注册"化隆牛肉拉面"商标，为全国各地"化隆牛肉拉面馆"统一制作颁发"化隆牛肉拉面授权书"等8个牌匾，推广"四统一"示范户。经过三遍水、百道手工揉拉的面条，配上青藏高原牦牛肉、牛油、牛骨汤和三十多种天然佐料——清朝乾隆年间回族名厨马保友的拉面秘方百年之后在中国大江南北四处飘香。同时，累计投资1840多万元，对3.4万名

---

① 《教育部国家统计局财政部关于2013年全国教育经费执行情况统计公告》，《中国教育报》2014年11月6日，第3版。

② 杨亮：《中央财政下达60亿元支持职业教育》，《光明日报》2014年12月3日，第3版。

③ 陈晓东：《宁夏打造职业技能实训中心》，《中国教育报》2014年11月4日，第3版。

农村劳动力进行拉面、烹饪等工种培训，对 3120 名拉面经营户开展创业培训。为了提高外出务工农民的素质和劳动技能，2012 年，培训 5000 余人，就业率达 95%。到 2013 年年底，"拉面经济"实现 11 万人次的农村劳动力转移，实现劳务收入 8.1 亿元，占全县劳务经济总收入的 69%。现在，"化隆牛肉拉面"在新加坡、马来西亚都有经营店。同时，也有许多"拉面匠"回乡创业。①

---

① 《青海化隆长出"拉面经济"》，《人民日报》2014 年 2 月 18 日，第 11 版。

第 十 二 章

民族成人教育

民族成人教育，就教育培训对象分，主要有民族干部教育培训、民族工农教育等；就学习时间分，主要有业余教育培训、全职教育培训等。新中国成立后，在党和国家的关心下，民族成人教育历经了从低级到高级的历史过程，形成了极具中国民族特色的成人教育体系。

第一节　民族干部教育培训的实践与成绩

少数民族干部是少数民族和民族地区贯彻落实党和国家政策的重要保证，对维护民族之间和本民族内部的团结，组织和带领各族群众进行革命和建设，起着不可替代的特殊作用。鉴于此，党和国家高度重视少数民族干部培养和培训工作，不仅保证了少数民族干部教育培训工作的方向，而且在实践中取得了较大成绩。

一、民族干部教育培训的实践

由于党和国家的关怀和大力培养，少数民族干部队伍得到迅速发展，如新疆在新中国成立初期只有 2000 多名少数民族干部，到 1965 年少数民族干部已达 106000 多人。旧西藏根本就没有现代意义的干部，该区民族干部队伍的成长经历了一个从无到有，由少到多，逐步发展壮大的过程，在国家大力培养下，少数民族干部迅速成长起来，到 1965 年西藏正式成立时，少数民族干部已有 16000 多名，其中，1000 多名担任了各级领导职务。广东省民族自治地方 1952 年只有少数民族干部 1389 人，到 1965 年已达 6856 人。贵州省民族自治地方少数民族干部 1949 年只有 530 人，到 1978 年已达 55414 人。就全国少数民族干部发展的情况来说，以 1951 年为 100，到 1965 年已发展为 563.13 倍。[①] 如广西于 1949 年年底建立广西人民革命大学后，又成立广西省党校，各地也先后成立党校和干校。干部教育的内容主要是基本理论知识、基本业务知识、文化知识和党的方针、政策等。[②] 这些少数民族干部由于来自各民族群众之中，了解本民族群众的思想感情、愿望、要求和民族文化传统，爱护党的路线、方针政策，受到少数民族群众的热烈欢迎。

党的十一届三中全会后，根据社会主义新时期对干部的德才标准提出新的要求，民族学院、民族地区的党校、干部学校和其他培训民族干部的机构，在培训方向、专业设置、教学内容、学制等方面进行了调整，采取干部轮训逐步过渡到正规培训、以正规培训为主和必要的短期轮训相结合的办法；专业设置和教学内容以当前民族地区四化建设中的急需为主同长远的需要相结合；以正规的大专学制为主（2—3 年）根据需要适当举办一些中专学制的班次。仅各民族学院民族干部正规培训已设置的专业就有行政管理、经济管理、财会等数十个专业，仅中央、西北、西南、中南等十所民族学院自新中国成立到 1986 年共培训约 16 万名少数民族干部。[③]1988 年，全国的少数民族干部 184 万人中，各类专业技术人员（包括中、小学教师）已占 62.7%。[④] 如广

---

① 谢启晃编著：《中国民族教育史纲》，广西教育出版社 1989 年版，第 173—174 页。

② 广西经济年鉴编辑部编：《广西经济年鉴 1985》，广西经济年鉴编辑部编辑出版 1985 年版，第 388 页。

③ 谢启晃编著：《中国民族教育史纲》，广西教育出版社 1989 年版，第 175 页。

④ 顾明远主编：《教育大辞典》第 4 卷，上海教育出版社 1992 年版，第 93 页。

西各级党校和干校在十一届三中全会后抓紧对干部进行教育，出现了新的形势：一是恢复了在职干部的短期轮训和培训，自治区党校到 1983 年年底举办干部轮训班、干部培训班等 28 期，共 4029 人，其中，领导干部轮训班 7 期，学员 1862 人，业务干部班 13 期，学员 1313 人，中青年干部培训班（学制一年）两期，学员 118 人，少数民族干部培训班两期，学员 108 人；理论干部班 4 期，学员 626 人。二是运用多种形式，对干部进行系统的专业培训。到 1984 年，开办学制两年以上有学历的中等专业培训班，有 21.27 万多人参加培训。三是教育内容朝着多学科、系统性、综合性的方向发展。自治区党校有 4 种班，开设 561 门课程。8 所高校举办的干部专修科中，设有 90 多门课程。四是建立少数民族干部培训基地。自治区增设广西民族干校一所。百色、河池、柳州、桂林和南宁 5 个地区设有民族干校，河池、南宁师专还开办了少数民族干部培训班。①

进入 21 世纪，为了贯彻落实《少数民族事业"十一五"规划》《少数民族事业"十二五"规划》《2013—2017 年全国干部教育培训规划》及党的十八大精神和习近平关于干部教育培训工作的重要论述，国家民委以中央民族干部学院为主要渠道，直属 6 所院校为重要依托，结合中央和国家机关有关培训，重点采取了四项措施：一是加强体制机制建设。国家民委充分发挥干部教育培训工作领导小组作用，成员单位对各地区、各部门、各单位民族干部教育培训工作大力支持，形成了统筹协调、合力推进的良好工作格局。二是加强培训基地建设。目前，已形成拥有 300 多名专家和领导的师资队伍；指导中央民族干部学院开发、巩固牛街、北京市西城区安德路北社区、北京市第 56 中学等实践教学点。三是加强重点班次建设。由国家民委主办的全国各级民委主任培训班、国家民委派驻武陵山片区联络员培训班、全国少数民族女干部培训班等专题班次，已成为民族干部教育培训的品牌和特色班次。四是加强培训作风建设。②

---

①　广西经济年鉴编辑部编：《广西经济年鉴 1985》，广西经济年鉴编辑部编辑出版 1985 年版，第 388—389 页。

②　《教育培训为民族干部成长提供最大"福利"——访国家民委人事司负责人》，《中国民族报》2013 年 12 月 6 日，第 1 版。

地方民委也根据各地实际情况，开展了许多独具特色的干部教育培训工作。云南省民委按照"123"思路。"1"是围绕民族团结进步、边疆繁荣稳定示范区建设这个中心。"2"是突出两个重点：突出政策保障；突出协调配合。形成了齐抓共管的局面。"3"是抓好三个结合：分级负责与重点培养相结合；省内资源与省外资源相结合；提高政治素质与增强本领相结合。①

近年来，贵州省民委先后出台实施了《全省民委干部教育培训工作规划》《少数民族人才培训培养推进计划》等文件，由省民委、省委组织部牵头，每年举办至少15个班次，每年参训的各级领导干部达200多人次。②

广西民委有计划、多渠道地开展干部教育培训工作。一是健全组织，确保工作落到实处。二是精心组织，周密规划。三是全方位狠抓落实。抓机构落实，抓职能落实，抓人员落实，抓经费落实，抓参训人员落实。四是加强监督检查，确保成效。③

新疆民委开展多渠道、多层次、多类型的干部教育培训。一是领导重视拓宽培训渠道。二是重管理监督。三是培训内容方式丰富多样。如举办维吾尔语授课培训班等。四是完善师资队伍。建立督学、教学质量评估制度，实行教师末位淘汰制。④

二、民族干部教育培训的成绩

1. 培训规模逐步扩大。自2008年以来，国家民委共培训少数民族和

---

① 《按照"123"思路，培养高素质民族干部队伍》，《中国民族报》2013年11月22日，第2版。

② 李翠：《凝聚各方力量　壮大民族干部队伍——访贵州省民委副主任刘晖》，《中国民族报》2013年12月27日，第2版。

③ 《有计划、有步骤、分层次、多渠道、多形式开展工作》，《中国民族报》2013年11月22日，第2版。

④ 《实现"从量的增加到质的提升"》，《中国民族报》2013年11月22日，第2版。

民族地区干部、专业技术骨干及全国民委系统干部近 3 万人。少数民族和民族地区干部培训班 110 期，共培训 8584 人次。国家民委还选派委系统干部 148 人参加中央党校等"一校五院"及其他中央和国家机关组织的培训学习，组织 225 人次参加中央和国家机关司局级干部选学，举办各类专题班 27 期，处级以上干部 5 年基本轮训了一遍。① 如建于 2003 年的中央民族干部学院，10 年中共举办各类班次 600 多期，培训各类各级民族干部 3.5 万多人。②

2. 培训特色越来越突出。如大连民族学院构建了 30 余个干部培训实践基地，形成了来自各行各业的 300 余人的专家库。充分发挥学校优势，举办区域经济、企业管理、小城镇改造等专业性强的培训班。每期培训班至少安排 1/3 的内容在教学基地现场授课，形成了"点面结合、重点突出、专业为主、班型多样"的特点。③

3. 培训方式逐步转变。实现了由知识向能力的、由单一功能向多元功能的大转变；增加了案例分析、素质拓展、实地考察等新方法、新形式。通过发放调查问卷、组织学员论坛、与学员座谈等多重渠道，及时整理汇总建议，编写《情况反映》上报委党组和国务院。④

4. 培训效果越来越好。参训干部普遍反映，通过培训进一步统一了思想，增强了责任感和使命感；进一步增长了才干，提升了理论水平和实践能力。⑤

---

① 《教育培训为民族干部成长提供最大"福利"——访国家民委人事司负责人》，《中国民族报》2013 年 12 月 6 日，第 1 版。

② 常晓虹：《中央民族干部学院举行建院 10 周年庆祝大会》，《中国民族报》2013 年 11 月 26 日，第 1 版。

③ 《牢记宗旨，发挥优势，努力做好民族干部教育培训工作》，《中国民族报》2013 年 11 月 22 日，第 2 版。

④ 《教育培训为民族干部成长提供最大"福利"——访国家民委人事司负责人》，《中国民族报》2013 年 12 月 6 日，第 1 版。

⑤ 《教育培训为民族干部成长提供最大"福利"——访国家民委人事司负责人》，《中国民族报》2013 年 12 月 6 日，第 1 版。

第二节 民族工农教育的实践与成绩

民族工农教育主要有扫盲教育、文化教育两个部分。鉴于新中国成立初期许多民族地区文盲充斥的情况，扫除文盲是民族成人教育的一个重要内容和繁重的首要任务。在党和国家大力支持下，在民族地区政府积极探索下，民族工农教育取得了举世瞩目的成绩。

一、民族工农扫盲教育的实践与成绩

新中国成立后，少数民族和民族地区扫盲教育如火如荼，甚至出现了群众性扫盲运动的高潮。许多民族地区先后在农牧区、城镇办起冬学和各种形式的识字班等，如 1958 年宁夏有近 40 万人参加扫盲学习，新疆 1965 年参加扫盲学习的有 69 万余人，占青壮年总数的 25.5%；广西新中国成立以来至 1958 年扫除文盲 202 余万人。在扫盲教育中，少数民族和民族地区使用了许多有效的办法，如内蒙古在新中国成立初期就建立了扫盲工作委员会。"文化大革命"前，每个公社平均有 1—2 名扫盲专职干部。新疆 1955 年规定按 200∶1 的标准配备专兼职扫盲教师。多数民族地区都有成人教育机构，逐级有专人负责扫盲等成人教育工作。[1] 又如广西 1953 年各级都成立了扫盲委员会，共扫除青壮年文盲、半文盲 159 万多人。1958 年，广西掀起扫盲和办业余学校的高潮，参加学习人数达 561.77 万人。[2]

改革开放以来，为了落实《关于加强民族教育工作的意见》精神，民族

---

[1] 孙若穷主编：《中国少数民族教育学概论》，中国劳动出版社 1990 年版，第 474—475 页。

[2] 广西经济年鉴编辑部编：《广西经济年鉴 1985》，广西经济年鉴编辑部编辑出版 1985 年版，第 387 页。

地区根据各自的实际情况，也出台了一些政策措施，如新疆1981年制定了详细的个人扫盲标准、无盲单位标准。1982年，内蒙古又规定，文盲半文盲比例在30%以上的地区，要把扫盲作为农牧民教育工作的重点，有的旗县还规定，凡是文盲半文盲不得参军、招收为工人和提拔为干部。[①]

　　少数民族和民族地区开展灵活多样的教学方式、方法，坚持忙时少学、闲时多学的原则，采取举办各种形式的识字班组、互教互学、包教包学等形式，坚持田间、地头、炕头学习等办法进行扫盲教育。如内蒙古采取普通学校办夜校、识字小组包教包学、送字上门等形式扫盲。广西还采取了建立见物识字卡、用山歌扫盲的办法。一些地区编写扫盲报和扫盲识字课本，用民族语文扫盲，广西编写的《农民识字课本》还获得"1979—1982年全国农村读物评选"一等奖。许多地区还把普及小学初等教育与扫盲结合起来，堵住新文盲的产生，如青海、甘肃等民族地区还将扫盲与技术教育结合起来，不仅有利于巩固学得的文化知识，还能帮助群众脱贫致富。1984年，新疆有14个县、176个公社、1962个大队达到基本无盲标准，其中，两个县通过全面验收为基本无盲县。内蒙古到1983年累计扫盲教育210余万人，有30个旗县通过验收基本扫除了文盲。[②]到1984年年底，广西共扫除青壮年文盲517.57万人，有70个县（市、市辖区）、854个乡（镇）基本完成扫除青壮年文盲的任务。[③]内蒙古、广西、西藏、宁夏、新疆文盲半文盲（12岁以及12岁以上不识字或识字很少的人）人口占人口总数的比例，1982年，全国人口普查时分别为22.5%、17.6%、51.8%、28.9%和21.1%，而1987年全国1%人口抽样调查时分别降到17.63%、16.12%、47.76%、25.37%和14.99%。[④]

　　为了巩固和继续扩大扫盲教育的成绩，少数民族和民族地区政府高度重

---

　　① 孙若穷主编：《中国少数民族教育学概论》，中国劳动出版社1990年版，第475页。

　　② 孙若穷主编：《中国少数民族教育学概论》，中国劳动出版社1990年版，第475—476页。

　　③ 广西经济年鉴编辑部编：《广西经济年鉴1985》，广西经济年鉴编辑部编辑出版1985年版，第387页。

　　④ 孙若穷主编：《中国少数民族教育学概论》，中国劳动出版社1990年版，第474页。

视，采取一系列措施，加强领导、齐抓共管，积极改善办学条件，努力提高扫盲教育质量。如广西严把脱盲验收关，坚持标准，实事求是，保证脱盲考试验收质量。通过多渠道，增加扫盲、农民教育经费。1990 年，筹措扫盲经费 117 万元。钟山县除了县财政增拨 3 万元扫盲经费外，各乡镇还按教育经费总额的 1% 或按全乡人口平均 0.15 元划拨扫盲经费。①1990 年是国际扫盲年，广西共组织 30 多万名扫盲对象入学，验收脱盲 22.3 万多人。据 1990 年全国第四次人口普查结果，广西 15 周岁以上文盲、半文盲占总人口的比例由 1982 年的 16.94% 下降到 10.61%。按文盲比例从低到高顺序排列，由居全国第八位跃到第六位。到 1991 年，广西已有 11 个地、市（含防城港区）95 个县（含县级市及城区、郊区）、1266 个乡镇基本上扫除了青壮年文盲；许多县（市）青壮年非文盲率达到 95% 以上；有 6 个县和 8 人分别被评为全国扫盲先进县和先进个人，有 23 个县、61 个乡（镇）和 390 人分别被评为全区扫盲先进县、乡和先进个人。②

2001 年 1 月，我国基本扫除青壮年文盲。2007 年年底，西部地区基本扫除青壮年文盲攻坚计划如期完成。③2011 年 11 月，我国全面扫除青壮年文盲。2011 年年底，随着西部 42 个边远贫困县实现"两基"目标，全国所有县（市、区）和其他县级行政区划单位、所有省级行政区全部通过扫除青壮年文盲的国家验收，实现"两基"目标，青壮年文盲率降到 1.08%。④到 2014 年年底，西藏小学适龄儿童入学率达 99.64%，青壮年文盲率降至 0.57% 以内，人均受教育年限达 8.6 年，新增劳动力受教育年限达 12 年以上。⑤

---

① 广西壮族自治区教育委员会编：《广西教育年鉴 1991》，广西师范大学出版社 1992 年版，第 139 页。

② 广西壮族自治区教育委员会编：《广西教育年鉴 1991》，广西师范大学出版社 1992 年版，第 137 页。

③ 《波澜壮阔的全民教育实践》，《中国教育报》2008 年 11 月 12 日，第 1 版。

④ 翟博、刘华蓉、李曜明、张滢：《人类教育史上的奇迹——来自中国普及九年义务教育和扫除青壮年文盲的报告》，《中国教育报》2012 年 9 月 9 日，第 5 版。

⑤ 中华人民共和国国务院新闻办公室：《民族区域自治制度在西藏的成功实践》，《光明日报》2015 年 9 月 7 日，第 6 版。

二、民族工农文化教育的实践与成绩

民族地区除重视扫盲教育外，还大力积极发展"双补"教育，取得了可喜成绩。如内蒙古 1983 年累计参加"双补"学习的职工有 54 万人。广西 1984 年有 13.7 万名职工领到初中文化补课合格证。宁夏 1984 年年底初中文化补课合格的青壮年职工 51672 人，初级技术补课合格的青壮年职工 32922 人。新疆分别有 60.8 万和 54 万人应进行文化补课和技术补课，到 1984 年，文化补课合格者达 32.3%，技术补课合格者达 25%。[1] 尤其是广西 1977—1984 年农村业余小学毕业 23.33 万多人，业余中学毕业 5.88 万人，各种初级农业技术班培训 86.33 万人次。[2]

新中国成立前，民族地区工矿企业很少，少数民族职工更少，大部分民族地区的职工教育基本上是空白。新中国成立后，随着广大民族地区经济日益繁荣，工矿企业日益增多，少数民族职工人数日益增多，少数民族职工教育随之发展起来。内蒙古少数民族职工队伍 1947 年才 7000 人，到 1978 年已发展到 170000 人，增长 24.29 倍。宁夏职工队伍 1949 年仅有 5075 人，到 1978 年已有 379874 人。新疆 1953 年试办业余小学和职工业余中学，1955 年，有 95% 的县和 67% 的生产合作社不同程度地开展了成人教育，扫盲和各级业余学校教师达到 17000 余人。1959 年，新疆有职工业余大学 20 所，初、中级文化技术学校 2100 多所[3]，农民业余小学在校生为 13 万余人。1963 年，又依托普通中等专业学校创办职工业余中专，1964 年，在校生达 1736 人。[4] 广西于 1964 年设工读教育局，加强对工农教育的领导。1965 年，全区办有区直机关干部业余大学一所，学员 2000 多人；半工半读学校（中

① 孙若穷主编：《中国少数民族教育学概论》，中国劳动出版社 1990 年版，第 477 页。

② 广西经济年鉴编辑部编：《广西经济年鉴 1985》，广西经济年鉴编辑部编辑出版 1985 年版，第 388 页。

③ 谢启晃编著：《中国民族教育史纲》，广西教育出版社 1989 年版，第 176—177 页。

④ 孙若穷主编：《中国少数民族教育学概论》，中国劳动出版社 1990 年版，第 476—477 页。

技）100多所，学员15000多人，半农半读学校（中技）在校生8000多人。工会系统也办了一批职工文化学校。[①] 少数民族和民族地区的成人高等教育初创于20世纪50年代，如内蒙古师范学院于1956年创办函授部（1961年，改为附设函授大学），在各盟市建31个分校，在校生达2191人。新疆1958年就创办工农业余大学，1959年，全区有职工大学20所。宁夏1958年创办银川夜大学，1964年，创办银川市职工业余大学等。[②] 值得一提的是，农民业余高等教育在这个时期也提了出来，1958年5月1日，延边朝鲜族自治州延吉县东盛乡成立我国第一所农民大学黎明业余农业大学，招生对象为农村中的高中毕业生，学制三年。在工农教育过程中，本着结合生产，全面安排，因材施教，灵活多样，成为培养少数民族人才的一个重要渠道。"文化大革命"期间，广大民族地区原有的各级各类工农学校、半工半读学校几乎全部被停办，少数民族工农教育事业蒙受严重的损失。

改革开放以来，各民族地区对本地区职工的素质、对人才的需求等方面，逐步进行了比较全面的调查和预测，有计划、有步骤地开展职工教育工作，从而使民族职工教育得到了迅速健康的发展。一些民族地区已初步形成了由小学到大学的职工教育体系。就全国民族自治地方而言，在数量上，1985年，成人教育在校学生数达989000余人，其中，成人高等学校学生102000余人，成人中等学校学生171000余人，成人初等学校学生716000余人[③]，形成第一轮民族成人教育热。在办学形式上，有职工大学、农民大学、全日制高校等开办的夜大学等，还采用了远距离教育手段进行教学，如广播电视大学、函授学院。民族成人中专教育有职工、干部、农民中等专科学校，全日制高等院校、中专学校举办的成人中专部（班），以及广播电视、函授中专等。在培养规格上，多样化趋势明显，除中专、大专、本科等各种学历教育外，还有证书教育、岗位培训等。在教学内容上，随着少数民族和民族地区经济社会的发展，由过去以政治文化教育为主逐渐过渡到以技术教

① 广西经济年鉴编辑部编：《广西经济年鉴1985》，广西经济年鉴编辑部编辑出版1985年版，第387页。

② 孙若穷主编：《中国少数民族教育学概论》，中国劳动出版社1990年版，第478页。

③ 谢启晃编著：《中国民族教育史纲》，广西教育出版社1989年版，第179页。

育为主，开设了许多适应少数民族和民族地区经济社会需要的各种专业。如到 1985 年广西有职工大学 7 所，在校生 1190 多人。还有各类成人高等学校 7 所，在校生 7205 人。1979 年，创办广西广播电视大学，到 1984 年共设广西广播电视大学分校(工作站)15 个，招收全科生 17621 人，已毕业 2464 人，在校生 10098 人，还有单科结业生 5546 人，自学视听生 5951 人。经批准设立函授部的有广西农学院、广西民族学院等 4 所高校，4 个专业，有函授生 7401 人。职工中等专业学校正在逐步创办，1985 年，职工中专有 55 所(班)。全区社会力量办学也非常活跃，1984 年，开办各类文化技术学校（班），设有中医、财经、音乐、外语等专业，有的还开办了成人高考、高等教育自学考试补习班和短期技术培训班，共 4487 个班，在校生达 8.8 万人。①到 1985 年，广西已初步形成了一个从扫盲、初等教育到中等、高等教育的成人教育体系。②

到 1987 年，仅内蒙古、广西、宁夏、新疆四个自治区就有约 92 万人(不含扫盲班）参加职工、农民业余小学学习；成人中学 579 所，在校生 64854 人；成人技术学校 1081 所，在校生 31 万人；有广播电视中专、干部中等专业学校、职工中等专业学校、农牧民中等专业学校和教师进修学校 351 所，在校生达 76871 人，其中，业余、函授学习者占 42.5%；有广播电视大学、职工高等学校、教育学院等各类成人高等学校 81 所，本、专科在校生 75776 人。普通高等学校举办的函授部、夜大学还有在校生 13750 人。1987 年开始，一些民族地区还试办了专业证书培训班。1987 年，内蒙古、广西、宁夏、新疆成人高校有单科班、进修班、培训班等其他类学生 16489 人，逐步改变了成人教育片面举办学历教育的倾向。③虽然高等教育自学考试在民族地区开展较晚，但极有民族特点，如新疆 1985 年首次开考现代维语、现

---

① 广西经济年鉴编辑部编：《广西经济年鉴 1985》，广西经济年鉴编辑部编辑出版 1985 年版，第 388 页。

② 广西经济年鉴编辑部编：《广西经济年鉴 1985》，广西经济年鉴编辑部编辑出版 1985 年版，第 387 页。

③ 孙若穷主编：《中国少数民族教育学概论》，中国劳动出版社 1990 年版，第 476—478 页。

代哈语等 6 门高等教育自学考试课程，均用汉、维、哈三种文字命题，有25209 人参加考试，考试及格率为 31.8%。广西自 1984 年实行高等教育自学考试至 1985 年举行了 4 次考试，共有 28228 人获得 1—8 门课程的单科合格证书 67017 张，获证人数等于 1984 年自治区高校在校生的 87%。①

同时，民族地区农民技术教育蓬勃发展。1990 年年底，广西乡镇农民文化技术学校有 1249 所；有 76% 的行政村办有农民文化技术分校，参加各类技术培训的有 6702098 人，其中，乡镇企业职工 275043 人。在受训中，回乡知识青年占 85% 以上。农民"绿色证书"资格教育试点工作已经开始，通过农村成人教育，已有 40887 人成为农民技术员，42961 人成为乡村基层干部，134809 人成为乡村企业职工，18570 人成为乡村农技师，85376 人成为农村专业户，有 1562 项科技成果获奖。另外，到 1991 年各类成人中专已发展到 48 所（班），在校生已达到 8155 人，毕业生 2188 人，部分人已成为乡镇企业生产骨干、基层管理干部和乡村教师，许多人成为农民致富的带头人和各种专业户。② 三是农村社会力量办学发展迅速。1991 年，广西社会力量办学在整顿基础上得到健康发展，仅玉林社会力量办学发展到 176 所（班），开设 34 个专业，在校生 28900 人，从事社会力量办学管理人员 1704人。特别是玉林军分区招待所农家致富学校办学成绩显著，学校开设为农村服务的实用技术专业有畜牧兽医等 19 个专业，办学 7 年来，培训 24300 多人，许多学员学成回家，走上了发家致富道路。南宁市认真贯彻国家教委《关于社会力量办学的若干暂行规定》，根据社会的需要，多形式、多层次开展文化教育和职业教育，1991 年，社会力量办学发展到 221 所（班），在校学员 38163 人。其他地、市每年也有 3 万—4 万人（次）参加社会力量举办的各类学校和培训班学习。③

民族地区职工教育蓬勃开展。如 1991 年广西参加高等教育的职工有

---

① 孙若穷主编：《中国少数民族教育学概论》，中国劳动出版社 1990 年版，第 478—479 页。
② 广西壮族自治区教育委员会编：《广西教育年鉴 1991》，广西师范大学出版社 1992 年版，第 137 页。
③ 广西壮族自治区教育委员会编：《广西教育年鉴 1991》，广西师范大学出版社 1992 年版，第 143 页。

33000 人，参加中专教育学习的有 32000 人，参加初、高中学习的有 6100
人，参加岗位培训的有 75000 人，参加技术等级培训的有 133000 人，参
加适应性培训的有 417000 人。大中型企业领导干部的岗位培训任务已完
成 32.48%；小型企业领导干部的岗位培训任务已完成 60%。[1]1991 年，广
西有成人初等学校 12048 所（班），在校学员 28.2 万人；成人技术培训学校
23772 所（班），在校学员 253.37 万人；成人中专 244 所（班），在校学生 4.7
万人；成人高等教育自学考试开考 19 个专业，有 11.38 万人（次）参加；中
等教育自学考试开考 7 个专业，有 1.01 万人（次）参加。[2]

第三节　民族成人学校教育的成绩

　　民族成人教育得到长足的发展，一个具有中国民族特色的从初等到高等
的成人教育体系框架已基本形成[3]，包括传统教育和开放型远距离教育相结
合的多层次、多形式、多规格、多渠道、多内容的成人教育体系，成为构建
民族教育体系的重要组成部分，在提升少数民族和民族地区劳动者素质方
面，发挥了重要作用。

一、民族成人学校教育体系基本形成

　　民族成人教育除学校教育外，还包含高、中等专业自学考试等形式，在

---

　　①　广西壮族自治区教育委员会编：《广西教育年鉴 1991》，广西师范大学出版社 1992 年
版，第 142 页。

　　②　广西壮族自治区教育委员会编：《广西教育年鉴 1991》，广西师范大学出版社 1992 年
版，第 141 页。

　　③　吴仕民主编：《中国民族教育》，长城出版社 2000 年版，第 49 页。

民族成人学校教育中，一般可分为初、中、高级三个层次。①

民族成人初等学校教育。民族成人初等学校教育是民族成人教育的基础性教育，包括扫盲教育、业余小学和初等技术教育。主要有两种类型：一种是初等文化教育，如少数民族和民族地区农牧民的扫盲班、业余小学、业余文化技术学校等。扫盲班是对不识字或识字很少的农牧民进行扫盲识字教育；业余小学是在脱盲的基础上，农牧民经过2—3年的学习，语文、算术两科达到小学五、六年级程度；业余文化技术学校则是在扫盲的基础上对农牧民进行一定的文化科学技术教育。另一种是初等技术业务培训，如少数民族和民族地区的职工初级技术、业务培训和农牧民初级技术培训班，对职工要求达到一至二级技术工人的水平，对农牧民主要普及农村各行各业的科学技术知识。

民族成人中等学校教育。民族成人中等学校教育是民族成人教育的中端性教育，主要是文化学习和技能培训，包括成人中学、成人中等技术培训学校、职工"双补"（文化补课、技术补课）和成人中等专业学校。民族成人中学主要进行初中或高中的文化基础知识教育，有职工业余中学和农牧民业余中学两类，如职工、农牧民业余初中和高中。民族成人中等技术培训学校主要对少数民族和民族地区有一定文化基础的从业人员进行较系统的中等专业技术培训，既有各种形式的农牧民中等技术培训学校、职工中等技术培训学校，也有一些干部短期轮训班。少数民族和民族地区的职工"双补"是从1982年后逐步开始的，主要对"文化大革命"中被耽误学习的青壮年职工进行文化、技术补课。成人中等专业学校主要进行中等专业学历教育，有职工、农牧民中等专业技术学校和干部学校等。

民族成人高等学校教育。主要包括少数民族和民族地区的职工高等学校、高等函授、夜大学、广播电视大学、管理干部学院、干部专修科、教育

---

① 吴仕民先生则认为，民族成人教育体系包括五个部分：（1）成人高校；（2）普通高等院校函授部和夜大学；（3）广播电视大学、广播电视中专；（4）自我考试；（5）成人中专（含农业广播学校、教师进修学校、农民夜校、农民职业技术学校和农村广播电视学校、行政村农民成人技术培训学校）。见吴仕民主编：《中国民族教育》，长城出版社2000年版，第50页。

学院、农牧民高等学校等多种形式。主要有业余学习与脱产、半脱产式学习，全科与单科学习等方式。招生对象为少数民族和民族地区的干部、职工、农牧民、社会知识青年等。学员参加全国或省（区、市）统一考试，择优录取。学制是，脱产学习1—3年，业余学习一般为3—4年。到1998年，民族自治地方普通中等专业学校有597所，民族自治地方职业中学有1401所，民族自治地方成人教育学校有20646所。招生达560.26万人。[1] 如宁夏到1998年有成人高校5所，成人中专28所，在校生2.04万人；自学考试开考专业达63个，参加考试学习的达3万多人。[2] 各地职业学校、成人学校和培训机构培养培训涉及第一、二、三产业的各类专业，尤其是各州（盟）、县（市、旗）以职业中学、职教中心、职教班为主体，面向当地农村，以点带面，有全日制、夜班、流动教室等，培养了大批中、初级技术人才。到1998年全国有少数民族干部270多万人，其中，广西有各类少数民族干部37.29万人。[3]

二、办学效益不断提高

改革开放30多年来，少数民族和民族地区农村牧区教育发展的实践证明，必须坚持为"三农""三牧"服务，综合改革是其改革的方向，扫盲与技术培训结合，是农牧民脱贫致富的出路，也是民生发展之本，更是民族成人教育办学效益不断提高的重要体现。一些民族地区作了积极有益的探索，如黑龙江杜尔伯特等7县14个民族乡通过实施"燎原计划"和"农科教结合"，涌现出许多种植技术能手、养殖能手。[4]

---

① 吴仕民主编：《中国民族教育》，长城出版社2000年版，第50页。

② 自治区教育委员会：《走向辉煌——40年来宁夏教育改革和发展回顾》，《宁夏教育》1998年第9期，第4页。

③ 《中国的少数民族政策及其实践》，《中华人民共和国国务院公报》2000年第3期，第37页。

④ 吴仕民主编：《中国民族教育》，长城出版社2000年版，第52页。

三、为民族地区培养了大批人才

民族成人教育培养培训的毕业生和经过短期培训的结业生，不仅培养了大批人才，而且全面提高了各行各业劳动者的素质。仅 50 年中，民族地区职业教育、成人教育就为民族地区经济建设和社会发展输送了近 586 万实用技术人才。[1]

到 2012 年，成人教育各级各类学校少数民族教职工、专任教师数量分别是：成人高等学校中，教职工 65612 人，其中，少数民族教职工 4451 人；专任教师 39393 人，其中，少数民族专任教师 2383 人。成人中专中，教职工 77482 人，其中，少数民族教职工 3959 人；专任教师 54207 人，其中，少数民族专任教师 2956 人。成人高中（成人高中少数民族教职工数和专任教师数包括成人初中少数民族教职工数和专任教师数）中，教职工 16842 人，其中，少数民族教职工 1888 人；专任教师 13429 人，其中，少数民族专任教师 1506 人。成人小学中，教职工 57300 人，其中，少数民族教职工 6684 人；专任教师 30305 人，其中，少数民族专任教师 3175 人。[2]2012 年，成人教育各级各类学校少数民族学生数量如下：成人本专科 5831123 人，其中，少数民族学生有 454351 人。本科学生 2475495 人中，少数民族学生占 199372 人；专科学生 3355628 人中，少数民族学生占 254979 人。另外，网络本专科生有 5704112 人，其中，少数民族学生占 322733 人。本科学生 2002698 人中，少数民族学生占 112746 人；专科学生 3701414 人中，少数民族学生占 209987 人。成人中专中，学生 2542747 人，其中，少数民族学生 211542 人。成人高中中，学生 775006 人，其中，少数民族学生 51956 人。成人小学中，学生 1643301 人，其中，少数民族学生 189293 人。[3]以广西、宁夏、新疆、西藏、

---

① 吴仕民主编：《中国民族教育》，长城出版社 2000 年版，第 54 页。

② 《各级各类学校少数民族教职工、专任教师数》，http://www.moe.edu.cn/publicfiles/business/htmlfiles/moe/s7567/201309/156877.html。

③ 《各级各类学校少数民族学生数》，http://www.moe.edu.cn/publicfiles/business/html-files/moe/s7567/201309/156878.html。

内蒙古为例，各级成人教育情况见表 12.1、12.2、12.3 及文字所述。

表 12.1　广西主要年份各级成人教育在校学生数①　　（单位：人）

项　　目	1995	2000	2005	2010	2011	2012
成人高等教育	52200	100992	136579	19639	154802	199093
广播电视大学	12142	13784		673	935	973
职工（农民）高等学校	5518	3180		543	476	505
管理干部学院	4142	10502		11540	2080	2192
教育学院	10995	6421		6883	2154	1943
普通高等学校举办	19403	67105	115699	146456	149157	193480
成人中等学校	167144	98494	35746	1558	1102	
成人中等专业学校	125679	95147	29255	1108		
成人中学	41465	3347	6491	450	1102	
成人初等学校	159579	165398	41067	3567	2322	
扫盲班	43912	79713	16437	2358	1016	

表 12.2　宁夏成人教育基本情况（2012 年）②　　（单位：人）

项　　目	毕业人数	招生数	在校学生数
总　　计	13233	19940	45465
成人高等教育	9991	16365	34563
广播电视大学	1196	2076	4085
成人中等教育	3242	3575	10902
中等专业学生	3242	3575	10902

---

①　广西壮族自治区统计局编：《广西统计年鉴 2013》，中国统计出版社 2013 年版，第 496 页。

②　宁夏回族自治区统计局、国家统计局宁夏调查总队编：《宁夏统计年鉴 2013》，中国统计出版社 2013 年版，第 470 页。

表 12.3　新疆各类成人教育情况（2012 年）①　　（单位：人）

项　目	学校数（所）	毕业生数	在校学生数	教职工数	专任老师
成人高等教育	8	16837	68329	5307	3259
广播电视大学	2	1120	2820	3584	2078
职工大学	1	19	252	108	80
教育学院	5	1048	3175	1615	1101
普通高校办的成人班		14650	62082		
成人中等教育	17	8778	18939	1047	832
成人中学	15	813	1998	190	179
成人技术培训学校	2058	1319232	1536390	3792	1938
成人初等学校	478	61624	74283	1745	735
扫盲班		48698	61754	1202	464

自西藏成人高等教育进入新世纪以来，逐步形成多形式并举的办学体系。招生人数上，6 所高校全部开展成人高等教育，西藏大学于 1998 年即招函授生 121 人。2010 年，全区成人高等教育有 7991 人。层次结构上，主要是本科和专科，其中，本科包括专升本和高起本两种。2010 年，西藏成人高等教育在校生有 7991 人，本科生 5431 人，占在校生总数的 67.96%。学科与专业结构上，在 2010 年有 9 类，分别是：经济学 69 人，法学 917 人，教育学 2100 人，文学 1630 人，理学 748 人，工学 487 人，农学 192 人，医学 886 人，管理学 961 人。形式结构上，就高等学历教育而言，有普通高校的函授教育、高等教育自学考试和广播电视大学三种，其中，函授教育是最主要的形式。到 2012 年年底，西藏大学学历教育在校生总人数为 11709 人，其中，函授教育 7786 人，自学考试 406 人，电大 3517 人。就高等非学历教育而言，开办形式有师资培训、企业培训、干部教育、岗前和在岗培训等多

---

① 新疆维吾尔自治区统计局编：《新疆统计年鉴 2013》，中国统计出版社 2013 年版，第 594 页。

种形式。对象上，2010 年，西藏成人高等教育学生年龄最小的 20 岁，最大的 50 多岁，男女比例为 1 : 1.244；少数民族在校生有 5101 人，少数民族占总人数的 63.83%。[①]

1979 年，内蒙古有 34 所成人高等学校，有 2916 名少数民族在校生。2006 年，24 所高等职业学校，有 12936 名少数民族学生。锡林郭勒职业学院医学专业全科蒙语授课，这在全区尚属首家，成为 8 省（区）蒙语培训测试基地。2006 年，少数民族全日制本专科在校生共 69391 人，另有 3031 名博士、硕士研究生。[②]

---

　　① 江永朗杰、卞利强、红梅、桑木旦、何浪：《西藏成人教育现状调查——以西藏大学为例》，《西藏大学学报》（社会科学版）2013 年第 2 期，第 158—161 页。
　　② 张立军、窦艳华：《内蒙古民族高等教育 60 年之探索与发现》，《内蒙古民族大学学报》（社会科学版）2011 年第 6 期，第 68 页。

第 十 三 章

民族教育的历史经验

民族教育是我国教育事业的重要一翼，也是民族工作的关键一环。经过60多年的发展，"初步形成包括幼儿教育、基础教育、职业技术教育、成人教育和高等教育在内的民族教育体系。"① 在不断摸索与完善的过程中，在国家层面、地方层面、学校层面积累和形成了一整套切实可行的经验。归纳起来，其基本经验主要有：坚持中国共产党对民族教育的领导；坚定不移地走科学发展的道路；坚持为少数民族和民族地区服务。

第一节　坚持中国共产党对民族教育的领导

坚持中国共产党对民族教育的领导，是民族教育工作必须始终不渝地贯彻实施的一项根本原则，是我国民族教育区别于资本主义国家教育的根本标志，也是党和国家在民族教育长期实践中总结出来的一条宝贵经验。60多年的民族教育实践也充分证明，坚持党对民族教育的领导，是民族教育发展的

---

① 教育部民族教育司、国家民委教育科技司编：《走向辉煌的中国民族教育——第五次全国民族教育工作会议材料汇编》，民族出版社 2003 年版，第 1 页。

根本保证。坚持中国共产党对民族教育的领导，主要包括三个方面的内容：就本质属性来看，就是坚持中国共产党对民族教育的政治领导；就基本内容来看，就是坚持中国共产党对民族教育的思想领导；就机构形态来看，就是坚持中国共产党对民族教育的组织领导。坚持党对民族教育的领导，既是摆在我们面前的迫在眉睫的政治任务，也是保证民族教育健康发展的千秋伟业。

一、坚持中国共产党对民族教育的政治领导

中国人民选择共产党的领导，是中国历史发展的必然结果。"我们党担负着团结带领人民全面建成小康社会、推进社会主义现代化、实现中华民族伟大复兴的重任。"[1] 自然地，民族教育就必须坚决坚持中国共产党的领导，其中，坚持中国共产党对民族教育的政治领导，主要表现在通过制定方针政策保证民族教育的正确方向。

从教育的外部规律分析，教育受政治、经济、文化所制约，并为其服务，这本身就指明了教育培养的政治方向；就教育的内部规律解读，培养德、智、体、美全面发展的人，就非常明确地规定了培养的政治目标。可见，教育外部规律、内部规律都充分说明民族教育必须有明确的政治方向，必须坚持中国共产党的领导。[2]因此，民族教育必须始终坚持中国共产党的领导，坚持社会主义的办学方向。

就理论角度看，社会主义教育与资本主义教育都有许多共性，如教育在培养人的劳动能力上的作用、教育与生产劳动相结合、专业教育结构将随着产业结构和学科结构而变化以及教学方法与手段的现代化等，但是，两者是性质完全不同的教育，表现在教育目的、传递社会意识等方面。我国民族教育从根本上回答了"培养什么样的人、怎样培养人""办什么样的民族教育、怎样办民族教育"等重大问题，有力地推动了中国特色社会主义民族教育事业的蓬勃发展。

---

① 《胡锦涛文选》，人民出版社 2016 年版，第 653 页。

② 姚启和、王锐兰：《全面理解坚持社会主义办学方向的内涵》，《高等教育研究》1992
年第 2 期，第 36 页。

2012 年，党的十八大报告指出："要坚持教育优先发展，全面贯彻党的教育方针，坚持教育为社会主义现代化建设服务、为人民服务，把立德树人作为教育的根本任务，培养德智体美全面发展的社会主义建设者和接班人。"[①]2013 年印发的《关于培育和践行社会主义核心价值观的意见》又强调："坚持育人为本、德育为先，围绕立德树人的根本任务，把社会主义核心价值观纳入国民教育总体规划，贯穿于基础教育、高等教育、职业技术教育、成人教育各领域，落实到教育教学和管理服务各环节，覆盖到所有学校和受教育者，形成课堂教学、社会实践、校园文化多位一体的育人平台，不断完善中华优秀传统文化教育，形成爱学习、爱劳动、爱祖国活动的有效形式和长效机制，努力培养德智体美全面发展的社会主义建设者和接班人。"[②]

2016 年 12 月，习近平在全国高校思想政治工作会议上发表的重要讲话中指出，我国有独特的历史、独特的文化、独特的国情，决定了我国必须走自己的高等教育发展道路，扎实办好中国特色社会主义高校。我国高等教育发展方向要同我国发展的现实目标和未来方向紧密联系在一起，为人民服务，为中国共产党治国理政服务，为巩固和发展中国特色社会主义制度服务，为改革开放和社会主义现代化建设服务。习近平强调，我们的高校是党领导下的高校，是中国特色社会主义高校。办好我们的高校，必须坚持以马克思主义为指导，全面贯彻党的教育方针。[③] 这些都是 60 多年的民族教育实践获得的最重要经验。新中国成立以来的历史证明，坚持了正确的方针政策，民族教育就会持续发展；反之，民族教育就会遭受挫折，停滞不前。

二、坚持中国共产党对民族教育的思想领导

60 多年来，正是由于一直坚决坚持以马克思列宁主义、毛泽东思想、

---

① 《十八大以来重要文献选编》（上），中央文献出版社 2014 年版，第 27 页。
② 《十八大以来重要文献选编》（上），中央文献出版社 2014 年版，第 580 页。
③ 张烁：《把思想政治工作贯穿教育教学全过程　开创我国高等教育事业发展新局面》，《人民日报》2016 年 12 月 9 日。

邓小平理论、"三个代表"重要思想、科学发展观、习近平新时代中国特色社会主义思想为指导，紧密团结在以习近平同志为核心的党中央周围，坚持"四个全面"战略布局，才使民族教育不断迸发出勃勃生机，取得举世瞩目的巨大成就。今后，民族教育必须仍然继续坚持这一原则，保证思想上的统一，把少数民族和民族地区学校建成培育和践行社会主义核心价值观的重要阵地、精神文明建设的辐射园地，为民族教育事业的发展作出新的贡献。

我国民族地区多位于国家边疆地带，历来是国外某些敌对势力试图破坏我国国家安全和稳定的重点地域，而边疆省（区）的稳定和安全关系到国家的安全和稳定。[①] 可见，在少数民族和民族地区学校开展爱国主义教育和正确的民族观、宗教观和国家观教育，是维护国家安全、稳定和统一的重要途径。同时，坚持对少数民族和民族地区学校以及社会各方面进行民族政策和民族团结教育，也是民族教育工作取得显著成绩的一条基本经验。

60 多年来，我国通过民族教育，不断巩固和加强民族团结，是进行社会主义现代化建设和深化改革开放的保障。因此，在新的形势下，必须继续坚决坚持民族团结教育，用马克思主义基本观点、基本理论对少数民族和民族地区学生尤其是具有宗教信仰家庭背景的学生进行无神论和科学世界观的教育，进行团结互助、热心公益、勤劳勇敢等传统美德教育，不断增强少数民族和民族地区学生热爱中国共产党、热爱社会主义、热爱祖国的感情和信念，巩固和发展平等、团结、互助、和谐的社会主义民族关系，为实现"中国梦"作出更大的贡献。

三、坚持中国共产党对民族教育的组织领导

坚持中国共产党对民族教育的组织领导，特指对 55 个少数民族的教育进行的专门管理。新中国一成立，党和国家就非常重视民族教育的管理工作，把它作为发展民族教育和促进各民族共同团结奋斗、共同繁荣发展的一

---

① 　滕星、王铁志主编：《民族教育理论与政策研究》，民族出版社 2009 年版，第 18 页。

项重要工作来抓，在中央教育部设立民族教育处。1982 年的《中华人民共和国宪法》以根本大法的形式保障和加强对民族教育的管理，保障民族自治地方自主管理本地区教育的权利。《中华人民共和国民族区域自治法》为民族教育的管理提供了充分的法律依据，使民族教育管理工作的实施有法可依，有章可循。到 1985 年年底，有 11 个省（区、市）设立民族教育处，其他有关省（区、市）也配备专人负责民族教育的管理。① 与此同时，国家民委下设民族教育司（现为教育科技司），在相关省（区、市）民委下设民族教育处，各地方教育行政机构中设立相应的科、股等机构。这样，就形成了对民族教育进行管理的两个体系：教育部民族教育司及下属各机构；国家民委教育科技司及下设各机构。逐步形成了"分工明确、各尽其职、互相配合、多元一体"的中国特色的民族教育管理体制。② 在系统管理体制下，民族教育形成了较完备的机构体系：民族初等教育、民族中等教育、民族预科教育、民族高等教育等层次，既包括了一般教育的层次和类型，也包括了预科教育等特殊类型，充分体现了民族教育自身发展的需要和特色。

第二节　坚定不移地走科学发展的道路

发展民族教育，科学性是一个关键问题。坚决坚持以科学发展观为指导，走科学发展的道路，是民族教育取得巨大成就的根本原因，也是民族教育工作的一条基本经验。其基本点是从少数民族和民族地区实际出发，实事求是，按教育规律办事，整体规划，分类指导，走国家扶持与自力更生相结合、科学协调发展之路，大力促进民族教育全面协调可持续向前发展。

---

① 何东昌主编：《当代中国教育》下，当代中国出版社 1996 年版，第 52 页。

② 王鉴著：《民族教育学》，甘肃教育出版社 2002 年版，第 317 页。

一、坚持国家扶持与自力更生相结合

当今时代，社会生活对人受教育水平的要求越来越高，教育已成为社会进步和民族发展的根本动力。一个民族受教育状况往往反映出民族平等实现的程度，表征着一个民族未来发展的潜力和对国家社会政治生活的参与能力。一方面，民族教育发展水平的差距以及民族地区经济社会环境的差距，决定了国家大力扶持民族教育的重要性和必要性。只有坚持优先发展民族教育的原则，对其实行照顾政策，不断"输血"，民族教育才能补齐"短板"，实现"弯道超车"；另一方面，则更需要少数民族和民族地区干部群众发扬自力更生、艰苦奋斗的精神，把国家扶助的"输血"功能转为"造血"功能，想尽一切办法优先发展民族教育，才能从根本上提高少数民族群众素质，实现各民族的共同团结奋斗、共同繁荣发展。

（一）坚持国家扶持的原则

60 多年来，党和国家坚持民族教育是少数民族和民族地区第一民生的理念，始终坚持民族教育优先发展，全面落实民族教育优先发展的战略地位，充分发挥宏观调控功能，采取了许多倾斜政策措施，特别是在经费上给予特殊照顾和大力扶持，财政资金优先保障民族教育投入；积极开展内地经济发达省（市）对少数民族和民族地区教育的对口支援，长期开展全国支援西藏、新疆教育事业。不断推进公共教育服务均等化，民族教育事业获得快速发展。

1. 政策扶持

由于自然、历史等各种原因，少数民族和民族地区教育基础较差，起点较低，工作难度较大，教育成本较高。如果没有党和国家的扶持，民族教育在过去、现在和将来都不可能获得发展，尤其是在民族教育的初始发展阶段，更是离不开党和国家的特殊扶持政策。鉴于民族教育的特殊重要性，鉴于民族教育发展的困难性和复杂性，新中国成立后，党和国家从少数民族和民族地区群众的根本利益出发，从全人类的利益出发，主张一切民族的自由平等，以"不平等"的优惠政策措施达到民族教育与汉族教育平等发展的目的，特别是《中华人民共和国宪法》在各民族一律平等前提下，奠定了帮助民族教育发展的社会基础、政治基础和法制基础。为确保这一原则的实现，针对民族教育发展滞后的实际情况，《中华人民共和国民族区域自治法》也作出了国家帮助和扶持民族教育发展的相应法律规定。《中华人民共和国教育法》《中华人民共和国职业教育法》《中华人民共和国高等教育法》也对此作了详细规定，为国家扶持民族教育发展工作提供了坚实的法律基础。国务院于2002年印发的《关于深化改革　加快发展民族教育的决定》在"新时期民族教育工作的指导思想"中指出："坚持以地方自力更生为主，国家大力扶持，发达地区和有关高等学校大力支援相结合……"[1] 其后发布的《国家中长期教育改革和发展规划纲要（2010—2020年)》《少数民族事业"十二五"规划》，对此也进行了非常具体的规定。党的十八大报告尤其强调："大力促进教育公平，合理配置教育资源，重点向农村、边远、贫困、民族地区倾斜。"[2] 民族教育事业得到空前重视，开创了发展新局面。

2. 资金扶持

60多年来，党和国家从促进各民族共同繁荣发展的目标出发，依靠各种力量多渠道筹措教育经费，整合各种资源，努力发展民族教育。为此，早在1951年就设立少数民族发展教育补助费。改革开放以来，特别是进入新世纪以来，更是加大了资金扶持的深度和广度，仅2014年教育部支持5个自治区教育事业发展专项资金就达316.32亿元。同时，建立健全了农村义务教育保障新机制、城市义务教育免杂费政策和进城务工农民子女接受义务教育中央奖补政策，安排资金124.81亿元。在教育工程项目中重点向民族地区倾斜，中央财政向5个自治区安排19.15亿元支持学前三年行动计划，以50.9亿元实施"薄弱学校改造计划"，以9.2亿元实施"初中工程"，安排17.82亿元实施"营养改善计划"，安排12.91亿元实施"普通高中改造计划"和民族地区

① 《国务院关于深化改革　加快发展民族教育的决定》，《中华人民共和国国务院公报》2002年第24期，第7页。

② 《十八大以来重要文献选编》（上），中央文献出版社2014年版，第27—28页。

基础薄弱县高中建设，安排 8.9 亿元实施"现代职业教育质量提升计划"①。

　　此外，在资金扶持少数民族和民族地区农村教师队伍建设方面，也积累了丰富的经验。国家实施的免费师范生教育、"农村义务教育阶段学校教师特设岗位计划"等项目，2006—2014 年，为少数民族和民族地区农村输送教师 20 万人。陆续实施的"西部农村教师远程培训计划"、"援助西藏教师培训计划"、"援助新疆教师培训计划"、"援助边境民族地区中小学骨干教师培训项目"和"中小学教师国家级培训计划"等培训项目，累计培训民族地区教师近 200 万人次。实施农村贫困边远地区教师周转宿舍试点项目，安排 5 个自治区和青海、四川、甘肃、云南 4 省藏族聚居区中央专项资金 25.9 亿元。②2014 年，22 个省份 699 个连片特困地区县中，已有 21 个省份 604 个县实施乡村教师生活补助，覆盖县数达到 86%，享受补助学校 6.7 万所，受益乡村教师 94.9 万人。到 2015 年，内蒙古、广西、四川、西藏、甘肃、青海、宁夏、新疆、兵团等 16 个省份实现连片特困地区县全覆盖。一是补助标准逐步提高。2014 年，604 个实施县共投入乡村教师生活补助资金 33.2 亿元，比 2013 年增加 23.2 亿元。中央财政下达综合奖补资金 22.8 亿元，比 2013 年增加 10.78 亿元。人均月补助标准为 307 元，比 2013 年增加 49 元，其中，500 元及以上的占 13%，300—500 元的占 46%。从各省份政策看，湖南、四川、云南、西藏、新疆、兵团等地标准较高。二是实施范围不断扩大。许多省份不仅关注连片特困地区县，还将实施范围进一步扩大到省贫县等相对艰苦边远的地区。如广西补助对象除连片特困地区乡村学校外，还包括其他地区的教学点；云南、西藏、青海、宁夏、新疆等省份补助对象为全省所有乡镇及以下学校。三是部分实施县制定了较高的补助标准，如湖南泸溪县、凤凰县，四川马边县，云南绥江县等地的最高补助标准达到或超过 1000 元，其中，马边县最高，有 2000 元，乡村教师的职业吸引力大增。③

---

　　①　张国欣、安宁宁：《国家民委委员单位支持少数民族和民族地区经济社会发展回眸》，《中国民族报》2014 年 12 月 26 日，第 2 版。

　　②　本报综合报道：《为腾飞夯实基础——近年我国民族教育工作综述》，《中国民族报》2015 年 8 月 14 日，第 1 版。

　　③　万玉凤：《94.9 万乡村教师享生活补助》，《中国教育报》2015 年 9 月 7 日，第 1 版。

2016 年，中央财政共安排民族八省区学前教育、基础教育、职业教育、高等教育等各类教育补助资金 689.15 亿元。其中，结合新疆、西藏等地实际困难，专门安排新疆双语特设岗位教师工资性补助，改善新疆学前双语教育办学条件，支持南疆四地州高中阶段实行免费教育，支持藏族聚居区开展"9＋3"免费职业教育。①

3. 对口支援

目前，对口支援主要有三种模式：一是教育部直接组织实施的对口支援。二是内地省市对西部地区的对口支援。三是西部省（区、市）组织的大中城市对口支援工作。② 它是我国创造出来的帮助贫困地区特别是少数民族和民族地区发展教育的一种有效形式，在 20 世纪 50 年代开始萌芽，改革开放后不断发展。国家教委于 1992 年印发的《关于对全国 143 个少数民族贫困县实施教育扶贫的意见》，确定了河北、北京等省（市）对口支援 143 个少数民族贫困县。随着实施西部大开发战略，教育对口支援正式成为教育制度之外的一种补充性教育制度安排。《关于深化改革加快发展民族教育的决定》《国家中长期教育改革和发展规划纲要（2010—2020 年)》也都要求进一步加强对民族教育的对口支援工作。

教育援藏、援疆工作成效显著，积累了丰富的经验。中央第五次西藏工作座谈会后，更加明确了对口支援西藏和青海省藏区的目标。到 2014 年，17 个省市开展教育援藏项目 148 个，项目资金 5.95 亿元。6 省市在青海 6 州共计落实教育援助项目 86 个，援助资金近 2.8 亿元。教育部直属单位开展援藏项目 10 个，累计投入援助资金 248 万元。建立了 17 个东中部职教集团、33 所民办本科学校对口支援藏族聚居区 17 个地州中职教育的帮扶机制。中央新疆工作座谈会以来，19 个省市对口支援新疆 82 个县，援疆综合规划中前 5 年教育援疆项目 448 项，投入资金 97.6 亿元，占规划总资金的 15.3%。2014 年，开展"千校手拉手"等活动，建立职教联盟，依托喀什师

① 《国家民委委员全体会议暨全国民委主任会议交流发言摘登》，《中国民族报》2016 年 12 月 23 日，第 3 版。

② 李延成：《对口支援：对帮助不发达地区发展教育的政策与制度安排》，《教育发展研究》2002 年第 10 期，第 17—18 页。

范学院等院校建设双语教学研究中心，采取送教进疆、结对培养、建立教育合作网等方式，提升学生素质。实施"对口支援西部地区高等学校计划"，受援本科高校 52 所，高职高专学校 23 所，绝大部分在民族地区，其中，实现了西藏、新疆全覆盖。[①]

此外，从 1985 年起在内地省（市）创办西藏班（校）。从 2000 年起又先后在内地发达省（市）举办新疆高中班、中职班，开始了继西藏之后跨区域办学的第二次尝试。内地西藏班（校）、内地新疆班的举办是中国民族教育史上的创举，是一件功在当代、利在千秋、造福边疆地区的重要战略决策，为边疆地区发展稳定储备了大量后备人才。

教育对口支援是一种制度创新，主要积累了三个经验：一是政府所起的主导作用。二是注重发挥支援学校的积极性。三是强调"输血"与"造血"并重。[②] 作为一项特殊的民族教育政策不断完善和发展，加快了民族教育跨越式发展步伐，培养了大批少数民族人才。

（二）坚持自力更生的原则

民族教育的发展，虽然离不开党和国家的大力扶持，但更离不开少数民族和民族地区干部群众的无私奉献，离不开自我"造血"。如果没有少数民族和民族地区干部群众对教育的觉悟和重视，没有他们的大力支持，快速发展民族教育也不可能真正实现。如西藏教育辉煌成绩的取得，除党和国家大力支持外，更是西藏教育工作者发扬"特别能吃苦、特别能战斗、特别能忍耐、特别能团结、特别能奉献"老西藏精神[③] 的结果。因此，要实现民族教育跨越式发展，还需要民族教育的真正内在动力，即少数民族

---

① 本报综合报道：《为腾飞夯实基础——近年我国民族教育工作综述》，《中国民族报》2015 年 8 月 14 日，第 1 版。

② 李延成：《对口支援：对帮助不发达地区发展教育的政策与制度安排》，《教育发展研究》2002 年第 10 期，19—20 页。

③ 自治区教育科学研究所：《豪迈的跨越　奋力的腾飞——西藏教育事业改革与发展综述》，《西藏教育》2011 年第 1 期，第 43 页。

和民族地区各级领导干部一定要克服"等、靠、要"的思想,高度重视教育的发展,发扬自力更生、艰苦奋斗的精神,团结带领各族群众扎实工作,依靠自身努力,深化改革,多出人才出好人才,加快发展民族教育事业,这一点也已写入《中华人民共和国宪法》《中华人民共和国民族区域自治法》等法律法规之中。

在拓宽办学渠道、调动社会力量、争取社会各界支持的同时,着重促成少数民族和民族地区办教育的热潮,促进少数民族和民族地区繁荣发展。如云南对布朗、普米、阿昌、怒、基诺、德昂、独龙等7个人口较少民族义务教育阶段所有学生给予生活费补助,补助标准是:小学生每人每年1250元,初中生每人每年1500元。对布朗、基诺等云南特有少数民族大中专班的学生,按照大专生每人每年学费5000元、生活费4000元,中专生每人每年学费2000元、生活费3000元给予补助。[1]2014年,广西人民政府还专门发布《关于进一步加大教育投入 加快教育发展的意见》,提出进一步拓宽投入渠道,有效增加经费供给总量;进一步突出投入重点,着力推进教育综合改革;进一步优化投入管理,努力提高教育经费的使用效益。[2]2016年,内蒙古共完成各级各类学生资助资金50.05亿元,惠及学生445.39万人次,初步建立起覆盖学前教育到研究生各教育阶段的学生资助政策体系,重点加大对双语授课学生和城乡低保家庭子女等群体的资助力度。其中,学前教育阶段主要通过"以奖代补"形式奖补地方建立学前教育资助制度,下达中央和自治区以奖代补资金6500万元;义务教育阶段主要施行"两免一补"政策,落实资金5.48亿元,惠及学生296.3万人次;普通高中阶段主要施行"两免一补一助"政策,落实资助资金14.46亿元,惠及学生64万人次;中职教育阶段主要施行以"两免一补一助"为主,顶岗实习、学校和社会资助为辅的政策,落实资助资金7.22亿元,惠及学生42.87万人次;高等教育和研究生教育阶段奖、贷、助、补、减、免等多措并举,落实资助资金22.24亿元,

① 孙文振:《开心享受着民族政策的福利》,《中国民族报》2014年5月30日,第6版。

② 《广西壮族自治区人民政府关于进一步加大教育投入 加快教育发展的意见》,《广西壮族自治区人民政府公报》2014年第8期,第8—12页。

惠及学生 42.22 万人次。[①]

随着国家教育体制改革的深化，依赖于各少数民族自我发展的民族教育发展特性将越来越突出，特别是把国家扶助的"输血"功能转为"造血"功能，不断提升自我发展能力。

二、坚持全面协调可持续发展

民族教育走协调发展道路的最终目的，就是培养社会主义事业的建设者和接班人。民族教育协调发展在实践层面具有丰富的含义，就是要充分认识和尊重民族教育规律，因地制宜、因族举措、分类指导，防止"一刀切"和"齐步走"。一句话，就是要协调民族教育外系统和内系统的发展。协调外系统的发展，即协调民族教育同政治建设、经济建设、社会建设、文化建设和生态文明建设等方面的发展；协调内系统的发展，即协调民族教育系统内部诸因素间的发展，如教育目标的协调发展、布局结构的协调发展、形式和内容的协调发展、继承和改革开放的协调发展等，各个方面结构合理，互相衔接，整体推进。

（一）协调民族教育外系统的发展

1. 与少数民族和民族地区经济协调发展

2013 年 11 月，习近平在湖南湘西调研时指出，加快民族地区发展，核心是加快民族地区全面建成小康社会步伐。发展是甩掉贫困帽子的总办法。[②] 没有少数民族和民族地区的小康，就没有全国的小康。所以，民族工作有两件大事，一个是团结，一个是发展。圆好团结梦，追寻发展梦，是民

---

① 郝文婷：《内蒙古：50 亿资助金惠及 445 万学子》，《中国教育报》2016 年 12 月 24 日，第 1 版。

② 《深化改革开放推进创新驱动实现全年经济社会发展目标》，《人民日报》2013 年 11 月 6 日，第 1 版。

族工作的根本任务。① 既为民族教育发展指明了方向，也是对 60 多年来少数民族和民族地区发展经验的总结。在人力资源变得日益重要的现代社会，作为经济发展相对落后区域的民族地区，教育发展对于经济发展的重要程度就更甚于其他地区。美国著名经济学家、诺贝尔经济学奖获得者舒尔茨认为："根据我们的社会准则，教育是人的不可分割的一部分，因此它既不能进行买卖，也不能当作财产来看待，但是，假如它能够提供一种有经济价值的生产性服务，它就成了一种资本。"② 根据他的测算，在 1900—1977 年 78 年间，物质资本赚回的利润只增加 3.5 倍，而教育投资赚回的利润竟然高达 17.5 倍。③

世界资本主义国家的工业化历史进程和世界发展中国家近几十年来的发展历程表明，全面的、高效率的教育事业的发展是人力资本规模扩大、经济结构嬗变和社会经济持续发展的最基本条件。世界银行在《1989 年世界发展报告》中指出，发展中国家教育的收益率一般很高，劳动者生产能力与其受教育程度呈现正相关的关系。据联合国教科文组织测算，不同文化水平劳动者具有的劳动能力，小学文化程度者是 43%，中学文化程度者是 108%，大学文化程度者竟达 300%。据世界银行测算，依靠教育普及、知识扩展、技术进步等带来的劳动者素质提高而形成的全要素生产增长对经济增长的贡献作用中，发达国家是 49%，发展中国家达 31%。④ 即是说，民族教育可以带来巨大的经济效益，如民族地区取得竞争优势的基础、可以提高民族地区生产要素的质量等。

民族教育的发展受制于社会环境。科学地认识和处理两者之间的关系，在经济加快发展的同时，使教育得到相应的发展，互相促进。少数民族和民

---

① 孙文振：《圆好团结梦、追寻发展梦是民族工作的根本任务》，《中国民族报》2013 年 7 月 23 日，第 1 版。

② [美] 西奥多·W.舒尔茨著，吴珠华等译：《论人力资本投资》，北京经济学院出版社 1990 年版，第 68 页。

③ 李东生、王祖键主编：《教育竞争与招生工作指南》上册，清华大学出版社 2001 年版，第 32 页。

④ 李东生、王祖键主编：《教育竞争与招生工作指南》上册，清华大学出版社 2001 年版，第 33 页。

族地区经济落后，一个很重要的原因就是人才数量不足、质量不高。如果想尽快把经济搞上去，并从根本上解决少数民族和民族地区经济发展的问题，就必须大力培养少数民族各级各类人才，努力提升少数民族劳动者素质。民族教育与经济的紧密结合不但要看到当前的需要，还要看到未来的需要，谋近虑远。既要根据经济的发展能动地做出反应，自觉地与之要求相契合、相一致，又要研究民族地区以外的经济环境及其对民族地区经济发展可能产生的影响，仔细研究和认真借鉴国内发达地区及国外发达国家的经验，为民族教育的未来储备资源。党的十一届三中全会后，逐步明确了民族教育同经济的关系，较好地处理了"服务""依靠"的关系，即民族教育必须为少数民族和民族地区经济发展服务，而少数民族和民族地区经济发展也必须依靠民族教育。民族教育要与少数民族和民族地区群众的脱贫致富联系起来，不能片面追求升学率。

2. 与少数民族和民族地区社会发展相协调

民族教育可以带来巨大的社会效益，有利于民族团结、民族地区凝聚力的增强、优化社会秩序、增进社会和谐等。尤其是教育与文化的关系如同孪生姐妹，任何教育都是特定文化中的教育，而文化传承与创新又主要通过教育完成。各少数民族历史上创造了丰富多彩的文化，但由于全球化、现代化的冲击，长此以往，民族文化将面临消亡的危险。同时，每个民族都有自己的教育，都会自觉或不自觉地把本民族特有的价值观念、民族语言等传给下一代。因此，民族教育虽然具有普通教育的一般规律，表现出许多教育的共性，但也表现出许多差异性，即个性或特殊性，在内容和形式上不仅有着独特的少数民族文化特点，也反映着强烈的社会需要和时代气息。

联合国教科文组织在《教育的使命》一书中指出，如果说20世纪以前的教育在于帮助人类发现这个世界，以求得生存与发展的话。那么，21世纪后人类将通过全民教育和终身教育来扫除文盲、消除贫困、防止疾病、取消战争、增强理解、促进合作，建立一个和平、自由和正义的新时代。通过发展教育以促进国家与民族的繁荣与富强，已经成为我国及世界其他国家的共识。"教育之所以得到推进，还因为它能使人们社会化。而人们常常认为，共同的教育经历可以促使民族背景、社会背景、种族背景、宗教背景和语言背景不同的人形成共同的世界观。"①民族教育的外溢效应，使少数民族群众成为永远的受益者。

（二）协调民族教育内系统的发展

1.培养目标的协调发展

一是最直接目标就是在少数民族和民族地区普及义务教育和扫除青壮年文盲，提高人口素质，从数量上满足少数民族和民族地区人才需求；在类别上满足少数民族和民族地区不同类别的人才需求；大力提升质量，提供大批高素质人才，从根本上逐步消除地区差别、民族差别、性别差别、城乡差别。没有民族教育的充分发展，就没有少数民族和民族地区人口素质的普遍提高，就没有大批坚持社会主义道路和党的领导的少数民族和民族地区人才。二是培养全面发展的人，就要协调好德、智、体、美的关系和发展，尤其是德育和智育的科学协调发展。这不仅在法律法规中有充分的体现，而且习近平于2013年在给中央民族大学附属中学全校学生的回信中也指出："希望学校继承光荣传统，传承各民族优秀文化，承担好立德树人、教书育人的神圣职责，着力培养造就中国特色社会主义事业合格建设者和接班人……希望同学们珍惜美好时光，砥砺品德，陶冶情操，刻苦学习，全面发展，掌握真才实学，努力成为建设伟大祖国、建设美丽家乡的有用之才、栋梁之材，为促进民族团结进步、实现共同繁荣发展作出应有贡献。"②当代中国始终把德育培养放在民族教育的第一位，并贯穿于整个过程，培养了大批用得放心的人才。

2.布局结构的协调发展

主要表现在战略布局结构和学校布局结构两个方面，这是党和国家长期开展民族教育的经验总结。

一是战略布局结构即各级各类教育的协调发展。既是民族教育自身发展

① ［美］马尔科姆·吉利斯等著，李荣昌等译：《发展经济学》，经济科学出版社1989年版，第284页。

② 《习近平给全校学生回信表示祝贺》，《人民日报》2013年10月7日，第1版。

规律的需要，也是少数民族和民族地区经济社会发展对教育的基本要求。实现少数民族和民族地区各级各类教育的相互促进，必须使少数民族和民族地区各级各类教育协调发展。要进一步高度重视和加强民族学前教育、民族基础教育、民族高等教育、民族职业教育和民族继续教育的发展，实现各级各类民族教育的按比例、有步骤、可持续的协调发展，其中，民族基础教育是民族教育赖以存在和发展的根基，因此，重视民族基础教育的战略地位与作用，把其作为民族教育发展全局的战略重点和扶持重点。同时，注意民族基础教育的质量与民族师范教育的水平的协调发展，加强民族师范教育的特殊地位，促进二者的良性循环。60多年来，在这方面可谓经验丰富。

第一，积累了夯实"底板"的经验。针对民族学前教育、民族基础教育发展的不足，党和国家在实施的农村学前教育推进工程中，中央资金向民族地区安排39.4亿元，覆盖457个县。在实施的学前教育三年行动计划中，累计安排5个自治区59.6亿元奖励资金。在实施的民族地区基础教育薄弱县普通高中建设项目中，支持改扩建372所学校，增加在校生45万人。在实施的普通高中改造计划中，支持连片特困地区1283所学校改善办学条件，惠及414万名普通高中学生。[①]此外，努力提升双语教学覆盖面。到2014年，有21个民族使用29种文字进行双语教学，从学前到普通高中实施双语教育的学校有1.2万多所，接受双语教育的学生达410万人，双语教师有23.5万人。如新疆建成2350所双语幼儿园，学前3年毛入园率达72.4%，高于全国平均水平。同时，建立了民族教材出版机构和民族语文教材协作组织，每年出版的民族文字中小学教材就达3500多种，1亿多册。中央民族教育专项补助资金主要用于少数民族双语骨干教师的培训，每年培训双语教师1.5万人次左右。实施三期"国家支援新疆汉语教师培训方案"，累计培训1.8万名汉语教师。加大双语教育信息化及资源建设。在2004年开始实施的农村中小学现代远程教育工程中，基本覆盖了民族地区中小学。2015年，正在推动"三通两平台"教育信息化建设，投入5000多万元开发蒙古、藏、

---

① 本报综合报道：《为腾飞夯实基础——近年我国民族教育工作综述》，《中国民族报》2015年8月14日，第1版。

维吾尔、哈萨克、彝等语种的双语教学资源。实施"中国少数民族汉语水平等级考试",2014年,组织26余万人次参加了了考试。①

第二,丰富了充实"中板"的经验。针对民族职业教育发展的"短板",党和国家在实施的职业教育基础能力建设工程中,为5个自治区安排21亿元,支持576所职业学校建设。推进民族地区职业教育改革创新,承担4项国家教育体制改革中等职业教育重大试点项目和16项中等职业教育改革创新试点项目。②

第三,总结了壮大"顶板"的经验。针对民族高等教育的质量"短板",党和国家在实施的中西部高等教育振兴行动计划中,支持民族地区56所高校入选"中西部高校基础能力建设工程"、10所高校实施"中西部高校提升综合实力工作"。民族院校和民族地区高校有11所院校进入"211工程",支持88个重点学科、人才培养等项目,省部共建实验室29个。③

二是集中与分散办学的协调发展。虽然集中办学可以提高办学效益与教育教学质量,但若一味考虑集中办学,忽视少数民族和民族地区生活、生产的实际情况,会造成部分学龄儿童因家距学校远而不上学或辍学。在决策时一定要根据少数民族和民族地区实际,处理好两者关系,尤其是在当前大力推进城镇化、工业化进程中,要将两者整体合理考虑,既要考虑到民族贫困地区农村人口向城镇相对集中流动的趋势,也要考虑部分民族地区人口稀少的问题。

3. 形式和内容的协调发展

民族教育的协调发展体现在办学形式和内容方面,是二者的和谐统一。经过60多年的努力,民族教育在办学形式上进行了许多有益探索,如举办民族中小学、民族预科部、民族班、民族院校等,体现了民族教育坚持民族性原则,也被世界一些国家的民族教育经验所证实,对于民族教育发展起

① 本报综合报道:《为腾飞夯实基础——近年我国民族教育工作综述》,《中国民族报》2015年8月14日,第1版。
② 本报综合报道:《为腾飞夯实基础——近年我国民族教育工作综述》,《中国民族报》2015年8月14日,第1版。
③ 本报综合报道:《为腾飞夯实基础——近年我国民族教育工作综述》,《中国民族报》2015年8月14日,第1版。

了重要作用。但是，也不能把民族教育形式片面地理解为唯一形式，否则，既不利于民族人口素质的提高和民族人才的培养，也办不出现代化的民族教育。

4.继承和改革的协调发展

新中国成立以来，出现过两种不良倾向：一种是一味否定过去，大破却无法大立，造成民族教育秩序混乱，教学无法正常进行；另一种是因循守旧，严重束缚了民族教育的发展步伐。民族教育在改革开放以来的实践中已经充分证明，正确处理继承和改革的关系，即在继承好的做法的基础上，不断改革是推动民族教育发展的活力源泉。一是民族教育的发展离不开改革。根据时代和社会发展的进步，不断解放教育思想，坚持观念创新，破除不利于民族教育发展的思想观念，这是优先发展民族教育的必要条件。二是以改革统揽全局。坚持创新发展，改革不利于民族教育发展的旧管理体制和教学体制，调整民族教育规划和学校布局，深化民族教育管理体制以及学校内部管理的改革，积极创新和实施新的紧随时代、少数民族和民族地区实际的民族教育治理体系。三是民族教育的改革就是打破封闭保守的办学机制，坚持民族教育的国内外交流与合作，既有利于宣传民族教育，引起社会重视，又有利于学习先进经验，培训师资和研究力量，充分筹措教育经费等。

第三节　坚持为少数民族和民族地区服务的宗旨

新中国成立以来，民族教育坚决贯彻落实党和国家的教育方针政策，紧紧把握"二为"（为少数民族服务，为民族地区服务）宗旨，紧密衔接，一起推进，供需相宜，民族教育尤其是民族院校在招生对象上，主要招收少数民族学生，并在录取分数上予以照顾；在学科专业设置及人才培养模式上，主动适应少数民族和民族地区的人才需求；在科学研究和科技创新方面，积极服务于少数民族和民族地区经济社会改革与发展的需要。60多年来，民族教育的发展证明，遵循民族教育自身发展规律，紧密结合党和国家的需要，紧密结合少数民族和民族地区实际情况制定政策，培养人才，是民族教育保持健康发展的另一个重要经验。

一、坚持以少数民族学生为主要教育对象

民族教育特别是民族院校坚持以少数民族学生为主要教育对象，既遵循了民族教育发展规律，也符合了少数民族和民族地区经济社会发展的需要，是少数民族和民族地区如期全面建成小康社会、实现"中国梦"的必然要求。

民族教育特别是民族院校坚持以少数民族学生为主要教育对象，遵循了民族教育发展规律。60多年的历史经验表明，民族教育特别是民族院校以少数民族学生为主要教育对象，符合民族教育发展规律。就教育对象而言，少数民族学生与汉族学生在文化基础、语言及宗教信仰等方面都存在较多不同。如果放在一起培养，势必带来教育和管理上的不便；相反，来自不同地区的少数民族学生之间虽也存在差异，但就文化基础而言却存有非常相似的地方，如少数民族学生多来自边远地区，中小学教育质量普遍比较差，以致大多数少数民族学生文化基础薄弱。党和国家开展民族教育，并要求民族教育特别是民族院校以少数民族学生为主要教育对象，进行集中和有针对性的教育和管理，充分考虑到了少数民族学生的具体情况和特点。

长期居住在民族地区的汉族群众与少数民族人民群众一起共同建设边疆、保卫边疆，其后代与少数民族群众的子女所处的教育环境基本相同，因此，民族院校招收一定比例的汉族学生，特别是招收民族地区的汉族学生，有利于扩大生源，有利于各民族学生之间的相互交流，有利于加强民族团结。

此外，民族教育特别是民族院校坚持以少数民族学生为主要教育对象，符合少数民族和民族地区经济社会发展的需要。2012年，西部地区经济综合竞争力平均得分只有东部地区得分的67%。从西部地区12个省份的内部

来看，也存在明显的非均衡性。[①] 目前，我国 80% 的贫困人口集中在西部地区，民族地区人均 GDP 只有全国平均水平的 78%，东西部人均 GDP 的差距更是高达 2.1 万元。到 2020 年能否全面建成小康社会，少数民族和民族地区是难点和重点。[②] 要尽早突破民族地区"低层次"发展格局，使民族地区如期建成小康社会，促进少数民族和民族地区有中国特色社会主义经济、政治、文化、社会、生态文明五位一体的全面发展，首先必须解决人才问题。

少数民族和民族地区的人才可以由外地引进，也可以自己培养，但引进外地优秀人才较困难，这就要求必须把土生土长的懂得少数民族语言、文化和风俗习惯的少数民族学生培养成合格的人才。基于此，党和国家以政策法规的形式把为少数民族和民族地区培养人才作为民族院校的一种义务予以规定。可见，主要招收少数民族学生，不仅是少数民族和民族地区经济社会发展对民族教育提出的要求，也是党和国家赋予民族教育特别是民族院校的光荣使命。

二、坚持为少数民族和民族地区培养人才

少数民族和民族地区的整体推进和跨越式发展，离不开教育的大力发展，离不开大批人才的支持；少数民族和民族地区的经济、政治、文化、社会、生态文明建设，每一个方面也都离不开教育的发展，离不开大批人才的支撑。60 多年来，民族教育一直是少数民族和民族地区合格劳动者、各级各类人才的主要培养基地。如到 2014 年全国各级各类少数民族在校生达 2501 万人，比 2014 年增长 3.7%；全国少数民族专任教师人数达 149 万，

---

① 李艳容、张雁：《"十二五"中期我国省域经济竞争力排名发布》，《光明日报》2014 年 3 月 27 日，第 7 版。

② 孙文振：《圆好团结梦、追寻发展梦是民族工作的根本任务》，《中国民族报》2013 年 7 月 23 日，第 1 版。

比 2014 年增长 19.2%。①

民族基础教育方面，党和国家把少数民族和民族地区"两基"（基本实施九年义务教育和基本扫除青壮年文盲）作为一项具体的社会工程，组织专门的人力、财力，狠抓"两基"，既为少数民族和民族地区培养了大批合格的劳动者，又为更高层次的教育提供了众多的合格学生，具有里程碑式的意义。如果不能通过发展民族教育事业从根本上提高劳动者的素质，少数民族和民族地区群众要完全脱贫致富奔小康是不可能的。这一点连民族地区也认识到了，有一幅标语是："要想富，先读书；如果不读书，富了也不久。"朴实无华，却道出了真理。所以，把少数民族和民族地区实现"两基"像抓"扶贫攻坚"工作一样重视，是现实生活给我们的启示，也是少数民族群众的真诚呼唤。②

民族职业教育方面，着力改变了重普通中学、轻职业技术中学的错误认识，基本形成合理的比例关系。在初中阶段就渗透职业教育内容，使学生完成学业后即使不能继续学业也有一技之长。努力发展职业教育，培养实用人才。少数民族和民族地区一些农村青年创业培训中心主要以发展短期职业教育为主，紧扣"为农村青年服务，为社会发展服务，为企业需求服务，为民族地区服务"的主题，积极开设各类实用技术培训班，为少数民族和民族地区培养培训了大批技能型人才。

民族院校除稳步扩大少数民族人才培养规模外，还采取特殊措施培养少数民族人才，如招生计划向民族地区倾斜，施行"加分投档"或"降分录取"的政策等。近 3 年来，民族地区省份和国家民委所属高校计划增幅均高于全国平均水平，民族地区农村学生接受优质高等教育的机会不断增加。③同时，民族院校积极面向市场、面向实际，提高效益和办学质量。同时，深化教学、科研、人事制度、后勤制度等改革，不断提高民族院校在市场经济下的

---

① 本报综合报道：《为腾飞夯实基础——近年我国民族教育工作综述》，《中国民族报》2015 年 8 月 14 日，第 1 版。

② 吴仕民著：《民族问题与中国的发展》，学习出版社 2000 年版，第 152 页。

③ 本报综合报道：《为腾飞夯实基础——近年我国民族教育工作综述》，《中国民族报》2015 年 8 月 14 日，第 1 版。

生存力和竞争力，使培养的人才更加符合少数民族和民族地区的发展需要。仅 2011 年全国民族医药院校在校生约有 2.77 万人、毕业生 6457 人，攻读民族医学硕士学位的在校生 170 人、毕业生 59 人，攻读民族医学博士学位的在校生共 57 人、毕业生 14 人。[①] 又如中南民族大学建校以来，累计培养、输送 10 万余名人才。[②]

三、学科专业设置适应民族地区经济社会发展的需要

经过 60 多年的发展，民族教育数量与质量都得到较大发展。如果对当代中国民族教育作深层次的思考，就可以得出一个结论：影响民族教育发展的原因之一是工作中的一刀切。民族教育获得巨大发展原因之一是采取了适合少数民族和民族地区经济社会发展的办学思路、办学方针、办学体制，使之真正与生产劳动相结合，互相协调、互相促进。在人才层次、知识结构上做到社会需要、学以致用。

本科生层面上，近年来，国家民委 6 所委属院校结合民族地区产业结构调整，以促进就业为导向，累计新增理工科专业点 32 个，改造应用型专业点近 50 个。一是夯实理工类专业建设基础。近年来，新增了一批理工科专业点，如软件工程、环境工程、物联网工程、资源环境科学、食品质量与安全、药物分析、医学检验技术等。构建了公共实验教学平台、专业实验教学平台、公共实践创新平台三级实践教学体系。二是突出人文社科类专业应用性。委属院校通过专业改造、增量控制等措施，不断加强人文社科类专业的应用性。三是改革创新人才培养模式。委属院校不断加大对传统特色专业的改造力度，创新人才培养模式，深化专业内涵建设。对中国少数民族语言文学专业进行改造，开设蒙古语言文学、藏语言文学、维吾尔语言文学、哈萨克语言文学等零起点班，为国家培养急需的双语人才；实行中韩、藏汉、彝

---

① 李翠：《破局少数民族医药》，《中国民族报》2013 年 6 月 18 日，第 4 版。

② 汤振华、蓝永丽：《十年风雨兼程路 一曲桃李争艳歌——党的十六大以来中南民族大学发展纪实》，《中国民族报》2012 年 11 月 27 日，第 3 版。

汉、彝英等多语教育，形成有竞争力的专业方向群。对一些市场需求较大的应用型专业，如计算机科学与技术、信息与计算科学等专业则开办藏学班，培养一批懂藏语的学生。[①] 同时，针对少数民族和民族地区经济社会发展需要大量高素质、应用型专门人才的实际情况，民族教育尤其是民族院校围绕提升学生的创新、实践、创业和就业"四种能力"，大力加强实践教学，适应了少数民族和民族地区经济社会发展对人才质量的需求。

四、科学研究和科技创新为少数民族和民族地区服务

2016 年 5 月 30 日，习近平在全国科技创新大会、两院院士大会、中国科协第九次全国代表大会上的讲话中明确指出："加强科技供给，服务经济社会发展主战场。'穷理以致其知，反躬以践其实。'科学研究既要追求知识和真理，也要服务于经济社会发展和广大人民群众。广大科技工作者要把论文写在祖国的大地上，把科技成果应用在实现现代化的伟大事业中。"[②] 为此，民族教育特别是民族院校高度重视科研，通过大力引进和培养高层次人才，科学研究队伍的数量和结构得到了很大的改善，形成了一支规模较大、素质良好、科研水平较高，职称结构、学历结构、年龄结构和知识结构都比较合理的队伍。在民族学、民族历史文化、少数民族语言文字信息化处理等方面取得了大批研究成果，产生了较大影响。此外，在少数民族语言、少数民族文字、少数民族宗教等领域，民族院校具有独特优势。新中国成立初期，民族院校进行了广泛、深入的社会调查和研究工作，在少数民族优秀文化的收集、整理和研究方面也作出了卓有成效的贡献。

2013 年，民族 8 省（区）GDP 为 6.47 万亿元，高于全国加总数据 1.1 个百分点。除内蒙古、宁夏外，其他 6 个省（区）都实现两位数增长，贵州

[①]　闵笑：《委属院校以就业为导向加大专业结构调整力度》，《中国民族报》2014 年 12 月 5 日，第 2 版。

[②]　习近平：《为建设世界科技强国而奋斗——在全国科技创新大会、两院院士大会、中国科协第九次全国代表大会上的讲话》，《人民日报》2016 年 6 月 3 日第 1 版。

GDP 增幅 12.5%，成为全国增长最快的省（区、市）。①"十二五"前 4 年，国家和地方对民族自治地方累计投入扶贫资金 1130 亿元，民族八省（区）贫困人口从 3917 万人降到 2205 万人，减少了 1712 万人，减贫率为 43.7%；贫困发生率从 26.5% 降到 14.7%。②民族地区经济社会发展一系列成就的取得，无疑与民族教育的贡献分不开。一是做民族地区智库、思想高地。通过深入调研，为国家识别与确定各少数民族的民族成分提供了科学依据；通过深入民族地区开展调研，并撰写调研报告，为党和国家提供重要依据和参考。二是重视科研成果转化成生产力。加快对民族地区特色农产品、地道中药材、生物医药产品等特色优势资源的深度开发和综合利用，加快对民族地区原生态保护与畜牧业高科技研发，与企业共同研发首款手写藏、彝文手机等，为民族地区带来巨大的经济效益和社会效益。

总之，民族教育通过抓扶智、促研发等路径与模式，充分发挥其脱贫致富优势，拓展服务空间，在各个方面作出了重要贡献。

60 多年来，在党和国家的重视下，各级各类民族教育都取得了显著成就：一是民族基础教育快速发展，特别是民族义务教育成绩显著，民族学前教育大有后来居上之势。二是民族高等教育得到长足发展，教育质量和办学效益不断提升。三是民族职业教育整体发展喜人，各级各类职业教育呈均衡发展态势。四是民族成人教育健康发展，已成为民族地区培养多层次、多规格、多方面人才的重要渠道。各类民族教育快速发展，办学规模不断扩大，使少数民族和民族地区群众文化水平明显提升，为各行各业培养和输送了大批初、中、高级专门人才。回顾 60 多年来民族教育工作，是一个不断探索的过程，积累了丰富的宝贵经验。

一是坚持中国共产党对民族教育的领导。这是民族教育工作必须始终不渝地贯彻实施的一项根本性原则。主要包括三点：就本质属性来看，就是要坚持中国共产党对民族教育的政治领导；就基本内容来看，就是要坚持中国共产党对民族教育的思想领导；就机构形态来看，就是要坚持中国共产党对

① 王珍：《民族地区如何打造"经济升级版"》，《中国民族报》2014 年 4 月 29 日，第 1 版。
② 李昌禹：《民族八省区贫困人口减少 1712 万》，《人民日报》2015 年 10 月 28 日，第 4 版。

民族教育的组织领导。

二是坚定不移地走科学发展的道路。民族教育的发展,科学性是一个关键问题。以科学发展观为指导,坚定不移地走科学发展的道路,是民族教育工作的一条基本经验。核心是走国家扶持与自力更生相结合的道路,注重民族教育全面协调可持续发展,为民族地区如期全面建成小康社会集聚强大的人力资源、人才资源力量。

三是坚持为少数民族和民族地区服务。新中国成立以来,民族教育紧紧以"二为"为根本宗旨,在招生对象、服务对象等方面紧密衔接,一起推进,供需相宜,服从于少数民族和少数民族地区改革与发展的需要。

第 四 篇

问题与对策篇

民族教育事业的改革与发展，关涉到各少数民族受教育权的实现，因而，党和国家历来都给予高度关注。2013 年，党的十八届三中全会通过了《中共中央关于全面深化改革若干重大问题的决定》，《决定》明确提出深化教育领域综合改革，并对民族教育事业改革与发展做了相关布置。2015 年，我国召开了第六次全国民族教育工作会议召开，国务院发布了《关于加快发展民族教育的决定》，对民族教育事业的改革与发展做了顶层设计，并提出了加快发展民族教育的政策措施。民族教育的改革在民族教育政策的指导下有序推进，民族教育的稳健发展又是对民族教育政策的实践。在民族教育事业稳步发展的今天，回顾我国民族教育政策的发展历程，有利于总结我国民族教育政策的实践经验，以为未来民族教育事业的改革和发展提供思路。本篇在收集和梳理相关数据的基础上，深入分析了当前我国民族教育政策发展与实践过程中暴露出的突出问题，并据此提出了相关建议。

第 十 四 章

民族教育发展存在的问题

自新中国成立以来，我国制定了一系列民族政策，有序地推动了民族教育事业的改革与发展，并建立了完整的民族教育体系。民族教育事业取得的伟大成就令世人瞩目，这使得各少数民族的受教育权得到了有效的保障。然而，在取得喜人成就的同时，我们也必须清醒地看到，民族教育事业的改革和发展，仍然存在着一些迫切需要解决的问题。

第一节　民族教育优先发展的战略问题

国民教育体系也是一个有机整体，而民族教育是其中一个重要的组成部分。从系统论的观点来看，实现民族教育的稳步发展，是实现国民教育体系功能最大化的必然要求。由于历史、自然等诸方面的因素，我国各少数民族之间的发展差别还广泛存在，而这种差别在一定历史时期内还会存在，它体现为少数民族内部以及少数民族间发展的不均衡。毋庸置疑，这在一定程度上影响和制约了各民族的共同繁荣。在当前社会转型的关键时期，民族教育的发展还存在一些困难，如教育思想落后、教育发展水平低、教育投入欠缺等。总体说来，民族教育发展水平落后的主要原因可以归纳如下：

一、对民族教育的认识不足

对民族教育的认识，涉及民族教育的地位、作用、价值等方面，而认识程度的深浅，是关涉到民族教育能否健康发展的大问题。首先在政府层面，尽管我国各级政府都给予了少数民族地区和少数民族教育以高度的重视，但是支持和推动民族教育发展的机制和环境还远远没有形成，对于民族教育在区域经济社会发展的重要作用也未能形成深刻的认识。在部分民族地区，有相当一部分领导干部，在实际工作中只注重抓经济而对于教育关照不足。有的领导只关注脱贫致富，但却没有能够清醒地认识到，教育才是实现民族地区诸多脱贫手段中的最有力的一环。[①]

就广大农牧民群众而言，思想观念落后的问题还比较突出，"读书无用论"[②] 的思想还广泛存在。由于教育具有迟滞性，经济效益和社会效益相对较低，故而相比较而言，对孩子上学投入比较多，而收益见效比较慢。加之当前我国高等教育实施的交费上学的制度，以及改革毕业分配制度等现实情况，造成部分农牧民难以承受经济负担和心理压力，故而选择放弃让子女读书。

二、民族教育投入短缺问题凸出

著名的瑞典经济学家冈纳·缪尔达尔提出了著名的"循环累积因果理论"，该理论认为："市场力作用的固有趋势是产生区域之间的不平等，而且国家越贫穷则这种趋势越明显。"[③] 个别区域由于初始优势而得以快速发展，

[①] 柳春旭：《试论民族教育发展问题》，《黑龙江民族丛刊》1995 年第 2 期，第 135 页。

[②] 郭娅：《浅论全面建设小康社会与民族教育的发展》，《西南民族大学学报》（人文社科版）2006 年第 1 期，第 22 页。

[③] 李忠斌：《论民族教育投资不足的成因及其对策》，《贵州民族研究》2006 年第 4 期，第 122 页。

而发展快的地区，在后续的发展进程中也往往处于优势，发展会更快；反之，在发展相对缓慢的地区，由于先天的不足，导致后天的乏力，在后续地方发展过程中也就较为缓慢，这就导致了所谓的"地理上的二元经济"结构。近年来，我国的经济社会发展的实践和结果，明确地证实了"循环累积因果理论"：西部地区的发展明显落后于东部地区，而且这种差距也越来越明显，因为，东部地区在前期的积累过程中，发展速度越来越快，而西部地区则缺乏这种发展速度。因此，在经济社会发展差距较大的情况下，地方政府的财政自然也有较大的差距，对于教育的投入力度也就会受到影响。近年来，有部分东部发达地区尝试将高中纳入义务教育阶段范围内，而对于西部地区，尤其是民族地区而言，能把九年义务教育办出水平就已经有很大的难度了，更不用说高中教育了。

　　我国在改革开放前后的一段时期，对少数民族教育实施了积极差异性的教育政策，但由于国家的财政力量整体较弱，对民族教育采取措施的力度也往往不足。对于民族教育的经费采取支持的措施，但是支持的数额毕竟有限，难以有效地改变民族教育落后的面貌，民族教育的发展水平滞后于中东部地区的状况并未得到根本性的改变。随着国家工作重心转移到经济建设上来，我国的经济发展水平有了大幅度的提升，国家的财政力量极大增强。在民族教育方面，我国采取持续加大扶持力度的政策措施。可是，民族地区经济社会的发展水平落后的现状并未得到根本性的扭转，而与发达地区的差距在未来仍将存在。与此同时，民族地区对教育的需求在不断上涨，而现实的社会经济发展的相对滞后又难以满足该需求，这就会导致少数民族地区教育事业发展的落后。而教育事业的落后，必然制约经济社会的快速发展。在这种循环中，民族地区的发展必然会越来越落后，对民族教育的投入也不可能有大幅度的增长。

三、对民族教育特点和民族地区实际需要关注不够

　　2014年，习近平对我国统一多民族作出了"两个一"的重要论断：多民

族是我国的一大特色，也是我国发展的一大有利因素。民族教育体系虽然隶属于国民教育体系，应与国民教育体系的发展保持和谐一致，但这并不意味着用普通教育的标准去遮盖民族教育的特色。民族教育应该注重民族特色，并将民族特色融入民族教育的内容和形式方面，从而为传承和发扬民族特色作出应有的努力和贡献。可是，现有的对民族教育特点的关注、研判还存在诸多的不足之处，对民族教育发展的特殊规律也未给予高度的重视。对普通国民教育模式的照抄照搬，仍然较为广泛地存在民族教育体系之中……因此，民族教育与民族地区发展实际相脱离的现象还较为常见，民族教育脱离民族地区社会发展的实际需求的问题还比较突出，民族教育与民族地区区域社会发展的互动联动机制还没有建立起来①，这无疑极大地制约了民族教育的发展。

四、师资力量薄弱且教师队伍不稳定

百年大计，教育为本；教育大计，教师为本。在学生学习成长的过程中，师资力量起着非常重要的作用。可以说，师资力量在一定程度上决定了人才培养的质量和规格，决定了教育事业发展的规模与速度，制约了一定社会的发展水平。新中国成立后，民族教育事业的师资力量有了极大的改善，但是，在看到成就的同时也应清醒地正视存在的问题和不足。民族教育师资力量的不足，首当其冲的是数量上的不足，在广大民族地区，尤其是较为落后的农村地区，教师数量不足和生师比过高的问题还比较突出。不可否认，民族地区的工作和生活条件较为艰苦，待遇也比较低，这是导致民族地区的教育事业难以吸引教师人才的重要原因。同时，已经在民族地区工作的教师，也存在工作不安心的问题，他们将工作当做跳板或者是临时过渡，等工作一段时间后就想办法、找关系调离民族地区。所以，民族地区教育事业的发展，始终面临着"进教师难，留教师难"的问题。同时，

---

① 柳春旭：《试论民族教育发展问题》，《黑龙江民族丛刊》1995 年第 2 期，第 135 页。

民族地区的现有师资的专业化水平还较低，这在教师的教育观念以及对教育质量的看法上有着充分的体现，有相当一部分教师认为，学生的基础比较差，只要教会孩子认识字，会简单的计算就可以了。由于缺乏进修和培训的机会，很多教师的教学方法几十年如一日，难以适应现代教育模式提出的新要求。[①]

第二节　民族教育政策法规有待进一步完善

民族教育政策法规彰显了党的宗旨和国家意志，代表着全国广大人民的利益。自新中国成立以来，民族教育政策法规逐步完善，民族教育政策体系也逐步形成，但是在民族教育政策法规的建设进程中，仍然存在着较为突出的问题。

一、民族教育政策尚不够完善

（一）民族教育政策研究力度尚需加强

对民族教育政策的研究，主要包括民族教育理论和民族教育政策实践两个范畴。在理论研究方面，虽然整体还比较落后，但我国民族教育政策的基本理论研究的体系已初步形成，对民族教育研究的滞后，主要体现为民族教育理论与实践关系方面的研究滞后。我国民族教育理论体系的丰富与完善，是建立在借鉴苏联民族教育理论和实践的基础上的，而我国民族教育理论体

---

① 桂卓兮、钟海霞：《关于少数民族地区教育问题的思考》，《攀枝花学院学报》2010 年第 6 期，第 110 页。

系的形成，则主要是在"文化大革命"前和"文化大革命"结束后，即我国民族教育理论是在社会主义计划经济时期形成的。而今，我国已初步建立社会主义市场经济，各项社会事业的改革都在深入推进。目前，我国社会正面临着"由计划经济向市场经济转型""由集权管理向分权管理转型"的巨大变革。在社会经济发展的新常态下，如何发展民族教育、怎样解决民族教育进一步发展的问题都需要新的理论的指导。

在政策实践方面，我国的民族教育政策都是由政府制定实施。而在搜集和梳理现有的民族教育学著作，很少能够见到关于民族教育政策的研究，涉及这一方面的学术论文也很罕见，这些事实表明，当前我国民族教育政策研究还有很长的路要走。

（二）民族教育政策可操作性亟待加强

政策在制定后，需要通过执行以实现政策目标。政策可操作性的强弱，对于政策目标能否实现有着至关重要的影响。民族教育政策是我国为实现特定的民族目标而制定的公共政策，其可操作性关涉到民族团结进步、各民族共同繁荣发展的大问题。因而，提高民族教育政策的可操作性就显得尤为重要。但是，从我国目前制定的民族教育政策来看，一个突出的问题就是部分政策的内容宏观，比较抽象，可操作性不强。

关于这一问题，从新中国成立后到十一届三中全会前制定的部分政策，都表现出可操作性不强的问题。如1956年，我国召开了第二次全国民族教育会议，这次会议提出"使少数民族的教育事业逐步接近和赶上汉族水平，在少数民族地区有步骤地开展扫盲工作和实行小学义务教育"。同年，国务院发出了《关于少数民族教育事业费的指示》，要求"民族地区的小学基本上仍由公办，只有经济、文化比较发达，过去群众又有办学习惯或确实有条件实行民办的地区，才可以适当地实行民办。民族地区的小学学杂费的收费问题，应该根据当地群众的生活状况规定。生活条件比较贫困的地区，应不收费，原来有收费习惯或确实有条件实行收费的地区，必须扩大减免名额"。虽然我国出台这些政策和规定的初衷是好的，但是这些政策和规定的可操作性并不强，原因在于措辞模糊不清，导致在实际执行中的无所适从，对于政策的执行也缺乏明确的职责分工，标准也不统一，因而，在实际操作上，就容易导致一系列问题的出现。

又比如，为保障少数民族的受教育权的实现，我国在高考招生录取规定方面，对各少数民族采取了一系列的倾斜措施。其中就有一条"散居在汉族地区的少数民族考生，在与汉族考生同等条件下，优先录取"。像这类规定因没有一个明确标准，在实际操作中就很难把握。民族院校因其办学宗旨和特殊的办学使命，能够比较好地落实和执行政策。但是对于一些重点大学或其他高校，在录取学生时更多的是采取择优录取的方式，因而就难以保证对此类政策的真正执行。

（三）促进民族教育自主发展的政策乏力

为了快速消除民族教育与内地发达地区教育之间的差距，我国对民族教育采取了大量的优惠和扶持政策，从而为民族教育的迅速发展，创造了良好的外部条件，以缩小民族教育与内地教育之间的差距。但综观这些优惠政策和措施，无外乎从经费、物资和人员等方面给予扶持，这些政策和措施大多是一种"输血"而非"造血"性的政策，当输送的血液耗尽后，民族教育的发展又面临着最初的问题。因而，要真正实现民族教育事业的振兴和繁荣发展，就必须制定能够促进民族教育事业自主发展的政策，促使民族教育在外界的帮扶下，依靠民族教育自身的努力，坚持独立自主和自力更生，逐步培养提高自主发展的能力，从而实现自身面貌的改善。

（四）没有确立民族教育与一般教育同等质量要求

由于历史的欠账，民族教育在相当长一个时期内都是落后于普通教育。为支撑民族教育事业的发展，我国对民族教育事业给予了大力的扶持。但是，在民族教育发展到一定水平后，就应该用同等质量标准衡量民族教育的办学质量，而不应该对民族教育与一般教育、少数民族学生与汉族学生实行差别对待，更不能因为民族教育过去的落后，而降低对少数民族学生的学业要求。否则，即便是国家给予民族教育再多的优惠政策措施，也不可能使民族教育追赶上普通教育。因而，在今后的民族教育实践中，应该用普通教育的相关标准去衡量民族教育，当然这并不是要抹杀民族教育自身的办学特色，而是民族教育应能够达到普通教育的标准，并在此基础上体现民族教育的办学特色。民族教育应具备与一般教育同等质量要求的科学发展观，唯有如此，民族教育才有可能在国家的大力扶持下，不断提高办学质量，不断提升办学的水平和效益，实现对少数民族教育权的真正保障和缩小其与全国平均教育水平的差距，并进一步赶超。

（五）政策内容不够完善

通过对现有的民族教育政策的梳理，可以发现对少数民族受教育权的保护和实现，一直是我国民族教育政策关注的重点方面，但是对于在传承和发展少数民族文化过程中，民族教育应起到何种作用和承担何种角色则关注力度不足。众所周知，在漫长的历史长河中，各少数民族不断积累、传承和发扬着各自的文化，并形成了相对完整的体系且保存至今。它不但是各少数民族在生存发展中的精神食粮，同时又是组成中华文化中不可或缺的重要宝贵财富，在与其他文化的融合和交流中，不断丰富和繁荣。

另一方面，在维护少数民族平等的受教育权的具体政策措施方面，注重对少数民族学生的升学优待与照顾是我国民族教育政策关注的重点方面，其升学后的有关学习辅导与帮助方面，较少有政策涉及。这一政策缺失，也从一定程度上导致了少数民族学生的学业成就较低，学习动机薄弱，学业结果不理想，少数民族学生的平等受教育权也就难以真正落到实处。保障少数民族的受教育权的实现，是实现教育公平的初始阶段，但是教育公平有着不同的层次，在关注少数民族接受高等教育起点公平外，还应给予过程公平和结果公平更多的关注，让各少数民族不但有机会接受高等教育，而且能在大学里取得同等的学业成就。

二、民族教育法规体系的不健全

（一）民族教育法规的体制机制有待进一步完善

民族教育事业健康有序运转，离不开科学完善的民族教育法规的体制机制，它是民族教育事业发展的保障。可是，民族教育法规的体制机制建设还不尽如人意，具体体现为：首先，民族教育法规的层级还比较低。仔细梳理我国制定的民族教育法规，可以发现真正属于法规的文件还属于少数，常见的是民族教育行政规章及规章性文件。法规的层级，决定了法规的刚性和效力。因此，民族教育法规层级过低的问题，就必然会出现民族教育法规执行中的刚性不足的问题，也必然影响到民族教育法规效力的发挥。[1] 其次，民族教育法规在表述上还不大规范。除了民族教育法规的层级会影响到其效力和刚性外，对民族教育法规表述的不同，也会对其效力和刚性产生较大的影响。综观现行民族教育法规，可以发现其大多是使用"意见""通知""报告""批复"等名称。名称使用的混乱及不规范，直接导致人们在执行的过程中，难以判断其效力、等级以及适用范围。[2] 最后，民族教育法规的执法监督机制还没有形成。政策法规的执行，必然要有配套的执法监督机制，缺乏监督机制的法规是难以执行的。而由于缺乏一套完整的、严格的执法监督机制，故而对于民族教育法规的法律监督一直处于松散无力的状态，难以督促民族教育的科学发展。民族教育法规的执法监督机制未能形成，立法、司法、行政难辞其咎，但是，民间教育组织在教育执法中的缺位，也是导致民族教育法规的执法监督机制未能形成的重要原因之一。因此，为切实加强民族教育法规建设，推进民族教育法规建设进程，国家应主动号召社会各界，积极引导各方力量，为建立完整而有序的民族教育执法监督检查系统而不懈努力。

---

[1] 李云霞：《关于民族教育立法的思考》，《青海民族研究》2006年第1期，第139页。
[2] 金炳镐、熊坤新、彭谦：《关于中国民族理论创新与发展的思考》，《青海民族研究》2005年第2期，第3页。

（二）民族教育立法体系还不健全

民族教育立法体系不健全，主要体现在有关民族教育立法理论的研究力度还不够。立法工作兼具理论性与实践性，缺乏强有力的理论作为指导，要顺利开展民族教育的立法工作是难以完成的。虽然我国在系统性和指导性、针对性和超前性等诸多方面，对民族教育法的建设都未能给予足够的重视。值得欣慰的是，随着时代的进步，部分民族地方和相当一部分有识之士逐渐认识到对民族教育立法基础理论研究的紧迫性，并以实际行动开展了相关研究，如通过对民族教育立法的个案进行探讨，以增强研究的实用性和适用性等。这些研究都有力地推动民族教育立法研究进程，然而，全国范围内的研究工作的开展情况仍然比较滞后。总之，民族教育立法亟须理论上的指导和支撑，这不仅是当前，同时也是未来一个时期民族教育事业发展所面对的又一个重要命题。

其次，民族教育法规的适用性有待于进一步提升。我国目前所制定的一系列民族教育法规，也初步形成了民族教育法规体系，但是这些法规都是无一例外地参照《宪法》、《教育法》以及《民族区域自治法》等法律法规制定而成。这种一致性虽保证了民族教育法规与我国相关法律法规内容和精神的一致，但问题也由此带来，一味照搬照抄普通立法，而具有民族特色的以及具有民族特殊性的内容没能够充分体现。因此，缺乏民族特色的教育法规，在实际指导民族教育实践的过程中的针对性就比较弱。[1] 尤其是民族自治地方没有充分合理地利用法律所赋予的民族教育自治权，所制定的民族教育自治法规，大多还是普适性的教育法规的内容，因而缺乏民族特色。以《广西壮族自治区教育条例》为例，如第45条规定："高等院校和中等专业学校对少数民族考生实行降分录取以及定向招生、推荐与保送相结合等特殊政策，使在校少数民族学生人数与本民族人口占全区总人口的比例相适应"[2] 等，

---

① 林仕梁、陈立鹏：《我国少数民族教育立法简论》，《中国民族教育》1997年第4期，第8页。

② 陈立鹏：《我国地方少数民族教育立法的内容及特点》，《黑龙江民族丛刊》2005年第1期，第20页。

都明显带有普通立法的影子，未能体现出民族特色。

（三）民族教育法规内容不够完善

梳理我国民族教育立法发展的历史脉络，可以清晰地发现，保障各少数民族的受教育权的实现始终是我国民族教育立法关注的重点，对于保障各少数民族进入主流社会的受教育权更是给予高度的重视。但是，对于民族教育在传承和发展少数民族优秀传统文化方面，我国民族教育立法还较少涉及。在我国现行的民族教育法规中，极少能发现有关维护和发展少数民族传统文化内容的法规。很显然，这是我国民族教育立法内容上的一大遗憾和缺失，也是我国民族教育立法亟待填补的空缺。如，我国双语教学政策的发展历程，就是对这一缺失的生动写照。新中国成立后，我国就给予各民族语言文字学习以极大的关注，而现如今，我国将更多的注意力转移到各民族学生对汉语的学习和运用上面，有关各民族学生学习和运用本民族语言文字的规定就显得十分贫乏。众所周知，文字是文化的重要载体，因此，我们对于民族教育立法给予高度的关注，尽快完善民族教育立法内容，填补民族教育政策法规方面的空缺，以有效保障和实现各民族优秀传统文化的传承与发扬。同时，民族教育法规内容的不完善还体现在，将对少数民族受教育权的保障仅停留在优待和照顾各少数民族学生的升学机会方面，这种做法只是保障了少数民族有充分的入学机会，但是对其升学后的有关学习辅导与帮助的规范的忽视，则是不利于实现少数民族接受教育的过程公平，故而也就难以实现更高层次的教育结果的公平。

第三节　民族教育结构需进一步优化

所谓民族教育结构，是指民族地区各级各类学校及其专业设置和学生人数之间的比例组合，它反映了民族地区数量化了的学制。民族教育结构是否合理，关乎民族教育培养人才的质量、规格及数量，关涉到能否满足民族地区社会经济发展的需求的问题。通常，民族教育作为社会的一个子系统，其结构的确定并不是随意的，它受制于诸多的社会因素，诸如政治、经济、科技、人口、生态，等等。而在这些因素中，经济结构及民族文化传统，是制约民族教育结构完善与否的主要因素。[①]

一、基础教育结构需进一步优化

由图 14.1 可以看出，近年来，我国少数民族学生数量的发展趋势与总学生数量的发展趋势保持一致，都呈稳步增长的态势。而在不同的学段，学前教育和高中教育阶段的少数民族学生数和总学生数都在平稳增长，但是少数民族学生数的增长幅度滞后于总学生人数的增长幅度；从小学和初中教育来看，少数民族学生数和总学生数都在减少，但是其下降幅度小，这是人口出生率下降带来的必然结果。其次，少数民族学生人数占总学生人数的比例比较小，最高不超过 10%。

少数民族居住的区域，通常都是边远山区、库区和牧区、革命老区的代名词，那里交通条件相对较差，信息相对闭塞，经济社会发展相对滞后。虽然我国实行了诸如西部大开发、集中连片特困区域扶贫攻坚等政策，但是由于各民族地区原有的底子薄弱，以及区位条件、自然资源等方面的掣肘，导致民族地区各项社会事业的发展速度仍然比较缓慢，民族教育事业的发展面临着诸如基础薄弱、教育理念落后等突出问题。

[①] 何波、刘旭东：《论民族教育结构的改革与发展》，《民族教育研究》1998 年第 1 期，第 3 页。

学前教育少数民族学生数与学生总数

小学少数民族学生数与学生总数

初中少数民族学生数与学生总数

高中少数民族学生数与学生总数

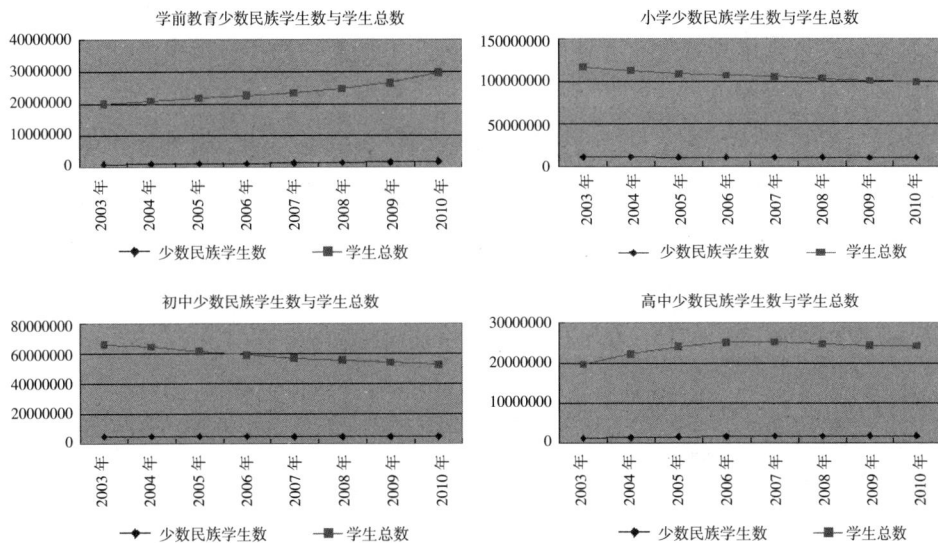

图 14.1 不同学段学生总数与少数民族学生数对比

资料来源：教育部发展规划司 2003—2010 年中国教育事业发展统计简况。

（一）教育观念较为落后

民族地区大多位于边远地区，那里的自然条件较为恶劣，由于交通信息较为闭塞，有的偏远地区还处于半农半牧的生活状态，在这种生活状态下，教育观念较为落后就不足为奇。在民族地区，有相当一部分的学生家长文化水平低下，认为读书可有可无，甚至认为读书不如早点工作补贴家用，因而对于读书的价值也就缺乏清醒的认识。[1] 在学前教育方面，由于民族地区地广人稀，交通落后，导致民族地区的幼儿入园难、入园远、入园险的问题较为突出。因为孩子年龄小无法照顾自己，所以很多家长不放心，故而选择将子女交给爷爷奶奶照顾，也不愿意将其送到幼儿园读书。而在义务教育阶

---

[1] 桂卓兮、钟海霞：《关于少数民族地区教育问题的思考》，《攀枝花学院学报》2010 年第 6 期，第 110 页。

段，虽然我国普及了九年义务教育，但是在民族地区，控辍保学的压力依然还比较大。有很多学生因家庭环境贫苦，而不得不选择初中三年级下学期提前离校，导致"阶段性辍学"问题的出现。同时，那种家长对孩子的教育不抱有很高的期望，认为只要把孩子培养成为体力劳动者，会简单的数学不会算错账，能认识简单的汉字不会迷路就好的想法，依然广泛存在。在高中教育阶段，部分学生的家长为了增加经济收入而选择外出打工，由于不能将孩子带走，而选择将孩子留在家中读书，由于缺少家长的鼓励和监督，有很多学生出现了厌学、学习目标不明确、学习动机不强烈的问题。

（二）师资力量薄弱且不稳定

民族地区教育事业师资力量薄弱，是民族教育建设过程中的突出问题。首先，教师队伍数量短缺严重。"进教师难，留教师更难"一直都是困扰民族教育发展的难题。教师数量的不足，不仅是由于教师招聘的困难较大，求职者不愿意到民族地区从教，同时也表现为教师的流动率较高。其次，教师队伍的学历结构还不合理，教师队伍的整体素质还比较低。在广大民族地区的学前教育阶段，幼儿教师的学历通常是以职业高中和职业中专为主，由于学历层次较低，导致这些幼儿教师的素质也就普遍偏低。同时由于他们在工作中，专业的学习和培训的机会不足，又限制了其教育相关的基本理论和素养的学习，导致其教育教学能力低下。又如，在高中教育阶段，不少教师的第一学历层次偏低，有的教师虽然学历层次符合要求，但也大多是通过学历补偿教育得以改善，其教育技能、教育方法和教育理念等并未得到有效提升。同时，大部分的教师都是民转公，教师的年龄过大的情况严重，教学方式老套，无力承担新的学习任务，从而导致教学质量无法得到保障，更难以适应实施素质教育和核心素养的要求。

（三）教育经费匮乏，均衡发展难实现

教育事业的发展，需要人力、物力、财力等资源的支撑，但归根结底是

需要财力的支撑。在广大民族地区，教育事业的发展一直受教育经费缺乏掣肘。教育经费的不足，不仅造成教育资源的排队供给，而且造成教育资源的浪费。虽然我国大力扶持民族教育事业，但是教育经费利用效率低下的问题仍旧十分突出。为了推动民族地区尽快普及九年义务教育，自20世纪90年代起，我国设立了用来发展少数民族教育事业的专项补助经费，政府每年拨款2000万元用于此专项经费。在"九五"期间，中央财政又通过设立"国家贫困地区义务教育工程"，在39亿元的专款中有22亿元用于普九难度较大的西部12省（区）。[①]我国政府给予少数民族义务教育事业的发展以很大的支持由此可见一斑，但由于民族地方地广人稀，地方差异比较大，教育事业不具有规模效益，资源浪费与资源匮乏的问题并存，部分学校的基础设施难以得到改善。因此，如果仅靠国家财政拨款，是难以实现民族教育的科学规划的，也就导致部分民族地区教育事业发展的不均衡。在学前教育阶段，2010年，国务院在《关于当前发展学前教育的若干意见》中提出，"各级政府要将学前教育经费列入财政预算，新增教育经费要向学前教育倾斜。"虽然这个政策的出发点是好的，但是要实行起来并不是那么容易。因为即便是对于中东部地区，仍有很多幼儿园靠低廉收费艰难运转，所以更不用说是经济社会发展相对滞后的民族地区了。在高中阶段，由于普及九年义务教育和高校扩招是政府部门的主要工作，因此，高中教育相对被冷落。而事实上，高中阶段是义务教育和高等教育的中间环节，如果高中阶段发展不协调，就难以实现义务教育与高等教育的顺利衔接。

（四）留守儿童学校教育问题突出

农村留守儿童问题是我国社会转型过程中的一个热点和难点问题，也是"三农"问题的核心之一，其中的学校教育问题，又是农村留守儿童所面临的诸多问题中的一个核心问题。民族地区留守儿童学校教育的问题突出，主

---

① 钱民辉：《少数民族职业教育的问题构成及对策分析》，《民族教育研究》2010年第6期，第14页。

要表现在以下几个方面：首先，由于农村地区群众的教育观念较为落后，导致村民对与学校教育在儿童成长过程中的重要性认识不清，认为读书不如早点外出打工，挣钱改善生活更实在，因而他们对于增加教育投入、鼓励子女上学积极性较低。其次，原生的家庭是由父母和子女组建而成，而当父母外出务工，子女留在家中交由祖辈或亲友照顾，就导致家庭原有的生态系统发生改变，导致父母无法在儿童成长的早期给予足够的关心和爱护，而留守儿童的监护人大多是祖辈或亲友，他们可以承担起对留守儿童的养育责任，保证留守儿童吃饱穿暖，而由于留守儿童毕竟不是自己的亲生子女，故而在教育方面难以对其进行及时有效的帮助，同时，他们自身知识水平有限，在对留守儿童学习中的优良习惯的培养与不良习惯的纠正上，缺乏必要的知识和技巧准备。①

二、职业教育结构仍需优化

（一）民族地区经济结构的调整与职业教育

民族地区的经济类型主要有四种：农耕型、采集渔猎型、畜牧型以及商业型。首先，属于农耕型的主要有壮、侗、白、傣等少数民族，与其他少数民族不同，他们大多处于生态环境较好的坝区、川区和平原，那里资源禀赋较好，有利于从事灌溉农业。② 现如今，他们逐渐尝试在作物栽培、选育、深加工技术、乡镇企业、亚热带资源开发等诸多方面作出相应的调整和改变。其次，居住在原始森林和植被山区的鄂温克族、鄂伦春族和瑶族等少数民族，主要经济活动属于采集渔猎型，他们的生产活动仍然是比较原始的狩猎、采集、驯养、栽培野生动植物等。今后，科学化种植、加工业、饲养、

---

① 王世忠、王明露、贺伟：《农村地区留守儿童学校教育的现状与思考》，《安徽商贸职业技术学院学报》（社会科学版）2014年第1期，第10页。

② 常永才：《试析中国民族职业教育改革与发展的举措》，《民族教育研究》1999年第4期，第41页。

手工编织等，将是这一类型的少数民族的经济转型的方向。再次，分布在高原、草原和荒漠的藏族、蒙古族、哈萨克族等少数民族，主要经济活动属于畜牧型。单位面积产量比较低，靠天游牧经营，处于自然和半自然经济水平，是该类型经济活动生产的特点，其调整方向是突出兽医、畜产品加工、草地改良、饲料加工与贮藏等。最后，生活在干旱地区和沙漠绿洲及市镇的维吾尔族、回族、东乡族等少数民族，他们的经济活动主要属于商业型，他们不但从事商业，也兼营种植、手工业、劳务输出等。因此，该类型的经济调整方向将是食品加工、轻纺、饮食、企业管理、商业经营、经济作物栽培等。[①] 随着民族经济结构的调整和转型，从业人员在技术和观念上也要随之进行改变，以适应经济发展的新的需要。但遗憾的是，职业教育并没能够紧密跟随这一变化迅速做出相应的调整，培养出来的人才在一定程度上与社会的需要脱节。这就导致了民族地区经济发展提速慢，以及产业发展规模难以容纳更多的劳动力。

（二）民族地区职业教育适应性问题

民族职业教育在发展过程中遇到的一个主要问题是，民族职业教育在办学模式以及专业设置方面，都不能够适应民族地方经济社会发展对不同人才的需求。学界有学者曾经指出，在整个国民教育体系中，中等职业教育占据重要的地位。在当前经济社会改革的大背景下，民族地区中等职业教育也必须做出调整和改革，以保持与民族地区经济社会发展的协调有序。民族职业教育应积极进行调整，以形成贴合民族地区社会生活，满足民族地区社会经济发展的教育网络。[②]

高级技术人才在推动民族地区各项事业的发展中，起着不可估量的作用。民族地区的中等职业教育的发展应与高等职业教育的发展并举，这是建设民族地区多样化的教育网络的题中应有之义。基于此，学界有学者提出，

---

① 哈经雄、滕星：《民族教育学通论》，教育科学出版社2001年版，第460页。

② 马丽娟：《云南民族地区中等职业教育的改革》，《云南民族大学学报》（哲学社会科学版）2010年第1期，第146页。

民族地区的高等职业教育，应以服务民族地方社会经济发展为己任；坚持以就业为导向，同时应突出自身的办学特色，积极走产学研一体化的发展道路。①之所以有学者会提出这种设想，主要是基于民族地区职业教育与经济社会发展的差距较大，脱节问题严重而提出，但这只是一种设想，现实与这种设想的差距还比较大。

由于原有的底子比较薄弱，我国民族职业技术教育的发展也相对滞后。这种滞后主要体现在以下三个方面。首先，我国的职业技术教育起步晚，而在民族地区，职业技术教育的发展就更为滞后。其次，从民族教育系统内部进行考察，同民族普通教育相比，职业技术教育一直是处于一种落后和追赶的状态。对于民族高等教育，我国一直给予高度的重视，创造各种条件，使其培养的高级专门人才，能够快速适应少数民族和少数民族地区经济社会发展的迫切需要。对于民族基础教育，我们也给予了高度的关照，寄希望于其提高各民族文化素质，为今后进一步接受教育奠定坚实的基础。相比之下，我们对于民族职业技术教育发展的关注相对不足。最后，从教育与经济发展的视角来看，教育培养的人才是要服务与社会的发展，社会发展的需要会制约职业技术教育所培养的人才，而目前民族地区职业技术教育所培养的人才，未能适应民族地区经济社会发展的需求。从供给总量上看，对于民族地区经济社会建设所需要的不同人才，民族职业技术教育一直难以满足。由于就业准备不充分以及职业技能训练的欠缺，民族职业教育所培养的人才劳动技能和劳动素养较低，难以支撑民族地区经济社会的健康发展。

我国是世界上人口最多的发展中国家，由于家底较薄而人口负担过重，导致公共教育经费一直处于短缺的状态。穷国办大教育的现实一直困扰着我国教育事业的发展。到2012年，我国才首次实现了财政性教育经费支出占国内生产总值4%的目标，尽管这一目标早在1993年的《中国教育改革和发展纲要》中就已提出。国家对于民族地区的教育投资，总体上是高于全国的平均水平的。但由于历史的欠账以及民族教育所独有的特殊性问题，民族

---

① 田官平、吴云超：《湘鄂渝黔边民族地区高等职业教育改革和发展的探讨》，《民族教育研究》2007年第1期，第86页。

地区要发展同等水平的教育，所需资金会更多。如在民族地区需要开办更多的寄宿制学校，为保护民族传统文化需要实行双语教学等，都需要更多的校舍、设备和师资等，这无疑会增加民族教育办学的成本。在教育经费短缺的现实状况下，民族职业技术教育的发展，必然会受到资源稀缺的掣肘。教育经费的短缺，也是影响民族职业技术教育发展的又一个突出的问题。

民族职业技术教育师资短缺的问题，首先表现为教师数量的不足，不能够适应职业教育规模扩大的需求；其次表现为符合学历要求的教师少；此外，在对于民族职业技术教育的认识上，还存有诸多的不足，没能深刻认识到发展民族职业教育的重要作用，这也制约了民族职业技术教育的发展。①

（三）民族地区职业教育生源不足且流失严重

伴随着社会改革的深入推进，社会对于外出务工人员的工作情况给予了高度的关注，尤其是那些正值接受初中教育的打工者。原本正值接受初中教育，学习知识，提高能力的关键时期，却出于经济的动因而选择外出打工，虽然也能够挣到一些收入，满足他们的日常需求，但是由于他们并没有经过专门的职业培训，缺乏相应的技术，因而只能从事体力劳动。而且这些体力劳动还比为繁重。虽然短期的利益是他们长期在外打工的主要原因，但是他们却失去了未来的保障。曾有学者对"流动人口与小城镇发展"开展相关研究，研究发现大部分人认为外出务工会带来更多的就业机会，而且收入也相对较高。在职业技能培训方面，人们普遍认为，学校教育的内容脱离生产实际，没能传授给他们应有的谋生技能，既然接受教育不能为未来的职业做准备，那么为什么不提早进入社会获得收入。正是在这种思想的影响下，在广大少数民族地区，很多学生初中一毕业，甚至连初中还没有读完，就自动放弃读书而选择辍学外出打工挣钱。学生的不断流失，使民族职业教育面临着生源短缺的问题，即便是对于初中教育和高中教育而言，生源危机也同样存在。

---

① 顾美玲：《中国少数民族职业技术教育的现状及其改革设想》，《四川师范大学学报》（社会科学版）1997年第1期，第4页。

（四）民族教育结构优化以及被边缘化的职业教育

教育结构优化一直是民族教育事业改革和发展的重点领域之一，但是对于民族教育结构的优化，人们关注的主要是推进民族地区义务教育的均衡发展，认为只要义务教育均衡发展了，教育结构就自然得到优化了。显然，这种认识是不正确的。我国各级政府经过多年的努力，使民族地区的义务教育在经费保障和教育质量等方面，取得了卓有成效的改善，民族地区义务教育在区域、城乡和校际间的差距也有了明显的缩小。虽然推进民族地区义务教育事业的均衡发展，是实现公共事业公平化的重要举措，但是要优化民族教育结构，仅将目光停留在优化义务教育上显然是不够的。回顾推动民族教育发展的进程，我们给民族职业教育的重视是远远不够的，民族地区职业教育经费短缺问题突出，甚至个别学校连最基本的生均经费都不能得到有效的保障。时至今日，为了推动职业教育的发展，为民族地区培养大批合格的技术人才，我国实行了中职免费教育，但是由于传统办学观念定位的失误，有一部分职业学校办成了"中考"或"高考"的复读班[1]，严重影响了民族教育结构的优化进程。

三、高等教育结构需进一步优化

（一）我国民族高等教育现状

1. 高等教育规模扩大

进入 21 世纪，我国各项社会事业进入了改革的深水区，并步入了发展的快车道。我国民族高等教育事业发展所取得的辉煌业绩，充分见证了我国民族工作和高等教育发展的卓越成效。目前，民族院校已发展成为学科门类

---

① 钱民辉:《少数民族职业教育的问题构成及对策分析》，《民族教育研究》2010 年第 6 期，第 16 页。

齐全、具有相当规模和较高办学水平的综合性高等院校，它为推动民族地区经济社会发展，促进各民族团结进步、实现共同繁荣作出了重大贡献。自新中国成立后，党和国家给予民族高等教育事业大力的支持，我国民族高等教育事业也有了长足的进步。1950 年，我国仅有 4 所少数民族高等院校，其中新疆 1 所，广西 3 所。普通高校中的少数民族在校生 1285 人，仅占全国在校生总数比重的 1.4%。到 2003 年，我国民族自治地方共有普通高校 116 所，在校生 56.7 万人，专任教师 4.22 万人；全国普通高校共有少数民族在校生 69.76 万人，占到全国高等学校在校生的 6.55%，少数民族专任教师 3.63 万人，占全国高等院校专任教师的 5.01%。[①] 今天，我国 55 个少数民族都有了自己的大学生，有些民族还有硕士研究生和博士研究生，有部分少数民族平均每万人拥有的大学生人数，已超过全国的平均水平，如朝鲜族、维吾尔族、回族、纳西族等。如图 14.2 所示，从 2004 年开始，我国少数民族专科生、本科生、硕士生、博士生占全国高等学校在校生比重均逐年递增，其中专科生、本科生增幅最为明显。

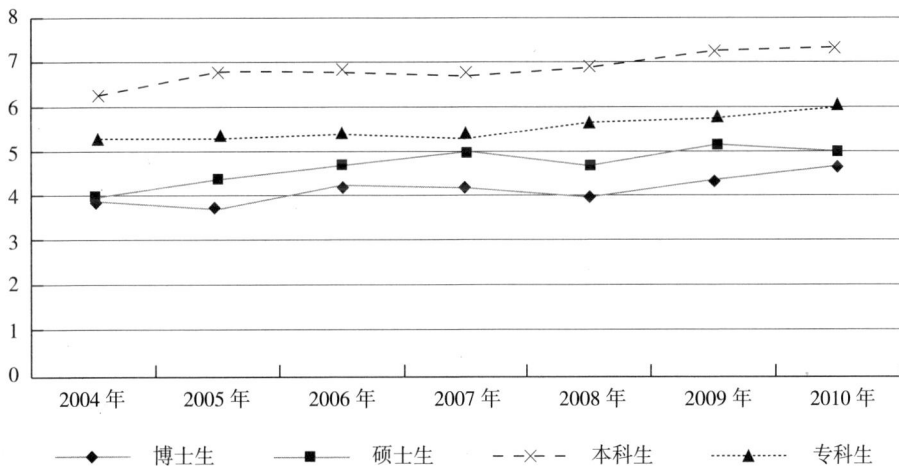

图 14.2　高等教育阶段少数民族学生比重（%）

---

① 哈经雄：《少数民族高等教育改革开放 30 年》，《中国民族教育》2008 年第 9 期，第 7 页。

民族院校经过多年的探索和实践，逐步明确了自身的办学定位，在办学的过程中，也逐渐积累形成了民族院校所独有的，不同于其他院校的办学特色。突出的办学成就，使民族院校成为我国培养民族英才、传承和弘扬民族优秀传统文化、实现民族理论和民族政策创新的主阵地，以及展示我国民族政策和对外交流的重要窗口。其中，尤以国家民族事务委员会直属的六所民族院校最为典型。

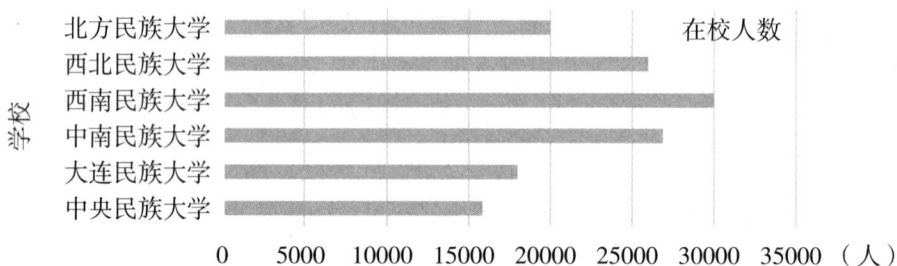

图 14.3　2016 年六所民族院校在校生人数对比

2. 办学层次逐步提高

经过多年建设与发展，民族院校逐步实现了由单一层次办学向多层次办学的历史跨越。民族院校不仅具有本科、专科、民族预科和干部培训，而且具有博士、硕士、高职、留学生和成人教育等办学层次。[①] 在改革开放之前，没有一所民族院校是以"大学"命名的，而现如今已有多所民族院校更名为大学，其中 12 所院校拥有硕士学位授予权，4 所院校拥有博士学位授予权。随着民族院校的快速发展，民族院校拥有的硕士点、博士点和博士后流动站越来越多，仅仅是委属民族院校就拥有硕士学位点 189 个，博士学位点 27 个，博士后流动站 3 个。在民族院校中办学实力最强的中央民族大学，已进入国家"211 工程"和"985 工程"建设的行列，为推动建设高水平的民族院校，引领民族院校的发展创造了

---

① 张爱玲、陈艳君：《大众化背景下民族地区普通高校人才培养质量问题研究》，《内蒙古民族大学学报》2011 年第 4 期，第 80 页。

良好的条件。

3.学科专业结构逐步优化

民族地区社会经济建设对人才的需求，体现在对不同类型、不同层次以及不同规格人才的需求，为主动适应这一需求，民族院校的学科专业结构也进行了一系列的调整与改革，并逐步从以人文为主，向文理结合和综合化的方向转变。在保持传统学科优势，扩大传统学科影响力的同时，民族院校也注重发展新兴的应用性专业，大力培养应用型人才。根据2007年年底的相关统计数据，民族院校开设了涵盖11个学科门类的301个专业。除此之外，民族院校还拥有国家级重点学科2个、国家级学科基地3个、省部级重点学科41个、省部级重点实验室37个。① 民族院校学科专业结构日趋优化，学科力量逐步增强由此可见一斑。

4.师资队伍建设不断加强

自20世纪末开始，随着我国普通高等院校的扩招，为适应高校发展的需求，高校专任教师群体的数量和比例，也有较大幅度的提升。如图14.4和图14.5所示，在1991年至2010年的二十年间，我国普通高校的专任教师数量与专任教师比例都呈现出稳中有升的发展趋势，而且这种趋势在2000年以前表现为以平稳为主，在2000年高校扩招以后，则主要体现为上升的趋势。在这一段时期，民族院校师资队伍和全国高校的师资队伍一样，规模在不断地扩大，在质和量上也都有较大的改善。2007年年底的数据显示，民族院校的专任教师9000人，其中，隶属于国家民委的高校专任教师就有5154人，教师队伍的学历、学缘、专业、年龄、职称等结构逐步合理，并逐渐形成了一支高素质的师资队伍。②

---

① 张爱玲、陈艳君：《大众化背景下民族地区普通高校人才培养质量问题研究》，《内蒙古民族大学学报》2011年第4期，第80页。

② 宿维军：《新建民族本科院校数学与应用数学专业教师的理性思考》，《甘肃高师学报》2010年第5期，第68页。

单位：万人

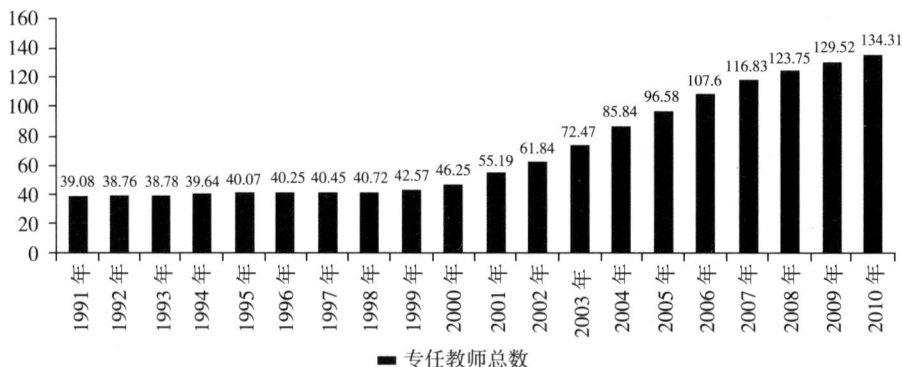

图 14.4　1991—2010 年全国普通高校专任教师数量[1]

单位：百分比

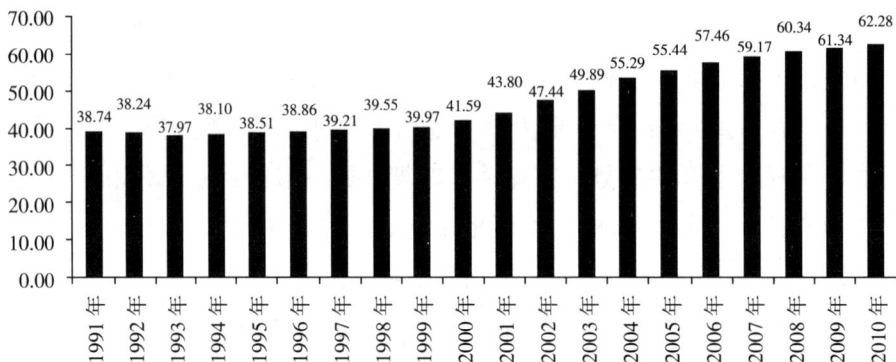

图 14.5　1991—2010 年全国普通高校专任教师比例[2]

5.合作共建与国际交流稳步推进

进入新世纪，为大力推进民族院校的发展，探索多方合作共建的模式，

---

[1]　数据来源：http://blog.sina.com.cn。

[2]　数据来源：http://blog.sina.com.cn。

国家民委陆续与中国科学院以及委属民族院校所在地政府签订协议，以实现民族院校的合作共建：2002 年，国家民委、教育部和北京市政府签订合作协议，合作共建中央民族大学；从 2004 年到 2006 年，国家民委又陆续与武汉市签署合作协议共建中南民族大学，与兰州市签署合作协议共建西北民族大学、与宁夏回族自治区签署合作协议共建西北第二民族学院，与成都市签署合作协议共建西南民族大学、与辽宁省和大连市分别合作共建大连民族学院。合作共建项目的稳步推进，使委属院校的资源获取更加丰富，从而为民族院校的发展创造了良好的政策环境与外部条件，为其发展奠定了坚实的基础。同时，合作共建也有利于提升委属院校的社会服务能力，有利于推进地方经济与科学文化的发展。2005 年，国家民委分别与广西壮族自治区签署合作协议共建广西民族大学，与云南省人民政府签署合作协议共建云南民族大学；2008 年，国家民委又与湖北省人民政府签订了合作共建湖北民族学院的协议，与贵州省人民政府签订了合作共建贵州民族学院的协议，使地方性民族学院的发展也获得了更多的保障。① 在签署合作协议，为民族院校争取更多支持的同时，我国的民族院校也积极探索国际化发展的路径，努力拓宽国际合作办学的途径，与世界上许多国家和地区的高等学校、科学文化机构开展了广泛的学术交流，并互派培养留学生，引进外籍专家教师，注重吸收国外先进的教育思想和方法手段。这不仅提高了民族院校的办学质量，拓展了民族院校的办学思路，同时也提高了民族院校的国际声誉，扩大了民族院校在国际上的影响力，实现了中华各民族优秀文化的传播与发扬，较好地展示了我国的民族政策和优秀文化。

（二）我国民族高等教育发展存在的问题

1. 办学理念方面

民族院校是高等教育的组成部分，其办学理念同样应树立以学生为本的

---

① 宋遂周：《我国民族院校人才培养模式研究》，中央民族大学博士学位论文 2010 年，第 28 页。

办学理念，以现代教育理念治理现代化学校。然而，在民族高等院校的办学历程中，对于高等教育的发展规律的掌握还不是很透彻，对于当前民族高等教育发展的特点、发展路径和发展思路的提炼和把握还较为模糊，在理论创新和实践创新方面还缺乏足够的勇气和担当，民族院校还囿于传统的办学思路，没能够做到解放思想，更新发展观念和办学理念，因而面对着高等教育内涵发展的时代要求，民族高等教育的发展和改革就显得无所适从，不能制定出一个系统的科学合理战略规划。

2. 人才培养与科学研究方面

关于"人才培养模式"的研究，学界有很多，但是对于"人才培养模式"还没有形成一个统一的界定。1998年，周远清曾在第一次全国普通高校教学工作会议上，对此作出过阐述：人才培养模式是人才的培养目标和培养规格，以及实现这些培养目标的方法或手段。① 根据这一阐述，我国民族高校所培养的人才存在与民族地区社会发展不相适应的问题，主要原因就在于民族院校的人才培养模式未能主动适应社会的变迁。首先，在学科的布局方面，民族高校没有做出及时合理的调整，原先的调整往往都是细枝末节的微调，而对于学科建设的核心和关键问题，往往因改革难度较大而较少推进，因而民族院校也就不能从根本上改变学科的结构体系；其次，民族教育是社会的一个子系统，民族院校的办学理应是开放的，而由于民族高校还存在关门办学的问题，与社会的联系不紧密，导致民族院校在进行人才培养时不了解社会的需求，在人才培养模式的改革方面也自然就缺乏更多行之有效的创新举措。除此之外，民族院校在师资力量和科研方面还存在着诸多的问题，如教师队伍的结构还不够合理、教师队伍的素质还需进一步提升，缺乏具有较强实践能力的教学科研人才队伍，同时，民族院校的科研经费总量不足，科研项目层次不高，科研创新能力不强，也制约着民族院校的科研成果产出。即便是有一些科研成果的产出，也会由于各种原因导致成果转化率低下。因而，民族高校应积极探索人才培养模式，增强科学研究能力，以进一

---

① 封翠霞：《创新中职学校的人才培养模式》，《现代农村科技》2012年第24期，第61页。

步提升服务民族地区经济社会发展的水平和能力。

3.体制机制方面

高等教育体制包含三个子系统：高等学校与相应规范相结合而形成的高等学校教育体制，相应的规范与高等学校内部的管理机构相结合而形成的管理体制，高等教育行政机构与相应规范相结合而形成的高等教育行政体制。[1] 综观我国民族高等教育体制的发展历程，可以发现民族高等教育体制建设还不够健全，对于如何建设具有中国特色现代民族大学制度的认识还不够透彻，对于如何正确处理和平衡学术权力与行政权力关系的把握还不够；管理和后勤部门对于如何更好地为民族院校的教学科研服务的长效机制尚未建立。

4.高等教育经费方面

全球教育事业的发展都面临着经费短缺的问题。作为一个发展中国家，"穷国办大教育"是一个不争的事实。由于我国幅员辽阔，各地的社会经济发展的差异较大，与中东部地区相比，西部少数民族地区的社会经济发展水平比较落后，其对教育的投入自然相对较少，教育经费短缺现象也较为严重。办教育离不开人、财、物、时、空、信等资源的有机耦合，而归根结底，教育经费是制约教育发展的决定性因素。由于经济发展水平直接制约教育事业发展的规模，民族地区教育事业在教育经费相对短缺的情况下，要实现快速发展就面临着更为严峻的挑战。在这种情况下，部分学校的各级领导都把有限的精力用于筹集办学经费上，这必然会分散其在教学和科研方面的精力投入，另外，如果仅将精力用于筹集经费，而不注意提高有限经费的使用效率，那么再多的经费也不能发挥最大的效用。由于办学经费的不足和经费使用效率较低，导致了民族院校的教育教学条件得不到有效保证，科研条件也比较差，教师待遇普遍偏低，出现人心思走的问题[2]，这些都是摆在民族院校面前的不容回避的现实问题，严重制约了民族高等教育的内涵发展。

---

[1]　孙绵涛：《中国 VS 西方发达国家高等教育体制区别在哪里》，《中国教育报》2004 年 2 月 6 日。

[2]　白洁：《少数民族高等教育经费短缺问题试析》，《民族教育研究》2002 年第 5 期，第 13 页。

自 20 世纪 80 年代末开始，我国为扩大高等教育资源，让更多的人接受高等教育，我国在高等教育领域实行了成本分担机制，逐渐由学生免费入学转向学生缴费入学。这项政策在很大程度上缓解了高等教育发展过程中面临的教育经费瓶颈，减轻了政府的负担，扩大了高等教育办学规模，为社会提供了更多的入学机会。但必须指出的是，收费上学的政策对贫困家庭子女产生了较大的冲击，尤其是民族贫困地区家庭子女面临的冲击就更大。在民族地区，很多学生经过寒窗苦读，虽考取了大学，但是由于家境贫寒，不得不放弃继续求学的机会。

5. 专业设置方面

民族高校是一种政策性高校，其专业设置主要是在计划经济时期建立起来的，在计划经济条件下，民族高校的专业可以为社会发展的需要培养相应的人才。但是，随着计划经济逐渐被市场经济所取代，我国民族高校专业设置的问题就越来越突出，主要体现在专业的设置与社会发展脱节的问题。因此，改革传统专业，新增社会发展需要的应用型专业，已然成为民族高等教育改革的重要内容之一。民族高校基本是以人文学科为主体，特色专业也主要是根据民族地区社会发展的实际需要开设的。为适应社会发展的需要，民族高校专业设置也在进行相关调整，力求推陈出新，根据社会的发展，民族院校开设了一些当前比较热门的专业，以吸引更多的学生报考和就读。然而，新专业虽开设了许多，但由于专业建设还不成熟，并缺乏相应的配套措施。专业开设的不成熟影响学生的学业发展，对整个学校的人才培养体系的建设也影响不良。①

我国拥有着世界上规模最大的高等教育体系，要想在激烈的竞争中谋求生存和发展，民族院校就必须要依托特色专业，走特色的发展道路；而在现实办学中，越是特色的专业，市场对其需求量可能会比较小。例如，在民族院校的诸多学科中，民族学学科是其优势与特点所在。但是，在现今社会对于民族学专业的学生的需求量少之又少，一方面，学科的发展要求不断培

---

① 张直、王瑞武：《少数民族高等教育发展回顾与展望》，《内蒙古民族大学学报》（社会科学版）2007 年第 1 期，第 105 页。

养民族学专业的人才；另一方面，民族学专业培养的人才又面临着就业的压力。因而，如何处理好民族院校的特色专业与市场需求之间的关系，则显得越发重要。民族高等教育的发展，需要兼顾数量和质量，实现外延发展与内涵建设的和谐统一。推动民族高校的内涵建设，应坚持将所学专业与就业相结合，使各民族大学生走出大学、走向社会、选择工作岗位时，能够实现平稳的过渡，使其不仅拥有十分扎实的专业知识，同时也具备一定的职业技能。[①]

四、成人教育结构还需优化

民族成人教育是建构终身学习立交桥的重要一环，它在提高少数民族在业人员思想文化素质和改善少数民族从业人员的职业技术水平方面具有重要的作用。在民族教育体系中，职业技术教育和基础教育、高等教育一样，都是为民族地区经济社会建设服务，他们处于同等的地位。民族成人教育的主要任务，是对在各种工作岗位上从事生产劳动的少数民族进行继续教育，其目的在于提高从业人员的科学文化素养，为民族地区经济社会的发展提供合格的劳动者和建设者。

民族成人教育的对象可以划分为以下几类：一是农牧民中的文盲半文盲，这一类人在民族成人教育中所占的比例还比较大。这支"大军"不仅规模比较大，而且他们的科学文化知识水平较低，在从事农牧业生产时通常只会运用传统的生产方式。因此，在民族地区发展成人教育，首先应深入开展扫盲教育，以提高这支文盲半文盲"大军"的科学文化水平，帮助他们运用现代生产管理方法开展农牧业生产，以大幅度提高劳动生产率。二是"新文盲队伍"，即初等教育入学率之外的儿童和青少年。在民族地区，并非全部适龄儿童都接受了正规的学校教育，在"入学率"之外，还有相

---

① 柳琴：《我国少数民族受高等教育权问题研究》，中央民族大学硕士学位论文，2010年，第21页。

当一部分学生未能入学。由于不上学，他们就成为家里面的辅助劳动力，帮助父母处理各种家务劳动或农牧业生产。因此，这一群体也是民族地区成人教育的重要组成部分。三是小学、初中各年级段的辍学者，以及基础教育阶段的流失者。辍学现象在民族地区较为普遍，从小学到初中各年级都能见到辍学者。尤其是小学三四年级成为辍学的高峰期。因为我国实施的小学寄宿制一般都从该阶段开始，所以，当部分学生无法进入寄宿制学校学习的时候，他们就会选择辍学。这支"半文盲"队伍，自然就构成了民族地区成人教育的目标群体。四是小学、初中、高中的毕业生。这一群体规模也较大，因为每年毕业的学生，总会有一部分无法升学而分流出来。被分流出来后，就会加入农牧业生产的大军，由于文化程度有限，他们也是民族地区成人教育的对象之一。五是工作在民族地区的各级各类干部，尤其是少数民族干部。提升少数民族干部队伍的科学文化素养，有利于为民族地区社会经济发展创造良好的管理环境，因而，民族地区的各级各类干部也是民族成人教育的对象之一。六是民族地区受过中等教育和高等教育的、在各种岗位上服务于民族地区开发的专业人才。对这部分专业人才进行分期、分批地"继续教育"和"回归教育"，以利于这些人才优化知识结构、更新相关的科学技术信息与知识，从而更好地为民族地区经济社会建设服务。[1]

第四节　民族教育与文化多样性

目前，民族文化的传承工作无法得到深入开展，主要包括以下几点原因。其一，少数民族的传统文化和现代主流文化间的差异随着经济全球化进

---

[1]　张云蕾：《浅谈少数民族成人教育》，《内蒙古师范大学学报》（教育科学版）2005年第5期，第89页。

程的加快而愈发突出；其二，少数民族的民族归属感、民族文化认同感、对本民族的忠诚心、民族责任意识等有所弱化。其中，民族认同感较弱是其主要原因。因而，民族文化的有效传承必须以较高的民族认同感、较深厚的民族文化认识为前提。[①] 然而，随着现代经济的发展和文化的变迁，尤其是各种外来文化的影响，少数民族学生对于民族文化传承的重要性缺乏全面的认识，他们认为要在当今竞争激烈的社会中立足，必须跟随主流文化，民族意识较薄弱。因而，民族教育在多元文化中承担起相应的责任，为各民族优秀文化的传承和发扬作出应有贡献。而目前民族教育在这方面的作为显然是不够的，面对着外来文化的冲击，民族教育未能与少数民族地区的社会经济发展的需要相适应[②]，致使民族教育的内、外部需求不足，影响了民族教育的进一步发展。

一、民族教育保护和传承民族多元文化的意识薄弱

在历史发展的过程中，各个民族发展和创造的具有各自民族特点的文化，即民族文化。民族文化对本民族的社会发展具有重要意义。其一，民族文化有利于民族凝聚力的提升。语言、风俗、节日、信仰和宗教等都是民族文化的精神文化表现形式，都是民族凝聚力产生的原因。它们影响着民族人民的生活方式和价值取向，促使每一个民族成员能够自然而然地认同本民族的信念、态度，并自觉行动，增加民族凝聚力。其二，民族文化具有社会整合功能，促使社会中各个不同的因素有机地成为一个统一整体。民族文化对民族成员的价值观念、生活态度等有着较大的影响，推动着民族社会的发展，维持着民族社会的平衡。其三，在各民族发展过程中积累的优秀文化中，蕴含着丰富的民族精神，他们指导着各民族在生产生活中

---

① 李丽敏：《全纳教育理念下民族高等教育与民族文化传承研究》，中南民族大学硕士学位论文，2012年，第3页。

② 李赋翰：《新形势下民族院校和谐校园文化建设研究》，西北民族大学硕士学位论文，2013年，第23页。

的行为习惯和思维方式，体现着各民族所特有审美的民族艺术等本土知识，为民族成员独立自主、民族群体凝心聚力提供智力支持，从而推动着民族的繁荣发展。国家的可持续发展离不开各民族的可持续发展，而一个民族的可持续发展的实现，必须以对民族文化保护与传承为依托。而教育是文化的生命机制，对于民族多元文化而言，教育无疑是民族文化保护和传承的重要途径。①

民族文化是各民族在发展中积累、传承和发扬的文化知识，它是民族意识的重要表现形式。对于民族的发展而言，民族文化具有强化民族责任感、增强民族凝聚力的作用。所以，民族教育内容必须把民族文化保护与传承的必要性作为重点。但是，在民族教育的实施过程中，国家将重点放在了促进民族地区经济发展以及培养各民族优秀人才方面，而对于少数民族文化传承的教育内容相对忽略，致使学生重视主流文化的学习，忽视本民族文化的学习，对本民族的优秀文化与传统知之甚少。民族教育中缺乏保护和传承民族文化的意识，会使民族文化失去传承的重要载体和阵地，失去活力；学生的民族文化价值取向逐步被主流文化的价值取向所替代，民族特点被现代性特征所取代，民族意识、民族责任感、民族凝聚力等越来越弱。

二、民族教育的模式单一

文化背景是学生发展的重要影响因素，包括影响个人身心发展的物质文化环境和精神文化环境两个方面。具体而言，少数民族文化背景是由民族传统文化背景和以主体民族文化为主的国家大文化背景两个方面构成的。民族地区的学校以及民族院校在办学过程中应将学生的双重文化背景作为重要考虑因素，文化的双重性特点应在学校管理者的管理过程中、教师的教学过程中得以充分体现。教育中文化的双重性指的是：一方面，学校教

---

① 钱民辉：《多元文化与现代性教育之关系研究》，民族出版社 2008 年版，第 259 页。

育应该在一定程度上与本民族的文化环境、社会经济发展状况相适应，涵盖民族语言、艺术、科学、文学等各个方面，凸显民族特点，即第一重性；另一方面，为满足国家发展对人才的需求，学校教育的各个环节中都应体现统一的主体民族的文化知识，即第二重性。教育中文化的双重性有着内在的联系，其中，第一重性决定着民族教育中的民族特色，而第二重性在一定程度上制约着民族教育的发展。目前，民族地区的学校以及民族院校受第二重性的影响较深，第一重性所占比例相对较低，甚至缺乏。不少学校为了提升学生的社会竞争力，侧重于第二重性，在教学过程中忽略了民族文化背景，弱化了民族教育在民族文化保护和传承中的重要作用。民族教育的发展因未重视民族文化背景而受到阻碍，民族文化的保护与传承因民族教育发展的文化视角有失公平而受到限制，二者间长期存在的矛盾未能得到解决。

各民族的优秀传统文化的内容、范围、传承速度随着科技的进步、社会经济的发展而有所变化，民族教育保护与传承民族传统文化的内容和方式也随之改变。为适应这些变化，民族教育也对办学模式、课程内容、教学方式等进行变革。但是，民族地区的普通学校、职业学校，都缺乏相应的特色，他们在教学模式、课程标准等诸多方面，都与其他非民族地区学校和非民族院校相似，民族特色未能充分彰显。民族文化课程的开发缺少广度和深度，主要体现在以下四个方面。其一，学校为了培养具有社会竞争力的人才，重视主流文化的传承，以主流文化课程为主，民族手工课程、民族语言课程、民族特色体育课程等并未得到足够的关注，忽视了民族优秀传统文化的传承。其二，在教育改革还不够深入的今天，大部分教师在狭隘文化课程观念的引导下，仅以教材内容为限来开展文化课程。受限于教材内容，民族教育在传承和发扬民族优秀文化方面的功能就被弱化。其三，大部分民族地区学校在学校文化课程的开发中并未将本民族的民间艺术、优秀作品等民族特色文化融入其中。其四，部分学校在课程开发的过程中融入民族文化，但为了保证主流课程的课时，民族文化课程课时被挤占，学校教育中民族文化保护与传承的工作无法得到有效开展。由此可见，民族文化课程范围狭窄、内容匮乏，主要原因有两点：一是在文化课程的开发过程中缺乏相关资源，二是存在于身边的丰富的文化资源被忽略。

三、双语教育理论和实践不够深入

（一）对双语教育认识不足且不深刻

双语教育在民族教育中的重要作用，是学界和教育工作者的共识，但是在实践中，他们对双语教育的认识都有所不同。有的人认为民族语言功能会随着时代的进步、社会的发展而逐渐削弱，因此，民族语言是实现培养精通汉语文少数民族学生目标的工具。而有的人认为精通民族语才是双语学习的目标，强调民族语的学习有利于民族语社会功能的发挥。一方面，不少人对双语教育的复杂性和长期性认识不深刻，认识片面；另一方面，一些极端思想依旧存在，如"语言融合主义""语言民族主义"等。双语教育的发展受到严重影响而难以顺利进行。

（二）双语教育理论研究有待进一步深化

我国学者对双语教育的研究主要侧重于民族语言和双语教学的描述性、经验性研究，研究逐步深入：一是双语教学随着民族语言文字在学校教育中的推广而逐步发展起来，学者们开始研究双语现象；二是民族语言文字的语文工作者最先将关注点放在双语教学的研究上[①]；三是民族语言文字研究工作的深入开展推动着学者们从研究双语现象、比较语言学领域逐步转变到研究双语教育领域。我国有关双语教育领域的理论研究有待进一步深化，主要体现在以下两个方面。其一，虽然学界对双语教育已开展了相关的研究，但

---

① 陈远鸿：《中国少数民族双语教育研究现状与趋向》，《贵州民族研究》1997 年第 2 期，第 103 页。

是我国学者仍然需要进一步加强对双语教育学科本体论的研究。双语教育学科既有理论性又有实践性，而且是一门实践性极强的科学，它主要针对双语教育的现象和活动进行研究，以总结双语教育的规律，更好地指导双语教学的实践。双语教育的研究范畴很广泛，如双语教育的目标、双语教育的任务、培养少数民族学生双语能力的一般性原则及基本方法等。我国学者主要针对双语教学现状、双语教学经验等来研究双语教育，缺乏理论指导和理论研究，如双语教育基本规律、双语教育历史变革等方面，都缺乏相应的理论研究。其二，关于双语教育研究的进展相对滞后，缺乏前瞻性。随着时代的进步、社会的发展，学者们需要创新双语教育理论，探究双语教育所面临的新挑战、出现的问题、发展的建议等问题。

（三）师资队伍建设有待加强

民族教育师资队伍建设面临着较多的困难，其一，教师现有的知识和业务素质不能适应双语教育的开展。民族地区缺乏民—汉兼通型的教师，具备较低甚至不具备进行双语教学的能力，部分边远民族地区学校仅设有汉语文课和民族语文课中的一种。同时，教师的知识结构不合理，缺乏教育理论、民族学和语言学等方面的知识，知识更新缓慢，制约着民族地区双语教育的发展。其二，师资不足，师资学历结构不合理，量少质差问题普遍存在。在大部分民族地区的学校中，一个老师要教几门课程，能够承担体育、音乐、美术等科目教学工作的教师非常少，而学校现有教师的学历层次相对较低，学历达标率也极低，学历结构普遍偏低。其三，年龄结构失衡。民族地区教师的生活条件艰苦，工资相对较低，不少年轻教师和优秀教师选择去发展相对较好的城市任教，师资流失，留下年龄偏大的代课教师。其四，民族地区双语教育发展相对滞后，未建立起合理、系统、健全的培训体系，未能及时提供相应培训，更新教师知识与教法，学习先进的教学经验。[1]

---

① 王洪玉:《少数民族双语教育的历史及发展研究》，西北师范大学硕士学位论文，2003 年，第 102 页。

（四）教学方法单一、陈旧

民族地区学校汉语教育是以课本内容为依据，以翻译法和对比法为教学方法，以粉笔为教学工具，以口授为基本教学方式的课堂教学。语言教学的过程中离不开翻译法和对比法等基本的教学方法，各民族地区都在不同程度地加以利用，但这些基本的传统的教学方法缺少生动性和针对性，不利于学生学习语言知识主动性的发挥。民族地区学校因经费有限，双语教学的过程中仅以板书和口授为主要教学方式，缺少现代化、多样化的教学方式。教学方法单一、陈旧，会限制民族地区教育的发展，并将扩大其与发达地区教育水平的差距。因此，加强对教师的培训力度，及时更新教学观念，使教师具备多种教学方法，将有利于民族地区教育发展。

（五）课程教材整齐划一，缺乏本土气息

随着国家对双语教育重视程度的提升，民族地区双语教材的建设工作，取得了较大进展，无论是双语教材的数量，还是双语教材的质量都有大幅度的提高。双语课程教材的建设成果喜人，但是仍旧存在一些问题，具体如下：第一，少数民族地区学校的汉语文教材的编写忽略了少数民族学生的心理发展规律，把汉族学生作为教材编写的对象。第二，为了提升学校的升学率、提高学生的社会竞争力，民族地区学校注重主流科学文化知识相关学科教材的编写，忽略了本民族优秀传统文化相关教材的编写，如民族艺术、民族文学、民族历史、民族习俗等课程教材。侧重学生对科学文化知识的学习，忽视学生对本民族优秀的传统文化的学习，不利于学生民族认同感、民族自豪感、民族意识等方面的培养。第三，不少民族地区的学校根据有关政策发展民族教育，但是片面追求用民族语言编写各门学科的教材，忽略了本民族的实际情况、民族文化和学生的心理特点。既不能提升教材的本土气息，也不能较好反映现代优秀的科技成果。第四，民族地区学校的教材种类单一，缺乏实用性，而且教材的编写难以满足学生的个性化需求，学生的多样化的学习也难以得到满足。

第五节 民族教育管理体制改革面临的问题

民族教育管理体制是保障民族教育事业平稳有序运转的基本体系和重要工作制度。我国民族教育管理体制的建设虽然取得了较大的成绩，有力地推动了民族教育事业的发展，但是民族教育体制仍然存在比较突出的问题。

一、地方教育法规不相统一

我国民族地区的地方教育法规是由一般地方性教育法规、规章以及民族区域自治地方教育法规构成，这种构成方式就导致了二者呈现出块状分离态势。保障民族地区教育行政正常运行的主干规范体系是一般地方性教育法规、规章；体现教育法规民族特色、为民族地区教育提供特殊保障的是民族自治地方教育法规。从法理上来看，每一项立法都有与其相对应的上位法。执行性立法史以国家法律为依据来制定执行办法与实施细则。我国民族地区教育法规的统一性具体表现为：在民族自治地区，地方教育法规通常是以民族地区的一般地方性教育法规、规章为主要内容，而这些一般地方性教育法规、规章又是以执行性地方立法为主。因此，我们可以看出，为民族地区教育行政规范体系的正常运行提供强有力保障的是一般地方性教育法规、规章。民族地区教育行政制度中的特色部分是民族自治地方教育法规。

民族地区教育事业的发展离不开一般地方性教育法规、规章和民族自治地方教育法规。一般地方性教育法规、规章是民族地区的教育事业有序运转的重要保障，民族自治地方教育法规与普通的地方教育法规不同，它更具有针对性，更能体现民族地区的实际情况，有利于其解决发展过程中遇到的独特的问题与困难。在某一层次的法律上，把民族区域自治地方教育法规和一般地方性教育法规、规章相统一，促使二者有机结合取长补短，以利于民族教育事业的健康发展。[①]

二、行政管理制度运行失衡

制度规范以适用范围为划分的依据，可以分为三层，即高层次的规范、中间层次的规范和低层次的规范。其适用的范围分别对应全国范围的制度规范、省区范围的制度规范以及地（市、州、盟）和县（市、区、自治县、旗）范围的制度规范。把制度规范的适用范围进行明确划分，有利于保证教育行政管理制度的有序运行。然而，民族地区教育行政的三个不同层次的制度规范发展并不平衡，对于教育行政制度的实际安排也不尽如人意。在广大民族地区，教育行政制度的高层次规范，通常是以政策性文件为主，政策性文件具有其他层次制度规范所不具备的长期稳定性，但其法治化程度相对较低。其主要实施方式是行政指令和行政渠道，严密性、规范性、实施效力与正式法律相比都相对偏低，缺乏司法保障，无法适应社会向市场体制转型的形势，无法有效推动政府职能的转变。民族地区教育行政制度中的中间层次规范缺失，对于民族地区发展和完善教育行政制度是一种制约。民族地区教育行政制度中的低层次规范的法治化程度相对较高，各民族自治地方出台的正式的地方性教育法规在理论上是可以走司法程序，获得司法保障的，但实际上受时间经验不足、立法技术不完善等多方面原因，而无法正式进入司法程序。同时，这些地方性教育法规依旧存在一些问题，有待进一步解决。[②]

民族区域自治制度的推行与实施在一定程度上会引起民族地区教育三个

---

① 潘启富：《中国民族地区教育行政制度研究》，中央民族大学博士学位论文，2006 年，第 93 页。

② 潘启富：《中国民族地区教育行政制度研究》，中央民族大学博士学位论文，2006 年，第 92 页。

层次制度规范发展的失衡，这是一定时期发展中的正常现象。从正式的制度规范最原初的发展进程角度来看，认为先有下位法再有上位法；从法制的历史实践的角度来看，社会生活的实际需要是法规的来源，认为先有习俗和管理，再有法规；从法理关系的角度来看，认为应先有上位法再有下位法，上位法是下位法的依据。法律的正常来源之一是成熟而有效的政策，因而国家可以把那些成熟的、与新形势相适应的、继续发挥效用的、长期稳定的政策上升为国家法律，从而获得司法保障。民族地区教育行政管理应该逐步走上法治化道路。

三、内部特殊保障机制功能的模糊性

少数民族自治区人民政府的教育机构，具有管理民族教育的职能，这与教育行政系统中的民族教育处、科的职能有所交叉和重叠，在一定程度上削弱了民族教育处、科的职能，具体表现在以下两个方面。一是有关民族教育处、科的职能表述不明确。在表述民族教育处、科的职能的文件里，多运用"统筹规划并指导""宏观管理并协调""协调制订""参与指导"等不确切的、非专门的、模糊的字眼。例如，内蒙古教育厅民族教育处的职能规定表述为："民族教育处……职责是宏观管理并协调民族教育的特殊工作……有的事情需要民族教育处牵头，但更多的是要进行协调和配合……"[①] 要明确把握民族教育处的职责与职能，就必须要进一步阐述有关这类表述的具体的工作流程的规定或者实施细则。还有部分自治区教育厅甚至没有用文字来阐述民族教育处的职能。二是民族教育处、科的职能与其他相关管理机构的职能的交叉关系，以及其职能的不明确性可以从相关正式的报告中得以体现。以1997年教育部民族教育司司长，在全国民族教育处长会议的讲话中对"今后一段时期的几点工作"为例，里面提出要加大教育投入、推动民族

---

① 夏铸：《在全国民族教育处长工作会议暨少数民族教育行政管理干部培训班上的讲话》，《中国民族教育》1997年第12期，第10页。

高等教育改革、民族教育立法工作、加强教育对口支援等，而仅仅依靠民族教育处，是无法完成这些任务的，而且民族教育处也不是这些工作的主要承担者。若这些工作都由民族教育处承担并完成，那么教育处可能就可以独自实施教育厅乃至自治区人民政府的教育职能了。这些工作需要自治区人民政府、民族教育处、教育厅的各个相关的专业管理职能机构、整个教育厅的共同合作。

四、外部特殊保障机制功能有所弱化

国家和地方的民族事务委员会是管理民族事物的重要组织，其职能范围包括为教育行政系统提供外部特殊保障机制。自治区人民政府的部分职能机构具有管理民族事务的职能，这与民族事务委员会系统的职能有所交叉和重叠，在一定程度上削弱了民族事务委员会的职能，及其为教育行政系统提供的外部特殊保障机制功能，具体表现在以下几个方面。其一，自治区人民政府的经济贸易委员会、教育厅、文化厅、体育局等职能机构参与到民族经济、教育、文化、体育等民族事务的管理中来，分化了民族事务委员会管理民族事务的职能。其二，自治区人民政府的经济贸易委员会、教育厅、文化厅、体育局等职能机构对各自管理的事物具有专项管理的优势，对于二者交叉、重叠的民族事务的管理更具有权威性，弱化了民族事务委员会的管理权。自治区人民政府因为拥有着较多的自治权，因而可以被视为一个大民委，统筹安排和管理自治区域内部的各项民族事务。然而，自治区的民族事务委员会因管理民族事务的职能被自治区人民政府相关职能部门所分化，只能实行一些综合职能，如教育、宣传和协调等，在民族事务的管理过程中起着重要作用，但这些职能的发挥不充分。自治区民族委员会的综合职能无法得到充分发挥主要有两点原因：一是自治区民族委员会不再实行委员制，二是自治区民族委员会在发挥协调职能时，与其所协调的对象机构属于平级，会遇到各个方面的阻碍。

五、两个行政系统间及系统内部教育职能的失调

制度实施中存在的问题是制度短缺的重要表现之一，制度执行力度的问题是其中最为重要的问题。行政系统教育职能的实施存在两个方面的问题：一是，两个行政系统——教育部与民委，在管理民族地区教育时职能分工不明确；二是，两个行政系统内部的"民族教育部门"与"一般教育职能部门"的权责分配不明确。由于两个行政系统间及各自系统内部权责不分明，其业务工作间的相互关系与工作流程得不到梳理，在实际开展工作的过程中，就容易出现混乱，也会影响制度的执行力度。因而，要使两个行政系统间及系统内部教育职能的失调问题得到解决，一是要明确界定各行政系统、各行政系统内部各个职能部门的权责；二是要建立健全这两个行政部门的外部监督机制和内部监督机制，保障民族地区教育相关制度的实施。

第　十　五　章

民族教育发展的对策与建议

自新中国成立以来，民族教育事业发展迅猛，取得的成绩令世人瞩目。本章按照发现问题、提出对策建议的思路，在对民族教育政策发展与实践现状进行分析的基础上，从民族教育优先发展、民族教育政策法规、民族教育结构、民族教育文化多样性以及民族教育管理体制五个维度，对民族教育的改革提出相关建议。

第一节　坚持民族教育优先发展战略

教育是区域社会经济发展的基础和重要引擎，同时也是实现民族复兴和国家繁荣昌盛的重要动力。这就要求我们必须要将民族教育优先发展战略坚定不移实施下去，实现由民族教育的优先发展，带动民族地区社会的快速发展。

一、民族教育优先发展的战略意义

2010 年 7 月，我国召开了全国教育工作会议，胡锦涛在会上做了《坚持优先发展教育建设人力资源强国》的重要讲话，指出教育是民族振兴的重要基石，教育是国家实现繁荣和谐稳定、实现社会公平的重要基础。当今世界的竞争日趋激烈，综合国力的竞争越来越聚焦于民族素质的高低，拥有高素质的民族将在未来激烈的竞争中保持优势地位，推动国家走向强大。国家的强大系于民族的素质，而民族的素质系于教育的发展。教育的目的在于培养人，在于促进人的全面自由发展，通过教育将人类积累下来的数千年的文明成果快速地传递给下一代，迅速提高下一代的知识水平，开发其智力，提高其能力，从而实现整个民族素质的提升。富强民主文明和谐的社会主义现代化国家的建设、全面小康社会的实现，离不开教育的优先发展、教育现代化水平的提高。

基于此，要办好人民满意的教育，我们一定要坚持把教育放在优先发展的战略位置，提出相应的措施：首先，要始终坚持贯彻执行党的育人为本、德育为先的教育方针，要培养出适应社会主义现代化建设的，德智体美劳全面协调发展的建设者和接班人。其次，要坚持按照教育发展的规律和经济社会发展的需要为依据，积极优化稀缺的教育资源配置，实现教育资源配置效率的最大化，从而促进我国各级各类教育的全面协调可持续发展。再次，要以实施素质教育为目标，提高学生综合素质，促进教育改革创新，推动现代国民教育体系的构建。最后，教育涉及千家万户，惠及子孙后代，它是关系到社会公共利益分配的重大问题，关系到培育合格国家公民以及民族现在和未来发展的公共事业，政府肩负责任，应努力健全公共财政的投入及保障机制，加大对教育的财政投入，严格规范教育收费，确保让每一个国家公民都有充分的机会和条件接受优质教育。①

优先发展民族地区教育，存在以下几点问题。第一，我国少数民族地区多集中于林区、牧区等西部地区，少数民族教育事业的发展水平受民族地区社会经济发展水平的制约。由于民族地区社会经济发展相对滞后，其教育发展水平也相对滞后。并且，教育的发展水平在少数民族地区之间、少数民族

---

① 魏礼群：《加快推进以改善民生为重点的社会建设》，《求是》2007年第22期，第22页。

地区与非少数民族地区之间、地区与地区之间存在着明显差异，教育事业发展不均衡。第二，由于历史环境与自然环境等多方面的原因，民族地区劳动力素质相对较低，生产力水平低下，社会经济发展水平相对滞后，要快速发展民族教育事业十分困难。在经济比较落后的民族地区办教育，首先要做的就是弥补历史的欠账，这将面临较大的矛盾与困难，需要我们在教育的投入上拿出更多的物力财力。基于此，民族地区在对待教育与经济的关系上需要用辩证的方法，在经济、文化等方面稍作一些让步，甚至放缓经济发展速度，让教育事业优先发展。与此同时，我国民族地区也会在教育投入与经济发展等方面出现不良循环，导致教育不能助力经济发展，经济不能发展难以增加教育投入，而落实教育优先发展的政策，是我们想改变这种情况的必经之路。为了能够全面地认识、评价和监控民族地区教育发展水平与发展状况，以民族地区教育优先发展的需求为依据将教育发展处于最优的效率中，我们必须建立起一个科学合理，具有可比性、可测量性的体系。而综观学界现有的研究以及民族教育发展的实践，关于民族教育优先发展的科学合理的指标体系还没有建立起来。[①]

二、民族教育优先发展指标的含义

国际上直接简称的"教育指标"和我国学者所提的"教育发展指标"没有什么明显区别。[②] 有学者认为，在内涵上，民族教育发展指标与民族教育指标具有一致性。在教育指标的概念方面，虽然学界对此做了探讨，但是尚未形成一个统一的认识，不同的学者通常会根据不同的标准做出不同的解释。我国有学者是从教育统计、教育评价等方面来阐述教育指标的概念的。例如，有的学者认为："建立教育指标的目的，在于描述教育制度各重要层

[①] 马晓龙、李变秀：《民族地区教育优先发展的思考》，《科技信息》2011 年第 18 期，第 524 页。

[②] 刘建银、安保生：《教育指标理论研究的几个基本问题》，《中国教育学刊》2007 年第 9 期，第 21 页。

面的现状、表现及其健康情形，在本质上是导入政策考量及全国教育制度管理的概念。"从而，我们可以这样来定义民族教育优先发展指标的概念：它是衡量民族地区教育发展各要素的现状、存在的问题、问题产生的原因、发展趋势的重要工具之一，民族教育优先发展指标是对民族教育发展状况总体特征的一种反映，如：民族教育发展的比例、速度、结构、水平、效率等方面，制定民族教育优先发展指标体系，能够为民族地区教育优先发展的规划和决策提供重要参考。

民族教育优先发展指标具备以下几个方面的特征：一是民族教育优先发展指标可以利用指标间的逻辑关系，来分析学生表现与教育资源投入间的内在联系；二是民族教育优先发展指标涉及教育系统各个方面的运作情况，可以对教育制度的状况和变迁进行描述；三是可以对教育问题的各个环节提供分析，以便整体理解教育体系；四是民族教育优先发展指标既包含教育结果的测量部分，又包括与教育结果相关的输入及过程部分；五是民族教育优先发展指标可以从基本单位教育支出，学生的学业情况以及复杂的教师学科知识，教育资源的使用范围和分配等方面来实施监控；六是民族教育所特有的特征。利用具备科学性、可行性、合理性的民族教育优秀发展指标对收集到的各种有效教育数据进行定量分析和定性综合评估。同时，民族地区想要真正把教育优先发展战略落到实处，洞察教育发展与社会整体发展之间的联动关系，就必须要根据民族教育优先发展指标的内涵，对影响民族教育发展的各种成因进行系统深入的分析比较，对影响民族教育发展的各种因素进行监测评估。

三、民族教育优先发展指标体系的构建

（一）民族教育优先发展的原则及价值定位

秦玉友指出，确立教育指标领域的原则包括以下几个方面：一是量质结合原则，二是公平性原则，三是比较性原则，四是简约性原则，五是影响性

原则。值得我们注意的是，在构建民族教育优先发展指标体系时，既要考虑到政策支持、国家扶植等因素，又要考虑到民族教育自身发展历程的因素，唯有坚持运用外因思维论和内因思维论，才能使得指标体系的构建过程中充分体现民族教育需求与供给的平衡性。对于民族教育优先发展指标的选取，根据不同的取向，会有不同的选择，例如教育绩效指标、教育督导指标、教育统计指标、教育规划指标等，由于研究的视角和倾向的不同，教育指标的选择也会有较大的差异，进而导致所建构的教育指标体系的差异，所研究出来的结果也会不同。[①] 基于此，民族教育发展指标的价值定位应具备一定的引导功能和评价功能。

（二）民族教育优先发展指标体系的指标模式及理论基础

目前，很多国际组织与发达国家都已逐步建构起各自的教育指标体系，究其原因是教育指标是掌握教育事业发展状况的一个有效工具。当今，有三种教育指标体系在国际上比较有说服力、比较权威，具体如下：一是世界经济合作与发展组织的教育指标体系；二是联合国教科文组织提出的教育指标体系；三是世界银行提出的教育指标体系。其中，世界经济合作与发展组织的教育指标体系（OECD 教育指标体系）的相关研究成果相对较多，更具有权威性。[②] 世界经济合作与发展组织在建立教育指标体系时，采用人力资本理论，利用教育供需理论模式，应用 CIPP 评估模型，以从整体上对教育系统进行投入产出分析为目标。建立的指标体系涵盖教育背景、教育输入与过程以及教育成果三个方面。采用的指标选取规则包括以下四个方面：一是指标应具备稳定性、可解释性、有效性和可行性；二是力求涵盖教育的所有方面，从背景、输入与过程、成果领域选取指标，充分显示教育系统各部分间的逻辑关系；三是指标能够满足跨国比较的需要；四是指标对于作决策或评

---

① 邬志辉：《学校教育现代化指标研究》，东北师范大学出版社 2008 年版，第 15 页。

② 熊明、刘晖：《教育现代化指标体系理论研究综述》，《江西教育科研》2007 年第 8 期，第 11 页。

价所需信息要提供到位。①

表 15.1　民族教育优先发展指标体系

领　域	一级指标
优先发展的供给	政策规划
	财政经费
	基础设施
	人力资源
	教育对口支援
优先发展需求的结构与过程	社会背景
	教育基本状况
	教育获得与参与
优先发展的结果	教育产出
	教育满意度
优先发展的背景	民族文化

　　由民族教育优先发展的指标体系可以看出，绝大部分的教育指标体系的建立都是以人力资本理论为基础，以教育供求理论分析教育投入与产出为模式。但是，现有的指标体系模式，即"投入—过程—产出"模式，不能满足现实需要，我们在建立指标体系时应将我国民族地区的民族特点和发展现状纳入考虑范围之内，主要包括：各个民族地区的教育发展水平、自身所具有的特殊性、历史文化背景、民族特色等方面，仍需评价优先发展的战略在该地区的认同度及实践效果，所以从模式选择来讲，根据"背景—输入—过程—输出"的逻辑思路，来构建民族地区教育优先发展指标体系不失为一种有效的方式。

---

　　①　张良才、孙继红：《国内外教育指标体系分析与比较》，《教育学报》2009 年第 6 期，第 63 页。

民族教育优先发展的情景、优先发展的供给、优先发展需求的结构与过程以及优先发展的结果，构成了民族教育优先发展的主要指标体系。首先，一定的政策法规为民族教育优先发展提供了政策支持，因此，在建立优先发展的供给指标时应该将政策规划纳入其中。滕星先生指出，民族教育立法应遵循党性原则、实事求是原则、一般性与特殊性相结合、平等民主原则、法制统一原则、因地制宜、综合协调的原则。其次，民族地区教育的优先发展离不开东部地区对西部地区的对口支援，因此，优先发展的供给指标中应包括教育对口支援。我国少数民族居住呈现出"大杂居、小聚居"的特点，民族区域分布范围广，并且各民族地区都具有自身的民族特点，从而，在建立优先发展需求的结构和过程指标时应将社会背景列入其中。张布和先生将民族文化视作民族教育的根基，认为要保障和提高民族教育的质量，必须要保证民族文化不能缺位。要准确地呈现出民族教育优先发展满足民族地区教育需求的程度，就必须在建立优先发展的情景指标时列入民族文化这个一级指标。为了真实反映民族教育最深层次的内涵，在评价民族教育优先的结果时要始终坚持以民族文化适应为前提。

四、民族教育优先发展的建议

优先发展教育的重要内容之一，就是坚持优先发展民族地区教育，这是应长期坚持的战略。近年来，我国实行的西部大开发战略、"一带一路"等政策，为民族地区带来了巨大的变革，为优先发展民族教育带来了重要战略机遇。同时，党和国家相继出台了一系列旨在推动民族教育优先发展的政策，如新近出台的《国务院关于加快发展民族教育的决定》《关于做好2015 年普通高等学校少数民族预科生预科阶段培养工作的函》《国务院办公厅关于加快中西部教育发展的指导意见》《教育部关于印发〈推进共建"一带一路"教育行动〉的通知》等，这些政策中尤其是在教育经费的投入方面，最能体现国家对民族地区教育优先发展的倾斜。但是，民族地区由于自身独特的历史条件和地理条件等因素，优先发展教育并不能长期只依靠加大财政经费的投入，还需要根据民族地区独特的自身条件及时代的要求，因地制宜，因时制宜，调动民族地区发展的积极性、主动性和创造性，走出适合民族地区自身发展需要的道路。这里也尝试着探索了几个实现民族教育优先发展的重要举措：

（一）努力实现教育机会均等

1966 年詹姆斯·科尔曼（James Coleman）在调查了 4000 所学校、60 万名学生的基础上，向国会递交了《教育机会均等的观念》的报告（又称科尔曼报告）。该报告基于社会经济的平等，研究教育的平等。该报告认为教育的平等与经济的平等互为因果，一方面社会经济平等会制约教育平等的实现；另一方面，教育平等的实现又会影响社会经济平等。关于"教育机会均等"，科尔曼报告中有三种解释：（1）向人们提供达到某一规定水平的免费教育，提供普通课程[1]，地方学校教育机会均等；（2）不同儿童的职业前景不同，因而应机会均等的向每种类型的学生提供不同的课程[2]（分流性课程）；（3）注重教学效果或结果的机会均等，种族合校产生。科尔曼报告中"教育机会均等"的三种解释和教育机会不均等的类型为我们分析和看待民族教育提供了新的视角和思路，今后在坚持民族教育优先发展的同时，应积极走民族教育优先发展与教育机会均等结合的道路。

第一，结合民族地区的实际情况，尤其是对于民族地区中偏远的、边疆的、贫困的农村义务教育不但实行免费，对于这些地区的高中阶段的教育和职业教育等也要根据当地的能力实行一定程度的免费，或者扩大减免或补助的范围，使得民族地区的学生不会因为贫困而失去受教育的机会。同时，许多贫困家庭的学生享受到学费免费的优惠，但是往往生活和学习用品等花费仍旧是一笔巨大的支出，对于这些家庭来说仍旧是很大的经济负担，这种情

---

[1] 科尔曼：《教育机会均等的观念》，载张人杰主编：《国外教育社会学基本文选》，华东师范大学出版社 2009 年版，第 182 页。

[2] 科尔曼：《教育机会均等的观念》，载张人杰主编：《国外教育社会学基本文选》，华东师范大学出版社 2009 年版，第 182 页。

况下，各地应结合当地实际对这部分学生适当增加其他方面的补贴，如完善"营养午餐计划"的实施体系，并扩大其覆盖面积等；在设立补助金政策的同时也应有对学业成就优秀的学生的奖学金政策，鼓励优秀的贫困学生发愤图强，通过奖励措施既使优秀的学生满足学业的需要，又使他们得到精神的鼓舞，还能起到榜样示范的作用。

第二，民族地区既包括民族聚居区又包括散杂居地区，学生背景的差异显得更加显著，那么在实行普通教育的同时，要充分尊重民族背景和民族文化，在条件允许的情况下为不同背景的学生提供不同的课程；除了背景不同，各个学生资质、能力、文化层次等也不同，条件允许的情况下可以实行目标分层的教学方法，顾名思义，目标分层就是根据学生的原有的知识水平和智力水平的不同，分层次制定出适合不同层次水平学生的教学目标，选择不同的教学内容对其进行教育，以此来最大限度地调动学生的积极性和主动性，真正实现以生为本、因材施教，使每个学生都能得到不同程度的提高和发展的一种教学方法。

第三，教学效果的均等要求对待民族学生一律平等，尤其是对待处于弱势地位和边缘化的人口较少的民族，还要注重培养他们对自己的自尊心和对本民族的自信意识，在传授课堂知识的同时，注重满足他们精神层面生存发展的需求；教育结果的均等在当前社会来看更多的是要求学业结束后就业的平等。

（二）探索民族教育相对独立发展道路

民族教育与普通教育相对应，民族教育应有相对独立的发展道路。蔡元培提出的"教育独立论"可以为探索民族教育相对独立的发展道路提供思路：第一，教育经费独立，要求政府将某项固定收入划出，专门用于教育经费而不能移作他用。第二，教育行政独立，专管教育的机构应该由懂得教育的人担任，而不能因政局的变动而变动。第三，教育思想独立，教育不必依从某种信仰或观念而应在思想上保持独立。第四，教育内容独立，教育能够自由编辑、自由出版、自由采用教科书，以此体现出教育内容的独立性。因为民族教育的特殊性，因而我们不可能简单地套用普通教育来发展民族教育，根据蔡元培的"教育独立论"，我们可以采取以下措施，使民族教育与普通教育并行不悖。

首先，国家和民族地区各级政府应专门划出固定比例的经费，用于保护和传承民族文化，开发和发展民族文化相关的课程，并建立、实施相关的配套保障措施，创设民族文化继承和发展的社会环境等。其次，民族教育的行政管理不同于国家普通教育的行政管理，要适当体现其特殊性，给予其适当的面对各民族情况各异的教育现实时相对独立的行政能力。如民族文化的教育可以适当放宽教师的编制要求、编制比例等，可以聘请本民族优秀的传统艺人、手工业者等来担任教师一职，不必完全按照普通教育的聘任标准来实施，那么，行政管理单位应有相应的行政能力。再者，针对目前很多少数民族学生不重视本民族文化，甚至完全抛弃了本民族文化和传统，盲目地融入主流文化的现象，对本民族自身的传统文化教育就显得尤为重要。蔡元培提出的"思想独立"用到这里就表示民族教育的优先发展并不是抛弃本身的文化和传统，渐渐完全被主流文化同化，而是在保持本民族自身文化的独立性的同时，适当地吸收或融入主流文化。这就要求民族教育要充分尊重各民族间的差异、尊重各民族在发展过程中积累下来的优秀文化传统，还要尊重并传承本民族的优秀传统文化。最后，针对现代普通教育常常在民族地区受挫的现象，背后的原因一般是现代普通教育与民族的传统教育之间和现实环境产生矛盾，教育的内容往往既不切合少数民族的传统，又不能体现地区的差异性。教育方法和教学内容应具有针对性和灵活性，在面对不同的少数民族特殊的群体时，应坚持因材施教，照顾民族间的差异性，而不能搞"一刀切"，在遵守国家政策的前提下，在财政和人才的保障下，条件允许的少数民族可以自由编辑、自由出版、自由采用教科书、自由确定本民族的教育内容。

（三）教育投入纳入法治化轨道

要优先发展民族教育，就需要有充足的经费保证，校舍的建设、危房改造等，方方面面都需要教育经费的支持，但加大教育经费的投入不是盲目地投入，投入后的使用效率也需要得到保证。因此，可以认为，教育经费问题其实就是两个方面的问题：一是保证来源，增加教育投入；二是合理支出，提高使用效益。并加之以法律的效力来保障教育经费的投入，能够更好地将钱用到刀刃上。

1. 教育投入要向薄弱地区和薄弱环节倾斜

对民族地区的薄弱地区和民族教育的薄弱环节制定的最低投入标准，只能满足最基本的教育需求，但要实现民族教育的公平发展还是远远不够的。如改造边远民族地区的校舍、完善一些"小、穷、偏"教学点和薄弱学校的办学条件、普及信息技术教育、建立完善的远程教育网络等方方面面都需要资金的倾斜。这就要求在教育公平和社会效益之间优先选择教育公平，而对于少数民族的特殊群体来说尤为重要，这不仅有利于民族教育的优先发展，还有利于民族团结进步。

2. 制定《教育投入法》，构建教育经费投入保障机制

法律具有强制性效力，制定《教育透入法》，将更有助于保障教育经费的来源和使用效益。第一，以法律来保障教育经费的投入比例，减少人为因素或其他主观因素的干扰，保证教育的投入不打折扣；第二，建立问责制，明确各个投入主体（国家、省、州、县等）的责任，落实教育投入的责任比例，减少因主客观因素而少承担或不承担责任的现象；第三，对民族地区的薄弱地区和民族教育的薄弱环节应制定最低的投入标准，"上不封顶，但下要保底"；第四，《教育投入法》还要明确教育投入的监督体制和法律责任，加强资金管理，保证教育经费的使用效益最大化。

（四）完善"省级统筹、以县为主"的管理体制

"省级统筹、以县为主"是我国对于基础教育的财政投入体制，其核心在于，明确省级政府对省域内教育的统筹领导责任和县级政府对县域内教育的管理指导责任，以实现分工协作，统筹有序。首先，明确并加强省级政府对省域内民族教育的统筹领导责任。建议省级政府加强对民族教育与财政、人事社保等各相关部门的统筹协调，保障省域内民族教育事业的领导、组织、保障、督导和推行工作；根据国家相关法律法规、政策和宏观指导，制

订省域内民族教育发展规划方案、改革措施等方面的相关政策并指导实施；明确省域内民族教育的各项投入、学校建设及教师队伍建设等责任比例并落实工作；加强对省域内民族教育的督导，推动省域内民族教育均衡发展。

其次，应明确并进一步加强县级政府对县域内民族教育的管理指导责任。《国务院办公厅关于加快中西部教育发展的指导意见》中提出，到2018年，中西部地区75%的县实现义务教育均衡发展；到2020年，中西部地区95%的县实现义务教育均衡发展。要达到预期的目标，完善"省级统筹、以县为主"的管理体制是其必要的途径之一。县级政府是行政管理和政策落实的具体责任者，与少数民族接触最多、最近，也最了解各少数民族对民族教育的切实需要。县级政府要切实承担起管理县域内民族教育发展的具体责任，贯彻落实中央、省、市有关民族教育的方针、法律法规等，统筹制定县域内民族教育发展的具体规划并负责实施统筹管理；规范并保障民族教育发展过程中的具体内容和方向，满足其实际需要，结合本地实际解决民族教育发展中突发情况和具体问题，最终，实现县域内民族教育均衡发展。

（五）建立完善全民办学机制

结合西方国家利用社会力量办学的优秀经验，营造全民关注教育的氛围，建立全民办教育的完善的体系。在利用社会力量办学方面，最为典型的是美国。美国的教育很注重利用社会力量办大教育，比如很多高校的校友、社会的爱心人士和大机构、大企业等都会不同数额地给学校捐款，并且私人投资的教育经费时常高于政府的投入，由此催生了完善的社会回馈教育的长效机制，同时，国家及各级州政府也制定了一些鼓励和优惠的政策，采取了一些发动社会办学的行之有效的措施，从而形成了相应的全民办教育的社会氛围。相比之下，虽然国家制定了《社会力量办学条例》，但整个社会并没有形成完善的全民办教育的机制，也缺乏相应的社会氛围。因此，我们可以借鉴美国利用社会力量办学的先进经验，充分挖掘和调动全社会的力量，统筹多方面的人力、物力、财力实现民族教育的优先发展，从而实现整个国家的教育跃上更高的水平。同时，国家民委可以牵头成立中国少数民族教育发展基金会，募集国际国内资金，以助力民族教育的发展。

（六）因地制宜，合理调整校舍的布局

调整校舍的布局不仅包括普通学校的布局，还包括寄宿制学校和教学点的布局。调整校舍的布局，必然绕不开撤点并校和寄宿制学校两个问题。首先，撤点并校一般是政府的行政行为，必然会考虑社会效益的问题，但一味地追求社会效益，必然引起社会效益和教育公平之间的矛盾。同时，一味地撤点并校也导致了一些现实问题，如出现了学生"上学远""上学难""上学险"的问题，给家庭带来额外的经济负担和生活压力，导致部分学校的辍学率升高等。这些现实问题让我们不得不考虑教育的公平原则，《国务院办公厅关于加快中西部教育发展的指导意见》（简称《指导意见》）（国办发〔2016〕37号）中也明确提出，保障教学点基本办学需求。因此，教育公平原则应在社会效益之前，应适当保留一些教学点或恢复一些已经撤除的教学点。其次，建立标准化的寄宿制学校也是《指导意见》的重点工作之一，民族地区特殊的地理环境要求建立更多的寄宿制学校，而目前的寄宿制学校的条件不一，那么，合理布局寄宿制学校，就应采取积极的措施，增加寄宿制学校的数量，并加大投入改善寄宿制学校的建设水平。

（七）健全民族教育的师资队伍建设机制

国家的竞争在教育，而教育的竞争在教师。一个重视教育事业的民族，必然也对教师高度重视，必然会努力提高教师的地位和经济待遇。教师的社会地位是通过教师职业在整个社会中所发挥的作用和所占有的地位资源来体现的，主要包括政治地位、经济地位、专业地位、职业声望等。目前，对于民族教育的师资问题可以通过以下途径解决：

第一，提高教师地位，其政治地位、经济地位、专业地位、职业声望等的提高缺一不可。国家和民族地区首先应制定种种优惠政策吸引优秀教师、师范生从事民族教育；在经济上给予强大的保障，教师的收入水平应得到切

实的提高，在政治上提高教师的权益保障，社会上给予教师更高的声誉，使教师一职成为全社会尊崇并敬仰的职业。

第二，继续进行对口支教，并努力提高其实效。为提高实效，必须做到三点：第一，支教的教师须到最需要的农村学校去；第二，支教的教师须是优秀的教师；第三，支教的教师须做出实绩。这样，才能有效减少当前支教工作中遇到的种种阻碍。

第三，要优先发展师范教育，这是实现民族教育优先发展的保障措施，因为没有数量充足、质量较高的教师群体，民族教育是不可能实现优先发展的。民族地区可以根据自己实际设立各级各类的师范学校，可以采取多种优惠政策来吸引本地区的民族学生投身师范教育，也可以定点定向地培养等，通过多种形式将师资的缺口自我填补，不必过于依赖引进外来人才，同时，也能避免外来人才不了解当地和民族实际而产生的不适应问题，更能提高本地的人才素养。

第四，扩大在职培训范围，确保培训质量。民族地区许多学校限于物力、财力等因素，无法有效保障教师的继续教育、在职培训的质量，也无法让所有教师都能进行继续教育。针对此现象，国家除了持续加大对教师继续教育的投入力度，民族地区也可以就近和附近名校开展合作，定期交流，有实力的名校应通过"校校联合""送教下乡""课堂观摩""亲身指导"等形式帮助其他学校培训更优秀的教师。

（八）加快发展适合民族地区的职业教育

2010 年，我国印发了《关于加快少数民族地区和民族地区职业教育改革和发展的意见》，《意见》明确提出职业教育在民族地区经济社会建设中具有重要的战略地位。2014 年，教育部发布《关于学习贯彻习近平总书记重要指示和全国职业教育工作会议精神的通知》，要求加大对农村地区、民族地区、贫困地区职业教育支持力度。民族职业教育是民族教育体系的重要组成部分，没有民族职业教育的优先发展，就难以实现民族教育的优先发展。提出民族职业教育优先发展是必要的、迫切的和适时的。广大的民族地区在自然和文化生态等方面有着得天独厚的优势，但是由于民族地区经济落后，贫困程度比较深，贫困人口也比较多。因此，职业教育就承担着引领和指导民族地区在可持续发展的基础上发展不同于其他地区的独特的经济模式。例如，四川藏区探索出的特色鲜明的"9＋3"教育模式①，就是对民族职业教育优先发展的有益探索，其经验值得借鉴。第一，在招生方面：确保"应读尽读"。第二，在培养方面：重视文化补习，实施分层教学。第三，在管理方面：重视入学适应，选派驻校干部。第四，在就业方面：政府帮扶力度大，就业渠道多元。四川藏区的"9＋3"模式，较好地推动了当地职业教育的发展，具有一定的推广价值，其他的民族地区可以借鉴其先进经验，探索适合自己地区的职业教育发展道路。

（九）基础教育校（园）建设纳入新型城镇化建设

党的十八大报告明确将"推进城镇化"作为经济战略调整的重点。在未来，城镇化将是我国全面建设小康社会的重要载体，同时也是撬动内需的潜力所在，其核心在于农村人口转移到城镇，而这是对以人为本的较好诠释。随着社会的转型发展，我国的城镇化进程明显在加速。伴随着城镇化的进程，城乡教育均衡面临着新的给予和挑战。传统上形成的城乡二元投资体制，使基础教育校（园）建设失衡的问题成为关涉到教育公平和社会公平的重大问题，能否妥善解决这一问题也已成为影响社会和谐稳定的至关重要的因素。因此，在城镇化快速推进的过程中，统筹考虑基础教育校（园）的建设事宜，既是推动民族教育发展的必然要求，又是顺利实现城镇化的题中应有之意。合理布局规划基础教育校（园）建设，是保障民族地区儿童的基本受教育权的重要措施，是民族地区实现教育公平的基本保证。民族地区政府部门应根据城乡的实际情况，因地制宜，坚持优先安排、统一规划、方便就学的原则，积极推动城镇化进程中的基础教育校（园）规划建设，使之与城乡发展、人口

---

① 张亚楠、蒋立松：《试析四川藏区"9＋3"职业教育模式的机制及创新》，《黔南民族师范学院学报》2016 年第 1 期，第 70 页。

增长相适应，从而实现民族地区基础教育事业的和谐稳定发展。

（十）大力实施"互联网＋教育"

当今社会，信息化技术已经渗透到社会的各个方面，即便是对于封闭性较强的教育领域，也面临着信息化技术的挑战。在教育领域中，一场由互联网技术带来的颠覆性变革正潜移默化地变革着教育的方方面面。在现代社会，信息瞬息万变，知识呈爆炸性的增长，而互联网具有高效、快捷、方便传播的特点，它在各级各类教育领域发挥着不可估量的重要作用，并对教师的教与学生的学产生越来越大的影响，并成为中小学生们学习的好帮手。因此，民族教育应充分利用互联网带来的有利影响，积极实施"互联网＋教育"战略。"互联网＋教育"是优质教育的重要组成部分，它不但有利于优化现行的教育模式，而且有利于实现优质资源共享，一方面，中东部优质教育资源可以帮助民族地区的师生增长知识、开阔视野、启迪智慧；另一方面，民族多元文化也可以乘借互联网的优势，积极主动地扩大民族文化的影响力。对此，国家应给予高度重视，合理规划，加大资金投入，补齐民族教育信息化建设的短板，实现民族教育与互联网的有机结合，推动民族教育的快速发展。

第二节　完善民族教育政策法规

民族教育法规是民族教育事业发展的有力保障，它在促进民族教育事业的改革等方面卓有成效。然而，在看到民族教育法规建设所取得的巨大成就的同时，也应该看到，自改革开放以来，民族教育事业发展迅猛，相比之下，相关的法规制度建设却没有能够跟上民族教育发展的步伐。在民族教育发展的关键时期，由于民族教育立法的滞后，使之已不能较好地推动民族教育事业的发展，民族教育事业与民族教育立法的矛盾冲突也日益尖锐。为回应历史的变迁和时代的变革，民族教育应完善民族教育政策法规，配合强有力的政策措施，助力民族教育的跨越式发展。[①]

一、创新民族教育政策的机制体制

目标清晰是实现民族教育政策机制体制创新的前提条件。只有在清晰明确的政策目标的指导下才能形成科学、有效且具有针对性的民族教育政策。科学有效的民族教育政策能够很好地调和不同民族群体的利益关系，满足不同民族群体的需求。民族教育的发展，应坚持以人为本、均衡发展、教育公平等基本原则，大力实施少数民族教育特殊优惠政策，统筹考虑于自然、经济等因素造成的差距，落实教育补偿措施，逐步将少数民族与汉族逐渐纳入同一起跑线上，最终实现全民族的教育平等。然而，要真正地实现教育平等，首先要确保少数民族成员具有平等的受教育的权利，因为平等地接受教育是实现教育公平的逻辑起点，在此基础上，应确保少数民族学生能够接受优质教育，这是实现教育过程公平的必然要求。因此，本着教育机会均等的原则，在制定民族教育政策时，应通盘考虑影响少数民族学生的不同因素。除此之外，经费问题一直是民族教育发展中最为棘手的问题，也是最难破解的问题，因此应继续加大对民族教育的财政支持，着力解决民族教育中师资、教材、教学设备等经费问题。[②]

其次，应着力完善民族教育政策体系。民族教育政策体系由民族政策和教育政策相结合而成。民族政策主要涵盖民族文化政策、民族语言政策、民族教育政策、民族宗教政策；教育政策主要涵盖质量政策、管理体制政策、教育经费政策、课程政策、学生政策以及教师政策。一个相对完整的民族教育政策体系主要包括以上十个方面的内容。横向上，它贯穿于教育目标政策、教育条件政策以及教育途径政策；纵向上，民族教育政策体系自上而下

---

① 李云霞：《进一步采取有力措施加快辽宁省民族教育事业的发展——辽宁省少数民族教育政策法规贯彻落实情况的调研报告》，《满族研究》2005 年第 6 期，第 9 页。

② 《改革开放 30 年来我国民族教育》，中国社会科学报刊网，http://www.sspress.com。

囊括了国家民族教育总政策、民族教育基本政策以及民族教育具体政策三个层次。[①]因此，完善民族教育政策体系，不仅能够夯实国家改革与发展民族教育的基石，同时也是推动民族教育事业向前发展的重大战略措施。

最后，民族教育应强化教育政策执行情况的检查与评估。政策制定后需要执行，而执行的过程和效果则需要相关的检查和评估。只有强化对民族教育政策执行情况的检查和评估，才能够及时把脉民族教育政策执行的现状，掌握民族教育政策执行的效果以及政策执行中的问题与偏差，才能为后续政策的修订、完善或废止提供支持。要强化对民族教育政策执行的检查和评估，可以从以下几方面着手：一是应强化各级政府的教育督导职能，强调主管干部负主要责任，采取"一票"否决制。二是应提高政策制定的科学性，在政策制定之初，就应有科学合理的调研，在政策制定后应在小范围内试点，以检测政策的适用性，并根据反馈情况做出相应的调整，在此基础上再推向全国。民族教育政策的制定应尽可能具体详尽，明确执行主体责任、执行的要求等事宜，以保证民族教育政策的有效执行。三是应充分发挥第三方组织在民族教育政策执行中的监督评估作用，如少数民族教育学会、民族中学协会、少数民族双语教育学会等，特别是应发挥它们的专业评估优势以及社会监督职能，以形成多元化的外部监督机制。

二、完善民族教育政策的立法体系

首先，应在理论研究上，着力实现民族教育政策理论研究的推陈出新。通常教育政策和民族政策的制定和完善，是建立在对民族地区以及民族教育的现实发展状况进行调研的基础上进行的。我国的教育政策的理论研究相对滞后，并在一定程度上束缚了我国民族教育事业的发展，因此，要加快我国民族教育政策理论研究工作的深入开展，可从以下几方面着手：一是在国家层面，教育部和国家民委可以考虑建立专项基金，以资助民族教育政策理论

[①]　王鉴：《我国民族教育政策体系探讨》，《民族教育研究》2003 年第 6 期，第 34 页。

研究，对于一些重大的民族教育问题，可以通过设置全国重点研究的课题的方式进行破解，以课题为依托，组织民族教育领域的有关专家、学者对民族教育理论前言问题进行集体攻关。同时，积极指导、支持各民族地区的研究。二是在与民族教育有关的学术组织内，成立"民族教育政策专业委员会"，以加强对民族教育理论的研究工作，如果条件允许，还可以成立地方性的民族教育政策专业委员会。相关学术组织可以定期举办学术年会、出版刊物，以对当前涉及民族教育政策的热点和难点问题进行专题讨论，同时，可以通过建立民族教育政策理论沟通平台，以加强有关的专家、学者以及相关部门的交流和互动，从而为民族教育政策法规的制定和完善提供智力支持。在今后一段时期内，应着重对民族教育政策理论应用性进行研究，促成重要政策、法规的尽快出台，使政策与发展需要保持一致。① 其次，应根据民族教育政策的执行效果，适时调整民族教育法规，以加速推动民族教育事业的发展。我国政府根据不同民族地区实际情况以及各民族突出特点，结合现实需要制定具体的政策措施，并为未来民族教育政策法规的进一步完善积累经验。2002 年，国务院出台了《关于深化改革　加快发展民族教育的决定》，《决定》的出台标志着民族教育政策建设向前迈进了一大步。民族教育应以此为契机，尽快完成《少数民族教育条例》的起草工作，并争取早日出台。同时，也应着手起草我国少数民族教育的基本法——《少数民族教育法》，以从法律层面对少数民族教育的发展提供保障。《少数民族教育法》的起草制定，将对推动民族教育政策法规体系的发展与完善大有裨益，而且能够使民族教育事业尽快走上法制化轨道，做到有法可依。

三、重点解决民族教育特有问题

民族教育与普通教育有着较大的区别，它有着自身所独有的规律和要

---

① 陈立鹏：《改革开放 30 年来我国民族教育政策回顾与评析》，《民族教育研究》2008年第 5 期，第 24 页。

求。唯有尊重民族教育的特殊性，妥善解决民族教育所面临的问题，才能促进民族教育事业健康发展。民族教育的问题有不同层面，首要的问题是民族团结，民族团结作为社会主义民族关系的基本内容，不仅是一种精神追求，更凝聚了人心、促进了社会的整合。作为一个统一的多民族国家，民族团结至关重要，它关系到社会的安定、经济的发展以及国家的建设。只有民族团结才能够实现社会和谐，只有社会和谐才能促进经济发展，因此，民族团结是符合我国历史发展潮流的基本国策。① 要实现民族团结进步，实现各民族的共同繁荣，就必须采取多种措施增加民族间的交流与交往，以加强民族间的交融。在交流和交往的过程中，语言文字是不可或缺的，加强和改善民族语言文字工作，有助于实现既定民族工作目标，实现各民族共同繁荣。因而，要解决民族教育所特有的问题，就应理顺民族教育政策与民族传统文化、语言文字的关系，这是民族教育首先要解决的难题。而在学校教育中，民族传统文化、语言文字与民族教育却渐行渐远，学校教育中并未见到民族传统文化的身影。民族语言文字作为文化的载体，将民族文化有效地进行了传承，间接地成为教育的媒介。对于少数民族来说，他们最先接触的就是本民族的语言文字，这也成为少数民族与汉族区别的主要特征，由此看来，少数民族语言文字促使了民族教育的形成和发展。因此，应加强对民族语言文字的研究，开发相关教育课程，培养一批优质的双语师，逐步完善双语教学政策，使少数民族学生成为少数民族语言文字和汉语言文字兼通的复合型人才。② 为了达到这一目的，民族教育政策应适当倾斜，重点解决双语教学中的问题，对经费支持、课程建设、师资培训、升学就业等应做出明确详尽的规定。其次，应促进各民族优秀文化的传承。中华文化博大精深，源远流长，少数民族文化是其点睛之笔。在世界发展史上，一些繁荣一时的文明古国早已不复存在，而唯独中华文化经久不衰，其中的原因就在于我们注重保护、传承、发展文化。以民族教育为依托，积极推动各少数民族的优秀传统

---

① 王开琼：《影响民族关系的因素及增进民族团结的策略》，《安顺学院学报》2010 年第 6 期，第 45 页。

② 陈立鹏：《改革开放 30 年来我国民族教育政策回顾与评析》，《民族研究》2008 年第 5 期，第 23 页。

文化走进教材，通过课堂的传授，最终成为各民族学生知识体系的一部分，最终实现各民族群众的文化自觉和文化自信，实现对中华民族的认同、对中华文化的认同。[①]

第三节　优化民族教育结构

民族教育结构是关涉到民族教育的科学发展的大问题。要发展民族教育，就必须要对民族教育结构进行相应的优化和调整，实现少数民族教育体系的完善。[②]

一、加强对民族教育事业的统筹规划

民族地区的各项社会事业都比较落后，因而都有着充足的理由要求优先发展。然而，在所有的社会事业中，只有教育事业的优先发展，才能真正推动民族地区各项社会事业的进步。民族地区要落实"科教兴国"的战略，就必须进一步强化政府部门的统筹功能和规划功能。因为政府对一个区域的社会事业发展负责，也只有政府能够从宏观的角度和全局的视野，对当地的各项事业做统筹规划，使之得到协调发展。在民族教育的内部，对民族教育的结构改革本身就是一个复杂的系统的工程，要理顺教育体系的内部结构，也离不开政府的统筹协调。无论是从民族地区社会经济发展的宏观视角来看，还是从民族教育自身内部结构的微观视角来看，加强政府部门的统筹功能，

---

① 王鉴、安富海：《当前我国民族教育研究前沿与热点问题综述》，《学术探索》2011 年第 4 期，第 129 页。

② 《调整民族教育结构　形成科学、完善的少数民族教育体系》，《青海教育》2008 年第 7 期，第 17 页。

都是当务之急，都是实现民族教育结构优化的重要一环。对于民族地区的政府部门而言，通过不懈的努力，为民族教育结构进行改革和发展创造良好的社会环境，是其当前主要工作之一。

　　加强政府对民族教育的统筹规划，首先应加强省级统筹，加强市域推进、县级实施。其次，应统筹规划民族教育的层次和类型。无论是采取何种措施对民族教育结构进行优化，其最终的落脚点都是在教育的层级、类型与专业结构方面，只有通过对民族教育的层级、类型与专业结构进行相应的调整，民族教育的结构才有可能得到优化。在层次结构方面进行调整，目的就是要促使民族初等教育、民族中等教育与民族高等教育的协调有序发展，使各个学段的学生能够实现平稳的入学。对民族教育的结构进行相应的调整，注意调整民族教育不同学段的比例，实现不同阶段学生比例的平衡，尽可能满足学生多样化的、个性化的升学需求。同时，有必要对民族教育的类型结构进行调整，以使民族普通教育与民族职业教育得到协调发展，满足少数民族学生多元化的教育需要。2010年，民族地区进入中等职业学校的学生与进入普通高中的学生规模基本持平，有近一半以上的学生选择进入高等职业教育学校。还有，民族教育结构还应注重对专业结构进行调整，时刻保持与社会的密切联系，使民族教育能够及时调整以适应区域经济社会发展，以最大限度地满足社会对于人才的需求。应结合民族区域发展的实际情况，考虑学校的实际办学能力，适当增设社会急需的应用型专业，做到在保证基础学科专业发展的同时，使应用性学科也能够得到相应的发展，从而形成能够适应民族地区社会发展需要的学科专业结构体系，保证民族教育所培养出来的各类人才，能够在毕业后快速适应民族地区社会经济发展的需要。

二、落实基础教育重中之重的地位

　　民族基础教育位于民族教育的最基层，民族基础教育质量建设情况，关系到整个民族教育体系的质量，是关系到民族教育宏伟大厦建设的奠基性工程。^①要落实民族基础教育重中之重的地位，首先，应把基础教育的战略地位落到实处，省、州、地、县、乡在制定社会经济总体发展战略时应将基础教育的建设纳入，进行全盘考虑。其次，民族基础教育的重心，应该从过去单一的升学教育，主要为当地经济和社会发展服务，转移到提高全民族基本素质的轨道上来，摆脱传统的应试教育的弊端，真正实现以人为本，实现学生的个性发展。^②再次，民族基础教育应坚持积极稳步推进，因地制宜，实事求是的工作方针，根据不同地区的特点，确定相应的发展目标和发展重点等。最后，民族基础教育应继续实施农村地区中小学布局调整，进一步优化资源配置，努力提升办学质量和办学效益。

第一，应大力发展学前教育。在政府支持下，鼓励社会参与办园，逐步实现公办幼儿园与民办幼儿园协同发展，切实解决群众入学难的问题。此外，政府应增加对学前教育财政投入，进一步完善成本分担机制，对因为经济条件而导致的入园难的幼儿实行优惠政策，经济上给予补助；加大对学前教育的监管力度，使办园规范化、条理化，制定幼儿园准入的相关条例；明确规定幼儿园收费的相关条款；划定入园教师资格标准，加强对幼儿教师的业务能力培养。教育行政部门还应发挥其掌握全局、宏观调控的职能，实时掌握学前教育的最新动态，其他的相关部门应着力辅助、各尽其责，形成合力推动学前教育事业的快速有序发展，以满足当前人民群众对优质学前教育资源的需求。

第二，应不断提升义务教育的发展水平；努力扩大义务教育规模，满足适龄儿童的入学需求；进一步均衡学校资源配置，促进均衡发展；解决教师的实际问题，努力提高义务教育阶段师资水平；推进校际间教师、校长的交流；合理分配区域内升学名额；杜绝划分重点班、名牌校的现象；大力促进公办学校的发展，适度发展民办学校，为适龄儿童提供更多的入学机会和更多可选择的入学空间，以满足儿童的多样化需求；从物力、财力等方面，向

① 王振岭：《藏族教育投资问题研究》，《西北民族学院学报》（哲学社会科学版）1994年第3期，第81页。

② 伍文义：《关于西部大开发与贵州民族教育相关问题的探讨》，《贵州民族研究》2000年第6期，第115页。

农村地区义务教育学校提供帮助，破解民族地区留守儿童的学校教育问题。从小范围内逐步推进义务教育均衡发展，竭尽全力缩小各方面差距。同时，县域义务教育均衡发展督导评估也应积极推进，形成固定的制度，以使督导评估制度化、常态化。

第三，应加大普及高中教育的力度，为适龄学生提供高中阶段的教育机会；开设不同形式的选修课程，全面提高高中学生综合素质；全面推进高中阶段课程改革，使高中阶段学生接受相应的优质课程教育；严格控制高中阶段班级名额；设立研究性学习课堂，丰富社会实践课程；建立系统的教育质量评价体系；关注高中阶段学生的学业发展，对高中阶段学生提供心理、学业等相关咨询服务；鼓励多元化办学，充分利用优质资源；因材施教，制定多元化人才培养模式；大力培养创新型人才；对于具有特色的普通高级中学给予适当的政策支持；在发展过硬的普通高级中学中可采取多种方式适当增加教学内容，如职业教育、技能培训等；积极探索高中发展的不同模式，使高中阶段教育能够达到预期效果。[①]

第四，加快推进民族基础教育信息化全覆盖。2015年，我国发布了《关于加快发展民族教育的决定》，《决定》提出"加快推进教育信息化"，同时就今后加快推进民族教育信息化建设的三个迫切目标，以及实现措施进行了相关部署。在调研中发现，民族基础教育信息化建设是民族教育信息化建设的最大"短板"，特别是民族地区农村牧区村小、教学点的教育信息化建设最令人担忧。因此，大力落实《关于加快发展民族教育的决定》的相关精神，切实推动对民族基础教育信息化建设，补短板、增实效是今后民族教育发展的方向之一。

第五，加快推进基础设施全覆盖。努力将民族基础教育的"三通两平台"建设好，"三通"即宽带网络校校通、优质资源班班通、网络学习空间人人通，"两平台"即教育资源公共服务平台、教育管理公共服务平台。尤其是民族地区农村牧区村小、教学点的教育信息化基础设施建设，应成为民族教育关注的重点对象。同时，尽可能为民族地区农村牧区村小、教学点的每个

---

① 《国家中长期教育改革和发展规划纲要（2010—2020年）》，2010年。

班级配备多媒体教学设备等，每个教师配备电脑，使他们有设备可用，使他们随时便捷地获取相关教育信息资源成为可能。

第六，加快推进优质资源全覆盖。一方面，大力引进外部优质资源，尤其鼓励民族基础教育特别是民族地区农村牧区村小、教学点与发达地区基础教育学校联网交流，使外部优质资源尽我所用；另一方面，努力挖掘内部潜力，开发、编译双语教学和少数民族文化等数字资源，使内部优质资源尽其所用。通过双管齐下，使民族基础教育教师有足够的优质资源可用，避免"巧妇难为无米之炊"。

第七，加快推进应用能力全覆盖。开展民族基础教育信息化应用能力提升工程等专项工程，以中小学教师特别是民族地区农村牧区村小、教学点的教师为重点，大力加强信息技术应用能力的培训，尽可能使每个教师特别是中老年教师都会熟练地使用，使基础设施、优质资源能够完全发挥应有的功能。

三、大力发展职业教育

职业教育与普通教育和成人教育，共同组成了我国的国民教育体系。而我们对于教育事业的关注，往往是集中在普通教育领域，对于职业教育事业发展关注不够，造成了职业教育发展的相对滞后。在教育领域各项事业快速发展的时期，我国提出了构建终身教育立交桥的战略举措，为将我国建成人力资源强国奠定坚实的基础。在这一战略中，职业教育的重要地位逐渐凸显，没有职业教育的发展，就不可能建成终身教育体系。职业技术教育是提高劳动者职业素质的主要途径之一，同时，职业教育也是教育与社会相联系的、最直观的表现形式，社会对于教育提出的要求，可以快速地通过职业教育培养的人才得以实现。职业技术教育具有突出的实用性和针对性，这凸显了它对民族地区发展的重要作用[1]，因而我们应大力发展职业教育，发挥其

---

① 王丽萍:《新中国民族教育政策的理论与实践》，中央民族大学硕士学位论文，2007年，第32页。

在人才培养、民族地区发展中的应有作用。随着社会的发展和时代的变迁，历史上形成的对民族职业教育的忽视，以及民族职业教育与社会发展不相适应的问题逐渐显露出来，"调整中等教育结构，促进职业教育快速发展"的要求呼之欲出。

大力发展职业技术教育，可以从以下几方面着手：第一，实行"三教"统筹，实现各级各类教育发展的和谐有序，使民族教育与其他教育在发展速度、发展规模、发展比例和结构上实现协调统一，提高办学的质量和效益，从而实现民族教育整体效能的最大化。民族职业教育在专业设置方面，要考虑民族地区经济结构、产业结构的实际发展需要，根据社会的需要增设或调整专业设置，以使所培养的人才能快速胜任相关岗位的要求。第二，民族职业教育应积极调整教学内容和教学方法，根据专业特点以及学生的身心发展水平，加强教育教学方法的针对性和适用性。进一步加强实践育人，强化实践性教学和实用技术训练，配合创新创业教育，增强学生的自主创新创业能力，造就一批"学得好、用得上、留得住"的符合社会需求的高素质专门人才，以实现在生产、服务、技术、管理等方面人才更新换代的衔接，避免出现人才"断层"的窘境。第三，民族职业教育应积极采取多种措施，保障职业教育发展所需的经费，以免使职业教育的发展受到经费短缺的影响。民族职业教育应制定科学、合理的经费保障体系，以保障经费的足额拨付，同时在经费使用管理上，要加强管理，努力提高有限经费的使用效率，确保经费发挥其应有作用。第四，在民族地区培养一批素质高、能力强的职业教育师资队伍。第五，民族职业教育应进一步制定和完善相关政策措施，以在制度上对民族职业教育的发展做出保证。第六，民族职业教育应充分利用现代通信技术，如电视、互联网等先进的教学手段，以建立覆盖民族地区的综合性全方位的立体网络[①]，实现远程教育的大发展。具体的改革可以从以下几个方面着手：

1. 建立三级分流的职业技术教育体系

首先，民族地区应努力办好现有的职业技术学校，以充分发挥骨干和

---

① 《国家民委、教育部关于加快少数民族和民族地区职业教育改革和发展的意见》2005年11月2日。

模范作用。本着整合资源、深化改革、创新机制的基本原则，建设一批示范性中等职业学校以及高等职业院校，努力培养一批高水平、高素质的技能型专门人才。为实现这一目标，各地应集中安排人力、物力、财力，先办好一两所学校，以发挥示范作用，并在取得经验的基础上进行推广。同时，广大民族地区应尽力创造良好的条件，建立和完善二级分流的职业教育体系。当今社会经济发展迅猛，各种新兴职业层出不穷，这就对民族职业教育的人才培养提出更高的要求。因而，民族职业教育应坚持先培训、后就业的办学原则，创建一批职业学校，能够分别满足小学、初中、高中毕业生就读。这样，职业教育不仅能满足不同学历的求学者的职业培训的要求，也能培养出具有初等、中等和高等职业技术的人才，以满足社会发展对于不同类型、不同层次的劳动人才的需求。当然，这种二级分流的民族职业教育体系，首先要与民族地区经济社会发展保持协调一致，同时应建立动态化的反馈机制，即跟进社会的变化对人才的不同需求，应增强民族职业教育的适应性。

2. 推动普通教育职业化

在推动普通教育职业化的过程中可以着眼于以下方面：一方面可以将民族普通中学转型为初级职业技术学校和中级职业技术学校，尤其是针对办学效益与生源都存在问题的民族中学，从而实现普通教育和职业教育，在数量和规模上的均衡发展，以最大限度地满足少数民族对职业技术教育的需求；另一方面，民族普通教育有着巨大的内在潜力，这种潜力长期被人们忽视而未得到合理的开发与利用，因而释放民族普通教育的内在潜力，以推动职业教育的发展。民族小学可以通过开设具有民族特色的相关课程，如手工课、劳动课等，从而实现工、农、牧业生产的一般知识的普及；普通民族中学在国家规定的课程体系之外，可以开设选修课程，根据学生的兴趣特点，有针对性地传授职业技术知识和技能；同时，可以考虑在普通民族中学开设职业技术班，并有针对性地开设具体的职业类课程，以使中学生掌握实际所需的专业知识技能；对毕业班学生进行适当的职业训练，帮助学生进行接下来的择业和就业工作。经过这一系列的逐层渗透，能够有效地将职业教育融入普通教育之中。

3. 实施多样化的办学模式

由于民族教育就具有一定的特殊性，那么民族职业技术教育就更应当因时、因地、因材施教，其办学模式也应灵活多样，满足不同的需求。民族职业技术教育应结合民族地区的实际情况，考虑民族学生的实际需求，建立起形式多样的职业技术学校。这既要设立学业年限正规中等专业学校，也要设立年限相对较短的技术学校、职业学校以及短期速成培训班等。职业技术学校教育不仅要对职业培训高度重视，也要与其他类型的教育相融合。针对不同人群的需求，开展半工半读、夜校、函授、电视教育、帐篷学校等灵活多样的教学、培训方式，使不同需求的人群可以结合自身特点与需要灵活选择，不断提升其职业素养。而在办学过程中尤为重要的一点是，开设的课程应贴合民族地区实际，符合少数民族学生身心发展，这样才能做到既有特色，又靶向鲜明。

4. 办学渠道多元化

积极探索多元化的职业教育办学渠道，应结合民族地区对人才的具体要求，采取多种方式办学。2005 年，《国务院关于大力发展职业教育的决定》中，提出应多渠道增加经费投入，为民族职业教育提供充足的经费保障。从2006 年起，一般地区城市教育费附加安排用于职业教育的比例应在 20% 以上，已普及九年义务教育的地区应在 30% 以上。民族职业技术教育应多元发展，以公办为核心，民办为主力，充分调动社会各方资源共同兴办民族职业教育。

四、提升高等教育办学质量

自新中国成立后尤其是 20 世纪末，我国的高等教育事业的发展迅速，取得了巨大的成就，现如今，我国拥有着世界上规模最大的高等教育体系，研究生数量也是世界第一。面对规模如此巨大的高等教育，如何提升高等教育的办学质量，促进民族高等教育内涵发展，一直是民族高等教育改革与发展的中心议题之一。提升民族高等教育质量，是适应民族高等教育由以往的外延发展向内涵发展转变的内在要求。

要提升民族高等教育的办学质量，建立民族高等教育人才培养体系的坚固堡垒，首先，应增强民族高校科学发展的使命感和责任感。与时俱进地更新观念，增强贯彻科学发展观的积极性和自觉性；在民族高等教育发展的历程中，总结既有办学经验，规划未来长远发展；发展中的问题，必然要在发展中得以解决，民族院校应始终坚持发展，增强推进高校科学发展的紧迫感和使命感；切实树立以人为本的办学理念，调动广大师生员工共同参与的积极性，使民族高校具有鲜明特色、具有自身优势，高度重视内涵发展，使民族大学办成水平高、评价好的优质学府。

其次，提升民族高校人才培养质量。学校的生命线归根结底是人才培养的质量，人才能否适应社会的发展需求，是检验民族院校人才培养质量的重要标准。时刻把提高人才培养质量作为工作核心和最终目标。结合当下需要，对学科布局进行调整，对学科结构进行优化；努力建设有特色、有优势、能适应、有效果的学科大平台；深化教学改革，创新人才培养模式，注重教学实践，提高所培养人才的社会适应性；改革并进一步完善研究生培养机制，推行导师负责制，提高人才培养质量；要建立健全民族院校本科教学的评估机制，以评估为抓手，以评促建，以评促改，从而推动民族院校的内涵发展；要坚持教学工作中心地位不动摇，落实教授为本科低年级学生上课的要求，提升课堂教学质量；有目的、有计划地逐年加大教学经费投入力度，满足不同条件的经费使用需求。学校发展的根本在于教师，因此具有一支高素质的教师队伍尤为重要，要竭尽全力建设高层次教学科研人才队伍。稳抓教学科研创新团队建设，在教学改革与科研创新工作中发挥示范和带动作用。

再其次，进一步提高民族高校的社会服务能力和水平。体现高等学校综合实力的重要标志当属高校的科研水平，而且在某种程度上代表了高校人才培养质量的高低。应采取相应的政策措施对科研领军人才、科技创新团队进行重点帮扶，以科研领军人才、科技创新团队为依托，积极引导高校青年教师和科研人员申报各级各类科研项目，以项目为导向，在帮助青年教师成长的同时，也为民族地区的发展提供智力支撑。同时，加强校地、校企合作，提高科技成果的转化率，使科技成果真正惠及民族地区的发展；学校搭建平台，对科技创新、项目攻关提供帮助。

再次，应促进民族高校办出特色。高校进行"分门别类"管理。制定具体科学政策，合理配置可用资源，结合当前情况对民族高校进行合理定位，使民族高校形成独特的办学理念和办学风格，争取在"双一流"的建设中，取得更大的成绩和进步。

最后，大力推进民族高校体制机制创新。学校事业发展关键在于管理改革。只有在机制体制上与时俱进，才能推动高校发展。因此，高校应在满足社会转型要求的前提下，积极培育创新意识，践行创新行动，探索构建集人才培养、科学研究和社会服务"三位一体"的管理体制，实现民族院校发展的大跨步。第一，坚持"党委领导、校长负责、教授治学、民主管理"的原则，积极推动和完善具有中国特色的现代大学制度建设，形成高校的现代治理能力和治理体系，充分发挥高校学术组织在学科发展、学生学业发展以及高校管理等方面的作用；第二，应深化岗位设置管理改革，完善各个职能部门的岗位职责和目标责任制度；第三，应推进管理重心下移，改进现有的管理运行机制，充分明确权力与责任，增强学院自主办学活力；第四，应逐步完善干部聘用机制、评价体系和考核制度，建设一支"上下自如、活力充沛"的干部队伍，提高各级领导干部的执行能力和服务水平。

五、综合开发成人教育

民族成人教育的开发可以根据民族地区的实际情况，采取如下措施，提高成人教育的办学效益：第一，加大对民族成人教育的宣传力度，开设专门的高考补习班，提高民族考生参加高考录取的成功比例。第二，进一步加强政府的宏观调控，实现民族成人教育与各级各类教育的统筹协调。民族地区的省（区）招生办可结合当下实际情况，合理分配重点院校、一般院校、成人高校的生源，达到资源的充分利用。第三，民族成人教育应关注社会对于人才的需求，及时调整专业结构，使教育充分满足市场需求。第四，加大对成人教育的投入力度，按教育规律办学，提高办学的效益和质量。第五，规范招生录取工作，杜绝营私舞弊现象的出现。第六，广开就业门路，提高就业率。[①]

第四节　保障民族教育发展的文化多样性

"学界对于多元文化主义的理解见仁见智，有学者将多元文化主义作为一种思想，也有学者将多元文化主义作为一种哲学观点，甚至有学者把多元文化主义视为一种价值取向，而更为微观的理解是将它作为一种教育改造行动"[②]，学界对于多元文化主义的理解，对教育产生了重大影响。根据对多元文化主义的理解，民族教育的发展历程，其实就是尊重和保护多元文化的过程，民族教育就是多元文化的生存机制。

一、文化多样性是理解民族教育均衡化发展的重要维度

（一）文化建设是和谐社会的重要方面

我们对"和谐社会"这一概念应有充分的理解，它是一个民主法治、公平正义、诚信友爱、充满活力、安定有序、人与自然和谐相处的社会。中国自古就有"和"的思想，这一思想是指导中国人为人处世的基本思想，也一直是中国文化的最高追求。社会主义和谐社会要求精神文明、物质文明和政治文明协调发展，三者是一个有机的统一体，任何一方发展的滞后，都不利于和谐社会的建设。首先，我们通过社会生产力的不断发展来增强物质基础；其次，通过社会主义民族政治的发展来提高政治保障；最后，社会的和

---

① 张永乐：《成人教育发展中的几个主要问题》，《成人教育》2000 年第 4 期，第 41 页。

② 尹玉玲、唐小平：《论国家民族教育政策的理性选择——基于多元文化主义的视角》，《民族教育研究》2013 年第 1 期，第 28 页。

谐已经不再是浮于经济层面，还应当深入到文化层面，通过对落后文化的改造，实现对和谐社会建设的精神上的支持。① 实际上，社会主义和谐社会的建设，是基于不同利益群体和不同价值观的共同构成，这种构成也使得社会能够包容差异，能够让不同的利益和价值观相互尊重、相互合作和共同发展。

社会是具有特定结构、由相当数量的人按照特定的规范发生联系形成的共同体。在这个共同体中，经济、政治、文化及生活的各部分都能够保持和谐有序的稳定状态，他们的各领域间相互联系、相互协调、共同发展，从而推动社会的进步。"和谐社会"是一个系统性的整体化概念，我们在解决社会问题时，要拓宽工作视野，综合考虑社会政治、经济、文化等各方面的因素。因此，在社会主义和谐社会的建设中，文化建设也是极为重要的内容，应该给予充分的关注。

（二）民族教育均衡化发展问题具有文化关联性

文化因素是分析教育问题时的首要考虑因素，因为教育本身就是一种文化活动，教育的进行也需要特定的文化作为活动内容，离开文化的教育是空洞的。首先，文化发展是社会建设的重要一环，没有文化的繁荣很难有社会的发展。而文化的积淀、传播、传承以及创新必须通过教育这一途径。显然，文化建设是教育均衡发展的重要内容。其次，文化对于教育发展的意义不言自明。教育在本质上是一种文化现象，没有文化就没有教育，教育就是把人类既有的文化传递给下一代。文化在很多社会要素关系的构建中起到中介的作用，例如，教育与政治和经济构建联系，就需要一系列的中介因素，他们之间并非简单的因果关系，需要"社会人的行为模式的基因"——文化及其他因素充当中介。当前，在教育均衡化发展问题的领域中，经济决定论思维成为一种主流，而这种思维存在一定的弊端，它忽略了文化在教育发展

---

① 顾瑞潨：《构建社会主义和谐社会的哲学思考》，《扬州大学学报》（人文社会科学版）2005 年第 2 期，第 9 页。

问题中的作用性，把教育与经济的问题看做线形的因果关系进行机械化的理解。我们应当重视和理解文化因素在民族教育均衡发展过程中的作用，充分考虑到民族地区文化的多元性和复杂性。我们应当加大对民族地区教育的投入力度，持有正确和务实的态度，切忌急功近利的"大跃进"和可能出现的形式主义等消极的后果。

二、民族教育发展文化多样性的建议

（一）文化多样性对解决民族地区教育均衡化发展的意义

第一，有利于弘扬各民族优秀的传统文化。传统文化是民族的精神之本，是民族在生产生活总凝练而成的，它是民族认同的基础，影响着民族的凝聚力和向心力。因此，在解决传统文化浓厚的民族教育均衡发展的问题时，要认识到民族传统文化的积极作用和力量，正确地对待和尊重当地民族传统。又如20世纪80年代中期以来，在宁夏的固原、同心等地，成立了"少数民族教育促进会"，该协会主要通过宗教界人士的威望，宣传伊斯兰尊重知识和文化学习的传统观念，积极动员辍学儿童重新回归校园，继续接受教育。此外，他们还大力集资兴学助学，此举极大地提高了大批信教群众的信心，增强了社会和群众对教育的关注和积极性。

第二，应坚持与时俱进。合理地借鉴经验，因地制宜，不断对教育体制进行改革和创新。民族教育属于教育的范畴，各民族间的教育也有共性特征，而由于各民族在发展中的经历不同，故而又具有差异性和独立性。要更好地解决教育均衡化发展的问题，就要对内地先进教育经验进行有选择地、合理地借鉴，对内地办学教训进行汲取。另外，要依据当地实际情况进行大胆创新，因地制宜。在我国，各少数民族都有其独特的自然环境、语言文字、生活方式、行为模式、价值观念和宗教信仰等。因此，民族教育若是简单地模仿或照抄照搬内地的做法，显然是行不通的，因而各民族地区应结合本区的实际情况，因地制宜地创新，尤其是教育体制的创新。政策创新对于解决紧迫性问题是尤为重要的，但是政策并非一成不变，它要随着时代的变迁和实际的发展进行变化和协调。

第三，应深入推进均衡发展。我国民族的分布是以大杂居、小聚居为主，多民族交错居住的民族分布结构。随着社会的转型以及经济的转制，民族地区教育中的多民族文化逐渐相互交融，但丰富多样的文化仍独具特色，因此为了保证文化多样性，通过对西方有关多样性管理的各种理论进行借鉴，以解决民族地区教育均衡化发展的实际问题。借鉴国外的多样性管理策略，即为了提高某一个教育机构或者组织内部各群体间的组织适应性，通过各项政策来营造一种容纳多样文化共存的环境，以增强各独立群体的主体性和积极性，从组织内部促进整体的可持续发展。

（二）通过教育均衡化发展促进民族地区文化建设

1. 保持文化多样性，传承并发扬民族传统文化

一方面是通过各级各类学校的课堂教育来传承优秀的民族传统文化。在这方面有一些成功的典型，如新疆博尔塔拉蒙古自治州，该州政府通过对当地的实际调研，结合当地的具体现状及民族文化情况，于2002年9月启动了基础教育改革，该项改革旨在使少数民族学生真正成为蒙汉文化兼通的人才。改革措施具体包括以下三种：一是在城镇所在地的蒙语学校内，采取"三语教学"授课模式，即教师以汉语进行教授，同时兼修蒙语及外语。二是针对蒙古学生较多的汉语学校，采取从小学三年级至高三的十年教育中，每周将学生集中起来，利用每周2个至3个课时教授蒙语课，并将蒙文成绩纳入毕业成绩考核。三是针对牧民较多的蒙语小学，仍采用蒙语教学，直至进入初中。

另一方面是拓宽弘扬民族文化的渠道，加强非基础教育学校的均衡发展。为保证和谐社会的顺利建成，完整准确地理解教育均衡化发展是首要问题。教育的均衡化发展并不仅仅局限于基础教育，教育的均衡化发展并不是基础教育的专属词语。首先，在乡镇地区中，实施"三教统筹"（基础教育、职业教育及成人教育），从而对稀缺教育资源进行有效整合。当前，我

国正处于知识经济时代，非正规教育和非正式教育仍旧存在着均衡化发展的问题。这两类教育天然更具有机动性与灵活性，同时还具有社会文化的发展性，更有利于传承各民族的优良传统文化。其次，对于民族文化的传递，一定是多方因素共同努力的结果，如果仅依靠学校教育承担传承和保护民族传统文化的使命，显然是行不通的。为保证教育的均衡发展，各种实体展览馆（图书馆、博物馆等）、电视广播以及网络自媒体等都需要重视起来，尤其是要利用现代多媒体技术的优势，积极主动地开展社区教育，着重打造学习型社会，尽快消除知识差距。

最后一个方面是以教育信息化以及各种先进的教育技术为依托，积极扩大优秀的民族传统文化的影响力，从而实现民族优良文化的传承和发扬。尤其是在地广人稀、现代教育资源较为缺乏的民族地区，教育信息化也被认为是促进教育均衡化发展的重要路径。因此，在当今信息化的潮流中，民族教育应当直面信息化带来的冲击，充分利用信息化带来的机遇，民族教育应该用辩证的视角对待信息化浪潮，实现民族教育对传统文化的传承与创新。但是，也有观点认为传统文化与现代科技距离遥远，很难将二者挂钩。其实，在我国现行使用并统计出的 27 种民族文字都已经通过计算机完成了信息化处理，这种措施既保护了民族的多样性和完整性，同时还有利于双语教学的推动和发展。此外，中央财政专门安排 1000 万元用于"农村中小学现代远程教育试点工程"运作中的双语教学光盘资源的开发。这无疑加速推动了"双语教学"的进程。

2.建设性地促进民族传统文化的转型，调适传统与现代的冲突

在经济快速发展的今天，优秀的民族传统文化也面临着严峻的考验，如何在教育均衡化发展的过程中对民族传统文化进行保护，使其融入现代教育之中，最有效的方式就是建设性地促进民族传统文化的转型。文化永存必然伴随着文化的变迁，这种变迁是顺应历史发展的升华。民族文化亦随着环境、生活方式等的改变而不断变化。因此，为保护民族文化多样性，就必须顺应时代发展的潮流，富有建设性地实现民族文化转型。[①]"文化转型"是

---

① 哈经雄：《新历史阶段的民族教育》，《民族教育研究》2008 年第 2 期，第 11 页。

在文化的发展中，文化质的转变的系统过程，存留下来的文化既和旧文化传统有一定的联系，在总体上又有提升。因此，民族传统文化的转型并不意味着民族文化的消失；正相反，民族传统文化的转型是在应对现代工业社会、信息社会挑战时的一种发展和对原有文化的升华。

第五节　完善民族教育管理体制

教育是促进地区经济发展的核心动力，对经济发展相对落后民族地区来说，民族教育则决定了民族地区能否快速发展以及发展的具体方向，因此可以说，民族教育对民族地区的经济发展至关重要。民族教育作为教育的组成部分，它具备普通教育的共性，同时也具有特殊性，因此，民族教育更需要国家以及地方的"特殊照顾"，以民族地区经济社会的实际情况为依据，深入推进民族教育管理体制改革，努力缩小民族教育与普通教育的差距，并适时实现超越。[①]

一、一般管理与特殊管理相结合

在计划经济向市场经济转型的过程中，我国教育管理体制的改革也在稳步推进。在当前社会主义市场经济体制下，政府的职能已悄然发展转变，传统的通过指令性的计划，把生产要素分配给各地区、各部门、各单位的资源配置方式已不能适应当今社会的发展要求，政府已从微观管理向宏观调控转变，更加突出政府的服务职能，如市场、计划、法律、行政等社会

---

① 刘正国、李勇、冯文全：《关于少数民族地区教育管理体制改革的思考》，《康定民族师范高等专科学校学报》2004 年第 2 期，第 21 页。

治理问题，而不再直接干预产业的具体事务。政府对教育的治理，也实行宏观调控，政府职能逐渐由直接管理向引导和服务学校的发展转变。通过"主动让权、减少干预"，逐步增加学校办学的自主权，增加学校办学的活力和积极性，同时，积极引导学校打破封闭的空间，主动面向社会和市场办学，以提高办学质量。由于民族地区与非民族地区存在较大的差异，民族地区教育事业的改革与发展也具有自身特点，因此，民族地区教育管理体制改革不但要符合教育管理体制改革的一般规律，还要满足自身发展的特殊性，在满足普遍性与特殊性合理调整的前提下，才能有效推进民族教育事业向前发展。

二、完善分级管理

当前，教育管理体制的改革有着深刻的社会背景，我国教育事业的发展，正面临着由计划经济向市场经济转型、由集权管理转向分权管理、学校去行政化的宏观挑战。在这样的背景下，教育管理体制改革的重点是调整中央、地方与学校间的关系，以提高学校办学的积极性和自主性，增加办学的活力和质量。目前，义务教育经费是由中央、省、县、乡镇共同承担，分别承担 2%、11%、9%、78%。[①] 从 2001 年开始，我国农村义务教育的管理体制出现了重大转变：一是从以乡镇为主转到以县为主；二是从主要由农民承担转到主要由政府承担。但是，民族地区的财政收支情况不乐观是客观存在的现实，最后往往将义务教育经费的负担落到农民的头上。在这一方面，我们也许可以借鉴西方国家的经验。美国为在义务教育经费的分担上实行三方分担，中央、州和地方政府分别为 6.2∶48.3∶45.5，而在法国 68.4% 的经费全由中央政府承担。对比之下，我国中央和省级政府承担明显偏低。因此，在承担义务教育经费负担上，中央和省级政府应进一步强化责任意识，进一步增大财政转移支付力度，确保义务教育财政的足

---

① 周峰：《试论基础教育均衡发展的若干问题》，《教育研究》2002 年第 8 期，第 71 页。

额及时拨付。

三、加强依法治教

虽然一些法律对民族教育的发展有所涉及，但是目前还缺乏一套系统完善的法律，在法律层面对民族教育的发展做出保障。对民族教育的重视大多都是浅显的提及，并未触及民族教育的根本。相关的法律虽然提到了应帮助少数民族发展教育事业，但仍然过于宏观，也没有出台具体措施、政策、办法，无从操作。相反在西方国家，法律明确规定了中央政府、地方政府的权力职责，具体详尽地规定了各级政府在教育经费中的分担比例、教育经费占国民生产总值的比例及增长等。法国政府在其出台的法律中，较为明确地规定了地方政府应承担教育经费的范围、数量、用途等，这就在法律层面做出了保障；日本政府也从法律层面具体规定了艰苦地区教育的扶持形式、内容、途径等，因此，应借鉴西方国家的有效做法，结合实际情况，以法律形式保障教育发展，使民族教育活动也能够有法可依、有法必依，促使民族地区教育及早实现均衡发展。

四、着力推进学校教育与社区教育相结合

民族教育是民族社区的教育，民族教育的发展最终也要落实在相应的民族社区，因此，对民族教育的管理应以民族社区为背景，以实现学校与社区的良好结合。民族教育的发展，受经济与文化发展水平的制约，同时，教育又通过培养人才这一独特的方式反作用于经济与社会的发展，在推动经济与社会发展进步的同时，也为教育自身的发展谋求更多的资源。作为一种文化现象，学校教育不仅需要传播文化，同时还需要培养高素质人才。因此，学校既需要充分考虑文化传播的内容、方式、方法，又需要充分考虑人才培养模式与途径。而这一问题对于实本身就特点鲜明的民族地区的民族教育来说

就更加繁复。博厄斯认为，文化是由于其价值和实用性才能够被保留的，文化价值的存在是其传承的根本。在民族教育中，将本民族的文化融入教育实践中尤为关键。因此依托于社区教育，形成民族教育的特色教育模式，是符合民族特点的。民族地区应对社区教育机构的建设高度关注，引导鼓励学校教育与社区教育相结合，以利于学校教育的顺利开展，在将本民族文化发扬光大的同时，又能将民族文化融入主流文化之中，实现本民族文化的更新与发展。

总之，要深入推进民族地区教育管理体制的改革进程，必须以尊重民族地区客观实际情况为前提，充分考虑少数民族的历史文化背景、传统习俗等因素，不断合理调整教育结构，是有限的教育资源得到合理的配置，进一步提高教育效益，逐步推动民族地区的发展进步。

民族教育是国民教育体系的重要组成部分，它关涉到民族的团结与进步、国家的繁荣与昌盛。通过对新中国成立以来民族教育政策发展的梳理，以及对民族教育实践的回顾，总结了民族教育事业发展的巨大成就。在看到成就的同时，也应该看到民族教育面临的严峻的挑战。要深化民族教育事业的改革与发展，还需从以下几方面做出努力：

第一，坚持民族教育优先发展战略。党的十六届六中全会在通过的《中共中央关于构建社会主义和谐社会若干重大问题的决定》中，明确提出坚持教育优先发展，促进教育公平。优先发展民族教育是优先发展教育的必然要求，就是要把民族教育摆在优先发展的战略地位，对民族教育实施相应的教育补偿，以推动民族教育的稳步发展。

第二，完善民族教育政策法规。民族教育政策法规是指导民族教育实践活动的依据、纲领和准则。唯有不断完善民族教育政策法规，我国的民族教育事业才会沿着正确的方向大步向前迈进。

第三，优化民族教育结构。民族教育结构是民族教育与系统内部诸要素（单位、部分等）相互依存、相互作用的关联方式。只有民族教育结构得到优化，民族教育事业内部的各组成部分，以及民族教育与非民族教育之间才能保持合理的比例。

第四，重视民族教育中的多元文化。重视多元文化，不但有利于各民族文化的传承与弘扬，而且有利于实现民族间的团结与融合，实现我国的民族教育政策的目标。

第五，健全民族教育管理体制。教育管理体制规定着国家实施教育行政的组织系统、原则、方法和程序等。唯有民族教育体制的健全和完善，才能促使民族教育事业健康有序发展。

参考文献

1.《马克思恩格斯选集》，人民出版社 1995 年版。

2.《列宁选集》，人民出版社 1995 年版。

3.《毛泽东选集》，人民出版社 1991 年版。

4.《邓小平文选》第 1—2 卷，人民出版社 1994 年版。

5.《邓小平文选》第 3 卷，人民出版社 1993 年版。

6.《江泽民文选》第 1—3 卷，人民出版社 2006 年版。

7. 中共中央统战部：《民族问题文献汇编》，中共中央党校出版社 1991 年版。

8. 国家民族事务委员会政策研究室编：《中国共产党主要领导人论民族问题》，民族出版社 1994 年版。

9. 国家民族事务委员会、中共中央文献研究室编：《新时期民族工作文献选编》，中央文献出版社 1990 年版。

10. 国家民族事务委员会、中共中央文献研究室编：《民族工作文献选编》（1990—2002），中央文献出版社 2003 年版。

11. 国家民族事务委员会、中共中央文献研究室编：《民族工作文献选编（2002—2009）》，中央文献出版社 2010 年版。

12. 金炳镐主编：《民族纲领政策文献选编》（第一、二编），中央民族大学出版社 2006 年版。

13. 国家民委政策研究室：《国家民委民族政策文件选编》（1979—1984），中央民族学院出版社 1988 年版。

14. 国家民委办公厅、政策研究室编：《国家民委文件选编》（1985—1995），中国民航出版社 1996 年版。

15.国家民族事务委员会编:《国家民族文件选编(1996—2007年)》(上中下三卷本)民族出版社2009年版。

16.本书编写组编著:《十八大报告》辅导读本,人民出版社2012年版。

17.本书编写组编著:《中共中央关于全面深化改革若干重大问题的决定》辅导读本,人民出版社2013年版。

18.国家民族事务委员会:《中国共产党关于民族问题的基本观点和政策》,民族出版社2002年版。

19.国家民族事务委员会编:《中国共产党民族理论政策干部读本》,民族出版社2011年版。

20.国家民族事务委员会研究室编:《中国共产党民族工作九十年》,民族出版社2011年版。

21.国家民委办公厅、政法司、政策研究室编:《中华人民共和国民族政策法规选编》,中国民航出版社1997年版。

22.《教育规划纲要》工作小组办公室:《全国教育工作会议文件汇编》,教育科学出版社2010年版。

23.本书编写组:《中国共产党第三代领导集体民族理论学习纲要》,民族出版社2002年版。

24.国家民族事务委员会《中国民族工作五十年》编委会编:《中国民族工作五十年》(1949—1999),民族出版社1999年版。

25.黄光学主编:《当代中国的民族工作》(上下册),当代中国出版社1993年版。

26.李资源著:《中国共产党民族工作史》,广西人民出版社2001年版。

27.李资源著:《中国共产党民族法制建设史研究》,人民出版社2009年版。

28.文精主编:《团结进步的伟大旗帜——中国共产党80年民族工作历史回顾》,民族出版社2001年版。

29.金炳镐等主编:《中国共产党民族纲领政策通论》,黑龙江教育出版社2002年版。

30.金炳镐等著:《中国共产党三代领导集体的民族理论与实践》,黑龙江教育出版社2004年版。

31.何龙群著:《中国共产党民族政策史论》,人民出版社2005年版。

32.金炳镐著:《中国共产党民族政策发展史》,中央民族大学出版社2006年版。

33.金炳镐主编:《中国共产党民族工作理论与实践》,中央民族大学出版社

2007 年版。

34. 金炳镐：《新中国民族理论 60 年》，中央民族大学出版社 2010 年版。

35. 金炳镐：《新中国民族政策 60 年》，中央民族大学出版社 2009 年版。

36. 吴仕民：《中国民族教育》，民族出版社 2000 年版。

37. 敖俊梅：《民族教育政策文化分析——以民族预科教育政策为例》，教育科学出版社 2013 年版。

38. 宝玉柱：《民族教育研究》，中央民族大学出版社 2009 年版。

39. 陈庆云：《公共政策分析》，北京大学出版社 2011 年版。

40. 丁石庆：《双语文化论纲》，中央民族大学出版社 1999 年版。

41. 董艳：《文化环境与双语教育》，民族出版社 2002 年版。

42. 费孝通：《中华民族多元一体格局》，中央民族大学出版社 1999 年版。

43. 关荣华：《四川少数民族传统文化与教育》，四川大学出版社 1997 年版。

44. 郭净等：《云南少数民族概览》，云南人民出版社 1999 年版。

45. 国家教育发展研究中心：《2007 年中国教育绿皮书：中国教育政策年度分析报告》，教育科学出版社 2007 年版。

46. 哈维兰：《文化人类学》，社会科学院出版社 2005 年版。

47. 何俊芳：《中国少数民族双语教学研究》，中央民族大学出版社 1998 年版。

48. 胡春梅：《民族教育发展研究》，内蒙古教育出版社 2003 年版。

49. 姜峰、万明钢：《发达国家促进民族教育均衡发展政策研究》，民族出版社 2011 年版。

50. 教育大辞典编纂委员会：《教育大辞典》，上海教育出版社 1991 年版。

51. 李东光：《民族院校教育管理研究》，中央民族大学出版社 2008 年版。

52. 林耀华：《民族学通论》，中央民族大学出版社 1997 年版。

53. 凌绍崇：《民族教育学新论》，民族出版社 2004 年版。

54. 马麒麟：《中国民族高等教育的改革与发展》，教育科学出版社 2000 年版。

55. 朴胜一、程方平：《民族教育史》，海南出版社 2001 年版。

56. 沈桂萍：《少数民族干部教育问题研究》，民族出版社 2004 年版。

57. 宋蜀华：《中国民族概论》，中央民族大学出版社 2000 年版。

58. 哈经雄、滕星主编：《民族教育学通论》，教育科学出版社 2001 年版。

59. 王鉴主编：《中国少数民族政策体系研究》，民族出版社 2011 年版。

60. 林闽钢主编：《中国社会政策研究》，武汉大学出版社 2011 年版。

61. 欧以克著：《民族高等教育学概论》，民族出版社 2005 年版。

62. 吴仕民主编：《民族问题概论》，四川人民出版社 2006 年版。

63. 滕星：《文化变迁与双语教育》，教育科学出版社 2001 年版。

64. 滕星、王铁志：《民族教育理论与政策研究》，民族出版社 2009 年版。

65. 王鉴：《民族教育学》，甘肃教育出版社 2002 年版。

66. 王军：《文化传承与教育选择》，民族出版社 2002 年版。

67. 雷召海等著：《中国民族院校的定位与发展研究》，湖北人民出版社 2009 年版。

68. 雷召海等编著：《民族院校哲学社会科学创新发展研究》，民族出版社 2010 年版。

69. 雷召海等主编：《民族院校哲学社会科学与民族院校改革发展》，民族出版社 2014 年版。

70. 王世忠：《少数民族教育发展研究》，人民出版社 2013 年版。

71. 王世忠：《民族院校人才培养模式的创新与实践》，武汉大学出版社 2014 年版。

72. 王世忠：《教育管理学》（第二版），科学出版社 2014 年版。

73. 王锡宏：《中国少数民族教育本体论研究》，民族出版社 1998 年版。

74. 吴德刚：《西部教育》，中共中央党校出版社 2001 年版。

75. 吴明海：《中国少数民族教育史教程》，中央民族大学出版社 2006 年版。

76. 吴仕民：《民族问题概论》，四川人民出版社 2007 年版。

77. 吴仕民：《中国民族政策概览》，人民出版社 1995 年版。

78. 吴文藻：《人类学、社会学研究文集》，民族出版社 1990 年版。

79. 夏仕武：《中国少数民族教育》，五洲传播出版社 2007 年版。

80. 谢启晃、孙若穷：《中国民族教育发展的战略抉择》，中央民族学院出版社 1991 年版。

81. 霍文达主编：《中国少数民族教育改革与发展重大问题研究》，南海出版公司 2005 年版。

82. 霍文达著：《中国少数民族高等教育体制改革研究》，湖北人民出版社 2007 年版。

83. 霍文达、许树沛主编：《中国少数民族高等教育发展史研究》，广西民族出版社 2008 年版。

84. 叶茂林：《教育发展与经济增长》，社会科学文献出版社 2005 年版。

85. 袁振国：《中国教育政策评论》，教育科学出版社 2010 年版。

86. 张有隽、徐杰舜：《中国民族政策通论》，广西教育出版社 1992 年版。

87. 中共中央党史研究室科研管理部、国家民族事务委员会民族问题研究中心等编：《中国共产党民族工作历史经验研究》上册，中共党史出版社 2009 年版。

88. 李资源著：《文明的呼唤——中国少数民族传统理论道德研究》，广西人民出版社 2004 年版。

89. 李资源等著：《中国共产党少数民族文化建设研究》，人民出版社 2011 年版。

90. 李资源等著：《中国共产党与少数民族传统文化保护和发展研究》，人民出版社 2014 年版。

91. 国家民族事务委员会教育司编：《新时期民族教育工作手册》，中央民族学院出版社 1991 年版。

92. 谢启晃编著：《中国民族教育史纲》，广西教育出版社 1989 年版。

93. 陆有铨著：《躁动的百年：20 世纪的教育历程》，北京大学出版社 2012 年版。

94. 孙若穷主编：《中国少数民族教育学概论》，中国劳动出版社 1990 年版。

95. 中共中央文献研究室综合研究组、国务院宗教事务局政策法规司编：《新时期宗教工作文献选编》，宗教文化出版社 1995 年版。

96. 顾明远主编：《教育大辞典》第 4 卷，上海教育出版社 1992 年版。

97. 国务院法制局编：《中华人民共和国现行法规汇编 1949—1985 教科文卫卷》，人民出版社 1987 年版。

98. 国务院法制办公室编：《中华人民共和国教育法典　注释法典》，中国法制出版社 2012 年版。

99. 广西壮族自治区教育委员会编：《广西教育年鉴 1991》，广西师范大学出版社 1992 年版。

100. 中国成人教育协会组编：《中国成人教育改革发展三十年》，高等教育出版社 2008 年版。

101. 西双版纳傣族自治州人民代表大会常务委员会编纂：《西双版纳傣族自治州人民代表大会志》，云南民族出版社 2005 年版。

102. 宁夏回族自治区人民政府法制办公室编：《宁夏回族自治区法规规章汇编（2001—2004）》，宁夏人民出版社 2005 年版。

103. 中华人民共和国教育部编：《〈2003—2007 年教育振兴行动计划〉学习辅导读本》，教育科学出版社 2004 年版。

104. 广西壮族自治区统计局编：《广西统计年鉴 2013》，中国统计出版社

2013 年版。

105.宁夏回族自治区统计局、国家统计局宁夏调查总队编：《宁夏统计年鉴2013》，中国统计出版社 2013 年版。

106.新疆维吾尔自治区统计局编：《新疆统计年鉴 2013》，中国统计出版社2013 年版。

107.教育部民族教育司、国家民委教育科技司编：《走向辉煌的中国民族教育——第五次全国民族教育工作会议材料汇编》，民族出版社 2003 年版。

108.国家高级教育行政学院编著：《新中国教育行政管理五十年》，人民教育出版社 1999 年版。

109.《中国教育年鉴》编辑部：《中国教育年鉴（1949—1981)》，中国大百科全书出版社 1984 年版。

110.何东昌主编：《当代中国教育》下，当代中国出版社 1996 年版。

111.陈达云等著：《少数民族大学生国家认同教育创新研究》，民族出版社2010 年版。

112.杨胜才著：《中国民族院校特色研究》，民族出版社 2007 年版。

113.《中国教育年鉴》编辑部编：《中国教育年鉴（1991)》，人民教育出版社 1992 年版。

114.《中国教育年鉴》编辑部编：《中国教育年鉴（1985—1986)》，湖南教育出版社 1988 年版。

115.刘英杰主编：《中国教育大事典（1949—1990）上》，浙江教育出版社1993 年版。

116.中华人民共和国教育部编：《共和国教育 50 年》，北京师范大学出版社1999 年版。

117.《中华人民共和国高等教育法》，中国法制出版社 1998 年版。

118.袁振国：《教育改革论》，江苏教育出版社 1992 年版。

119.教育部高等教育司、高职高专教育改革与建设：《1999 年高职高专教育文件资料汇编》，高等教育出版社 2000 年版。

120.少数民族双语教育文件汇编编委会编：《少数民族双语教育文件汇编（2001—2008 年)》，天地出版社 2009 年版。

121.任运昌、林健、谷生华著：《他们输在起跑线上：中国西部农村基础教育问题思考与对策》，重庆出版社 2005 年版。

后　记

　　本书是中南民族大学雷召海研究员主持的国家社会科学基金重点项目《新中国成立以来民族教育政策发展与实践研究》（项目批准号 10AMZ005）的最终成果，也是近几年来湖北省普通高校人文社科重点研究基地"民族政策与社会发展研究中心"完成的重要成果之一，特此鸣谢！

　　教育政策对一个国家教育事业的发展具有十分重要的作用，它是指导教育实践活动的依据、纲领和准则。我国是一个统一的多民族社会主义国家，少数民族教育事业是整个国家教育事业一个重要的组成部分。党和国家的民族教育政策作为国家教育政策中不可缺少的内容，在我国少数民族教育事业发展中承担着重要的作用。中国共产党历来高度重视民族教育事业，早在新民主主义革命时期，就先后制定了一系列民族教育政策，尤其重视少数民族革命干部的教育，通过各种途径培养了大批少数民族政治、军事人才，为新中国的成立奠定了重要基础。新中国成立后，特别是改革开放 40 年来，党和国家为发展少数民族教育事业，创造性地制定了一系列发展少数民族教育的特殊政策，确定和实施了一系列发展民族教育的原则和措施，并在实践中不断创新，实现了我国民族教育超常规跨越式发展，取得了令世人瞩目的辉煌成绩。从"量"的规模来讲，它实现了史无前例的翻倍增长，乃至零的突破；从"质"的方面来讲，它实现了跨越式的历史性升华，走上了真正的民族兴教之路。民族教育如此壮丽的长足进步，理当橼笔浓墨，大书特书！

　　2010 年 6 月本课题立项后，时任中南民族大学校长的雷召海研究员主持召开多次会议，讨论和拟定了调研计划及写作大纲。本课题的研究思路：第一部分，通过文献查阅和资料收集对新中国成立 60 多年民族教育政策形成与发展进行梳理，对经验得失进行比较全面的评估；第二部分，考察民族教育理论与政策研究的现状，探讨民族教育政策制定的依据，阐释少数民族教育政策科学内涵、本质和特点，研究少数民族教育政策体系及其构成，并从纵向分别对民族基础教育、民族高等教育等方面的政策进行梳理和分析；第三部分，对新中国成立以来民族基础教育、民族高等教育、民族职业教育、民族成人教育的实践进行研究，重点研究在民族教育政策指导下，我国民族教育的实践中取得的巨大成就，并对主要经验进行系统总结；第四部分，对当前民族教育发展现状所面临的困难和问题以及对策进行研究，以增强民族教育政策对民族教育跨越式发展实践指导的时效性和针对性。

全书篇章结构如下：第一篇，形成与发展篇，包括第一章，新中国民族教育政策的创立与奠基；第二章，社会主义建设初步探索时期民族教育政策的曲折发展；第三章，改革开放初期民族教育政策的恢复与继承；第四章，改革深化时期民族教育政策的改革与创新；第五章，新世纪民族教育政策的健全与完善。第二篇，理论与政策篇，包括第六章，民族教育政策的基本问题；第七章，民族教育政策基本体系；第八章，民族教育政策的基本内容。第三篇，实践与经验篇，包括第九章，民族基础教育；第十章，民族高等教育；第十一章，民族职业教育；第十二章，民族成人教育；第十三章，民族教育的历史经验。第四篇，问题与对策篇，包括第十四章，民族教育发展存在的问题；第十五章，民族教育发展的对策与建议。各篇、章具体分工如下：雷召海研究员负责总体策划和写作绪论；李资源教授写作形成与发展篇（第一章至第五章）；霍文达教授写作理论与政策篇（第六章至第八章）；王姗萍副教授写作实践与经验篇（第九章至第十一章）、詹全友教授写作（第十二和第十三章）；王世忠教授写作问题与对策篇（第十四章和第十五章）。由雷召海和李资源负责全书修改，统一体例并终审定稿。

为提高书稿质量，2015 年 7 月 12 日，湖北省高校人文社会科学重点研究基地"民族政策与社会发展研究中心"召开第三届学术委员会，组织专家对书稿进行了认真审读，原湖北省社科院党组书记、院长曾成贵研究员、武汉大学马克思主义学院博士生导师李斌雄教授、湖北大学马克思主义学院博士生导师田子渝教授、中南民族大学民族学与社会学学院博士生导师李吉和教授、中南民族大学教育学院胡炳仙副院长等提出了很有价值的意见。在国家社科基金项目验收中，经专家鉴定和国家社科规划办审核，又提出了许多很好的修改完善建议。课题组高度重视，2016年多次召开主要成员会议，统一思想，提高认识，归纳整理了专家的全部修改意见，根据专家建议进行了全面认真修改，最终以"良好"结题。

现任中南民族大学科学研究发展院常务副院长陈强胜参与了前期讨论和大量组织协调工作，刘源泉博士参加了形成与发展篇初稿的写作，后期胡炳仙负责理论与政策篇的修改工作，莫炳坤博士从头至尾对全书的引文注释、参考文献进行了统一和规范。本书写作过程中，参考了近几年来这方面最新研究成果，并得到了中南民族大学领导和有关部门的大力支持。在此一并致谢！

本书写作虽然历时多年，数易其稿，反复修改，但由于水平有限，书中缺点错误在所难免，恳请读者多提宝贵意见。

作　者

2018 年 3 月

责任编辑：郑牧野
封面设计：王欢欢
版式设计：孙姗姗
责任校对：张红霞

图书在版编目（CIP）数据

当代中国民族教育政策发展与实践研究／雷召海，李资源 等 著 . —北京：
　人民出版社，2018.7
（中国共产党与民族问题系列丛书）
ISBN 978 – 7 – 01 – 019402 – 8

I.①当… II.①雷… III.①少数民族教育 – 教育政策 – 研究 – 中国
　IV.① G759.2

中国版本图书馆 CIP 数据核字（2018）第 117602 号

当代中国民族教育政策发展与实践研究
DANGDAI ZHONGGUO MINZU JIAOYU ZHENGCE FAZHAN YU SHIJIAN YANJIU

雷召海　李资源　等　著

人民出版社 出版发行
（100706　北京市东城区隆福寺街 99 号）

北京中科印刷有限公司印刷　新华书店经销

2018 年 7 月第 1 版　2018 年 7 月北京第 1 次印刷
开本：710 毫米 ×1000 毫米 1/16　印张：27.5
字数：360 千字

ISBN 978 – 7 – 01 – 019402 – 8　定价：56.00 元

邮购地址 100706　北京市东城区隆福寺街 99 号
人民东方图书销售中心　电话：（010）65250042　65289539